Takings: Private Property and the Power of Eminent Domain

“十二五”国家重点图书出版规划

法学译丛·公法系列

征收
——私人财产和征用权

[美] 理查德·A·艾珀斯坦（Richard A. Epstein） 著

李 昊 刘 刚 翟小波 译

中国人民大学出版社

·北京·

译者分工

（按章节顺序）

翟小波、李昊：序言

翟小波：第一～三章、第八章、结论

李昊：第四～七章、第十二～十六章

刘刚：第九～十一章、第十七～十九章

孙新宽、刘航麟、马强伟等同学参与了本书索引的校对，特此表示感谢。

序　　言*

1968 年，我开始教书。自那时起，我的主要兴趣一直就是普通法、它的历史生长和逻辑结构。对于宪法，我是外行。然而，本书却挑战了规范财产权和经济自由的现代宪法的核心假定。这是一项冒险的事业，解释一下我为什么从事这项事业，是值得的。

在思考普通法——财产权、合同和侵权时，一个显见的问题是，它们是否体现了恒久的智识统一性？我相信，答案是肯定的。财产法规范着人对外物乃至自身的权利的获取，侵权法规范着归属于私人所有权之下的物的保护，合同法规范着被如此获得和保护的权利的转让。此三位一体穷尽了人间的法关系。正是这种普遍性（universality），赋予古典普通法的法制成就以一贯性和力量。

起初，我认为这些关系是严格的私法范畴。在我对普通法制度之组织的思考中，公法，当然包括政治理论，是没有位置的。但是，对这个领域的研究使我确信，公法和私法的分立，在理论和实践上都崩塌了。

首先，从财产权开始。获取的一般规则是先占规则。乍一看，它似乎只存于一个人和一个物之间，确实是私的交易。但是，片刻的思考告诉我，这种想法是错误的。先占规则是要给予先占者以对抗世界上其他人的权利。虽然交易看上去是私人间的，但是，对它的法后果 vii
的描述则揭示了它根基上的所有权的社会观念。

侵权法也一样。因果理论（theory of causation）可能开始于一个简单的案例，如 A 打了 B。没什么交易能比这个案例看起来更具

* 正文四节是艾珀斯坦本人选择，序言由编者补充。原书是 Takings：Private Property and the Power of Eminent Domain，Harvard University Press，1985. ——译者注

私人性质了。但是，只有在确定了为人身损害赔偿而起诉的权利存在之后，我们才会将它看成是两方当事人间的关系。为什么是 B 而不是其他人？要求所有人都不殴打 B 或不夺走他的财产——这种义务的渊源在哪里？所以，在侵权法的背后，同样是对抗整个世界的财产权理论。侵权法也预设了所有权的社会观念。

最后，我们来看合同。C 对 D 的承诺似乎是两个人间的私的交易。然而，如果有人问道：为什么 C 和 D 有资格相互签订合同？对这个问题的回答就预设了，世界上的其他人有义务不干预他们的合意的形成，诽谤侵权和干预预期利益的侵权（torts of defamation and interference with prospective advantage）便由此而生。C 和 D 签订合同的权利，是不可以通过他们自己之间的合同而获得的。它必定是能够对抗世界上其他人的原初财产权束（original bundle of property rights）的一部分。在这里，对资格的集体承认仍是普通法的根基。

这些财产权、侵权和合同的普通法的规则，不只代表社会的抽象（social abstractions）。虽然它们是我们的法文化的基础，但它们并不是自动生效的。这里还存在着更深层的执行它们的成本问题。在考察财产权、合同和侵权的学说时，比较方便的做法是，先假定谈判成本（costs of bargaining）或执法成本（costs of legal enforcement）为零或接近于零。有了这个坚固的前提，我们就会围绕个人自主性原则来组织法律学说，并以个案为基础，讴歌个体正义的美德。在 19 世纪的法思维中，这两种因素都是非常突出的；19 世纪的法思维是由交易成本较低的两人诉讼支配的。不论在何处，人们强调的重点都是个人的自决和同意，是对围绕着个人的权利边界的社会承认。

然而，即使在早期的普通法案件中，这种制度的裂缝就已经非常显见了。交易成本（transaction costs）并不总是低至可以无拘束地追求个人正义。自主性对社会秩序是不可缺少的，但在紧急情形下，医生必须有诊疗已无知觉之病人的余地。同样，当一人为了保存自己的生命而拿走或使用另一人的财产时，这种强制交易是被允许的，尽管它违背了财产所有者的意志：快要被淹死的人可能将他的船系在陌
viii 生人的码头上，但应该赔偿由他所造成的损失。妨害法（law of nui-

sance）中有很多强制交易，这种强制交易之所以会有，是因为大量的利害关系人很难提出一个相互都有利的谈判方案。更为普遍的是，当交易成本超过收益时，自愿的交易将很难发生，哪怕如果他们这样做的话，他们的处境都会变得更好。适用于相邻的土地所有者之间的关系的规则，似乎同样适用于更大的社会秩序中的关系。

那么，私法的研究依赖于对自主性原则之使用和限制的详尽分析。然而，一个人可以向普通法提出的问题，同样可以向侵犯个人自主性的国家行为提出。征收权的法律（the law of eminent domain）尤其说明了对所有权的私人权利的社会限制。这一点在宪法征收（takings）条款的文本中体现得非常明确，它讲道："未经正当补偿，私人财产权不得为了公用而被征收。"不管人们是多么随意地翻看普通法的不法行为清单（catalogue of common law wrongs），他总会发现"夺取（taking）另一人的私人财产"这样的主题，这个主题现在则被征收权条款（the eminent clause）抓住了。这个条款的范围非常广，是人类智慧所能设计的征收类型的很多倍。然而，在任何一个案子中，征收条款都承认，个人自主性的要求必须受到日常生活中无所不在的摩擦冲突的节制。它在宪法层面授予了在"必要法"（laws of necessity）和妨害法中所出现的强制交易的权力。自主性必须通过提供与它所丧失的利益的相应对价来受到保护，但它不再受到绝对的保护。

征收条款的范围不存在内在的限制。当我们由简单案件转向复杂案件时，我们也就将此闭联集（continuum）由私法转向了公法。在这个闭联集中，两个人的争端和两亿人的争端之间，是没有明确突变的（no clean break）。公法和私法不再截然区分。现代的观点是，私法淹没在公法的洪流之中。我的立场恰恰相反：为了真正理解这个制度，我们就必须沿着私法之道走向公法（"go public" with private law）。只有在能转化为可依私法术语理解的命题时，公法规则才有意义。关于个人之团体的陈述，必须解释成关于个人的陈述。两方交易是国家的复杂结构据以建构的原子。

然而，判例法告诉我们的却是非常不同的故事。宪法之法（the

law of the constitution）是最高法院之法。即使只对它的判决作粗略
ix 的考察，我们也会发现，法的私和公的两个方面是严重脱节的。在一个又一个的案例中，法院都认为，国家控制和私人财产权是相容的。国家现在可以耸立在它所代表的人们的权利之上；国家可以主张新的权利，而这些权利又不能从它所助益的人们那里推导出来。私人财产权或许曾经被认为是政府权力的栅栏，但是，今天，这个栅栏可被很轻易地越过，几乎只需要“要求（asking）”就可以了。法院的判决经常恰当地谈到部分征收（partial taking）、因果关系、警察权（police power）、自担风险（assumption of risk）和不合比例的影响（disproportionate impact）。这些宏大主题中的每一个都在普通法中有对应物，每一个都是全面的征用权理论所不可缺少的要素。然而，虽然音符是相同的，音调则不然，因为法院经常以私法研习者所不承认的方式，将这些法概念结合起来。在当前的法制下，私人财产权制度，对作为现代福利国家的政府活动的规模和方向，很少设置什么限制。

这本书关心的是原初宪法设计和国家权力扩张之间的冲突，本书
x 在普遍层面上主张，有限政府和私有财产权制度的弹性并不很大，以至于可以容得下大规模的改革，如新政及其前后的改革。我主张，依据征用权条款和宪法的相应条款，20 世纪开创的很多改革和制度，在宪法上都是不稳固的或可疑的：如土地使用分区（zoning）、租赁控制（rent control）、劳工赔偿法（worker's compensation laws）、转移支付（transfer payments）和累进税制（progressive taxation）。这些政府革新在原则上确实继续存在，但往往受到了缩减和限制。

我原本的意图，是写篇短文，以表明私法和公法、原初宪法结构和它的当前设计之间的明显张力。我本来认为，可将注意力只集中在确定的案例上。但是，理论的要求是如此苛刻，以至于我的研究不得不扩展。一个难题的解决往往带来了另一个难题：如果所有的税收（taxes）、管制（regulations），和普通法财产权、侵权及合同之规则的变更，都是征收，那么，政府还怎么运作呢？在无数的反例和批评的刺激下，原来的文章逐渐成长为一本书。我不敢冒昧说，我已详尽

全面地论述了这个主题，但我确实希望，我已经勾勒出了我自己的分 x
析体系的核心特征。

本书的着手已接近八年，我在或大或小的问题上已经不止一次偏离了我原来的设计。我于 1978 年冬天开始写作本书时尚为行为科学高等研究中心的研究员。在接下来的几年中，我分别在杨百翰大学（Brigham Young University）、克莱蒙特学院联盟（the Claremont Colleges）、西北大学法学院（Northwestern Law School）、圣迭戈大学法学院（the University of San Diego Law School）、瓦贝希学院（Wabash College）和耶鲁法学院（Yale Law School）以讲座或研讨课的形式展示了本书的部分章节。我的工作得到了芝加哥大学法和经济学项目的支持，并且在 1983 年秋季获得了教育事务研究所（the Institute of Educational Affairs）的慷慨资助。

我从众多朋友和同事的评论中获益良多。Larry Alexander、Douglas Baird、David Currie、Frank Easterbrook、Lance Liebman、Frank Michelman、Geoffrey Stone 以及 Cass Sunstein 都对早期的草稿给予了广泛的和积极的批评，对此我尽力做了回应。我也从和 Bruce Ackerman、Randy Barnett、Gary Becker、Maru Becker、Walter Blum、James Capua、Gerhard Casper、Robert Cooter、Robert Ellickson、Donald Elliott、Dennis Hutchinson、John Langbein、Richard Posner、Joseph Sax 以及 Alan Schwartz 的谈话中获得启示。芝加哥大学的数代学生提供了研究上的辛劳协助，他们是：Alan van Dyke，他的工作得到了伊利诺伊州律师协会的资助，为本书的早期草稿焚膏继晷，Rusell Cox 也在最后几轮的重写中做了同样的工作。我还要感谢 Sharon Epstein、Ross Green、Matthew Hamel、Janet Hedrick、Mark Homes、Melissa Nachman、Judy Rose 的鼎力相助。Susan Carol Weiss 重新录入了早期草案的无尽的修订内容，哈佛大学出版社的 Peg Anderson 用敏锐的眼光和清新的润色将最后的手稿整塑成型。最后，特别要感谢哈佛大学出版社的 Michael Aronson，他关照本书直至出版。

目　录

第一编

哲学前提

第一章　两块馅饼的故事

这本书是一篇扩充了的论文，它研究的是个人和国家间的正当关系。考察这个问题的具体工具就是宪法的最高领土权（或征收）条款，它规定："未经正当补偿，私人财产权不得为了公用而被征收。"在研究的过程中，我还会考察其他宪法条款。征收条款针对的，主要是政治义务和组织的问题。国家形成的原因是什么？国家可以从其统治和代表的公民那里要求什么？展示这个问题的最简单的方法，就是画两个馅饼，见下图：

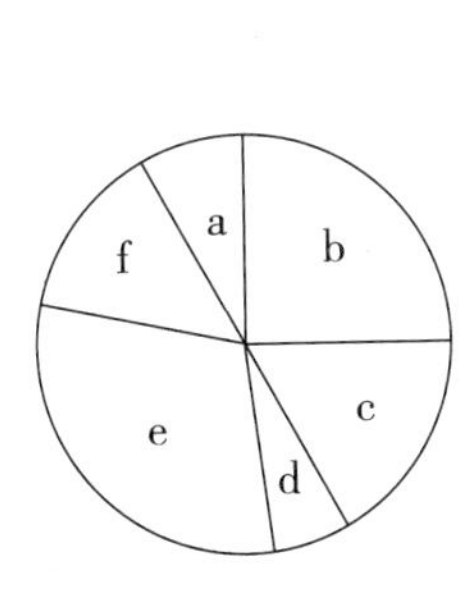

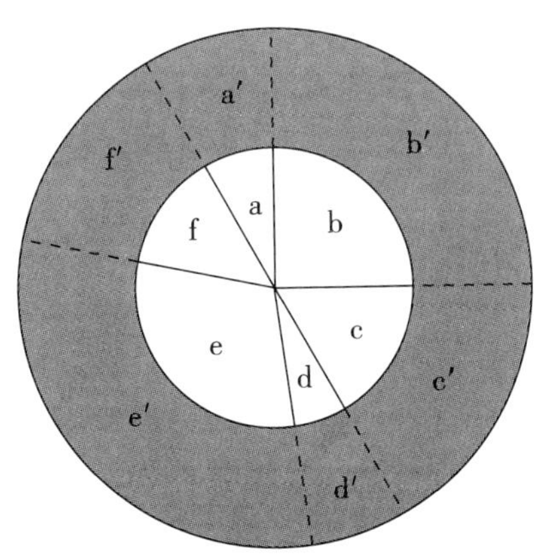

第一个馅饼代表的是不存在有效政府控制的世界的情境。每个人都（根据自然权利的传统）被赋予了某些个人权利。然而这些权利在自然状态下的价值很低，因为一些个人总试图夺取那些本来属于其他人的权利。不确定性和不安全性使人很难制订行动计划，而这都妨碍个人有效地使用他们的才能和外物。统治的问题就是，如何使那些对劳动和财产的自然权利能在形式上得以保存，并通过政治权力的运用而在价值上得到提高。依照洛克的定义，政治权力“为了管制和保护财产权而制定有关死刑及其他较轻刑罚的立法的权利，和使用共同体的力量来执行这些法及保卫共和国（common-wealth）不受外来侵犯
3 的权利，所有这些都仅仅是为了公共福祉（public good）”①。

较大的馅饼表明了可能来自政治组织的收益。它的外环代表了全部社会收益，虚线部分表明了每个个体成员的收益部分。政治权力的运用受到的隐含的规范限制是，它应该在团体的成员之中保存相对的资格（relative entitlements），无论是在社会秩序的形成中，还是在它的持续运作中。所有政府行为之为正当的基础都必须是，它把社会从小馅饼发展成大馅饼。

这两个馅饼可以让我们将围绕国家起源与围绕征收条款之运作的所有要素分离开来。在第一个馅饼中，这些切片的边界就是私人权利应受国家保护的界线：它们确定了没有正当补偿就不能被征收的私人财产权。为了获致这个目的，警察权就必须归属主权者，以防止私人侵犯被如此确定的边界。现在，我们就有了所有政府的固有权力，但是，这种权力必须受到它所服务的目的和被用来服务此目的之手段的限制。再者，国家的形成和运作，都要求将资源从私人之手转移到公共之手。私人财产必须被转化为公用。然而，因为国家不可能依靠自愿捐献或交易以获得自身运作所需要的资源，所以，国家为公用而征收的权力就出现了。如果这些收入和权力的来源是充分的，那么国家
4 将不会提出任何普通市场制度所不能解决的问题。但是这些交易不会自动发生，因而也就必须依靠强制。于是，规定这些交易发生的条件

① John Locke，Of Civil Government，ch. 1，§ 13 (1690).

也就成为关键。正当补偿的要求确保国家给予每个人与其被征收的部分相应的公平对价。也就是说，第二个馅饼中 a 部分等于第一个馅饼中 a 部分，以此类推。最后，公用的要求（public use requirement）调控着强制权力的使用，它要求任何由这个行为产生的剩余收益（surplus），即这里的外环，都应当按照个人最初贡献的大小分配给他们。从公共行为中获取的任何收益因此都被专门地分配给某个人，结果，就没有任何收益留给了超越公民的国家。

实质上，整个统治制度（the entire system of governance）就预设了这样的命题：即，在自然状态下，私人权利制度有两个且只有两个弊端。第一，它不能控制私人的侵犯，而警察权正是对它的恰当回应。第二，自愿交易不能生出为抗击私人侵犯所需要的集中的权力。当大量个人的行为必须被组织起来的时候，就会出现交易成本、拒不合作、搭便车等几乎无法克服的问题。对这个问题的恰当回应，就是创设一种为公用“买单”的强制交易的权力。征用权的解决办法表明了，政府应该如何组织，才能克服私人侵犯和公共物品供应这一对问题。由于这两个问题是导致国家产生的唯一原因，所以它们也就界定了对国家可动用的垄断性强力的限制。这证成了国家形成的理论，同时也划定了国家所应服务的适当目的。

这两个饼图的简单结构的预设是，对什么是个人权利和为什么要由国家来保护它们，我们有了一个非常清晰的理解。所以，我所置身于其中的和征收条款所依附的政治传统，是奠基于“自然权利”理论之上的。这种理论并未预设个人权利的神圣来源，我相信，它与个人权利的自由至上主义（libertarian）和功效主义的证成是一致的；可以说，在很多重要案例中，这两种证成都有会合的趋向。无论有多大的差异，就核心理念而言，所有自然权利理论，都抛弃了那种认为私人财产权和个人自由只是国家的创造物的观点，国家本身只是被让渡了一些特别权力的人而已。与之相反，自然权利的理论断言，国家的目的就是保护自由和财产权，因为对这些概念的理解，可以独立于并
且优先于国家的形成。某些权利具有规范的正当性，但这绝不是因为 5
国家决定要保护它们。我可以举一个普通的有关个人自由的例子来说

明这一点：国家应该禁止谋杀，因为这种行为是错误的；但谋杀是错
的，并不是因为国家禁止它。同样道理也可以适用于财产权：侵入私
人领地是错误的，这并不是因为国家禁止它，而是因为个人拥有私人
财产权。因此，在每个关键的结合点上，独立的规则，特别是有关获
取、保护和处分的规则，都详细规定了财产是如何获取的以及随这种
获取而来的是什么权利。上述这些规则都没有将资格（entitlements）
6 奠基于国家之上，国家只是执行由私人资格理论而生的权利和义务。

第二章　霍布斯的人，洛克的世界

霍布斯是绝对主权权力的捍卫者，认定他是我们的一位宪法体制之父，似乎有点奇怪。[①] 然而霍布斯却给了我们一种关于人性的论述，有限政府的体制正是奠基于这种论述之上的。他的解释并没有对人性的完美抱有幻想，而是反复强调，在没有任何外部的权力限制他们的欲望、激情和野心的世界里的自私个人的那些自私行为。在这个世界上，唯一的"权利"就是自我保存的权利，所以每个人要么就是在从事侵犯他的邻人的行为，要么就是在被迫自卫。在这种状态下，生命是"孤独的、贫困的、污浊的、野蛮的和短暂的"[②]。自然状态是一种战争的状态，"每个人反对每个人"[③]。在缺乏有组织的政府的条件下，人类状况的不确定和不稳定阻碍了个性的发展，阻碍了艺术和文化的增长，阻碍了学识和智力的获得。

以此为背景，霍布斯指出了政治理论中的核心问题：一个人如何

---

① 这个背景在 Walter Berns 的"Judicial Review and the Rights and Laws of Nature"中有所注明，1982 Sup. Ct. Rev. 49，62—63 页。

② Thomas Hobbes，Leviat han，ch. 13（1651）.

③ Id.

才能躲避自然状态下无处不在的危险，并在交易中获得一种相对的个人安全和社会秩序？霍布斯的解决办法既简单又富有戏剧性。秩序的代价就是将个人自由和财产权交给绝对的主权者。人类贪婪和自私的
7 本性，使得强调这种完全的屈服要比强调那种原初的自由更为可取，所以所有正直的人都必须服从主权者。没有任何中间状态——没有有限政府的理论——能容忍反对它的压力。这种权力的控制必须属于一个人，没有任何人能做出自己私人的是非判断以反对主权者的命令。④

我们的宪法抛弃了这种粗糙的霍布斯观念。但却保留了对理解私人财产权与我们的统治制度间的关系具有核心意义的两个要素。第一点就是霍布斯对不受羁绊的自我利益的危险的论述，这会导致邻居反对邻居，反对公共福祉。第二点是暗含的对综合（如果是假想的话）契约（contract）——他倾向于用盟约（covenant）这个词——的诉求，通过这个盟约，所有的人都放弃了自由和财产权，以换取安全。霍布斯的契约是简单的，它吸引人之处就在于，他认为在主权统治下，所有的契约当事人的处境，要比在没有主权统治的自然状况下会更好。这样，霍布斯的观点暗含了一种关于国家形成的功利主义解释，这种解释反过来也可以用一种为人熟知的帕累托公式表述出来：在自然状态向公民社会的转变中，每个人都可以获得好处，并没有人因此而变得糟糕。

然而，霍布斯这种安排中的困难也是显而易见的。虽然参与到这种安排中的个人或多或少都会比以前的状况要好，但实际上主权者才是这个过程里最大的赢家。韦伯对于主权的著名论述——首先是暗含在霍布斯的理论中，其次是洛克——最终是找到了这种困境的来源。主权者要求“在特定的疆域里垄断物质强力的正当使用”⑤。这个合法的垄断者会像别的垄断者一样行为，其最终结果就是不受任何

④ 这一点在 Berns 的论著中也有所强调，前注 1，62 页 .

⑤ 见 Max Weber，“Politics as a Vocation,” 来源于 Max Weber：Essays in Sociology 78（H. H. Gerth & C. Wright Mills ed.，trans.，Galaxy ed. 1958）。韦伯提到其对于“人类共同体”的定义，他的定义与霍布斯的绝对概念并不一致。

限制。垄断者的法律和规则将会剥夺政治联合体的大部分利益，因为主权者只许可给个人最低限度的刺激，以此诱使其保持沉默。如果在自然状态下的个人幸福是100，而在有组织的社会中是150的话，那么主权者将会为自己保留这增加的50个收益单位中的大部分，虽然不是全部。他可能会受到限制，因为他不知道个体公民的保留价格（reservation price），因为他害怕革命。但是对于获取这些剩余收益之行为的唯一限制只是出于行为的谨慎，而非道德义务。政治秩序的 8
问题得到了回答；而对应得收益的公平分配的问题却被忽视了。

现代宪政理论的发展可以被理解为是对霍布斯理论的一种回应。人们拒绝了他提出的解决方案，但他对这个问题的陈述本身并没有受到挑战。当我们转向洛克时，霍布斯理论中的两个要素影响了后来的论述。第一个要素，霍布斯关于个人自私和贪婪的解释强调了解决秩序问题的需要。固然，洛克主张，在自然状态下，个人由于受到理性的控制也可以彼此平静而和睦地生活在一起。⑥ 但这种对于正常时期的乐观态度并没有使洛克忽视那个简单的真理：如果没有国家，个人即可能处于彼此的战争中，这时以暴抗暴成为必要的选择。⑦ 正是个人侵犯的危险以及自卫权的不确定性，促使那些负有责任感的个人从自然状态进入到公民社会，在那里，对权力的集中控制使得彻底地解决私人纠纷成为可能，并且这种解决纠纷的过程可以在一个排除了个人偏见和憎恶的公平的法庭上进行。⑧ 正是桶里的那些坏苹果导致了人类从自然状态转向公民社会，正如洛克指出的那样："要不是因为堕落人类的腐败和邪恶，这将不会有任何别的需要，人类也没有必要从原来那个庞大而自然的共同体中分离出来并加入一些较小的联合体中去。"⑨ 于是，洛克不同意霍布斯的"所有的人都是受到本能驱使"的观点。然而，霍布斯的遗产仍旧保留在对下述命题的承认中：对保

⑥ John Locke, Of Civil Government, 19 (1690).

⑦ Id. at § 21.

⑧ Id. at § 125. "其次，在自然状态下也需要一个渊博并且中立的法官，赋予其根据已经制定的法律来解决纷争的权力。"

⑨ Id. at § 128. 上下文清楚地表明，所谓较小的联合就是指个人化的公民社会。

护其他人而言，足够数量的人如此行为，将使公民社会成为必要的选择。

霍布斯学说幸存下来的第二个要素，就是其应用契约的逻辑解释了人类从自然状况向公民社会的转变。洛克并没有挑战霍布斯观点的形式，他只是在寻找个人借以行使主权的契约的条件。霍布斯的解决办法，从本质上来说，是希望在所有的个人间订立一个契约，声明放弃使用强力来对抗别人，除非是在即时自卫的情况下。[10] 与霍布斯形
9 成鲜明对比，洛克则在找寻一种中间物，也就是说，通过一系列的制度安排，可以使个人避免遭受社会无序所带来的不确定性和风险，而且不必将个人权利的充分实现拱手交给主权者，听任后者的摆布。用更现代的术语来表述，就是说，洛克试图创造一个主权，该主权可以保持良好的社会秩序，同时又不从强力的排他性正当使用中榨取垄断租金。因此，他的公民政府的理论就必须解释，当把那些剩余利益都留在被统治的公民手中而不是留给主权者时，国家如何能够组成。我们可以重新来看上面那个简单的例子：如果在自然状态下所有的幸福是 100，而在公民社会中是 150，那么统治者的任务就是确保所有这些剩余的幸福，除满足统治国家的必要外，都要被这个联合体中的个人保留。虽然很容易设计一种制度安排来授予主权者以绝对权力，但是这个中间位置却很难获致。他是怎么做的？

首先，洛克很明显地强调了个人的自然权利，包括获取和保有财产的权利，并不是来源于主权者而是人类共同的馈赠。[11] 洛克的劳动价值理论本身是有疑问的，因为这种理论是以来源于圣经的一种假设作为基础的，即“上帝……把土地给了人类的孩子们，把它给了人类共有。”这个关于原初状态的论断给洛克带来了很多麻烦，因为他接

[10] 霍布斯的第二个定律：“一个人将会愿意放弃自己对所有物的权利，当别人也同样如此，渴望和平，渴望自己认为必要的自我保护时；他会用如此多的自由以反对其他人，就像他会允许别人来反对他一样。”霍布斯，前注 2，在第十四章。Berns 正确地对这段文字做了如下叙述：“除了没人能放弃抵抗‘被强力袭击或被夺取生命’的权利之外，自然法要求人类通过彼此之间签订契约，相互放弃他们的自然权利。”Berns，前注 1，59 页。

[11] 洛克，前注 6，在第五章。

下来就不得不解释，在没有得到其他人同意的情况下，一个人怎么能将共有财产权变成私人所有权，这种私人所有权是洛克所坚信的。他的答案依赖于一种简单的个人获取的方法：即个人可以被允许保有那些他们首先占有的东西。洛克的规则与普通法通常的规则有着很密切的关系（在洛克的时代，普通法规则已被很好地确立下来了），它否认了客观物是由人类所共同拥有的，并且将任何无主物的所有权都归属于它的第一个占有者。

对于洛克而言，这种首次占有的规则基于两个独立的原因而可以站得住脚。首先，智力和体力并不是共同所有而是每个人单独所有的："虽然土地和所有的低等生物对于人类而言都是共同的，然而每 10
个人都对他自己的人身有一份财产权；除了他自己之外，别的任何人对此都没有权利。我们可以说他的劳动和他劳动所做的工作是正当地属于他的。"[12] 其次，当劳动被掺入到财产中的时候，在二者的混合价值中有99%都应归因于劳动。[13] 共有物的贡献好像是可以忽略的，是几近于无的。

但是，洛克的观点确实导致了基于财产的共同所有权而对财产权的某些限制。洛克解释说，劳动可以获得外在物，"至少在有足够多的且同样好的外在物留归其他人共有时"[14]。在别处，他还解释到，财产的获得必须是为了有益的用途，而不能仅仅是为了纯粹的浪费。洛克认为这些条件并不能避免所有的获取私人财产的情况。但他确实认为，一个人如果从公共物品中拿走任何东西，从而必然排除其他人，这就是一种违反义务的行为。然而，在对个人获取财物的权利进行这种不准确的限制时，洛克忽视了财产权为非所有者所创造的收益。当财产权被明确界定时，非所有者（仍然拥有他们自己的劳动）也同样有较多的机会通过交易来获取财富。那些后来者在最初获取中所遭受的损失在后来的交易和商业中得到了弥补，而这种交易和商业有助于改善那些没有从最初共同财产中获得任何东西的人们的境遇。

⑫ Id. at § 27.

⑬ Id. at § 27；40.

⑭ Id. at §.27.

要是洛克抛弃了那种私人财产神圣不可侵犯的观点而采纳普通法上关于原初状态的传统观点，那个合适的位置也许就可以找到。也就是说，每个人都拥有他自己的劳动；在第一个占有者获得外物之前，任何人都不拥有它们。没有了最初的共同所有权，首次占有的规则的使用，便只是用来确定无主物之所有权的。它也就不必同时既要排除共同所有权，又要创设个人所有权。[15] 虽然洛克对于财产获取的解释存在缺陷，但这种缺陷对他的理论的政治意义而言并不是关键性的。最多它们只是表明洛克没有将私人财产权证成到他本来可能证成的程度。但是他相信他的观点已经完成了他最为重要的任务，即通过劳动价值的理论使私人财产所有权正当化。实际上，如果我们对他关于原始状态的论述加以修正的话，也就是说，除去所有那些原始共同所有
11 权的痕迹，那么他的观点也许就更加合理了。就政治理论问题而言，洛克的错误并没有约束下一代。就宪政理论而言，关键的问题就在于，洛克本人以及那些追随他的人们都认为，他确实证成了私人财产权。至于有人说，他的论述中存在一些错误，如果他再仔细些，就可以避免这些错误——这就是另外的问题了，与我们现在关心的问题无关。

洛克论点中的第二点是国家的组成也不能要求将所有的自然权利都交给主权者。主权者不再控制剩余物品。相反，洛克提出了一种统治体制，它将政府的净利润留给大多数人民。这里，关键的要素是他的代议政府理论，和他对国家“最高权力”征收私人财产权的做法的禁止。

洛克是这样论述立法机构的：

> 首先，它对于个人生命和财产不是，也不可能是绝对地专断的。因为，既然它只是社会每个成员交给作为立法者的某个人或议会的联合权力，它就不能多于那些人还没有进入

---

[15] 更详细的评论，见 Richard A. Epstein，“Possession as the Root of Title，” 13 Ga. L. Rev. 1221（1979）。

> 社会、还没有将它交给共同体时在自然状态下所享有的权力。因为没有人能够把多于他自己所享有的权力转让给别人；也没有人对于他自己享有绝对专断的权力，没有人可以随意地摧毁自己的生活，或者剥夺他人的生命或财产。[16]

这个观点构成了本书后来分析的支柱之一。作为一个初步的估计，政府的权利只是来源于那些其在任何特定的交易中所代表的个人。任何人都不能转让不属于自己的东西（*Nemo dat quod non habet*），这是与普通法上的观念相似的格言。在洛克看来，国家作为主权者，它本身并没有提供新的或是独立的权利来对抗那些从属于其控制的人们。国王也没有一种神圣的权利可以取缔自然状态下个人之间的那种权利义务的一般规则。主权者并没有产生权利的绝对权力。如果只是简单地宣称它自己的愿望，国家就无法获得任何东西，国家必须根据受其保护的个人的权利来使自己的主张正当化："一个国家，只是通过武断的言词（*ipse dixit*），在没有补偿的情况下，不可以将
私人财产转变为公共财产……"[17] 因此，在个人关系中的私人权利即 12
使在公民社会形成之后，也应尽最大可能受到保护，并且，只有当为了获得一种对内和对外的和平时，对个人权利的保护才可以适当地修正，政治权力之所以必要，正是为了实现这种和平。主权不再神秘；在任何时候，主权者都必须证成自己的权力主张。国家和个人之间的

[16] 洛克，前注 6，§ 135。

[17] Webb's Fabulous Pharmacies，Inc. v. Beckwith，449 U. S. 155，164（1980）。这个句子接下来就是，"即使在法庭上的有限的保证期间。"这个案件本身涉及一项佛罗里达州的立法，该法令规定，在一个交互诉讼（interpleader suit）中，所有赌博获得的收益都要交给作为赌款保管者的国家，因为该利益是一项公共财产，因此应当属于国家。这段引文驳斥了那种命题。该法律还允许国家获得与举办该交互诉讼而付出的成本相等的费用。我们应该注意这个案件中的不太明确的假定。征收条款适用于部分征收；简单的宣称并不能用来对抗这个条款。国家费用只是涵盖了它所付出的成本，而并没有达到交互诉讼给私人当事人所带来的利益。原则上，所有这些观点都可以适用于任何一种形式的政府管制，从对于公共水资源的控制到土地使用分区（zoning）管制都可以适用。分别参见第十五章和第十七章。但是法院论证的模式却抑制了从一般前提出发的逻辑演绎，所以 Webb's Fabulous Pharmacies 只是调整了法律的一个小角落，而并没有勾画出主要的宪法结构。

每个交易都可以被理解为私人之间的交易，只不过有些交易覆盖着主权的色彩，而另一些则没有，如此而已。

国家地位的一个私的类比，也许可以澄清这个基本关系。有关公司的法律经常被用来分析公司和它的个人股东之间的交易（比如回购公司股票的行为），正如这个法律也经常被用来分析股东之间单独的交易。关键的一点就在于，任何公司和它的股东之间的交易都必须被分解为一系列股东之间的交易。公司这种形式本身，并没有独立的权利和职责。理所当然，这里享有权利和承担职责的是个人。那些控制公司的人就像那些控制国家的人一样，他们的行为只有基于已经从其所代表的股东那里所获得的权利而作出时才能得到证成。团体在这种理论中当然是非常重要的，无论是股东还是公民，但是，在各个方面，团体的权利都是依赖于它们的成员的权利。任何团体都不可以享有超过其成员权利总和的权利。

洛克的第二个核心贡献涉及私人财产权在总体统治体制中的关键作用。私人财产权代表了个人在国家控制之外所保有的物品的总和。通过将一定数量的价值置于公共控制之外，洛克含蓄地回答了霍布斯提出的挑战，他勾勒了一种规则，依据此规则，主权统治不再能产生垄断利益。国家只是获得了其为统治所必需的东西（它的成本），除
13 此之外，它不能再获取更多的东西：

> 最高权力不能从任何人那里获取它的财产的任何部分，除非已经得到了本人的同意。因为保护财产是国家的目的，也是人类进入社会的目的，这就必然假定和要求人民应该享有财产权，否则就必须假定他们因参加社会而丧失了作为他们加入社会的目的的东西，这种十分悖理的事是无论任何人都不会承认的。[18]

然而这里，在洛克对于政府的解释里，有一个重要的模糊之处，

⑱ 洛克，前注 7，§138。

尤其是他对同意的论述。国家的形成并不能用实际的同意来解释，因为对于这样一个契约而言有太多的当事人，以至于这种契约事实上也是不可能存在的。用现代的术语也就是说，普遍存在的市场失灵，使得国家不可能通过自然人间的一套实际契约而诞生。洛克自己也意识到了这个显而易见的难题，他试图通过求助于默许同意的观点来回避这个问题，即："每个占有或享有该国家的领土的人，都因此表示了自己的默许同意，因此，在他同处于该政府之下的任何人一样享用的期间，他必须服从这个政府的法律。"[19]

洛克的观点与上面所提到的代议政府理论之间有着很大的张力。如果默许同意并不是真正的同意，那么代议政府理论就失去了它本来的重要意义，因为国家必然会去行使那些可能并不是明确来源于被统治者同意的权力。但是洛克从来没有解释，任何有限政府的理论如何才能回避对明示同意的依赖。他对于默许同意的解释是有缺陷的，因为这种解释是基于一种语言上的转变，即从"同意"理念（事实上这种同意可能是从行为过程中暗示出来的）向"受拘束"理念的转变，后一种理念也就是说，个人收到了国家保护所带来的利益，这是作为其"受拘束"的回报。但是这种回报利益的观点意味着，默许同意与契约理论并无多大关系，而它涉及更多的是对被赋予利益的补偿理论，或者如法律人所言，更多的是一种准契约的理论，该种理论既指出了与普通契约理想的联系，同时也指出了它们的差距。然而，洛克的理论必须对主权者以默示同意为由证成自己的各种勒索行为的权利施加某种限制。如果没有这样的限制，默许同意就会变成授权立法者获得最大剩余利益的契机，而洛克的制度恰恰是希望将那些剩余利益 14
排除于立法者控制之外的。[20]

为了使洛克的观念具有可行性，我们有必要抛弃那种将默许同意

[19] Id. at § 119.

[20] 这种担心并不只是一种假设。所有税收权力的扩张都是基于如下的观点：无论国家希望征收什么样的税收，生活在文明社会所获得的利益，都足以作为国家征税的补偿物。见 Carmichael v. Southern Coal & Coke Co.，301 U. S. 495（1937）的有关讨论，第十九章。

作为契约义务的来源的理念，并用一种更明确和严格的主权者和个人间的被迫交易的理论取而代之，这种理论不仅可以说明对强力的垄断，同时也可以解释对自由和财产的保护。个人的堡垒不再是对其财产的绝对保护。现在的情况是，一定部分的个人财产无论何时被剥夺，他都应该获得来自于国家（实际上也就是那个拿走财产的人）的一定数量的等价物或更高的利益，以此作为同一交易的一部分。因此，那种认为没有默许同意，财产就不应当被剥夺的绝对论点，必须被改写为如下条款，即财产可以被剥夺，但条件是必须要有公平补偿条款。现在，洛克从自然状态向公民社会的转变，就可以将征用权条款的两个要素结合在一起了。个人所必须放弃的是他们使用强力的权利；作为交易，他们被给予的是一种更高形式的公共保护。同样，这里并没有所谓的契约，而只有一套被迫交易的网络：这种被迫交易网络之设计，应使每个人都比以前生活得更好。

征收条款的公用的语言也与洛克的一般观念一致。洛克把政治权力定义为一种只能为公共福祉[21]而行使的权力。对于公共福祉这个概念，洛克在他的著作里并没有正式的分析。但是，他明确提出了公共福祉的说法，这本身就是要努力确保那些因政治联合体的形成而创造的剩余利益不能只有助于（或者是主要的）那些拥有主权权力的分散个人的利益。暗含在宪法结构中为私人使用的夺取与为公用（公用这个概念在宪政体系中也不是特别明确）的征收之间的差别，将被表明只具有内部的结构：保证收益在那些被国家征收了私人财产的所有人当中合理地分配。[22]

15 对征用权条款施加治安权的限制，同样也很符合洛克的安排。政府的中心目的就是保持其疆域内的和平与秩序，于是，禁止征收财产并不能被解读为是要阻止政府履行作为政府存在的正当基础的特定使命。如果私人有自卫的权利，那么要是国家对私人自然权利的丧失予以补偿的话，政府必须拥有类似的权力。因此，权力的目的以及为实

[21] 洛克，同前注 6，§3。

[22] 见第十二章。

现该目的而使用的手段都应该适合于这个基本的安排，并且，19 世纪对于警察权的精密解释也表明，前后一致的主权概念对于整个的政府结构是非常关键的。㉓

在宪法被采纳的时代，洛克的制度是占据主流的。他的国家理论在布莱克斯通（Blackstone）的《英国法评论》（Commentaries）中被采纳，其主张保护财产权以对抗其敌人的观点，也是那个时代政治思想的不断被强调的核心主题。㉔ 虽然保护私人财产是最初宪法设计的核心目标，但是宪法却不是一般的征收权令状。实际上，最粗略的观察就可表明，对于个人权利的明确保护在最初的设计中只占了很小的一部分，严格的征收权条款也不是该设计中的一部分。基本的宪法计划是试图通过间接手段来限制政府的权力。首先，宪法界定了分立的政府机构：第一条规定了议会，第二条规定了行政，第三条则规定了司法。接下来，它又界定了选举的模式以及那些被委托以不同权力的国家官员所享有的权力。宪法处处所关心的，都是避免权力集中于少数人手中。在选举国家官员方面，宪法设计了复杂的条款来控制人民主权所带来的风险，确保选民不能同时用一个声音说话。参议员每 16
隔六年由州立法机构选举一次。㉕ 众议院的成员数量更多，并且是每隔两年选举一次。总统任期四年，他是由选举团间接选举产生的，而

㉓ 例如，见 Thomas M. Cooley，A Tre at ise on the Constitutional Limit at ions Which Rest upon the Legisl at ive Power of the St at e of the American Union（1868）；Ernst Freund，The Police Power，Public and Constitutional Rights（1994）；Christopher G. Tiedeman，A Tre at ise on the Limit at ions of Police Power in the United St at es（1886）。要想了解这个主题的历史重要性，其中一个方法就是要认识到，在 Lochner 法庭之前，这个问题并不在于契约自由是否处于正当程序条款的保护之下——这一点被认为就是如此——而在于对契约所施加的那些限制在警察权力的背景下是否依然正当。霍姆斯（Holmes）对此有一个著名的论述："第十四条修正案并没有扮演赫伯特·斯宾塞（Herbert Spencer）先生的社会静力学的角色"，这一点也许是针对 Tiedeman 的，因为 Tiedeman 很明确的认为其扮演了那样的角色。参见，Tiedeman，67，329 页。

㉔ Charles Beard，Judicial Review and the American Constitution（1913）；Jennifer Nedelsky，"American Constitutionalism and the Paradox of Priv at e Property"（1982 年手稿）；Nedelsky，Book Review，96 Harv. L. Rev. 340（1982）。

㉕ 参见 Berns，前注 1，81－82 页。

选举团即是一个专门为此目的而创立的机构。

同样，对联邦权力的司法控制也是试图通过将一定领域排除在集体统治的束缚之外，来限制主权者的权力。联邦权力不是无限的，而是列举的，其主要是限于洛克的公共福祉的事项上：军队、海军、邮政以及最为开放的商业。权力分立与制衡的体系使得行使被授予政府的权力更为困难。洛克也曾经暗示过这个想法，他提出理由说，立权利与行政权应当分离。[26] 在孟德斯鸠的《论法的精神》（*The Spirit of Laws*）中，这个想法得到了著名而富有影响力阐释；《论法的精神》创造了“权力分立”这个词语，同时还证成了权力分离的理念。[27] 通过以实力制约实力，这个制度有利于保障个人的自由。只要存在滥用权力的诱惑，权力就应当被分割，以形成权力的制约。于是，宪法就详细设计了许多特定手段来实现那个目的。总统可以否决立法，但国会却可推翻总统的否决；法官是独立的，但要由总统任命并由参议院批准；国会有权宣战，但总统是总司令，总统的钱包掌握在国会的手中。

迄今为止，宪法本身只字未提个人的实体保护。在宪法的原初框架中，一系列程序和司法的保护都是被期望来服务于某种实体目的的。当然，那个目的就是对于私人财产权的保护，是“生命、自由及财产”的保护，这也是洛克认定的国家存在的目的。程序措施通过间接手段，确保政府不得通过那些侵犯财产权的法律：政府之被创制，正是为了保护财产权。汉弥尔顿写到：“宪法本身，无论是在理性的
17 意义上，还是就实用的目的而言，都是一部权利法案。”[28]

在这个背景下，我们现在就有可能看清楚，权利法案是如何符合最初的宪法安排了。该法案明确了国家的目的，即保护由有限管辖权、间接选举及权力分立所组成的制度旨在保护的权利。在这里，有

[26] 洛克，前注 6，§ 143—144。

[27] Montesquieu，The Spirit of the Laws，Book II（1748）。

[28] The Federalist，No. 84，515 页（A. Hamilton，Mentor ed. 1961）；Berns 曾引用这一点，前注 1，66 页。我们还要注意到，宪法并没有限制州政府权力的条款，参见 art. I. Cl. 10，这一点确实是这样的，因为联邦宪法（除了宽泛的保证“共和政府”的形式之外）并不能界定州内部权力的分配。

关联邦主义的残酷事实使得这种政治理论的适用更为复杂了，因为权利法案最初的功能只是限制联邦政府，而不是限制州的权力；在 Barron v. Baltimore 一案中[29]，马歇尔法官在法院全体一致通过的判决中，明确且正确地坚持了这一点。但是，对州权力的限制在实践中得到了回答，即吸收对个人的特定保护措施来对抗州权力，当然也包括征用权条款。[30] 由于这本书是政治和宪法理论的混合，所以，我将根据现行法律，并将此条款视为同时适用于联邦和州之行为的规定，这与洛克的基本设计也是一致的，这一点在所有的州宪法中也有所体现，因为所有州的宪法都有某种征用权条款的规定。 18

[29] 32 U. S. (7 Pet.) 243 (1833).

[30] Chicago, Burlington & Quincy R. R. v. Chicago, 166 U. S. 226 (1896).

第三章　宪法文本的完整性

一、宪法解释的重任

霍布斯和洛克的政治思考在我们的宪法中生出了果实，它就是由程序和实体规定构成的一张精致的网络。然而，根据一种特定的观点组建起政府，只是通向合理治理的长征途中的第一步。接下来的步骤是保存宪法所规定的政治安排。在我们的国家中，对制度安排的保存在很大程度上依赖于权力分立理论，而我们运用这种理论的方式是洛克和孟德斯鸠都始料未及的。司法审查制度根据一个简单但有影响力的方案把制定法律的权力分给立法机关和法院共同行使。立法机关排他性地拥有提出立法案的权力，但是，法院尽管不能立法，却可以推翻法律。征用权条款特别规定，法院可以推翻未经公平补偿而征收财产的法律。

接着，司法审查制度又对宪法解释的规则提出大量要求。法官，也就是视秉公执法为全部生命的人，尽管不是选举产生的，但却可以宣布选举产生的官员作出的决定无效。如果法官的权力想要获得正当性，它们就不能仅仅是政府的另一个政治机关。由于他们不能求助于公众的意志，所以，他们为宪法文本提供的权威解释就不能仅仅是自己对于立法应该实现何种目标的个人看法。为保证法官做出符合原则 19
的解释，宪法的用语必须是足够明白和准确的，要能够确保对那些不赞成宪法规定的法官也能具有约束力，因为如果法官在裁决案件时，可以对眼前的宪法视若无睹，那么，立宪政府的使命必将很快失败。

语言对于法官意志的约束力量在许多核心宪法条款中表现得淋漓尽致。征用权条款包含了一系列宪法本身未曾界定的术语：私有财产、征收、公平补偿和公共用途。契约条款、正当程序条款、平等保护条款、确立国教条款和言论自由条款都包含有我们的法律词汇中最常见但又最难界定的术语，与这些术语相关的是强大的权力，但对这些权力的界定同样非常抽象。为宪法用语提供含义的人群必然来自于文本之外，这些人在他们时代的常规社会和文化交往中接受教育，然后又在日常交往中使用这些术语。

二、正确看待模糊性

人们经常说，这种日常用语标准太过模糊，根本无法在疑难文本的含义上达成任何一致看法。托马斯·格雷曾经雄辩地指出，在日常交流中，“私有财产”这个术语根本没有统一的含义。① 格雷指出，在某些情形中，私有财产指不动产；在另一些情境中，它指的是对抗世界的权利（与合同下面的对抗特定人的权利不同）。财产还能指返还原物或停止侵害的救济，与损害赔偿形成对照。还有另一些对财产的论述是结果导向的。它可以被认为是一种促进分配效率或保护个人安全和独立的手段。而且，最有启发的是，格雷指出，财产权可以指受到保护的那一系列（各种各样）的权利，以对抗征收条款下的政府征收。在列举了这个术语的各种含义以后，他总结说，这个术语根本

① Thomas Grey, “The Disintegration of Property,” in Property (J. Roland Pennock and John W. Chapman eds., NOMOS monograph no. 22, 1980).

就没有什么价值。

> 从所有这些论述中得出的结论是，围绕财产权的讨论已
> 经造成一系列互不联系的用法。最有价值和用处的用法是理
> 20 论家们的界定；但是，这些用法之间以及与日常交流的用途
> 之间，都存在严重的断裂。更为不利的是，从对物的所有这
> 种观念中衍生出的“财产”的含义基本没有和一般性的法律
> 原理框架、法律理论和经济整合在一起。通过审视现存的一
> 些用法似乎可以恰当地得出结论：那些设定和操控复杂的资
> 本主义经济的法律结构的理论家们根本无须使用“财产”这
> 一术语就能完成任务。[②]

那就试试看！格雷观点中的重大缺陷在于，它如果没有催生智识上的绝望情绪的话，也造成了一种并不恰当的智识怀疑主义。他抛弃了一个在英语中几乎普遍接受的用语，理由仅仅是因为这个术语的含义中的某些必然存在的紧张，但是，他并没有提出任何替代用语。一旦清除掉“私有财产”这个术语，就很容易破坏支撑现行制度的宪法支柱，并因此使得政府权力的范围和自由度都相应扩张。

然而，根本没有理由一碰到困难就放弃使用这个词语。Hanna Pitkin 在其出色的著作《代表的概念》中[③]，提出了对此问题的一个更好的处理办法。其中的一个关键的段落值得在这里比较详细地引述，因为这段引文精彩地阐述了在进行解释时应该持有的恰当态度。

在我看来，“代表理论”的混乱状态不应成为让人们失望的理由；我也不认为我们应该抛弃这个概念，尽管它缺乏确定的含义、模糊不清、随着我们使用的其他概念的不同而变化。它的确是在“不同的意义上以及不同的关系中被使用”，但是，这并不意味着，这个词可以（正确地）在任何给定的关系中都不同意义上被使用；在某种特定的

② 同上，163 页。

③ Hanna Fenichel Pitkin，The Concept of Representation（1967）.

情境下，对这个词的恰当使用可能是必须做到的。“一种多变的用法并不等于一种模糊的用法”；恰恰相反：“做出区分的需要和因未能区分而导致的模糊是完全不同的。”然而，在这种情形下，需要解决的问题并不是去阐述这个词的正确含义，而是去详细说明它适用于各种情境的所有不同用法。

因此，我的第一个假定是，“代表”的概念的确有一个可以确定的含义，它以不同的但却可控制且可以发现的方式适用到不同的情境中。它并不是一个模糊和易变的概念，而是一个单一但又非常复杂的概念，从17世纪以来，它的基本含义就没有发生太大变化。实际上， 21
用一句话来界定它的基本含义，并做到足够宽泛，以涵盖它在不同情境下的各种适用方式，并不是一件非常难的事情。一些评论家已经做到了这一点，在这个意义上说，我们可以挑出一个正确的定义：“代表”一词，正如其词源所暗示的那样，是指使某人或物再次出现。然而，除了它的这种最早的用法之外，这个词的含义总是不限于使某人或某物出现，就像人们把一本书拿到屋子里一样。相反，更普遍地说，代表指的是这样一种意义上的使某物出现，这就是，这个物并不真实地或事实上出现。[④]

这种对待概念的方式也同样可适用于“私有财产”这个术语，它曾使得格雷大为烦恼。其基本含义是可以把握的，尽管在这个术语的用法周围环绕着各种各样的含义。让我们考察一下布莱克斯通在其《英国法评论》中给出的定义：“没有什么东西像财产权那样，如此普遍地刺激人们的想象，并挑动人们的感情；或者说，它指一个人可以对外物宣称和行使权利的独占和专断领地，完全排除世界上任何其他人的权利。”[⑤] 另外，布莱克斯通详细阐述了隐含在财产所有权之中的权利。“第三类绝对权利是财产权，它内在于每个英国人身上，包括对其所获之物的自由使用、享受和处分，不受任何控制或减损，除

④ 同上，8—9页，部分转引自 Harvey Pinney，“Government——by Whose Consent?” 13 Social Science 298（1938）。

⑤ W. Blackstone，Commentaries 2（1756）.（所有引述布莱克斯通的引文，页码均是第一版的页码。）

非国家法律对其做出限制。”⑥

布莱克斯通试图理解日常用词的含义，而且，他提供的定义完全允许将来的进一步完善。此外，他的定义非常有说服力，能够以皮特金所阐述的那种方式化解格雷的所有对立观点。由此，下面这些用法与布莱克斯通的定义就不存在矛盾，比如说，不动产是最重要的一种
22 私人财产，财产可以对抗契约，或者说，侵害财产权的行为有时引发的是损害赔偿，有时则是停止侵害。实际上，每个领域都值得详细研究，正像他全书所做的那样。

私有财产权所促进的多种目的也并不会妨碍我们理解这个用语的含义。私有财产权可以服务于分配效率和私人安全与独立的目的。也可能出现的情况是，它同时促进这两类目的，而这两类目的是完全不相关的。类似地，布莱克斯通的定义并没有排斥，反而在事实上有助于复杂的资本主义国家中的各种社会和经济所有权。区分所有和法人是通过不断运用私人财产权中内涵的处分权而创造的——这些权利只是被转移，而没有因行使而丢失。既定权利的各种结合方式表明的是私有财产制度的灵活性，而不是不可知性。

对我们的研究最重要的是，布莱克斯通对私有财产的阐述解释了征收条款中包含的术语的含义。想要为私有财产提供保护的宪法必须从日常用法中采纳私有财产的含义。格雷并没有提供任何在完整性、普遍性和关联性方面可以和布莱克斯通的定义相匹敌的定义。格雷想要抛弃英语中的一个核心术语，但是，他并没有提供替代用语，以供宪法讨论使用。如果采用他的奇妙处方，将会使得言论、出版、宗教和结社自由方面的宪法保护都遭受灭顶之灾。这些词语也同样很难界定，特别是当社会决策以它们为转移时，就更是难上加难。

这意味着，在宪法探究中，就像 Pitkin 指出的那样，模糊性问

⑥ 同上，2 页。布莱克斯通最后提到的“国家法律”的含义可能存在一些问题。但是，它的含义似乎仅仅是指在剥夺一个人的财产时，必须使用某种惯行的程序，超出常规的特别程序不应该代替裁决。如果在解读这段文字时，认为财产权操控在立法机关手中，就偏离了原文的意义，即使在一种议会主权的生长提供了这种可能性的制度中，也不能这么解读，在布莱克斯通的时代，这个发展过程尚未完成。

题必须被恰当看待。毫无疑问，在任何概念的适用过程中都会存在疑难案件，特别是像私有财产这样普遍的概念。偶尔也会出现的情况是，就连到底 A 还是 B 是土地的所有权人的问题都几乎无法确定：A 的占有先于 B，但是 B 首先筑起围栏。A 的行为可能在时间上是在先的，但是 B 的行为在宣告上是在先的。然而，更大的危险则是对法律人的缺陷进行激烈的攻击。边缘情形构成诉讼的素材；但是，它们并不是基本的人类制度安排的素材。对于私有财产来说，和其他概念一样，诉讼之外的大量情形根据基本的法律概念是可以理解的。[7] 围绕占有土地或动产到底是什么意思这个问题撰写的 23
浩繁著作表明，“占有”这个词的含义仍存在模糊不清的地方，然而，法律权利经常是要依赖于这个行为的：保管人或仆人可以主张占有吗？怎样通过抛弃行为来放弃占有？一个继承人拥有推定占有吗？[8] 然而，透过所有这些理论阴暗地带，既定法律规则还是能够在99.9％以上的情况下表明，如果有人占有的话，那么究竟是谁占有和拥有某物。模糊和模棱两可对法律制度的健康并不是致命的，正像感染不一定对人体有致命影响一样。在某些情况下，模糊和模棱两可具有杀伤力，但是在大多数情形中，它们并不具有。即使术语在边缘地带是模糊和凌乱的，法律人还是能够准确地阐述法律问题。引用一个古老的英国谚语，仅仅因为存在着黎明和黄昏，并不意味着就没有白天或黑夜。

三、与时俱进的宪法？

语言怀疑主义的兴起也助长了这样一种观念，这就是，宪法条款的含义必定随着时间改变，因此，每一代人都可以根据自己的意愿重

---

⑦ 关于对这个题目的详细讨论，参见 Richard A. Epstein，“The Social Consequences of Common Law Rules”，95 Harv. L. Rev. 1717（1982）。

⑧ 参见，例如，Oliver Wendell Holmes，Jr.，The Common Law ch. 6（1881）；F. Pollock and R. Wright，Possession in the Common Law（1888）。

新解释宪法。[9] 但是，这种认为宪法必须不断演变，以适应变化着的环境的观念将导致对法治的破坏。如果下一代人可以为所欲为，使得宪法不过是不断修正的试验品，那么，为什么还要劳神去制定一部宪法作为新的开端呢？

只有把两种完全不同意义上的语词含义相混淆，才有可能让宪法解释随时间而变。第一种意义上的语词含义指的是这样一个问题，某命题的语义学含义是什么？另一层意义则是，一旦我们知道了某个命题的含义，它对某群体的意愿有什么影响，或者说，它能否和这种意愿产生共鸣？就第一个问题来说，某些主观宣称的定义就是错误的；在原则上，可以确定某种稳定且唯一的含义，在事实上，通常也能够做到这一点。就社会接受性的问题来说，不同代的人们之间和同一代的人们内部，在秉性和心理方面可能存在巨大的差异。一个恪守原则的马克思主义者赞成废除私人财产权，因为它允许富人剥削穷人。民主社会主义者保留产品的私人所有权，向它征收再分配税。最后，一个洛克的追随者，就像我自己，则相信私有财产制度在生产和分配方面能够运转良好，相应地，把税收只限于提供公共防御和其他经济性
24 公共物品。这三种立场之间在观点上的差别是复杂而重大的。然而，“私有财产”这个术语却承载着同样的含义，无论是对于想要废除它的马克思主义者，对于想要限制它的社会民主主义者，还是对于想要保护它的洛克追随者，它的含义都是一样的。马克思主义者有充足的理由把征收条款从他理解的宪法中剔除出去。

对于所有这些阐述，有人可能会回应说，社会组织必须保持活力，并随着时间而改变。但是，这并不意味着，只要在人们的喜好或技术方面出现了变化，法律制度就必须从根本上发生改变。[10] 举例来说，私人财产权制度仅仅规定了如何获得财产，以及运用什么方式把它从一个人转移给另一个人。它并没有规定必须获得什么、什么时候必须转移、或者必须支付多高的价格。在大多数情形中，外部变化可

[9] 例如，Bruce A. Ackerman，Rediscovering the Constitution（1984）。

[10] 我曾撰文详细论述过这个问题，参见 Richard A. Epstein，“The Static Conception of the Common Law”，9 J. Legal Stud. 253（1980）。

以通过调整自由交易中的物的相对价格来应对。几乎没有理由去重新构建调整交易的制度框架。类似的分析也适用于公共机关。在战争期间，对政府的需求将会增多。但是，这可以通过提高整体税率来实现，而无须诉诸征收条款规定的没收行为。对制度变动的赞颂只是增加了对集体决策制定的需求，并没有改进制度的质量。稳定的制度能够消除一个维度上的不确定性，结果就是，私人和公共机关都能集中精力去创设那种旨在尽量减少生活中不可避免的不确定所引发的成本的制度。

四、宪法价值

语词具有惯行的、稳定的含义这个事实也对这样一种解释方法提出质疑，这种解释力求从法律命题服务的所谓目的中找寻它的含义。常见的论点表述如下：因为第一修正案是为了培养公开和热烈的政治辩论，所以，提出诽谤诉讼的公共官员和公众人物必须证明批评者存有实在恶意。[11] 为了理解第一修正案的含义，必须先了解它打算促进
的目的或社会价值。但是，真正的问题在于，谁来找出这些价值？所 25
找出的价值是促进社会目的还是私人目的？对价值的追寻也不允许人们逃避发掘语义学含义的任务。关于宪法目的的观点也是通过文字表达的，经常是非常圆滑的文字。接着，对于价值的假设也需要和它力求阐明的宪法文本做同样多的解释；在这里，不存在可以求助的另外价值。但是，我们有可能摆脱这种困境。就诽谤诉讼而言，需要解决的问题是，言论自由到底是什么意思。说话的自由并不意味着随心所欲说话的权利，就像行动自由并不意味着随心所欲行动的权利一样。诽谤诉讼的通用规则界定了言论自由的限度，正像侵入法界定行动自由的限度一样。诽谤言论不能享受绝对的保护，因为自由并不支持不当言论，正像自由不会支持不当行为一样：诽谤之所以是不当的，就

⑪　参见，例如，New York Times Co. v. Sullivan，376 U. S. 254（1976）。

是因为它针对第三方做了错误陈述，造成了对它们的侵害。[12]

同样的原则也适用于征收条款。如果私有财产被认为主要是为了保护自治或财富最大化，就像格雷主张的那样，那么，人们就必须对这些术语的含义进行阐述。如果所有的术语都必须结合它们打算实现的目的才能被理解，那么，解释行为很快就会陷入无限回归。从中几乎得不到什么收获。为语词确定含义的任务早晚都要面对，看起来早点面对会更好。围绕立宪者引入征收条款究竟是为了保护市场还是自治，还是两者兼顾，可能会发生争议。但是，最终，只有做这样一个假定才能取得较大进展，即，该条款就是要做条文所表述的事情，即确保私有财产未经公平补偿就不能因为公共使用而被征收。

五、历史渊源

刚讨论过的目的解释在很大程度上要依赖于宪法条款的内在智识
统一性，而且不去关注起草或者签署该文件的当事人的实际历史意
图。为这种侧重提供的一个简单的理由是，如果探询这些历史细节，
那么，它造成的混乱可能会多于所消除的混乱。宪法文本由某些人起
26 草，又通过另一些人修正。为了确保某个条款的通过，许多人都对它
的意义和功能发表看法。他们可能认为，这个条款拥有非常广阔的适
用范围，但是，为了转移反对者的注意力，他们则公开宣称它的适用
范围很狭窄。而那些反对该法律的人在进行陈述时，也可能会反着使
用相同的策略。由此，每种外部证据都是通过语词表述出来的，在可
以运用这些证据来解释特定宪法条款之前，必须先解释和理解这些证
据所使用的语词。因此，广泛使用二手材料会增加更多的原始素材，
但是，有充足的理由认为这样做会增加混乱，而不是澄清理解。我们
需要解决的问题不是去找寻一个必然的真相，而是要确定一个基本的
可能性。当当事人的数量非常多而且观点分歧又非常严重时，文本目

⑫ 参见第七章，那里讨论了什么样的诽谤由征收条款调整。

的的最好证据就是文本的语词本身。

如果人们阅读当时的权威作者的作品，可能会在部分程度上避免这些困难。我已经指出，为了确定日常用词的含义，这种做法是非常必要的。但是问题在于，我们是否可以运用这种方法去完成文本解释之外的某些任务，例如，确定某条款想要防止的伤害的类型。一个经常出现的问题是，某个宪法条款可能是因某些比较狭隘的事由而制定，这些事由并没有穷尽该条款的含义。言论自由条款可能是因为不满于政府对报纸的审查而制定的，但是，该条款的用词要比导致它的制定的情形广泛得多。该条款使用的语词是“言论自由”，认真对待这项保障的现代案例努力为个人在言论领域的自由提供论证。确立国教条款显然限制建立官方教堂，但是，它同样也涉及“部分”确立行为，比如向特定宗教群体，或者也许是全部信教人员，提供特别的资助或支持。

征收条款也引发了同样的问题。制定该条款的主要动机可能因为在战时为供养政府军队而征收食物和供给。然而，这种情形仅仅是需要避免的滥用权力行为的一个例子。该条款的语词本身更加宽泛。一个问题是，到底应该在多么宽泛的程度上来解读这个条款。在其谨慎地阐述征用权条款的历史背景时，约瑟夫・萨克思发现，格劳秀斯认为广泛的工资和价格控制并没有冒犯征用权原则。[13] 没有理由相信格 27
劳秀斯在这个问题上的观点得到了面临同样问题的其他人的赞同，包括那些起草和修正这个修正案的人。从单独的一个作者去推导宪法文本的含义是最令人讨厌的策略。

然而，假定当时的普遍观点都认为，对财产的征收不包括对工资和价格的任何形式的管制。但是，这个事实凭什么就能对宪法解释起决定性作用呢？所制定的条款并没有规定这类法律属于立法机关的绝对权力的范围。它只是规定，对私有财产的征收不能被允许，除非提供了补偿，并仅能出于公共使用。主要的效忠应该贡献给已经写就的文本，而不是制订者关于该条款可能引发的后果的看法。在第一（或

⑬ Joseph L. Sax, “Takings and the Police Power,” 74 Yale L. J. 36 (1964).

甚至是第十四）修正案被采纳时，普通法的诽谤规则将接受宪法审查这一点毫无疑问没有什么意义。然而，最终，如果言论自由的要求使得对私人诽谤诉讼的某些限制势在必行，那么，制订者（无论是权利法案还是第十四修正案的制订者）的不成文期望必须让位于文本的内在成文逻辑。

同样的观点也适用于征收案件。毫无疑问，在某种意义上说，广泛的工资和价格控制既不同于对指定商品的特别控制，也不同于为修建邮局而对私人土地的征收。任何完备的理论都必须解释这些区别是什么，以及，它们如何能够被整合进一种统一的理论中。但是，我们无须假定这些区别在性质上是绝对的，以至于征收土地受该条款调整，而价格控制，无论是普遍的还是特定的控制，都完全处于其调整范围之外。回答这个问题的最好方式是，对受到挑战的行为进行细致的考察，确定它们是如何被整合进征收条款当中，在做这种考察时，应该把征收条款看作一个自足的智识命题。这种做法也不一定排斥制订者的意图。他们可能是想同时承认征收条款和工资与价格控制，而没有意识到二者之间的紧张关系。如果他们不能两者兼得，那么，明确的选择要优先于默示的选择。假定制订者既相信 A 也相信 X，当 A 和 X 不能兼容时。如果 A 是宪法文本的规定，那么，就不能允许 X 的存在。

完全信赖历史意图的做法还必须应对在变化了的社会条件下产生的新制度的问题。整个的立法项目对制宪者来说都是完全陌生的，他们从来没有面对过神秘的资费控制、劳工补偿、分享油气行业的利益、或者是错综复杂的土地使用分区。想用某种特定的历史意图作为石蕊试液，来检验这些项目的合法性的做法，肯定会把我们推向两个
28 不可接受的极端情形中的一个。新制度或者总是有效，或者总是被宣布无效。然而，在征收条款中使用非常笼统的语词的一个原因就是为了避免这种绝对的判断，因此，可以允许法官维持那些对制宪者尚属陌生的新项目。由此，对某种特定历史意图的遵循应该被完全放弃；权利法案所选用的语词表明，国父们和我们一样，也意识到了立法创新的问题。他们知道，他们无法洞悉未来，因此，就依照这种实际情

况来起草条文。

对此，对待历史渊源的恰当态度应该是正反感情并存。它们在确保我们理解宪法文本中使用的日常语词的含义方面非常有帮助，但是，作为把宪法文本和集体目的及为保证该目的的通过而展开的隐蔽日程交易进行区分的工具，它们则是非常拙劣的。在评估该条款下必须接受审查的特定制度安排方面，历史渊源的价值甚至更小。对将来该如何使用这些资料的问题，很难提出一般性的做法，但是，在征收条款方面，它们的作用非常有限这一点则是确定无疑的。在实际解释该条款时，历史方面的观点几乎就没有发挥什么作用。就我所知，最高法院在解释征收条款和特定政府行为之间的关系时，从来都没有求助于历史渊源。

这一点也不值得奇怪。非常明确的是，国父们在对待私有财产的问题上接受了洛克和布莱克斯通的观点，这就是他们为什么把征收条款写进权利法案当中。然而，围绕权利法案的大多数讨论却并不是针对它的主观要求，而是针对程序问题，即在宪法原文还没有机会证明自己能否运转之前，是否应该在宪法设计上再作这么根本的转变。⑭为宪法条款提供的理由在用语方面是非常笼统的，这适合于当时的情境。至于特定条款的含义是什么，以及它们在特定情形下如何适用的问题，则被留给后人解决。实际上，若坚持制定非常细节性的法案，就可能妨碍权利法案的整体通过。

六、司法自制和司法能动

对于在征收条款下受到挑战的法律，如果有的话，应该给它们什
么假定呢？在这里，所作出的选择被描述为是司法能动和司法自制之
间的一个选择，究竟是哪一种，则取决于设定假定的方式。在原则 29
上，任何初始假定都是一个可证伪的命题，当文本和历史渊源都无法

⑭ 参见 I Annals of Congress 440—468，730—792（J. Gales ed. 1789）。

提供确定（终局性的?）指导时，就应该求助于假定。赞成司法自制的传统观点是，在经济问题上进行选择的任务最好留给人民的代表，通过民主程序来做选择。[15] 赞成司法能动的观点则依赖于这样一种理解，这就是，民主程序中的缺陷可能会导致对个人权利的剥夺，包括对财产权的剥夺。[16] 对于民主程序的强调容易导向“理性基础”标准，这种标准提供非常宽松的审查，大多数立法都能因此通过宪法审查。对政府缺陷的强调则能导向严格的审查和更加广泛的司法行为。

没有办法在抽象的层面使一种主张战胜另一种。宪法包含了确保某些决定由选举产生的代表来做的条款。它同样也包含了限制这些选举产生的代表的行为的条款。传统的讨论通常利用错误的术语来进行，这种讨论假定或者是司法能动或者司法自制能够产生合理的判决结果。宪法显然没有承认任何版本的大众民主，然而，它也同样没有假定立法机关没事可做。

没有假定，我们的确无法前进，但是，我们可以限制假定的适用范围。只有当缺乏更加具体的知识时，才需要假定，而这些知识正是我们应该努力去争取的。指导文本分析的规则应该从对文本的解释中提炼出来，而不是强加给文本。随着对文本的分析越来越准确，假定的重要性也就会逐步降低，进而，也就不再需要求助于可证伪的假定。案件更多的是要以理论为基础来判决，而不是以先入为主的对司法角色的观念为基础来判决。我认为，司法能动和司法自制之间的争论没有太多意义，而且，只有当对复杂的制度安排和完备的宪法规则之间的一致性存在真切的怀疑时，才应该展开这种争论。

在下文中，我将倡导一种比现在讨论的更加广泛的司法干预，而
30 且，事实上比我们所经历的司法角色都要更广泛。但是，我在所有地

⑮ 参见，Robert H. Bork，“Neutral Principles and Some First Amendment Problems”，47 Indiana L. J. 1（1971）；Robert H. Bork，“The Impossibility of Finding Welfare Rights in the Constitution”，1979 Wash. U. L. Q. 695。

⑯ 参见，例如，John Hart Ely，Democracy and Distrust：A Theory of Judicial Review（1980），其中对这种程序导向的观点做了最充分的论述。

方都没有依赖于这样一个信念，这就是，在涉及经济自由的案件上，应该持司法能动的态度。相反，我相信，我所揭示的做法是宪法文本以及它所体现的任何国家理论的必然推论。

七、议程

那么，应该怎样来建构这种理论呢？前文已经指出，宪法是根据洛克提出的基本理论制定的。根据这种理论，政府被认为是从它所治理的个人那里获得它的全部权利和权力的。相应地，国家和个人之间的所有制度安排都可以被还原为不同个人之间的一种关系网。这样一种方式对于理解征收公式的两个关键的方面是非常重要的：第一，什么行为构成对私有财产的征收？第二，当私有财产被征收时，可以提出哪些正当理由？然而，国家不止于组成它的各部分的简单相加，因为这些被授予公共权力的人可以为了公共使用而启动强制交易。因此，第三个和第四个问题讨论通过公共使用和公平补偿条件而进行的强制交易的管制。

大体来说，我的讨论议程可以被简化为四个问题：

1. 是否存在对私有财产的征收？
2. 私有财产的征收行为是否有正当理由？
3. 征收是否是为了公共使用？
4. 是否已经为被征收的财产提供了补偿？

这些问题将被分别讨论，在结论部分再结合起来考察。 31

第二编

表面征用

第四章　征用和侵权

在所有法律体系当中，禁止征用私人财产都有着古老而强大的根基。例如，早期普通法将抢走（asportation）动产和剥夺土地视为是对私人财产进行征收的例证。[①] 这类案件通常必须满足四项严格的条件，这些条件直接导致赔偿。第一，所涉财产对原告和被告有同等价值。第二，被告是有意识地并且故意地进行征收。第三，征收是通过被告简单的直接行为来实现的，没有第三方或自然事件的辅助或介入。第四，被征用的是整个物品，而非其一部分。

在所有这四项条件结合起来时，无可否认地，就发生了对私有财产的征用。只有在这四项条件中的任何一项或全部都被放宽的情况下，被告征用原告财产的主张仍被质疑是否真实时，才会对征收原则的范围进行探究。例如，假设被告对物的评价高于原告或者正好相反。或者假设报告并未保留财产而是将之毁损或卖给了第三人。假设对物的征用或毁损并非是故意造成的，而仅是因为过失，或者甚至完

① 就对动产的侵入（trespass），参见 James Barr Ames，Lectures on Legal History 56—63（1913）。对不动产诉讼的历史，参见 A. W. B. Simpson，An Introduction to the History of the Land Law 24—44（1961）。

全是因为意外造成的。假设物最终未被整个征用而仅征用了其中的一部分。

35 对这一章的中心论题可以作出如下的表述：无论是单独看待还是合并看待，这些变化都未表明 A 从 B 那里征用了财产这一主张是虚假的。无论是单独看待还是合并看待，这些变化也未剥夺原告对私人被告所享有的诉因。[2] 这些条件的任何一项的放宽可能会影响在侵权和回复（restitution）理论之间进行的选择；它可能需要求助于严格责任原则；它可能会检验因果理论的外部界限；或者它也可能改变对损害的正确衡量。但是这些选择都没有削弱下述基本观点，即原告仍然在表面上享有从被告那里回复已被征收的财产的权利。

对私人情形的分析对公法有着必然的影响。根据洛克的原则，关于财产是否被征收这一问题，政府并不处于较其所代表的个人为优的地位，因此简单的检验并非决定政府的最终责任，而是决定它的行为是否处于征收条款（eminent domain clause）的权限范围之内。在政府的行为是由某个私主体实施时，它是否被视为是对私人财产的征用？如果是，那么就存在对私人财产的征用，我们就必须进一步检验是否支付了补偿。如果不是，就不存在征用，政府就无须驳斥征用权（eminent domain）的挑战。因此，第一件事就是检验“A 征用了 B 的私人财产”这一主张可能的变化组合（permutations）。

一、收益和损失

假定 A 从 B 那里征用了财产，然后又消费了该财产或将之卖给了 C。因为回复特定财产已经不可能，法院必须选择衡量 A 应付给 B 的赔偿的方法。在原初的征用为故意时，借助于“对侵权规则的放弃”（waiver of the tort rules），原告通常就享有了一项针对私人被告

② 参见下面的讨论。

的在侵权和回复之间进行选择的权利（election）。[③] 若原告的损失超过了被告的获益（gain），原告就可以根据侵权理论挽回他全部的损失。若被告的获益超过原告的损失，原告根据回复理论就获取了该收 36
益，有时还无须考虑被告自己的成本。[④] 在收益和损失几乎相当或完全不同时，就会出现这一对救济方式的选择。但是，整个争论是容易理解的，仅仅因为它以需要救济的原初违法行为是对财产的征收为前提条件。这一简单的主张，无他，就是所有需要得到证实以表明征收权条款完全被牵涉进来的东西，无论救济的混合形式是什么。在损害的回复和侵权的衡量方法之间进行的救济选择，在评估征收条款中的公共用途和公平补偿因素时就成为关键性的，我将在它们合适的位置对之进行讨论。

二、对私有财产的毁损

对政府毁损而不是征收私有财产的情形，迄今为止所提出的方法提供了一个分析的框架。当然，在这里，可能会产生一些文本上的争论（textual arguments），即应从“损坏或破坏”（damaged or destroyed）这些动词的对立面来理解“征收”这一动词，因为征收要求政府（至少是暗示地）主张对财产的占有利益。和联邦宪法使用的表述明显相反，许多州的宪法都明确地使用了“被征收或被损坏的财产”（property，taken or damaged）这一短语，注意这一现象就可以

③ 通过放弃侵权救济，原告可以放弃侵权的衡量办法，而根据回复的衡量办法来起诉，前者是基于对原告自身的损害，而后者是基于被告的收益。一般性的论述参见 Arthur L. Corbin，“Waiver of Tort and Suit in Assumpit”，19 Yale L. J. 221（1910）。就其应用，参见 Edwards v. Lee's Administrator，265 Ky. 418，96 S. W. 2d 1028（1936）。

④ 例如，参见 Maye v. Tappan，23 Cal. 306（1863）。经典的阐述否认了被告在故意侵犯原告的权利时可以抵消成本，但于权利问题上存在错误的情形，它并未否认抵消的适用。

强化前述观点。⑤

但应当拒绝这种对征收条款的狭隘解读。这一观点得到了稳步的发展。和任何私主体一样，政府在征收他人的财产并将之纳入自己的财产时负有补偿义务，例如它从 A 的土地上取走木材用以修缮法院的大楼。在政府从私主体那里征收物品，并用它们来改善公共财产，然后在工作完成后将之抛弃时，州的义务仍得以保留。州将 A 的木材取走去搭脚手架，然后在法院大楼的修缮完工后又将其抛弃就是这
37 种情形。因此，政府在处理其事务时完全忽略了形式上的转让，较之政府在修缮法院大楼时焚毁了 A 的木材，二者有什么差别呢？

在私法中，征收和毁损（destroying）的唯一差别就是侵占请求权（a claim for conversion）变成了对不法毁损的请求权（a claim for wrongful destruction）。毁损使得被告所获得的收益难以计算，因此在缺乏其他方法时（by default），侵权的衡量方法——对原告造成的损害——就成为了赔偿（recovery）的唯一基础。但是侵占财产和对财产的毁损是非常类似的。侵占涉及使用武力将物从其所有人处拿走。毁损涉及使用武力给仍为所有权人占有的物造成物理上的变化。征收和毁损是彼此最相近的替代物，它们每个都构成了侵权法必不可少的部分。和侵权责任不限于侵占一样，州根据征收条款所承担的表面责任（prima facie liability）也是如此。可以确信，没有人会主张，州在爆破一栋建筑物时没有征收私有财产，或者之后它可以没收土地而无须赔偿它毁损的建筑物。如果赔偿要求阻拦了政府接管（take-over）的直接方式，征收条款就只能通过阻拦毁损财产的间接方式来限制政府的过度行为。无论政府是征收还是毁损私有财产，都必须适用征用权条款。

这一观点的力量在最高法院早期的判例 Pumpelly v. Green Bay Co. 中得到了承认，这一判例由于其观点的规范力量原则上具有决定性。⑥ 在该案中，原告寻求从被告那里获得赔偿，被告是一家私人公

⑤ 参见 William B. Stoebuck，“Nontrespassory Takings”，in Eminent Domain 5（1977），它收集了大量包含有“毁损”或其同义词的州宪法。

⑥ 80 U.S.（13 Wall.）166（1871）.

司，它是根据政府的授权进行活动的，而原告的土地因为被告修建的大坝将水聚集起来而被淹没导致了损害。被告争辩说，因为原告即使在淹没后仍保留着对土地的占有，所以赔偿是不必要的。这一争论获得了迅速而又尖锐的回答：

被告的观点是并不存在宪法条款含义内的对土地的征收，而且损害是对适航的河流的使用相应而生的后果，政府为了改善河流的适航性有权进行这种使用。

> 宪法条款总是被理解为采用它是为了保护和保障个人的 38
> 权利以对抗政府，并且它被法学家、政治家和评论者称赞为超越了普通立法改变或控制权利的权力而将普通法的公平原则置于该主题上，如果在解释这一条款时，认为，若政府不对不动产进行绝对的侵占以便公众使用，它就可以完全毁损其价值，可以造成任何程度上的无法修复的和永久的损害，可以在实际上将之全部毁损而无须作出任何赔偿，因为在这一词语最狭义的意义上，它并非是为了公共用途而征收，那将是非常荒谬而且不令人满意的结果。这种解释将歪曲宪法条款使之成为对公民权利（如普通法上存在的那些权利）的限制，而非对政府权利的限制，并使之成为一项以公共利益为借口而侵入私人权利的权力（authority），这在我们先人的法律或实践中并未获得授权（warrant）。⑦

三、责任的基础

严格责任的支配

根据私法，必须决定适用于侵占和毁损财产的责任的正确基础。

⑦ 同上，177、178页。

再一次，侵权情形确立了分析的底线。在私人背景中，被告必须归还他故意取走的东西。在被告因意外事件或错误而取走的情形下，这一结论很难有什么不同，即使他尽到了所有可能的注意来查明物主的身份。[⑧] 被告仍然拥有物，他不可以通过自己的错误而获益。过失是无关紧要的；返还财产的义务是严格的，因为由原初的违法行为造成的不平衡仅在此时才能得以纠正。同样的是禁止令，原告的权利并不限于被告恶意或过失行为的情形。只要对原告财产的威胁存在，就可以对它进行抵制。如果严格责任对禁止威胁性地征收财产的命令提供了适当的基础，那么，在损害不再能被阻止而寻求较弱的救济手段——损害赔偿时，它也起支配作用。[⑨]

39 假定征收和毁损财产是类似的，侵权问题的解决方法很容易得出：严格规则必然调整二者。（征收）条款本身确认了这一观点，因为它提及的是被征用的财产，而非过失或故意征用的财产。而且，尽管大多数政府征收的情形涉及向私人故意施加损害，但在少数并非如此的情形中，严格责任仍是适当的，例如，在政府的安全预防设施"采用了最新的得到认可的设计，并且它对这些设施的使用也采取了得到公认并获得批准的方式"这种侵扰的情形中。[⑩]

核心的见解并非是，因为严格责任在大多数陌生人的案件中（in most stranger cases）实际上为州法所遵循，因而成为必要的。即使普通法是相反的情形，这也是毫无疑问的，因为严格责任规则和征收条款的逻辑和结构完美地达成一致。将过失从严格责任中分离出来的主要目的涉及对源自被告行为过程的期待收益的处理。过失规则——至少任何模仿 United States v. Carroll Towing Co. 案[⑪]中的著名的汉德公

⑧ 例如，参见 Maye v. Tappan，23 Cal. 306（1863）。

⑨ 对于私法上的类似情形，参见 Richard A. Epstein，"Causation and Corrective Justice：A Reply to Two Critics"，8 J. Legal Stud. 477，500—501（1979）。

⑩ St. Louis-San Francisco Ry. Co. v. Matthews，49 P. 2d 752 at 753（1935）.

⑪ 159 F. 2d 169（2d Cir. 1947）. 对这一公式的阐述，参见 Richard A. Posner，"A Theory of Negligence"，1 J. Legal Stud. 29（1972）. 关于批评，参见 Richard A. Epstein，"A Theory of Strict Liability"，2 J. Legal Stud. 151，152—160；Richard A. Epstein，Modern Products Liability Law ch. 4（1980）。

式（the Hand Formula）的规则——规定，在不防止损害的收益大于损害自身的预期成本时，在其他方面构成侵权的对人或财产的损害就会得到免责。因此，实际上，这一公式允许被告将他（或社会全体）从其自己的行为中获得的收益与向原告施加的成本进行交易。

对这一一般过失规则的反对意见是，它拒绝承认如下的道德上的必要性，即至少应在表面上要求被告——尽管不能事先阻止他的行为——赔偿他的行为对他人的人身或财产造成的损害。严格责任背后的道德问题（the moral case）是，对收益和损失的分配和社会财富的整个数额一样关键。对这一点可以进行如下的阐述：在预期成本超过收益时，过失的当事人必须进行全部赔偿。而在收益超过成本时，类推回复的观点（restitution arguments），获益的被告应赔偿征收或毁损财产所造成的损失。若对赔偿的支付可以这样做，给他人造成的损害就应当被视为是给自己造成的，就好像被告毁损了自己的财产一样。霍 40
姆斯（Holmes）有力地阐述了私法的观点："通过故意损害而减少财产之价值者，知悉该财产属于某人。如果他认为该财产属于自己，就会预期他可能造成的任何损害都从他自己的钱袋中支付。如果他通过查明该财产属于其邻居而可以免除这一负担，将是奇怪的。"[12] 这一对严格责任论点的描述在征收法（征收权法，eminent domain law）中有着确切的类似物，在这里，公共被告而非私人被告必须回应赔偿的要求。是否应当给予赔偿的问题应当和是否允许进行一定形式的直接行为（primary conduct）的问题分别来看待，此时，侵权被告的收益（如果有的话）成为了赔偿原告所受损失的一项额外的理由。[13]

联邦侵权索赔法

私法和公法之间的关系在最高法院对 Laird v. Nelms 案[14]的不幸裁

⑫ O. W. Holmes, Jr., The Common Law 97 (1881).

⑬ 侵权原理与公平补偿之间的默示关联在普通法的判例中可以得到很好地理解，特别是在采用了法律的严格责任观点的那些意见中。例如，参见 Bamford v. Turnley, 3 B. & S. 62, 22 Eng. Rep. 27 (1862); Vincent v. Lake Erie Transportation Co., 109 Minn. 456, 124 N. W. 221 (1910)。

⑭ 406 U. S. 797 (1972).

决中被忽略了。原告的农舍被政府飞机的隆隆声（sonic boom）摧毁了，对此原告寻求《联邦侵权索赔法》（Federal Tort Claims Act，FTCA）下的损害赔偿，该法要求政府“……在美国若作为私人根据作为或不作为发生地的法律应向请求人承担责任的情形下”要对所有“由政府雇员的过失或不法作为或不作为引起的”财产损害承担责任（受到一定的例外的限制）。[15] 实际上，通过假定政府基于可适用于私人被告的原则对其侵权行为承担责任，制定法对宪法的观念赋予了立法上的表达。

尽管在制定法中宣布了政府和私人被告之间的明显的类似性，最高法院仍认为本案因为原告无法证明“过失或不法的作为或不作为”而得以漏网（fall through the crack）。没有政府的代理人是有过失
41 的，损害本身也被认为“过于遥远”而无法构成“不法作为”。政府不能被指控实施了任何直接的不法作为，例如侵入，而仅能被指控因（飞行）这一作为而导致了损害后果（隆隆声），而该作为在本质上并非是侵权性的。法院对制定法的解释可能会得到这样的答案，即，必要的不法行为是隆隆声的产生而非飞机的飞行。不过即使这一对制定法的解释是不正确的，它也仅是证实了《联邦侵权索赔法》自身在适用时（as applied）是违宪的。

议会可能长期以来就认为政府的侵权责任是立法的恩赐，尽管对政府征收私人财产的行为进行赔偿是宪法上所要求的。确实，主权豁免理论依赖于对古代英国法主张的修正，这一主张认为国王不可能犯错。在美国的背景下，该原则必须得到改造以符合宪政政府的要求（demands），但是在霍姆斯提供的经典的正当性论证（justification）中仍很好地揭示出它的专制主义的起源：“主权豁免于诉讼，不是因为任何形式上的概念或陈旧的理论，而是基于逻辑和实践的理由，即不可能存在法定的权利来对抗制定权利赖以存在的法律的权力（authority）。”[16] 这样主权豁免就依赖于政府的过时的权利，它和征收条款所预设的国家理论完全不相符合。如果国家仅是从它所代表的人的权利中

[15] 28 U. S. C. § § 1346（b）and 2674（1982）.

[16] Kawananakoa v. Polyblank，205 U. S. 349（1907）.

获得了权力（authority），它就绝不能基于它是所有权利的源泉而主张豁免赔偿义务。宪法背后的自然权利理论排除了这一结论。

《联邦侵权索赔法》所提供的诉讼权利不应被视为是立法的恩赐，而应被视为是征收条款在宪法上作出的授权（mandated）。这一结论的出现可能突兀，但它不仅在原则上获得支持，而且也为不同的权力（authority）所支持。在 Armstrong v. United States 案[17]中，美国是其主要承包商 Rice 造船公司的大批船只的未来购买者。Armstrong 是分包商，它向船只提供服务和材料，根据缅因州的法律（Maine law），它在船只上附加了在各个方面都有效的担保权（lien）。美国政府在其最初的合同中加入了一项条款，赋予了它一项权利，可以在承包商 Rice 不履行债务时要求“转让和交付”船只。Rice 的承诺（undertaking）反过来又由置于财产之上的优先担保权（a paramount 42
lien）所担保，这一担保权所担保的是政府对船只的分期付款。在 Rice 不履行债务时，政府要求并获得了对船只的转让和交付。然后它又提出了主权豁免的抗辩，因此阻止了 Amstrong 取消抵押品的回赎权（foreclose）或以其他方式来执行他有效的担保权。最高法院假定政府享有优先的担保权，但它也承认这并未解决 Armstrong 的征收请求。船只本可能具有超过政府担保权的价值，所以，主权豁免的辩解（plea）——如果受到尊重——将消灭后顺位的担保权，而这一后顺位的担保权本身就是受到征收条款保护的财产，以防在未经赔偿的情况下通过取消回赎权而被征收。

Black 法官知道，若支持 Armstrong，他将踏入敏感的地带。他非常有意地拒绝探究下述问题，即在“何种通过合法的政府行为对财产的毁损属于可赔偿的征收和何种毁损是‘后继的’因而不可赔偿之间”所宣称的区分是否有意义[18]，但是这只是在间接提及《联邦侵权

[17] 364 U. S. 40（1960）.

[18] 同上，364 页。该段文字后跟随的是一系列的判例引述，包括 Pennsylvania Coal Co. v. Mahon，260 U. S. 393（1922），在第六章中对该判例进行了讨论；United States v. Causby，328 U. S. 256（1946），下文将对之进行讨论；以及 United States v. Central Eureka Mining Co.，357 U. S. 155（1958），第八章中对之进行了讨论。

索赔法》中表明的主题之后才作出的，这一主题是，在 Armstrong 案中，政府通过提出主权豁免的抗辩而要求没有受到妨碍的对船的权利（title），而这一主权豁免的抗辩是“私人购买者无法提出的”[19]。Armstrong 的请求达到了宪法的高度，所以它不能简单地为制定法所禁止，因为征收条款对主权豁免原则施加了必要的限制。该原则并未被完全取消，因为政府总是可以持有它确认的任何特定的资产而免受担保（lien）或负担（charge）。不过尽管它可以消灭担保权，但它必须对它从总收入中拿走的东西付款。

是否可能将 Armstrong 案的逻辑限于它的“特定”事实这一问题随后才会出现。在这里，可以提出两项限制的理由。第一，这一观点被认为仅适用于存在担保权而非可继承的地产权益（fee interests）的情形。从最乐观的一方面看，这是奇怪的，因为如果该条款包括任何担保权——它在定义上仅是一种部分利益，可继承的地产权（fee）就更有理由（a fortiori）被纳入进去了。第二，在 Armstrong 案中，担保权被破坏了，但是物并没有遭到毁损。对原告的损失而言这有什么差别？Pumpelly 案在将对物的毁损和对物的征收等同这一点上是
43 正确的，因而受到保护的利益是担保权还是衡平权益（equity），或者是二者的混合，都是无关紧要的。如果在 Pumpelly 案中被淹没的财产被抵押了，可以确信，全部损失都可以获得赔偿，即使付款在抵押权人利益的范围内会向他作出。

与《联邦侵权索赔法》通过前后出现的反向征收（inverse condemnation）的案件——它们又一次表明了在侵入和侵占之间划定的界线在逐渐地消失（vanishing thinness）——相比，任何狭窄地限制 Armstrong 案中的原则的努力也处境艰难。在 Keokuk & Hamilton Bridge Co. v. United States 案[20]中，美国政府进行了爆破操作以扩展原告的桥所跨越的可导航的河流，此时，该桥受到损害但未被摧毁。“该工程是以通常的方式进行的并且尽到了超过通常的注意”[21]，为持

[19] 364 U. S. at 48.

[20] 260 U. S. 125 (1922).

[21] 同上，126 页。

一致意见的法庭代言的霍姆斯法官认为并不存在针对美国政府的救济，因为该损害可以修复并且不是故意造成的。通过提及在导航改善的情形中难以在侵权和征收之间划定界线，霍姆斯法官推论："这是一种附带损害（incidental damage）的普通情形，在它是由私人造成时，仅可能构成侵权而不可能是其他的。"[22]

不过，这一裁决仅表明，该界线本身并不值得维持，因为它使得赔偿依赖于被告的精神状态或者损害的大小。有限代议制政府理论又一次决定了结果。因为征收条款使得可向私人起诉的行为也可以向政府起诉，霍姆斯否认救济的理由就更好地解释了为什么救济应被授予。因为在侵权和征收之间并不存在原则性的区分，他所提出的两个理由如果有关联的话也仅是和其他问题相关。在违法行为得到确立时，损失的大小属于损害赔偿的问题，损害的故意性质排除了与有过失（contributory negligence）和类似的抗辩并且构成对惩罚性损害赔偿的证据。这两个因素无论是单个还是结合起来都没有歪曲征收权条款的适用。

在《联邦侵权索赔法》通过后，施加在侵权/征收区分之上的大部分压力就被减少了，但是经常是出于程序上的理由，该问题仍继续受到争讼。Myers v. United States 案[23]描述了这一基础难题。原告拥有一块土地，在该土地上政府通过征用（condemn）取得了一项通行 44
权（a right of way）。原告诉讼的依据（gist）是政府的承包人（contractors）没有将他们的活动保持在所征用的（condemned）通行权的范围内而是进入并损害了原告保有的邻近的土地。他们的诉请宣称，原告自己的土地遭到破坏，沙砾流失，所保有的土地的表层遭到破坏，原告的农地和园地也遭受损害，到公共道路的通行也受到了妨害。原告对赔偿的诉请并未遭受争论。该案件仅问及，该行为是"侵权性质的"，还是它是"基于宪法"的诉讼而"非侵权性质的"[24]，若为前者，诉讼就是根据《联邦侵权索赔法》进行的，适当的审判地点

[22] 同上，127 页。

[23] 323 F. 2d 580 (9th. Cir. 1963).

[24] 同上，582 页。

在阿拉斯加州（Alaska），若为后者，《塔克法》（Tucker Act）[25] 则将排他管辖权授予了索赔法院（the Court of Claims）。在决定支持索赔法院的管辖权时，第九巡回法院作出了如下的表述：

> 上诉人向美国政府提出的主张是，对未经征用程序（condemnation proceedings）而为了公共用途征收被认为属上诉人拥有的财产所造成的损害进行赔偿，这一点是清楚的。上诉人将美国政府进行的征用重复描述为是对所涉土地的侵入和进行破坏（commission of waste），但这并没有将索赔转化为侵权性质的案件并因此根据《联邦侵权索赔法》将管辖权授予地区法院。宪法的第五修正案禁止未经公平补偿就为了公共用途征收私人财产。对我们而言，上诉人对美国政府的索赔奠基于在宪法之上，而且所诉请的美国政府的行为具有反向征收的性质。[26]

作为一项基本的主张，只要美国政府准备尊重它在宪法上的债务，它就可以选择在那里提出索赔的特别法庭（particular forum）。在这个意义上，它享有区分征收和侵权的权力。奇怪的是，法院坚持认为原告在控告政府侵入和破坏时作出了错误的陈述。仅仅将这一事情视为是一种对制定法的解释，那么显然《联邦侵权索赔法》较之《塔克法》是更好的诉讼根据。不过索赔法院对 Myers 案享有管辖权这一事实表明，部分征收——这里是对私有财产的使用和毁损——具有宪法的维度，《联邦侵权索赔法》的各种限制——包括在 Laird
45 v. Nelms 案中所强调的——都无法经由法令（fiat）而否认它。所有针对政府的诉讼都建立在宪法之上，无论它们根据《塔克法》是否“具有侵权的性质”。因而《塔克法》不应仅仅被视为是立法的恩赐，而是应视为是用于保护一组个人的法定权利（entitlements）而选定

[25] 28 U. S. C. 1491 (1982).

[26] 323 F. 2d at 583.

的方法，这些法定权利也受到宪法自身的保护。即使该法令明天被废止了，政府基于征收条款的义务一点（one iota）也不会消灭。尽管否认了原告根据该制定法在联邦法庭（the federal forum）提起诉请，但根据第五修正案他仍可以获得救济，或者在联邦法院，或者于必要时，在州法院。

根据其他宪法条款推断出宪法的损害赔偿诉因的判例强化了同样的结论。与此相关的权威判例（authorities）中最重要的是 Bivens v. Six Unknown Federal Narcotics Agenst 案。[27] 在该案中，被告——联邦侦探们（federal agents）——以州法为幌子并且在无可能原因的情况下行动，侵入了原告的公寓并以麻醉品违禁（narcotics violations）为由将其逮捕，最高法院认为原告是根据第四修正案对被告主张了一项有效的联邦诉因。最高法院承认，依据宪法自身并不存在明确的对私人损害赔偿诉讼的授权，但它准备推断出一项授权，因为需要保护个人对抗国家官员的侵入和其他违法行为。在对这一观点进行论证时，Brennan 法官以类似于我的主题的方式谈及，根据第四修正案个人对国家较对其他私主体享有更大的受到保护的权利。私人被告并未配备有搜查令（search warrants），并且至少在一些情形中可以为代表受侵害的当事人行动的警察所击退。通过将请求置于宪法层面，原告在宣称美国官员错误行为的诉讼中，当然能够避免《联邦侵权索赔法》中对针对美国的赔偿所施加的各种限制。[28] 不过，如果根据宪法对官员提起的诉讼是必要的，为何不能对作为其雇主的政府提起类似的诉讼就没有理由。

Bivens 案并非是最高法院根据宪法的不同的特定保证（specific guarantees）而推断出私人诉因的唯一判例。Butz v. Economou 案[29]
基于第一修正案也承认了一项私人诉因；在一件针对一位议员的性别 46
歧视案中，对基于第五修正案中的正当程序条款的平等保护维度而提

[27] 403 U. S. 388 (1971).

[28] FTCA, 28 U. S. C. § 2680 (h) (1982).

[29] 438 U. S. 478 (1978).

起的索赔，Davis v. Passman 案[30]也做了同样的处理；Carlson v. Green 案[31]在针对联邦监狱局的诉讼中根据第八修正案的残忍而不寻常的惩罚条款（the cruel and unusual punishment clause）也采取了同样的做法。依据征收权条款的私人诉讼更是如此，此时“公平补偿”的表述要求损害赔偿的救济，尽管它在这么多的词句中都没有对之作出规定，这一救济仅受限于那些可以通过治安权或通过含蓄的实物赔偿原则而得以正当化的限制。[32]

四、近因

近因问题在所有类型的征收案例中都会出现。在通常的侵占诉讼中，被告通常被指控亲手征收了原告的财产，但是这一典型情形并未决定责任的外部界限。如果被告设置了一个陷阱，无辜的原告将其自己的动产掉入其中，被告并不能基于他是通过陷阱而非强力获得了财产就可以保有该动产。类似地，如果被告虚伪地告知原告，他可以将其动产留给被告照管但其后拒绝返还这些动产时，他就对这些财产进行了征用。不过，如果被告说，一旦动产交付给他，他就不会归还这些动产时，责任的界限就被超越了：该情形是赠与而非征收，所以，所做的陈述的真实或虚假设定了征收条款在管辖上的边界。[33]

㉚ 442 U. S. 228（1979）.

㉛ 446 U. S. 14（1980）.

㉜ 例如，如果使哥伦比亚特区的巡回法院（the District of Columbia Circuit）成为实施《塔克法》的唯一地点并没有施加不适当的负担，那么基于征收，管辖地规则（venue rule）就未被挑战。不过看起来很难解释，在外部的有形损害是由政府在较远的地方造成时，除了偏袒政府外，什么能够说明这一结论。对便宜的平衡费力地指向以损害地点作为管辖地。更容易理解的是为什么管辖地属于华盛顿特区，在那里涉及了中央的规制和管理行为。一般的论述请参见 Cass R. Sunstein，“Participation，Public Law，and Venue Reform，” 49 U. Chi. L. Rev. 976（1982）。

㉝ 注意第一修正案规定的类似内容，此时，较之对虚假的陈述，它正确地对真实的陈述赋予了更大的保护。例如，参见 Gertz v. United States，418 U. S. 323（1974）（由 Powell，J. 法官阐述）。

在所有的侵占情形，除被告的行为外还考虑那些必须用来完成从原告向被告的占有移转的行为是非常必要的。不过，如果移转的中间 47
步骤完全是由被告的强力或不实陈述所导致的，该过程的时间长短并不能改变当事人之间的相对权利。基于代议制政府的核心前提，在政府处于私人被告的地位时，也适用同样的规则。

对因果链条的同样扩展也可以在毁损的情形中适用，由此将棘手的侵权上的近因问题引入到了征收权的法则中。所有的因果关系理论必定会在边缘的疑难情形中产生犹豫（stumble）。不过，边缘上的错误（marginal error）的可能性并未暗示，充分因果关系的理论（adequate theory of causation）——甚至在州所导致的因果关系中（causation by the state）——在直接适用强力导致损害的情形会穷尽力量。尽管因果关系是从侵入开始的，但私法制度从未同意使侵入构成整个侵权法。在普通法和大陆法（civil law）中，因果关系必须包括一些间接伤害（indirect harm）或后继损害（consequential damages）的情形。考虑一下和上述侵占案件非常类似的情形。被告并未直接击打原告而是通过设置了一支弹簧枪或一个陷阱并由原告引发它们而伤害了原告。或者被告并未伤害原告而是告诉他峡谷底部出去有条安全的道路但实际上没有。必须对因果链条进行延展。罗马人通过制定法禁止“杀死”奴隶和某些动物。[34] 即使当他们受到情况的内在逻辑的推动而创设“类似的”诉讼（例如类推的诉讼（the action on the case））以控制类似的情形，如被告以药品为借口向原告提供毒药而构成一项造成死亡的原因的情形。[35] 制定法“衡平考量”（equity）的情形也是宪法衡平考量的情形。

间接因果关系在 Eaton v. B. C. & M. R. R. 案[36]中得到了正确的处理，该案是新罕布什尔州（New Hampshire）的一个征收权的判例，是在 Pumpelly 案后并基于该案的精神而作出判决的。在 Eaton

㉞ 参见 Dig. Just. 9. 2. 7. 6. —9. 2. 9. 3. 关于全文及其分析，参见 F. H. Lawson，Negligence in the Civil Law（1950）。

㉟ Dig. Just. 9. 2. 7. 6. —9. 2. 9. 3.

㊱ 51 N. H. 504（1872）.

案中，被告是一家铁路公司，根据公共授权，它在一座山的山脊挖了一条很大的沟渠，自然流水因此而周期性地淹没原告的土地，并降低了该土地的适耕性。公法上的征收权和私法上的侵权之间的密切关联在意见的第一句话中得到了揭示。“如果对山脊的开辟是由私人土地的所有人进行的，而该人并未从原告那里或从立法机关那里获得权利
48 时，他将会对本诉讼中试图获得赔偿的损害承担责任，这一点实际上得到了承认。”[37]

法院忠实地将这一前提适用于了近因问题。它提及，原告是基于侵入理论，还是因为自然力量在因果历程上的介入而基于模仿 Rylands v. Fletcher 案[38]中的规则的理论起诉完全是无关紧要的。Smith 法官提出了所有正确的因果关系的观点；考虑到被告“是这样处理”以前用来控制水域的“土地”，他拒绝了水是“自然”流入原告土地的观点。他谈道，“如果山脊仍然保持其自然状态，被告就可以将洪水压入山脊顶部的管道，因而通过该管道将水直接倾泻入原告的土地吗？如果不可以，他们如何能够维持一条水渠，使水在重力的作用下通过该水渠不可避免地流入原告的土地？”[39] 所涉及的损害是根据类似侵权诉讼（an action on the case）来救济而不是根据侵入令状来救济和宪法问题无关，因为没有理由认为“宪法的制定者旨在使他们的意图卷入过于讲究的技术区分的迷宫中，通过这些区分，普通法的诉讼制度‘变得复杂并且受到妨碍’”[40]。如果被告在损害发生前从原告那里购买了该权利，他就可以说获得了“一项排水地役权（a flowage easement），但因为淹没是在没有事先购买这一受限权利的情况下发生，该结果对被告来说是一样的”[41]。实际上，对土地的损害就是对土地的部分征收，因为即使原告仍保持占有，他也被剥夺了通常的使用，而这是所有权的主要附属权利之一。

[37] 同上，506—507 页。

[38] See Fletcher v. Rylands，1 Ex. 265，aff'd sub nom，Rylands v. Fletcher，L. R. 3 H. L. 330（1868）.

[39] 51 N. H. at 513—514.

[40] 同上，520 页。

[41] 同上，516 页。

不过很容易忽略征收权的基本原则并返回到 Pumpelly 案和 Eaton 案所揭示的枯燥的形式（formalities）上。特别是，和空间地役权（air easement）以及类似权利相关的法律并未从对淹没案件的早期分析中获得任何收益。混乱的种子种植在了 United States v. Causby 案[42]中，在该案中，法院认为，因为军用飞机在着陆和起飞的过程中总是进入私人土地所有者的土地上空，构成对其土地空间飞越地役权（overflight easement）的征收，因此政府有义务对原告进行赔偿。该进入本身被视为是普通的对空间的侵入（因此构成征收），49
就此给土地所有者造成的不方便和烦扰仅是可诉损害的一部分。该原理不幸的弦外之音是，对受保护的空间的进入而不是该进入所产生的烦扰（disturbance）构成了对政府不法行为（wrong）的诉讼依据（gist）。

然而，原则上的错误容易导致结果上的错误。在 Batten v. United States 案[43]中，正如法庭所阐述的，问题在于，“在不存在对受影响的财产的有形侵入而是对美国空军基地上的军用喷气飞机进行操作和维护产生噪音、震动和烟雾而妨害了对财产的使用和享有时，是否会发生第五修正案规定的可赔偿的对财产的征收。”[44] 以对财产的征收为一方，以对财产造成的单纯损害为另一方，法院主要通过坚持二者间被打破了的（exploded）区别以否定的方式回答了该问题。[45] 法院通过下面的宣称而否定了赔偿，即“记录所显示的只不过是对使用和享有的侵扰”[46]。不过那正是赔偿为什么应当被授予的原因。所有 19 世纪的侵权区分中最站不住脚的区分之一就是，在严格责任规则所调整的爆破造成的损害和由过失规则所调整的震

[42] 328 U. S. 256（1946）.

[43] 306 F. 2d 580（10th Cir. 1962）.

[44] 同上，581 页。

[45] 这一判例倾向于掩饰下述主张，即对“或损害”这一表述的省略对根据征收权条款进行的裁判没有影响。参见 Bruce A. Ackerman，Private Property and the Constitution 191（1977）。

[46] 306 F. 2d at 585.

动及类似情形造成的损害之间所进行的区分。[47] Batten 案中的法院认为这一区分在宪法层面是一种更好的区分，因为根据它自己的观点，对损害的性质和来源的分类现在不仅仅有助于是否必须主张并证明过失的问题，而且有助于究竟（at all）应否给予赔偿这一大得多的问题。

50 可以确信的是，Batten 案通过提及在某些案件（如 Richards v. Washington Terminal Co. 案）[48] 中需要赔偿而承认了在结合处的某种策略（some play in the joints），在 Richard 案中，烟雾从一个排气风扇的通道中排出而穿越了原告的财产，因此赔偿（recovery）得到了许可。Richard 案要比这一对原则的勉强承认所暗示的远为重要，因为它以 Pumpelly 案所预示的方式表明了征收权条款的完整性如何在征收仅包括损害和毁损的情形下得到保全。这一承认仅强化了核心观点（the central point），因为 Richard 案要求所有的侵扰（nuisanses）都应被视为是“有形的侵入（physical invasion）”，从而构成征收，并可根据征收权条款获得赔偿。坚持认为普通的侵扰并非有形的侵入，正如法院在 Batten 案中所认为的那样，不仅违反了合理的理论，而且违反了古代和现代对普通侵扰地位的一致判断。侵扰侵权对表面上旨在保护私有财产的征收权条款是陌生的这一点是不可能的。在判例法中已经存在对 Batten 案立场的受欢迎的撤离[49]，在立法层次上也存在了某种认识，即该案造成了无可原有的、确实是无法容忍的

---

[47] 19 世纪关键的判例是 Hay v. Cohoes Co.，2 N. Y. 159（1848），它许可对爆破损害提起严格责任诉讼，以及 Booth v. Rome，W. & O. T. R. R. CO.，140 N. Y. 267，35 N. E. 592（1983）。在 Spano v. Perini Corp.，25 N. Y. 2d 11，250 N. E. 2d 31，302 N. Y. S. 527（1969）案中则消除了这一区分，这一判例许可对爆破和震动损害提起严格责任诉讼。不过这一学说上的情形还未开始在纽约实现，因为 Copart Industries，Inc. v. Consolidated Edison Co.，41 N. Y. 2d 564，362 N. E. 2d 968，394 N. Y. S. 2d 169（1977）指示在侵扰案件中采用过失标准，这些案件和异常危险案件难以区分开来。

[48] 233 U. S. 56（1913），将在第十六章中对该判例进行讨论。（原著的判例号引用有误，应为 233 U. S. 546（1913）。——译者注）

[49] 例如，参见 Thornburg v. Port of Portland，233 Or. 178，376 P. 2d 100（1962）；Aaron v. City of Los Angeles，40 Cal. Rptr. 162（1974）。

结果。[50] 将从“不予赔偿”的立场撤离视为是立法的恩赐而非宪法的要求并不吸引人，好像侵扰提出了不知怎么脱离了征用权条款范围的公平问题一样。不过，所需要的并不是不稳定的和无原则的对 Batten 案及其所蕴涵的哲学的敷衍/妥协（temporizing）而是对它的完全拒绝，这是普通法和宪法原则共有的事情。完全赔偿在表面上是必需的。

五、后继损害

在公法和私法案件中，因果关系难题都扩展至后继损害的问题上：何种源自最初不法行为的损失也应得到赔偿？提出这一难题的情形很常见，因为对私人财产的征收和毁损都可以导致原告丧失利润和商业信誉，并引发重新安置的费用和律师费。[51] 最极端的情形是对大 51
块土地的征用（condemination），它不仅破坏了许多小的企业和房屋，而且破坏了团体感（the sense of community）。底特律（Detroit）使用征收的权力征用了（condemn）Poletown 的附近地区来为一家通用汽车厂（a Genaral Motors plant）让路，这只是该难题的一个例证。[52] 赔偿土地的损失而不考虑关联的剥夺（associational deprivations）将又一次使用损害远隔性的检验方法（tests of remoteness of damages），这一检验对私人被告而言是完全不适当，并且，依其

[50] 参见报纸上的报道，载于 Lindsey，“Jet Noise in Los Angeles Is Dooming 1，994 Homes，” New York Times，July 21，1971 at 1，col. 3，重印于 Charles Donahue，Thomas E. Kauper，and Peter W. Martin，Cases and Materials on Property 382（1974）。另参见《1979 年航行安全和噪声消除法》（Aviation Safety and Noise Abatement Act of 1979），Pub. L. No. 96－193，94 Stat. 50（法典化后体现为 49 U. S. C. 的不同章节）。

[51] Note，“Eminent Domain Valuations in an Age of Redevelopment：Incidental Losses，” 67 Yale L. J. 61（1957）.

[52] 例如，参见 Poletown Neighborhood Council v. City of Detroit，410 Mich. 616，304 N. W. 2d 455（1981）。对该案的讨论，参见 Frank I. Michelman，“Property as a Constitutional Right，” 38 Wash. & Lee L. Rev. 1097（1981）。核心的原则问题涉及公共用途，对此参见第十二章。

含义，对政府也是一样的。然而，法院根据文本上的理由一致地否认了所有这样的请求，该理由为，政府仅占有了土地而未征收额外的损失项目。因而，强调被置于在已经移转给政府的价值上而非置于在政府于自己的事务中不能使用它们时所有者所失去的价值上。“如果营业被破坏，毁损就构成非故意的对土地的征收事件。”[53] 尽管“问题是所有者所失去的，而不是征收者所取得的”[54] 这一一般规则仍保留着，但基于政府仅需为它得到的东西支付这一理由，所有类型的后继损害仍被从这一规则的范围内排除了。

不过，在征收权的案件中将后继损害从原告的损失中排除出去是无法得到辩护的。征收条款和宪法中的所有规定一样，都是旨在保护
52 为人所有的物；它旨在保护物的所有者。[55] 因此，如果所有者遭受的损失构成赔偿的合理衡量方法，那么所有可归咎于被确认无疑的征收的后继损失——包括毁损——都可以获得赔偿，正如它们通常也可以从私人被告那里得到赔偿一样。如果对财产的毁损自身构成征收条款下的征收，那么引发后继损失就是该条款也可以规制的部分征收。作为公平问题，在后继损失被有系统地忽略时，个别原告就未获得完全赔偿(made whole)。作为整体的社会福利问题，该规则要求政府在预期损失超

[53] Mitchell v. United States，267 U. S. 341 (1925)；另参见 Kimball Laundry Co. v. United States，338 U. S. 1 (1949)。本案中争议的问题是，政府对上诉人的洗衣房进行了临时的征收，是否应要求它赔偿洗衣房供应线价值（route values）的损失，这一价值对公司而言有重要价值，但对政府没有任何价值。法院允许赔偿“它们的临时使用可能获得的可移转的价值”。同上，第 16 页。依赖于 Mitchell 案的异议将完全否认赔偿。大多数法官作出的勉强的承认过于受限，因为权利的可转让价值可能要比它们的使用价值少得多。对损失的合理衡量标准是占有期间收入流的现有价值，加上在终止时供应系统的价值损失。

[54] Boston Chamber of Commerce v. City of Boston，217 U. S. 189 (1910).

[55] 这一观点源自 W. Blackstone 所著的 Commentaries 第 139 页：“在本案和类似案件中，仅立法机关可以介入并强迫个人顺从，而且它的确经常这样做。但是它如何介入并进行强迫？并不是通过以独裁的方式绝对地剥夺公民的财产；而是通过向个人因此而遭受的损害赋予完全的补偿和等价物。公众现在被视为是个人，它是与个人谈判进行交易。所有的立法机关已经并将迫使所有者以合理的价格转让其占有；即使这是在行使权力，立法机关仍谨慎地容许这一权力，这一权力也仅能由立法机关来行使。”注意“对个人因此而遭受的损害的完全的补偿和等价物”应当包括后继损害（consequential damages）。

过了可能的社会收益从而使所有的人最终成为净损失者时采取措施。[56]

现有规则的非正义——它的确如此（for such it is）——在已判决的案件和学术文献中得到了广泛的承认。[57] 但学术上对这一基本观点的广泛同意并未得到司法上推翻既定规则的意向的配合。一个最近的判例描述了现代的“进步”法院乐意沉迷于枯燥乏味的分析以压制它们自己的正义感的程度，该案例是 Community Redevelopment Agency of Los Angeles v. Abrams。[58] 在本案中，原告是一位年长的药剂师，作为一项市区重建的综合计划的一部分，他的营业场所被市政重建机构（redevelopment agency）征用（condemned）。该机构对被征收的土地进行了补偿，但想回避赔偿 Abrams 的两项其他损害：商业客户关系（business goodwill）的损失和对处方药品库存的毁损。商业客户关系的损失可以归咎于征用（condemination），因为市区重建项目分散了 Abrams 以前的顾客，而且他的高龄和可疑的健康状况使得他在一个新的处所重新开始营业即使不是不可能的，也是非常困
难的。处方药的毁损是因为，一项应适用的加利福尼亚州的健康规章 53
要求，所有这样的药品，在从密封它们的容器中移走后，于转卖给另一个药剂师前应被开封并由州的行政机构进行检查，这一程序在本案中的花费超过了药品本身的市场价值。

法院否认了这两项赔偿（heads of compensation），尽管私人被告不能在他强迫将所有者从其营业处所驱逐的情形下逃脱赔偿。[59] 而且，考虑到加州最高法院——可以确信并非侵权案件中被告的辖区——所使用的貌似有理的对侵权的类推，这一由州进行赔偿的判例非常明显地否认回复（recovery）。在这一点上，法院将原告的损失归咎于他自己的体弱状况。作为事实问题，该观点不成立，因为原告

[56] Note，见上注 51；另参见 Giden Kanner，“When is ‘Property’ not ‘Property itself’：A Critical Examination of the Bases of Denial of Compensation for Loss of Goodwill in Eniment Domain”，6 Cal. W. L. Rev. 57（1969）。

[57] 对从体系性的补偿不足得出的暗示，参见第十七至十九章。

[58] 15 Cal. 3d 813，543 P. 2d 905，126 Cal. Rptr. 473（1975）.

[59] United States v. Miller，327 U. S. 369（1943）；United States v. Reynolds，297 U. S. 14，16（1970）.

客户的分散本无法防止，即使原告是处于年轻气盛的条件下。更年轻的所有者本可以进一步减轻损失，但这也无关紧要。和别的任何地方一样，在加利福尼亚州，侵权人不能苛求受害人，无论后者是有脆脑壳还是处于年高。[60] 政府并不处于更有利的地位。

否认对处方药损失的索赔所处的境况也并不好。由于州行为的强制，原告毁损了这些药品；在基于另一方的威胁而毁损药品的当事人和进行威胁的当事人之间，损失应合理地由威胁者承担，即使他在时间和空间上离损害更远：他强迫我给自己造成损害。[61] 在知悉胁迫的制度中，这一观点并未受到争议。在征收权的案件中，不应拿在侵权的背景下被普遍拒绝的过度限制性的因果关系理论来帮助政府。客户关系和后继损害属于受到补偿的损失的一部分，表面上它们应同样地获得赔偿。

在个别财产所有者于征用过程中引起的专家评估费和诉讼费上，也
54 会出现后继损害的问题。在这一点上得到公认的法律原则来自 Brewer 法官在 Monogahela 案[62]中的核心立场，即仅应对“被征收的财产”而非对所有者遭受的损失给予赔偿。因为政府没有保有私人当事人花费的诉讼费和评估费，根据正统的分析，可以得出政府不必赔偿后者的损失。[63] 这一结论的一个正当理由在于如下的观察：在自愿的市场上出售土地

---

[60] 例如，参见 Warren A. Seavey，“Mr. Justice Cardozo and the Law of Torts”，39 Colum. L. Rev. 20，32－33；52 Harv. L. Rev. 372，384－385；48 Yale L. J. 390，402－403（1939）。

[61] 一般的论述，参见 Richard A. Epstein，“A Theory of Strict Liability，” 2 J. Legal Stud. 151，174－177（1973）。这里唯一的难点是，第三方的强迫是否可以免除基于该强迫而行为的人的责任。但是在强迫是由被指控造成损害的人作出时，案情就非常明显而无须批准（authority）。

[62] Monongahela Navigation Co. v. United States，148 U. S. 312（1893）.

[63] 关于近来对主流观点的重新确认，参见 United States v. Bodcaw Co.，440 U. S. 202（1979）。Bodcaw 案涉及的案情是，上诉法院维持了对所判给的赔偿的增加，它包括了获得土地评估的费用，这一评估需要用于证明政府所提供的赔偿是不充分的，事实上也是这样。参见 United States v. 1，380. 90 Acres of Land，574 F. 2d 238（5th Cir. 1978）。最高法院提及这些费用是例行发生的，因此难以和诉讼以及专家证人费用区分开来，从而撤销了判决，因为对后者的赔偿通常是遭到否认的。它自己的简短意见仅通过诉诸先例而为结论提供了正当理由，并没有探求该争议所提出的难题。“或许作为征用行为（condemnation action）的结果，赔偿土地所有者承受的所有费用是公平的和有效率的。” 440 U. S. at 204，引用了 Douglas Ayer，“Allocating the Costs of Determing ‘Just Compensation，’”，21 Stand. L. Rev. 693（1969）。但是如果忽略了公平和效率，什么能够证明该结论的正当性?

时，私人所有者通常应承担所有的这些费用，所以净赔偿就是扣除出售费用后应支付的价款。不过，考虑到根据征收权条款向政府进行的出售是非自愿的，类推就完全是不适当的。在自愿的市场，出卖人已经进入了交易这一简单的事实就是他将净价格视为是所交付的财产的公平等价物的证明。在出售是非自愿的情形下，就不能得出这样的推论，因为很明显的是，所有者更喜欢源自使用财产的收入流（the stream of income）而非纯粹的征用收益（condemnation proceeds）。简而言之，可以得出的结论是，所有者对所失去的财产和应给予的赔偿并非漠不关心，这正是征收条款的基本理论所要求的。[64]

因而唯一的真实问题就是决定如何考虑这些额外的费用。在赔偿 55
私人所有者于评估财产或抵制接管（takeover）过程中发生的任何费用时，存在明显的风险，因为私人所有者在政府买单的情况下会尝试奢侈的消费。一种可能的解决办法就是基于个案通过合理性来仔细审查费用，这样在征收土地用于修建高速公路时，以接管并非是为了公共用途为由进行抵制的努力就不会得到允许。个案方法的优势在于它可以掌握和不同类型的财产相联系的费用的变动。不过它也有相应的不利之处，即提高了制度的行政成本并允许产生错误。考虑这些费用可能比发展行政上的常规范式以提高对不同种类的财产所支付的报偿更为可取。这也可能允许个体所有者证明额外的费用，只要他们在自己的请求被判处为夸张的或不合理的情况下愿意赔偿政府。关于任何这种赔偿制度的细节是如何运作的问题，可能存在严重的分歧。但是选择的范围足以得到很好的界定，以致无论选择什么，较之当前通常
否认这种赔偿的规则，都更加吻合宪法文本。 56

[64] 注意有关这一问题的更进一步的含义。在美国，于通常的私人诉讼中，法律费用在通常的侵权诉讼中是无法得到赔偿的，所以政府仅诉请通常可为私人被告所获得的同样的收益。对此可以有两项回应。第一，私人领域内的规则原则上是错误的，所以英国的费用规则——赢者取得一切（winner take all）——应居于上风。第二，政府这边的情况是显然不同的，因为征用（condemnation）的决定是故意的，所以它总是得到了不赔偿规则的优待，这和私人之间的案件形成对比，在后者的情形中，每一方当事人都有同样的机会成为原告或被告。参见第十四章对这一规则所建议的不成比例影响检验标准（the disproportionate impact test）的讨论。

第五章　部分征用：所有权的统一性

一、权利的守恒

正确处理部分征收是一件足够重要并有难度的事情，所以应进行单独论述。对该中心论题自身很容易进行表述。征用权条款对天赋私人财产（an endowment of private property）的每一部分所提供的保护，都相当于它对整体财产所提供的保护——既不多也不少。无论如何划分所有权权利束（the bundle of ownership rights）中包含的基本的权能（entitlements），也无论这一划分发生了多少次，这些碎片的总和以及每块碎片自身，都属于征用权条款的调整范围。权能守恒定律（a rule of conservation of entitlements）是这一条款的理由。如果 A 和 B 都享有自己的一套权能，那么无论他们如何结合他们所享有的权能，他们对抗世上其他人——或国家——的权利都既不会消失也不会增加。

就州征用了四英亩地块中的两英亩的情形而言，这一主张看起来是足够明了的（straightforward）。表面上看，无论所有者保留了多少土地，都必须向已被征收的土地支付赔偿。无论所采取的分割的形式是什么，都适用同样的原则。假设政府拿走了所有权的任何附属权利（incident），假设它以任何方式减少了所有者的权利，那么从表面上看，它就将自己带入了征收条款的范围，无论所带来的改变有多么小，也无论该条款的适用有多么普遍。

采取任何其他的立场将迅速导致自相矛盾的困顿（a maze of contradictions）。Blackacre[*] 这块地的空间权（air right）由 A 拥有，而地上权（the ground rights）由 B 拥有。如果政府征收了（condemn）空间权，表面上 A 就有权获得赔偿。若 A 在政府采取行动前 57
将其权利卖给了 B，会有什么细微的区别吗？可以确信的是，买卖把对 A 的完全征收转变为对 B 的部分征收，但它并不能改变基础权利或政府行为的特征，即使现在是不同的人有权获得赔偿。在四英亩地块的情形中，起决定作用的是被征收的东西，而不是保留下来的东西。请求人（claimant）拥有的只是被征收的两英亩土地还是全部的四英亩土地是无关紧要的：赔偿义务在任一情形中都是不变的。正如两个私主体不能通过共同的设计（joint contrivance）来增加政府对被征用财产的赔偿义务一样，他们共有或分割其利益的方式也不会减少该赔偿义务。采用任何其他的立场都需要一种财产权的理论，该理论告知了有多少事物属于私人所有，而这在每次政府力量指向私人所有者时又依次诱发了无意义的骗局（a pointless shell game[**]）。征收条款规定："未经公平补偿，不得为了公共用途而征收私人财产。"它意味着，"未经公平补偿，不得为了公共用途而部分或全部征收私人财产"。

不过还有另一种方式来证明，征用权条款的保护既扩展至了权利束中的每一枝，也扩展至了该权利束本身。考虑一下两种可能的情形。在第一种情形中，州征收走了全部的土地并将之返还，但对该土

* 在英美法律文献中讨论不动产问题时经常使用的一块虚拟的土地。——译者注

** shell game 本意为藏豆赌博游戏，它是一种通常涉及赌博的游戏，一个人将一个小物体藏在三个坚果壳、杯子或茶杯中的一个里，然后当旁观者试图猜测物体的最终位置时，这个人在平坦表面上移动果壳、杯子或茶杯以变戏法。——译者注

地得到许可的用途施加了某些新的限制。在第二种情形中，州并未征收走全部的土地，而是通过命令对土地的所有者施加了同样的使用限制。毫无疑问，第一种情形为征收条款所包括。在这里，征收是完全的而补偿仅是部分的，因为新近受到限制的土地在价值上不可能等同于处于未受限制状态下的土地。如果该州规避正式的征收将两个步骤压缩为一个时，该州的义务会有什么不同呢？这里的差异并不比反向征用（inverse condemnation）* 溢流权（flowage rights）的情形中存在的差异更为巨大。[①] 可以认为，征用权条款涉及了获得部分补偿的完全征收，但完全不触及未给予任何补偿的部分征收吗？

二、所有权的统一性

那么什么是所有权？对这一问题，普通法系和大陆法系所给出的
58 传统答案是，对特定物的所有权由一系列权利组成，它们可以无限存续并且可以对抗世上的其他人；它有三项独立的附属权利：占有（possession）、使用（use）和处分（disposition）。这一分类并不新颖。例如在一些罗马文本中就可以找到，这些文本谈及 ius possendi（占有权），ius utendi（用益权）和 ius abutendi（挥霍权），即“滥用权”（right to abuse），这一权利很快被解释为包括了处分权。[②] 这正是 Blackstone 在他自己对财产权利的论述中所提及的权利的三位一体（trinity）。[③]

（美国联邦）最高法院在 United States v. General Motors Corp. 案中对这一公认的法学上的知识（a jurisprudential wisdom）做出了

① 参见第四章对 Pumpelly 案的讨论。

② 例如，参见 J. K. B. M.，Nicholas，An Introduction to Roman Law 154（1962），它提及这一分类并认为对这样设立的私人所有权可以存在限制。

③ 参见第四章。

* 反向征用是指国家征用土地而使得邻近地块价值大减，该地块虽未被正式征用而应推定为已征用，其所有者有权要求政府合理补偿。参见《元照英美法词典》，728 页，北京，法律出版社，2003。——译者注

精致的概括：

> 【征用权条款中的】关键词语是“财产”、“征收”和“公平补偿”。可以设想的是，第一个词语是在有体物的普通的和非技术的意义上使用的，对该有体物，公民行使着法律所承认的权利。另一方面，它也可能在更为精确的意义上用于指称一组权利，它们内在于公民对有体物的关系中，如占有、使用和处分的权利。实际上，已经赋予该短语的解释是后者。④

该束权利被理解为构成了某特定物的所有权，这一事实在宪法背景中应当起着决定作用。没有理由认为，私人财产作为宪法中未被定义的术语，应以一种完全异于该时代公认用法的方式来理解，或仅意味着单纯的占有，在英国和罗马的不动产法中，这一词汇长期以来都与单纯的占有形成对比。⑤

不过，对同一概念的分析论述可以加强历史的说明。在此，该问题可以以两种独立的方式进行解决。第一，可以询问有没有更多的东西可以纳入到所有权的概念中。可以确信的是，任何一个单独的所有者都可以对他人所主张的物要求控制占有、使用和处分的权利。但是
在意识到所有权是一项一般的概念时，这一宽泛的主张必然触及其他 59
当事人类似的权利。所有权的概念要求任何得到允许的使用都必须处于所有者排他的领域中。正被讨论的容许使用的类型应以一种实质的（substantive）方式进行定义以尊重自然的界限，即每个人都可以根据他的意愿来处分自己的土地，只要他并未有形地侵入他人的土

④ 323 U. S. 373，377－378（1945）对归结为关键的三项的附属权利的更全面的列举，另参见 A. M. Honoré，“Ownership”，in Oxford Essays in Jurisprudence 107（A. G. Guest ed. 1961）。

⑤ 关于英国法，参见 A. W. Brian Simpson，“The Ratio Decidentdi of a Case and the Doctrine of Binding Precedent”，in Nicolas，见前注 2，第 148 页；关于罗马法，参见 Nicolas，第 98－157 页，特别是第 107－115 页，第 153－157 页。

地。[6] 在所有权束上增加任何其他的枝条都相当于从其他可以平等地请求法律保护的个人那里将它们取走。无论是在通常的用法上还是在技术性的用法上，占有、使用（受到有形入侵检验（the physical invasion test）的限制）和处分都构成所有权的外部界限。

第二个问题是第一个问题的对应面（the obverse）。什么枝条可以从集束中取走？不可能发现一种对所有权的连贯描述，可以不需要任何所有权的传统要素。假设X是Blackacre的所有者。可以认为他的所有权利益并非无限期的吗？特别是在它们是通过原始占有（original occupation）而非通过让与取得的情况下？如果这些所有权利益的存续期是有限的，它们什么时候终止？到期后谁又有权获得对利益的占有？又通过什么原则获得？在可能的权利被划分分配但却没人能够获得时，就无法妥善地界定该制度。因为国家不能仅通过宣告就取得权利，那么物的未来价值就超越了人类占用的权力（the powers of human appropriation）。

类似地，占有、使用和处分并非随意的一组附属权利（incident）。相反，它们处于全面的和连贯的所有权观念的核心。正确考虑这些附属权利的方式是，询问在这些附属权利被拿走时，所有权意味着什么。拥有一种不具有占有权的所有权观念是明智的吗？如果是的话，谁可以占有正被讨论的土地？又为什么他不是所有权人？假设排他的占有被承认为是所有权必备的附属权利；那么又如何处理使用的问题呢？如果所有权人不能适用正被讨论的土地，那么谁可以使用呢？如果是不占有土地的人可以使用，那么我们怎么来决定该人是谁呢？而且使用但不占有指的是什么？任何赋予一人占有权而赋予另一人使用权的努力都因造成一种高度的不协调而失去效益。任何包含占有权的可行的所有权观念都必须同时包含使用权。

还有处分权的地位。一人所拥有的资源由另一人来利用可能会更有效。如果所有者不能进行转让，土地就必须保持在原状态吗？或者
60 某个其他人——由知道怎样提供保证的人（by who knows what war-

⑥ 关于限制（qualifications），参见第十四章。

rant）——可以出卖自己或者他的购买人都无权占有或使用的土地吗？先占规则不会赋予某人以占有和使用的附属权利，而使得处分权能没有归属。附属权利的统一是所有权概念不可分离的部分。

在大的范围内，先占原则是洛克理论的必要补充物，根据这一理论，个体权利从未建立在国家命令的基础上。先占只是一项简单而普遍的行为规则，该行为可以作为个体权利的来源而对抗世上的其他人。先占规则坚实地奠定了个体对所有权的主张，特别是在所有个体拥有其自己劳动的世界里。占有不可能不消耗资源就产生，而资源的消耗澄清了所有权的排他性。想一想，如果规则认定第一个看到财产的人可以主张成为其所有者，将会发生什么。因此，最终，假定宪法中提及的私人财产被剥夺了赋予其一致性的任何一项附属权利都是不明智的。将占有、使用和处分权结合成一个单独的权利束能提供巨大的效用利益（powerful utilitarian advantages）。更复杂的安排仅会导致对初始权利的不确定的规范，这反过来也会妨碍对所有资源的协同使用和移转。

因而，存在一种统一的所有权概念，它顺畅地（comfortably）源自原始取得的原则（the doctrine of original acquisition）。还需要解释的是，对所有权的复杂划分如何源自这一简单的初始地位。在这里，关键的是处分权，通过它，原始的使用和占有权利就可以根据买受人和出卖人、赠与人和受赠人、抵押人和抵押权人的意愿而移转、共有和划分。⑦ 根据宪法，没有理由区分通过原始（或反向）占有取得的权利和通过让与取得的权利。二者都可以被拥有，也都可以被拿走，无论是为私主体拿走还是为国家所征收。适用于在私人交易中出售的非限制继承地产权（fee simple）的，也适用于租赁权、地役权、抵押权、终生地产权（life estate）或未来利益（future interest）。它

⑦ Thomas Grey 称之为私人财产的分解（disintegration）的情形与此不同，参见上文第三章注释 1。所有权不再保持它们最初的集束的状态，因为移转的成本已经通过增加移转频度的方法而得到降低。这是对制度力量（the power of the system）的一项证明，在这一体系中，针对最初的一套权利，设计出了非常众多的排列（permutation）。

还适用于裸地（bare land）或改良财产、矿产利益（mineral interests）以及空间权（air rights）。对单独所有的以及共同所有的土地
61 也适用，无论所有权的形式是什么。对专利权、版权、商业秘密以及其他形式的无形财产也适用，这些无形财产尽管不能被有形地占有，但有使用和处分的价值。在各项附属权利之间并不存在等级，所有权也不存在程度的区分。如果占有被取走，而使用和处分被保留，就构成对财产的部分征收；或者，如果处分被取走，而使用和占有被保留也是一样。无须全部失去附随权利；单个附属权利的部分丧失也可以决定损害的程度，但不会否定构成征收。任何对权利的剥夺都构成征收，无论它是如何实现的，也无论它引起的损害是什么。应当询问的问题的是："什么被征用了？"而不是"什么被保留了？"最好是依附属权利逐个来审查问题。第六章将论述占有和使用；第七章论述
62 处分。

第六章　占有和使用

一、占有

在私人财产的基本观念中暗含了排他占有的观念，这一观念解释了最高法院文献中最重要的征收判例之一，Pennsylvania Coal Co. V. Mahon。[①] 在本案中，一块土地蕴藏有煤炭，该土地的所有者将表层利益（the surface interest）以契据的方式进行了转让，但明确保留了取走所有表层以下的煤炭的权利。该契据本身包含了一项表述，即买方（就其自身及受让人（assigns））在表层陷落时放弃所有损害赔偿的权利。在初始转让后的某个时候，宾夕法尼亚州（Pennsylvania）通过了《科勒法》（Kohler Act），该法禁止任何给表层所有者造成损害的采矿行为。最高法院将该制定法视为是对采矿公司利益的征收，而确实就是这样。该判例本身包含了 Holmes 精心作出的表述，即在规制走得“太远”时，它将被视为一种必须给予补偿的征收，但 Holmes 后来在通信中对此感到后悔。[②] 不过，由于该财产转

① 260 U. S. 393（1922）.

② 参见 2 Holmes-Pollock Letters：The Correspondence of Mr. Justice Holmes and Sir Frederick Pollock 1874—1932，108，（Mark DeWolfe Howe ed. 1941）。该信件掩饰了 Bruce A. Ackerman 在 Private Property and the Constitution 163—167（1977）中的主张，即该案对 Holmes 施加了无法克服的哲学上的困难。确实，该观点流露出非常匆忙完成的迹象。

让的明确性，该案是一件很简单的案件。在该制定法通过之前，煤炭公司已经占有了一处矿产（a mineral estate）。在该制定法通过之后，
63 煤炭公司就失去了该利益。“如果（城市的）代表如此短视以致仅获得了表层权利却未获得支承权，那么我们就没有权力（authority）在没有补偿的情况提供后者，正如没有权力以公众非常需要为由首先征收通行权而拒绝对之进行支付一样”③。所有其他的都是多余的；该案件很简单，尽管其观点引发了难以数计的争论。④

不过，后来同样简单的案件表明了最高法院是如何能够逃避这一简单结论的。在 Penn Central Transportation Co. v. City of New York 案⑤中，法院所面临的问题是，根据其土地界标保存法（landmark preservation statute）而行为的纽约市，是否有权阻止中央车站（Grand Central Terminal）的所有者们在现有的建筑之上建设新的办公塔楼。在本案中，对 ad coelum（上达天空）原则的远涉范围并不存在问题，因为所有者主张的仅是对可以有效占有之空间的占有权利。⑥ 不过，最高法院决定，只要对既存建筑的使用没有妨害，该城市就不能在未经支付赔偿的情况下完全禁止对空间的占有和使用。经由 Brennan 法官表达，该法院认为国家可以排除人们占有他们的部分拥有物，而仍不负有支付赔偿的表面义务。它认为，假设丧失任何特定的地役权构成对财产的征收是一种“谬论”，从而尝试伪装前述毫无掩饰的结论。但是所谓的谬误确实是对美国到处并且一直使用的标准的财产概念的确认：所有权是可以分割的。既存建筑物之上的空间权和已为既存建筑物占有的空间权一样，都是财产权。正当性和含蓄补偿仍是应当考虑的问题，但是本案很明显为该条款所调整。⑦

③ 260 U. S. 393，415（1922）.

④ 对材料的评论，参见 Carol M. Rose，“Mahon Reconstructed：Why the Takings Issue Is Still a Muddle”，57 S. Cal. L. Rev. 561（1984）。就 Mahon 的事实，就征收可以尝试提出以警察权作为正当事由，但不可能发现任何外在的伤害；参见第八章。因此，就默示的实物补偿并没有可信的论据，即使该制定法一般是按其字面意思来理解的。参见第十四章。

⑤ 438 U. S. 104（1978）.

⑥ 例如参见，Federick Pollock，The Law of Torts 362（13th ed. 1929）。

⑦ 参见第九章和第十一章。

对排他占有权的类似处理也可以在最高法院最近的一个判例
Prune Yard Shopping Center v. Robins[8] 中发现。在本案中，被上诉 64
人（appellee）进入了上诉人所有的一家大型商场，为了收集反对联合国通过的反犹太复国运动者决议的签名而建起了一个摊位。（除了部分占有的事实外）并不存在对购物中心营业的干扰，但是被上诉人支持的观点并非是购物中心的所有者所支持的观点。

伦奎斯特（Rehquist）的观点常常揭示出它在智识上的弱点。法院绝不会对所有权的附属权利（包括排他占有）作出清楚的叙述。在私人案件中，禁止进入的禁令并不取决于对实际损害的证明。进入本身就是对权利的侵犯，对此，可以使用禁令来救济，即使不会或不应给予损害赔偿。因此，可以得出，对上诉人权利的微不足道的妨害的证明是完全离题的，正如在私人争议中一样。“由投资支持的期待”（investment backed expectations）这一整件事并未涉及严格意义上的征收问题；在相关的情况下，它仅涉及信赖损害赔偿（reliance damages）的问题。

购物中心并非是私人住宅，而且邀请已经发给了许多基于诸多目的而进入该土地的人，注意到这一点也很好。（但）那是完全无碍。财产观念包括了排他的绝对权利。无论其他人的地位如何，都不存在对这些原告的邀请。洛克的理论在此居于主导地位。没有私人可以在未经购物中心所有者同意的情况下就强行进入。因此不允许国家对私人容许或排除的权利施加条件，或坚持认为如果 A. 被允许使用财产，B. 也必须被允许使用财产。国家对土地的排他占有所施加的限制构成部分征收，对此，补偿在表面上是必需的。

Marshall 法官注意到，某个规范概念必须成为对私人财产之宪法解释的基础，以免宪法命令为对其标的物在立法上的永久的重新定义所击败，此时，他认识到了这一智识上的难题。[9] 不过，他错误的赞同并没有提供这样一种替代的概念，以致可以允许他尊重宪法文本

⑧ 447 U. S. 74 (1980).

⑨ 同上，93—94 页。

的外部权威并对本案做出有利于示威人的裁决。我并非是要争辩第一修正案的政治保证的重要性，但是，认为对这一自由的行使——不像对任何其他自由的行使——赋予被上诉人一项为自己的使用而攫取
65 （appropriate）他人土地的权利是错误的，这就像第一修正案赋予政治候选人一项无需付费而使用邻居电话的权利一样。如果 Prune Yard 案代表了对私人财产能做到的最好程度，那么一个有不同见解的机灵的法官（an artful judge of a different persuasion）就可以非常正直地（with perfect probity）将第一修正案解释为，它只不过是一项对与亲近的家庭朋友交流社会幽默的权利的庄严保证——不过，当然不是对私人财产的保证。言论自由赋予人们对他人以不愉悦的方式说话的权利，而无须对此提供正当说明。私人财产赋予了一种在无须进行正当说明的条件下排除他人的权利。确实，在某一领域内依其意愿并且无须提供正当说明而行为的能力是自由的实质，无论是财产自由还是言论自由。

二、使用

对使用这一附属权利的处理遵循同样的路线。早期的 Pumpelly，Eaton 和 Richards 案[10]的判决模仿了类似于 Rylands v. Fletcher 案[11]的理论，它们很好被理解为是对一些使用财产的宪法权利的辩护，这些权利和一定形式的侵权性侵入（tortious invasions）相关。在 Batten 案[12]中的错误同样很容易被理解为是，法院拒绝保护与占有和处分分离的使用这一附属权利来对抗侵扰的干涉。所有这些判例都涉及地役权，但是关于政府对使用所施加的限制，可以提出同样的观点，这一对使用的限制在私人背景中可以通过合约来施加。如果国家作为一栋庞大办公楼的所有者，通过法律阻止了位于该建筑物和海洋之间的土

[10] 参见第四章中的讨论。

[11] L. R. 3 H. L. 330（1868）.

[12] 参见第四章。

地上的所有建造，它就对私人财产上的利益进行了征收。关于私人财产的有力理论——在这里是限制性合约（restrictive covenant）的理论——又一次支配了这一情形。[13] 政府没有取得对土地的有形占有并不重要。如果政府通过命令（fiat）创设的合约未为受合约约束的当事人所尊重，很明显，它就会通过强力进入土地。政府的地位是独特的，仅仅因为它可以在私人被告能够被命令时强制进行交易。但是无论我们处理的是土地上的全部利益还是部分利益，在所有者被剥夺权 66
利时，我们都不能避免赔偿的问题。

三、占有和使用：水权

到目前为止，对占有和使用权利的分析仅提及土地。这一分析可以以同样的效力（force）扩展至水权。在河边的辖区内（in riparian jurisdiction），正被讨论的权利典型地附随（incident）于河堤或河岸的所有者；因此，这些权利的丧失最好被理解为是对私人财产上的一种更大的利益的征收。在水事案件中，新的障碍源自明显但很重要的一点，即对水下和水面上的权利的初始分配无法像对普通的不动产或者动产权利那样精确地确定。不过，仍需要对这些财产权进行某种说明，以决定一定的国家活动是否全部或部分地构成对私人财产的征收，或者作为替换，他们的活动虽未侵犯任何既得权，但是否仍不利于受侵害的当事人。注意到对水面的初始权能（original entitlements）进行说明的必要性并不会提供这样一种说明，在 United States v.，Willow River Power Co. 案中，大坝的建设导致了河流上游发电的损失，Jackson 法官在该案中发表了意见，该意见中众所周知的一段话有力地提出了这一论点。Jackson 写道：

[13] 例如，Southern California Edison Co. v. Bourgerie，9 Cal. 3d 169，507 P. 2d 964，107 Cal. Rptr. 76（1973），就对建筑物的限制做出了这样的裁决。一般的论述参见，Williams B. Stoebuck，Nontrespassory Takings in Eminent Domain（1977）。

> “当然，清楚的是，水的落差具有价值，而且该公司对保持 St. Croix 河（即在本案中被阻拦的河流）在低水位享有经济利益。但是并不是所有的经济利益都是‘财产权利’；只有那些获得法律支持的经济收益（economic advantages）才是‘权利’，并且仅在它们得到这样的承认时，法院才可以强制他人不进行干扰或对他们的侵入做出赔偿。”⑭

对第一项主张，即有必要区分法定权利（entitlement）* 和收益（advantages），无法予以否认。但是第二项主张，即收益仅在法院认定它是这样时才构成权能，并不能从第一项主张中得出。第二项主张实际上既不正确，也不符合征收条款。尽管该条款并未包含一项针对水权的对私人财产的定义，但它要求我们分离出某种独立的规范说
67 明。在完成这一任务时，最高法院对“航行地役权（navigation servitude）”过于重视，它被认为是最高的并且优于所有与之相冲突的河边利益。航行地役权被假定源自商业条款（commerce clause）**，从这一起源看，它的血统明显是可疑的。而声称航行地役权最重要，将混淆对联邦主权的管辖区域的授予（a grant of jurisdiction）——无论它有多宽泛⑮——和在该辖区内的物的所有权。最高法院自己已经承认，商业“条款是从权力角度，而非从财产角度来谈论的”⑯。不过所有这些在下一句中又被收回来了：“但是权力是处于支配的事物，它可以主张排除任何竞争的或冲突的事物。权力是一项特权，我们将之称为‘支配地役权’（a dominant servitude）或‘优越航行地

⑭ 324 U.S. 499，502（1945）.

⑮ 例如，参见 Wichard v. Filburn，317 U.S. 111（1942）。

⑯ United States v. Twin City Power Co.，350 U.S. 222，224（1956）.

* 《元照英美法词典》将“Entitlement”译作“法定权利”，它是指个人获得法律规定的金钱或利益的权利，如驾驶执照、福利等。它是对某项利益（通常是金钱的）的绝对权利，一旦符合法律要件即应立即授予，且一旦某人获得此项权利，非经公平听证不得予以剥夺。在美国，法定权利有时被当做财产权，有时则被看做是一种自由。参见该书第 477 页。——译者注

** 商业条款是指美国宪法第 1 条第 8 款第 3 项，它授权国会排他地管理对外贸易、州际商业和同印第安部落的商业。引自《元照英美法词典》第 253 页。——译者注

役权'（a superior navigation easement）。"[17]

一旦揭露出这种对管辖区域和权利的基本混淆，那么最初的权利如何来决定？在这里，核心的见解（the central insight）就是谁组织了对表面征收的全部讨论。根据事实本身（ipso facto），政府并未被赋予任何权利。它只被赋予了它从其所代表的个人那里获得的权利。和在他处一样，在水法案件中，它非但没有在公法和私法之间进行特别的割裂（an ad hoc cleavage），反而坚持了公法和私法之间的密切联系。为了发现裁判的正确的起点，有必要解决私人当事人之间的对水的最初的法定权利（the original entitlements）的问题。

一些案件看起来或多或少是直截了当的，因为对水权发生争议的偶然事件并未使对最初地位的确定复杂化。这样，在 Kaiser Aetna v. United States 案[18]中，私人当事人以自己的费用将不适航部分转换为适航水域。即使公司采用了所有的步骤来保持水域的私有，但政府主张它的最高地役权（paramount easement）延伸至该水域。基于一个简单的理由，该主张被拒绝了：因为仅仅从为了私人获益而进行私人开发中推断由私人控制移转到合众国控制，即使不是不可能，也是很困难的。私人的泥土路一旦被铺好，并不就此属于政府。如果法律认为，任何铺路的人因此就将其道路开放给公众使用，那么就发生了部分征收，因为曾经是绝对的使用现在成为有条件地使用。[19] 水权也是一样。

在某种意义上，Kaiser Aetna 案是独特的，因为它涉及的，是 68
对一开始就属于个人排他占有和控制之物的法定权利。涉及水权的大多数案件就更加困难，因为（这里的）问题是，对从任何观点来看都为许多人共同保有的河流，谁享有什么样的法定权利。对水的竞争性请求的确切性质，经常难以做出决定，因为在三种单独的水权理论之间存在持续的紧张关系：自然流向理论、合理使用理论以

⑰ 同上，224—225 页。

⑱ 444 U.S. 164（1979）.

⑲ 对一般法（general laws）的难题将和自担风险（assumption of risk）抗辩联系在一起做进一步的讨论。参见第十一章。

及优先占用理论（the prior appropriation theory）。[20] 不过，这些理论之间的差异在已决判例中受到隐瞒，正如最高航行地役权撇开了任何事情一样。

即使根据更为合理的观点，这些理论之间的差异也很少是实质性的。有关对水的财产权的相互矛盾的理论主要指向河岸拥有者之间将水导向已用的权利。没有理论会允许私人所有者阻拦或妨碍在公共水域上的航行。而征收权案件中诉讼的主要起因恰恰相反：为了剥夺私人权利，不仅是剥夺改变河道的权利（diversion），而且包括剥夺接触和使用权，政府在何种程度上能够依赖它的航行地役权？和类似Kaiser Aetna案的判例相比，可以假定为了全部公众之利益的地役权确实存在，无论该存在是根据长期存在的惯例还是根据某个更明显具有功利性的观点。

因此，在私法和征收背景中的问题就是，这样创设的航行地役权的范围是什么？在这里，回到传统的水法的格言具有指导意义：aqua currit quo aqua currere debit——水应当流向它实际流向的地方。这种解决办法看起来一下就跳过了在“是”与“应是”之间的巨大裂
69 谷，并包含了一项对无生命物的目的论上的观点（a teleological view），更不必说生态系统了，这一观点完全不符合现今的温和批评。但是实际中存在很好的理由来承认该格言的实际力量，即使它并未赢得最终的真理。该规则跨越了“是”与“应当”之间的裂缝并不是一个问题，因为每一项权利规则都是如此运作的。“是”与“应当”之

[20] 在土地的所有权对穿越它的河水拥有某种利益的意义上，这些理论中的前两个涉及河岸。在河岸拥有者为了营利的使用而汲水的数量上，这些理论有所不同。根据自然流向理论，只允许为了家用目的的微小改道，而根据合理使用理论，为了农业和制造业并给邻居带来一些损害的更大的改道也得到允许。优先占用理论则依据非常不同的基础来运作；对未来水流的所有权是通过对水流的占用而取得的，它并不是河岸所有权的必然结果。这些理论中的每一个都包含大量的内部的复杂问题，对此，Joseph Sax 在其 Water Law，Planning and Policy（1968）一书的第459—467 页做出了很好的阐述。对这三种制度经济上的弱点的探讨，参见 Mason Gaffney，“Economic Aspects of Water Resource Policy”，28 Am. J. Econ. & Soc. 131（1969）。关于我的观点，参见 Richard A. Epstein，“Why Restrain Alienation?” 85 Colum. L. Rev. 000，000（1985）。

间存在联系比应当与外部世界相关的任何事物之间不存在联系更好。对讨论征收条款而言，可以确信，承认一种适当的权利体系比创设一个来代替它更为可取。

水法和与土地相关的先占规则之间的类似性具有指导意义。该规则的一项潜在的优点就是，它提供了一项分析的起点（baseline），该起点为未来的自愿交易提供了一个清晰的基础，并且不受政治操纵的影响。源自该规则的相对的清晰性和确定性将适用于所有类型的水路，它将让我们能够避免在争议出现时受到剪裁特别规则的诱惑。

使用水的自然状况作为权利的起点，意味着个人未被赋予为了他人的利益而变更现状的积极义务（affirmative duty）。基于同一理由，个人不可以以阻止他人使用或接触所涉水域的方式变更水的流向。根据我们的主要预设，国家并不比它所代表的公众处于更好的地位。这一观点巩固了事物的先前状态（status quo ante），但它并没有在个人之间，或者在政府与个人之间，创设任何偏袒的收益（partisan advantages），因为所有的权利和义务都是双向运作的。对满足征收条款之通常要求的国家强制的变更（state-coerced changes），它也没有进行阻止。

根据这些标准判断，虽然河岸拥有者进行的活动会减损沿着适航河流通行的便利，但政府并不能在没有给予补偿的情况下就阻止这些活动，尽管它可以移走沿公共水路放置的障碍物——码头、大坝、磨坊或者无论什么事物。而基于同一理由，它也不能剥夺按最初的状态对水域进行的使用或接触，除非表面上它准备赔偿这些权利受到征收的个人。可以确信，这一关于水权的起点（this watery baseline）留下了不可避免的灰色区域，它可以通过承认政府的完全的和最高的权利而得以避免。例如，基于常规的维护只是一系列小的持久的改良这一理由，政府防止水路在通常条件下损耗的行为是否需要赔偿，并不清楚。

不过，最高法院错过了这些简单的而不是疑难的案件。一系列 70
不幸的案件都涉及水力发电，在水从高水位落到低水位时，发电是可能的。遵从这里的一般理论，任何河岸拥有者，只要不干涉水的既有流向，都能够利用水位差（the height differential）为自己的使用和收益进行发电。确实，在私人的情形下，沿着河岸设置障碍而取消或限制水位差是可以起诉的不法行为，并且可以通过损害赔偿和禁令来救济。在政府建设大坝或者完成其他的水利改造项目，而这些项目将下游的水流提升至河流上游的高度时，在公共领域内也会出现类似情形。在第一个主要的判例 United States v. Chandler-Dunbar Water Power Co. 案[21]中，最高法院认为，政府提升适航河流的水位，因此使得请求人位于河流适航部分的电厂无法运行时无须支付赔偿。该判例明显是错误的，因为政府并非仅仅是为了保护其已享有的对水流的权利，而是试图扩展它们，以超出它们自然的边界。United States v. Cress 案[22]与 Chandler-Dunbar 案不同，在该案中，政府将适航河流的水位提升至平均的高水位线（the mean high water mark），这样就妨碍了位于河流适航部分的磨坊，因此，该案要求进行赔偿。第三个案件是 Willow River Power 案，在该案中，法院并未费心去说明原告的工厂是位于适航水域还是不适航水域：看起来，工厂位于两条河流的汇流处；河流下游（tail waters）的一部分位于适航水域，一部分位于不适航水域。撇开细节不谈，在 Willow River Power 案中，法院认为 Cress 这一先例“必须被限定于该案所揭示的事实上”[23]。对水权的独立叙述再一次谴责这一裁判是错误的。

为了避免让人认为这些裁判取决于和发电相关的某种特殊性，在既决案件中，“航行地役权”已经被用于破坏非常普通的财产利益（例如在高低水位标记之间建造的改良物），无论是通过淹没[24]，还是通过特定的取消或改变的政府命令。[25] 这些裁决清晰地描述了无法使

[21] 229 U. S. 53（1913）

[22] 243 U. S. 316（1917）.

[23] 324 U. S. 499 at 507（1945）.

[24] United States v. Chicago，M.，St. P. & P. R. R.，312 U. S. 592（1941）.

[25] Greenleaf Lumber Co. v. Garrison，237 U. S. 251（1915）；Union Bridge Co. v. United States，204 U. S. 364（1907）.

人接受的倾向，即在征用权案件中创设两套财产规则，一套规则针对 71
普通人，一套规则则向政府提供不道德的收益。

这一事件类似于那些涉及从河岸到适航水域的通行权的案件。不能否认个体河岸拥有者享有穿越土地到达流动水域（无论该水域是否适航）的通行权，这一点在私法中已经得到很好的确立。任何对私人财产的通行权的阻碍或妨害，无论该财产是不是河边的财产，都可以为所有者起诉，即使他可以从其他向一般公众开放的地点通行至河流。[26] 这些结论无异于那些允许邻接高速公路的所有者起诉阻碍其通行到公路的第三人的结论。[27] 鉴于适航河流经常被暗喻为是水上高速路，应当使用同样的原则来对抗政府，但是从 Scranton v. Wheeler 案[28]发端的一系列统一的判例却达致了相反的结论，即所有的通行权，无论是全部还是部分，并包括作为“港口选址”（port site）的河岸土地的价值，都从属于航行地役权。[29] 以河岸拥有者为一方，以政府所代表的全体公众为另一方，根据对二者之间的原始的法定权利的合理观点，这些裁决是明显错误的，以致无须对它们作出进一步的评论。

不过，考虑到全体公众的抗辩权（defensive rights），无法得出在所有的航行地役权的案件中都应给予赔偿的结论。因而，United
States v. Rio Grande Dam & Irrig. Co. 案[30]支持了美国政府的一项权 72

[26] 例如，参见，Rose v. Groses，5 M. & G. 613，124 Eng. Rep. 705（1843）；Lyon v. Fishmongers'Co.，1 A. C. 662（1876）。

[27] 例如，参见，Rose v. State，19 Cal. 2d 713，123 P. 2d 505（1942）。问题就是，为何会产生该通行地役权，而最简单的回答就是，它是为了以前的当事人的共同利益。通过赋予私人当事人以通行权，国家既提高了它所建造的道路的收益，也减少了土地所有者所遭受的损失（以及因此应向其支付的赔偿）。通行权非常古老，并且至少从 1535 年起就被承认为是在侵扰中体现的私人诉讼权的基础。

[28] 179 U. S. 141（1900）. 另参见 United States v. Rands，389 U. S. 121（1967）。

[29] 关于港口选址，参见 389 U. S. 121。关于对主要河流的通行权的丧失，参见 United States v. Commodore Park Inc.，324 U. S. 386（1945），该案件也否认了对处于低水位标记和高水位标记之间的土地被少的使用的赔偿，以及在政府的改良阻碍了自由流动时对所造成的“半停滞”水域（“semi-stagnant” waters）的赔偿。不用说，允许政府忽视其外部的损害将导致总的来看绝不应作出的改良。

[30] 174 U. S. 690（1899）.

力，即禁止建设非河流上的但对河流本身造成威胁的灌溉项目。不同于所有其他考虑过的判例，这一判例是正确的，因为，在该案中，是政府而非私人当事人试图尊重原状，这一原状体现了最初的权利。正如基于土地的判例，可不必单纯宣称最高国家利益，从自然条件出发
73 的原则也可以得到中立的适用。

第七章　处分权和合同

一、妨害预期收益

本章通过考察下述情形来完成对部分征收的审究，即不触动占有和使用这两项附属权利而全部或部分征收（或破坏）处分这一附属权利的情形。国家与私人被告之间的类似性可以保持如前。如果原告拥有一定财产，那么私人被告（通过使用武力或以武力威胁）妨害、阻碍或影响（condition）该财产向第三人移转的行为就构成不法行为，因为这构成了对预期收益的妨害，而该妨害长期以来就被认为构成私人侵权。[①] 处分权以排他占有权同样的程度和方式构成一项财产权。原告所要求的就是，在他和任何第三人 X 交易时不受到世上其他人的妨害。这一请求决不依赖于与 X 之间订立的合同；关键的是与 X 缔约的权利，它可以对抗世人。所有权人的请求权也不"仅仅"是一

① 例如，参见 Keeble v. Hickeringill，11 East 57，103 Eng. Rep. 1127（Q. B. 1809）。Tarleton v. McGawley，Peake N. P. 205，170 Engl. Rep. 153（K. B. 1793）。一般性的讨论，参见 Richard A. Epstein，"Intentional Harms"，4 Journal of Legal Stud. 391，423—442（1975）。

项侵权性的权利（a “mere” tort right），因为如前面对侵占和毁损的讨论所展示的，侵权本身即为征收的下属类型（subclass）。

根据洛克的主要假设，国家并不处于更好的地位。假设国家向处分权施加了限制或条件，假设它阻碍或妨害了出售、租赁或抵押，那
74 么它也征收了财产，对此补偿在表面上是必需的。[②] 与之相联系的限制和条件的性质可以决定损害赔偿的适当水平，而所涉及的限制或许可以得到正当化。但是表面上，该情形无法和下述情形区分开来：受到影响的财产被直接征收，并在其未来的处分受到限制的条件下被返还的情形，也即一项仅给予部分补偿的完全征收的情形。

这样，对处分权的分析就非常类似于对占有和使用权的分析了。不过，在一个重要的方面，转让（alienation）和这些附属权利不同。由于转让中的利益具有关联性（relational），因此，在始终承认政府的权利绝不能高过它所代表的私人的权利时，有必要检验政府的限制是如何影响潜在的出让人（即现在的所有者）和潜在的财产购买者的。任何在形式上仅针对所有者所做的处分上的限制，必然限制了其他人作为对其现金、财产、也可能是劳动的交换而获得财产的权利。[③] 征收条款既及于买受人也及于出卖人，而不仅仅是出卖人。这并不是说，买受人的地位类似于出卖人，因为在含蓄的实物补偿的单个问题上确实会出现宪法上的差异。[④]

和这一基本理论形成鲜明对比的是，司法对处分权的回应烙上了普遍的敌意，这一敌意仅在对处分权的独立地位——通常是对出卖人

② 对妨害合同的同样宽泛的定义，正如 art. I，§10，cl. 1 中所使用的短语，参见 Washington 法官在 Green v. Biddle 案中的阐述：“任何通过推迟或提前合同条款所规定的履行时间，施加合同中并未表述的条件，或放弃对合同条款——无论这些条款在其对当事人之间的合同的效力上有多么微小，或在表面上有多么不重要——的履行而产生的偏离，都妨害了合同债务。” 21 U.S.（8 Wheat.）1，84（1823）。

③ 注意，和劳动成果相对，对个人劳动是否为征收条款所包括存在怀疑；参见第二章中的讨论。关于合同条款，并未出现类似的关注，因为“妨害合同债务”（impairing the obligation of contracts）的表述包括了两种类型的合同，而未对标的物予以明显的限制。

④ 参见第十四章。

这方——进行偶尔的保护时才得以缓和。本章将考虑三种情形。第一种，也是最容易的一种，涉及政府对出售私人财产的权力的限制。第二种涉及对承租人期待保有的续租的租赁利益（leasehold interests of renewal）而非权利的征用（condemnation）。第三种涉及对商誉（goodwill）的处理，在这些情形中，受侵害的所有者并未被剥夺其商誉。因此，我将讨论对既存合同约定的权利的干涉，这区别于对预 75
期收益（prospective advantages）的干涉。

二、对出售权利的禁止

在 Andrus v. Allard 案[5]中，被告挑战了《鹰保护法》（Eagle Protection Act）[6] 下的规制（regulations），因为这些规制禁止出售任何包含有鹰羽的物品，即使是从那些在政府禁止之前就合法获得的鹰的羽毛。这些规制并未禁止对所涉财产的所有形式的处分，因为"关键的是被告保留了占有和运输他们的财产以及标示（denote）或遗赠（devise）受保护的鸟类的权利"[7]。根据该案的事实，它是一个简单的案子。出售权是处分权的一部分（或许是最重要的一部分）。对这一权利的损失不仅是价值的减损，而且是对一项财产权的剥夺，它是表面上需要赔偿的部分征收。为了使这一结论转向，最高法院求助于它通常的论证。它首先提及，"对传统财产权的否认并不总是相当于征收。至少在所有者占有完全的一'束'财产权时，对该束中的一'枝'的毁损并不构成征收，因为集合体必须整体来看"[8]。但是这不符合法院经常阐述的正确前提，即部分征收也为征收权条款所包容。当问题涉及所有者失去什么东西时，这一阐述

[5] 444 U. S. 51 (1979).

[6] 54 Stat 250，§1（1940）（修订后被编入法典，体现为 16 U. S. C. §668（a）[1982]）。

[7] 444 U. S. at 66.

[8] 同上，65—66 页。

也注意到所有者所保留的东西；一旦征收得到确立，对一定的、甚至是全部的受益使用的保留仅对发现损害的正确衡量方法才是实质性的。

因为对所失利润的估计处于不确定之中而力主否认赔偿，并不能推动问题的解决。对价值的最好估计肯定不为零，市场价值的损失并不比普通法中更广泛的合同和侵权案件中的所失利润更难估计，而在这些合同和侵权的案件中，通常是允许赔偿所失利润的。政府不能仅通过否认征收已经发生而居优势地位。该案件提出的所有难题都涉及治安权，因为禁止出售现在拥有的鹰羽可能旨在保护处于公共领域中
76 的鹰的羽毛，例如，通过许可已经处于私人之手的鹰羽出售。[9]

三、租赁的续展

处分的问题也会在续租（leasehold renewals）的情形中出现。在最简单的情形中，承租人享有根据所约定的条款从出租人那里续租的选择权。若该选择权不是可经由特定履行而执行的对土地的衡平利益，它至少是一项合同权利，因此，在土地被直接征收时，法院就承租人的损失给予其赔偿并没有任何困难。更困难、更有趣的问题是在仅存有续租的期待时出现的，这一期待通常由以往的惯例来支持，并成为承租人租赁权之价值的一部分。受让人可能会支付一项价格，该价格反映了租期结束时续租的价值和可能性。确实，这一期待可能在实际上对承租人有实质价值，即使出租人仅愿让该承租人续租：使用价值可能是正的，即使交换价值是零。不过，主导性的司法规则是，承租人对续租的期待并不是一种只在有补偿的情况下才能被征收的私人财产的形式。对这一规则最常引用的阐述是由 Holmes 在 Emery v. Boston Ternimal Co. 案中作出的[10]：

⑨ 就该建议，可参见 Susan Rose Ackerman，“Inalienability and the Theory of Property Theories”，85 Colum. L. Rev. （1985）。

⑩ 178 Mass. 172，185，59 N. E. 763，765 (1901).

> 可变的意图并非是土地上的利益，尽管这样的意图无疑在实际上会增加诉请人所租赁的土地（holding）的价值，但在决定被告应支付什么时，不应将它们纳入考虑范围。它们对承租人的法定权利（法律上的权利，legal rights）并无助益，法定权利是所有必须得到支付的东西。即使这样的意图增加了租赁物可供出售的价值（saleble value），但这一增值只是代表了一种对机遇的预期，而非一种法定权利。

坚持认为只需对法定权利进行支付肯定是正确的，但是在交易的双方当事人身上都能发现这些权利。夺取土地或以较缓和的方式阻碍续期的第三人对出租人和承租人都实施了侵权。该行为损害了承租人获取的权利（rights to acquire），以及出租人处分的权利：因此，可以根据双方的请求对它提起诉讼。对成功续期的期待对租赁 77
人和承租人都有利，因此他们共同的续期权的价值应当在得到增加的赔偿支付中反映出来，并根据土地出租人和承租人的利益在二者间进行分配。

在承租人拥有一定的财产（例如，改良物或营业装潢（trade fixtures），而这些财产在未为政府征收时仅在用于被征用（condemned）的土地上才具有价值）时，这一难题又会呈现出一种新的维度。在 Almota Farmers Elevator & Warehouse Co. v. United States 案[11]中，原告是承租人，根据他与出租人——邻近的铁路的运营人——之间订立的一系列租约，他可以占有土地 48 年。在政府征用（condemn）土地时，现有租约已经持续了七年半，但未包括进一步续约的选择权。在占有期间，承租人已经在不动产上建造了一定的改良物，这些改良物的期待使用寿命远超过了七年半。因为它们定制的性质，这些改良物在脱离地基时没有什么残余价值（salvage value）。政府承认对租赁应予赔偿，包括在租约剩余期限内改良物的价值。尽管最高法

⑪ 409 U. S. 470 (1973).

院有对“任何基于租约可能续期的期待的额外价值”不予赔偿的一般规则⑫，它在确定应向租赁利益给付的赔偿时，仍在给付额中纳入了续约权的市场价值。然后法院试图将 Almota 案和以前的 United States v. Petty Motor Co. 案⑬区分开来，后者根据 Emery 案否认了对续展普通商业租赁之期待的赔偿。它指出，在 Petty Motor 案中，“法院并未涉及改良物的公平市场价值。和 Petty Motor 案不同，这里没有在法律上的价值不存在的情况下创设一项法律上可辨识的价值，或者赔偿单纯的无形期待的问题。本案中的诉请人建造了改良物并仅寻求它们公平的市场价值”⑭。

这一所谓的区别因为误解了未来利益的法则，因此并不成功。在概念上，根据租约建筑的改良物可以划分为两类单独的资产；即使所有的建筑改良物的费用完全由承租人承担，承租人拥有的定期地产权（the term of years）和出租人所拥有的对同一物的回复权（rever-
78 sion）也不同。⑮ 对承租人的赔偿永远不可能针对出租人所拥有的利益。承租人因此不能就出租人对改良物的回复权获得赔偿，即使它贬值了也一样，正如他不能就出租人对土地的回复权获得赔偿一样。承租人仅可以就他对改良物的续期期待获得赔偿，其理由早先为 Emery 案和 Petty Motor 案所拒绝。昂贵的和定制的改良物（连同在先的谈判过程一起）仅是续期很可能发生的证据，它是很重要的一点，但仅针对对原告权利的评估。

所给予的赔偿并不取决于承租人占有财产的权利而是取决于独立的处分权。假设就在开始征用程序（condemnation proceedings）之前，原告制造了价值 100 000 美元的定制设备，它将被安装到被征用的（condemned）土地上。根据 Almota 案给出的分析，即使是在租赁的存续期内，它的价值也是不能得到补偿的，因为所涉改良物尚未

⑫ 同上，471 页。

⑬ 327 U. S. 372 (1946).

⑭ 409 U. S. at 476.

⑮ 例如，参见 Helverring v Bruun，309 U. S. 461（1940）。另可参见 Internal Revenue Code § 109（1984）。

附着于土地。但是这一结论是不合理的。确实，该案是复杂的，因为余留给承租人利用的使用价值原则上比在机器附着于不动产后余留的要多。不过，在本案中，设备的定制性质可能赋予它一项残余价值，或者次优的用途，比方说，值 15 000 美元。考虑到（不可能的）在租约到期后续约的可能性，85 000 美元的一部分不应得到赔偿，但是让承租人承担全部损失是完全不合适的。尽管政府仅从原告的所有权包中征收了有限的附属权利，但它征收了关键的一项附属权利。该宗针对政府的案件仍是一件妨害未来收益的案件，无论附着是否发生。征收条款中的征收用语触及这一交易，即使政府坚持认为，所有人还保有对他定制的设备的占有，或者还允许他保有这一占有。

我们可以再进一步。即使定制的机器是由从未占有的当事人所制造的，也能适用同样的结论。机器的所有者通过协议承担了出租人不会延展有利的租约的风险，但他并未承担外部力量干预他希望建立的有利关系的风险。赔偿将再次被减少以反映缔约失败的更大风险以及可用于减少损失的更多的方法。但是人们可以提及减少赔偿的方式这 79
一事实表明，为什么原则上它是必需的。在一切情况下，通过使用武力干预期待的收益是可以对政府提起诉讼的，就像可以对所有私人当事人提起诉讼一样。

四、商誉

干涉有利的关系不仅仅是在双方当事人对持续的商业交易有同样的利害关系的情形中才是重要的。它对一般的商誉问题也是重要的——前面对此已经讨论过，那时是和针对普通征收的后继损害在一起讨论的——此时，处分权的价值是不对称：对单个出卖人有重要意义，而对大量的潜在买受人仅有微小的意义。最初，对商誉的定义正确地将我们的注意引向一些价值，它们“超出了在其中所使用的资本、股票、基金或财产的单纯价值，它们是一般公众的光顾和鼓励的结果，而这是它从常客那里，或者从其他偶然的情况或紧急情况（necessities）那里获得的，对前者要考虑到它在当地的位置或通常的名声、技能或财富上的声誉、或者守时性”⑯。

这一一般的讨论只是阐述了赋予商誉保有者的权利。不过，因为所有权利都有它们相关联的义务，因此有必要详细说明其他人所进行的活动，这些活动构成了对该商誉的可诉的干涉。在这里，如果商誉被解读为使得任何减少其价值的行为都可诉，那么，对“商誉”的具体化（reification）就成为不加鉴别的和易于误导的。事实上，商誉仅有权获得有限的赋予所有其他财产利益的保护：防止可归咎于被告之征收的损失。因为在定义上剥夺（dispossession）不是一种政府违法行为的可能形式，这一征收的发生采取了侵犯所有者对无形资产（intangible assets）之权利的行为形式。正如以前的分析所表明的，对征收的禁止必然使得禁止使用武力成为必要的，这一对武力的使用指向作为所有权的一项独立附属权利的处分权，正如处理经济损失的普通法诉讼所揭示的。

当然，存在许多情形，在这些情形中，尽管所有者仍保持对土地和动产的占有，但商誉仍可能遭到贬损。一个邻居在通往所有者营业场所的通道上设置了路障，但未侵入后者的土地。若干预采用这种形
80 式，就有必要区分单个所有者（通常是出卖人）的地位和不再与之进行交易的大群人（通常是买受人）的地位。对每个买受人而言，所遭受的经济损失是和被设置障碍的所有者缔约的期待收益。通常这些收益是很少的。而每个买受人减少损失的机会是巨大的，因为存在许多其他的供给源。最后，用来计算赔偿的恰当标准的管理成本（administrative costs）也是巨大的，特别是在和损失的数量相关时。基于这些实际的理由，即使承认邻居进行了表面上的征收，通过法律制度矫正损失看起来仍是无法容忍的。不过，在第三人使用武力封锁所有人但后者仍保持无异议的占有和使用时，这些理由就不大重要了。损失集中于单个个人；这些损失将会很大而且可能无法减轻。因此对处分

⑯ Joseph Story，Partnership § 99（7th ed. Wharton 1881）.

权的征收不再为实际考虑所压倒。正如规范理论（the normative theory）所清楚要求的，无论如何处理大量失望的预期缔约人提起的小额诉请，该权利都应当得到保护。[17]

从以上所述，可以假定“征收”的表述可以无限延伸，这样每个想象得到的政府行为都可以很容易转化为应予赔偿的征收。不过，这里逐步提出的理论也对新的诉因的迅速增长施加了有力的、的确是绝对的限制。尽管商誉表面上得到保护以防止武力所造成的损失，但对它的贬损或破坏实际上确实是 damnum abs que iniuria（无不法行为的损害）——没有法定损害行为（legal injury）的损害（harm），即使没有使用任何这些被禁止的手段。在失去商誉时，顾客不会再光顾，因为所有者的业绩已经滑坡，或者因为他的竞争者已经使之陷入混乱（undone him）或者因为口味已经改变，那么原告，无论经济损失有多大，都不享有表面上的赔偿请求权。因为不存在对权利的侵犯，甚至没有理由谈及管理上的理由是否排除回复的问题，而这一回复本来原则上是得到许可的。在私人背景中，第三方当事人的自愿选择造成了原告的损失，这些无法归咎于被告的任何违法行为，被告毕竟只是扩展了提供给他的那套合法的选择手段。[18] 所有者现有的顾客现在有了额外的伙伴，他们可以与之进行交易。因而，商誉本身的经济损失从来都不是可诉性的试金石。对被禁止的手段——武力——的
使用在法定权利的规范问题（the normative question of entitlement） 81
上总是决定性的，无论该权利是针对私人被告还是针对国家。

该问题也具有宪法的维度。以前的 Community Redevelopment Agency of Los Angeles v. Abrams 案[19]涉及一位被城市重建计划（an urban renewal program）剥夺了财产的诉请人，他请求赔偿的商誉损失根据征收条款本应获得赔偿。如果这里的观点是正确的，那么他的商誉损失仍可以获得赔偿，即使他对其药店的占有并未受到干扰，只是他的顾客已经被强行从周边迁走了。可以确信，如果药店被州用墙

⑰ 参见第十七章。

⑱ 参见 Epstein，前揭注 1，391 页。

⑲ 参见第四章。

隔开，以致没有人可以进入，就存在可以获得赔偿的征收。代替建立围墙，州将所有的顾客从其住所迁走时又有何不同呢？对于城市重建计划可能存在某些长期的收益，但是（在减少到现有价值时）它们将会正好开始抵消给所有者造成的损失是非常不可能的。

赔偿商誉的明智判例一般都获得大量学者的支持。[20] 不过，19 世纪和 20 世纪主流的司法回应否认了赔偿，其理由为，对商誉的破坏并非是宪法意旨上的对“财产”的征收，无论它在私法中的地位如何。再一次，Holmes 在他于 Sawyer v. Commonwealth 案[21]中发表的那段常被引用的段落中表达了主流的观点：

> 我们认为，通常的假定是，对营业的伤害并不是对必须赔偿的财产的占用（appropriation）。存在许多严重的经济损害，对它们可能无须赔偿。除非所有可能导致这种损害的法律提供了补偿物（quid pro quo），否则禁止它们这一观点将是不实际的。无疑，营业可能是广义上的财产，是有巨大价值的财产。就本案的目的可以假定存在一项对该营业的征收，并且它需要进行赔偿。但是较之宪法承诺给予绝对保护的权利，营业在性质上并不那么明确，而且其盛衰变迁更加不确定。同样，在我们看来，较之宪法所处理的征收或占用，其
> 82 价值的减少是更为含糊的损害。一项营业可能为建造一条转移交通流量的更受欢迎的街道所破坏，这和它受到竞争破坏在程度上是一样的，但是在两种情形中都不会有什么诉请。在我们看来，在通过征收开展营业所处的土地而破坏营业时，情况也没什么不同，除了它可能提高土地的价值外。

不过，这一有影响的段落对这一难题做了错误阐述。它只是不正

[20] 例如，参见 Gideon Kanner，“When is ‘Property’ Not ‘Property Itself’：A Critical Examination of the Bases of Denial of Compensation for the Loss of Goodwill in Eminent Domain，” 6 Cal. W. L. Rev. 57（1969）。

[21] 182 Mass. 245，247，65 N. E. 52，53（1902）.

确地假定，为防止强制干预而对商誉进行的保护要求，甚至建议，对“建造一条转移交通而更受欢迎的街道（所造成的营业损害），应和通过竞争造成的损害一样”给予赔偿。这一类推误解了私法赋予商誉的保护程度，然后扩大该被扭曲的观点而阻止了正确的宪法上的结论。新道路或政府竞争都不涉及使用暴力或不实陈述来限制原告和第三人的预期关系。这些损失无法由私人被告进行赔偿；同理，它们也不能由政府进行赔偿。相比之下，为了重建而迁移整个邻里时，情况就完全不同了，因为国家对暴力的使用过于明显，过于有说服力而无法予以否认，正如 Poletown 案所生动展示的。[22]

商誉由某种“更为模糊的”权利所构成，该权利不值得获得赋予私人财产的保护（私有财产已经得到保护），这一观点也是荒谬的。已经确定的是，部分征收受到和全部征收一样的宪法保护。商誉远非是模糊的，它是可以被拥有、被移转，并受到保护以防止第三人（至少是）故意的暴力和不实陈述的干预，当然，也可以对之征税。[23] 还可以根据标准的习惯（standard practices）对商誉进行评估。存在何种可能的正当理由（warrant）来否认它享有宪法规定的私人财产的地位呢？加州最高法院在 Abrams 案中认为，Sawyer 案只是回答的一部分；其他的回答则是商誉并非是“宪法意义上的”财产。[24] 但是对为什么宪法意义与通常的意义不同没有作出解释，就像它对土地、 83
股份或者商业秘密所做的那样。[25] 为了将商誉从宪法恩赐（constitu-

---

[22] Poletown Neighborhood Council v. City of Detroit，410 Mich. 616，304 N. W. 2d 455（1981），这一判例在第四章中有所提及。

[23] 例如，根据加州的法律，商誉可以被拥有，Cal. ［Cil. ］Code § 655（West 1982）；被转让，Cal. ［Bus. & Prof. ］Code §14102（West 1964）；以及被征税，Cal. Const. Art. 13，§ 1。普通法的侵权救济通常也是可用的。对这一点的有力发展，参见 Kanner，前揭注 20，65—68 页。

[24] 15 Cal. 3d at 819，543 P. 2d at 909，126 Cal. Rptr. at 480.

[25] 在 Ruckelshaus v. Monsanto Co. ，104 S. Ct. 2862（1984）案中，就宪法的意旨，法院采用了重述对商业秘密的定义。没有其他的表述可以适用。“重述将商业秘密定义为‘任何公式、模式、设计或信息的汇编，它被用于某人的营业，并可给他带来一种机会使他取得对不知道或不使用它的竞争者的优势。’”同上，第 2872—2873 页，引述 Restatement（Second）of Torts § 757，comment b（1977）。

tional grace）中排除出去的行为正当化，法院必须对私人财产给予独立的规范描述，它可以解释允许在宪法中引入和通常的以及法律的概念完全不同的含义的原因和方式。在 Sawyer 案或 Abrams 案中没有提供商誉的竞争概念；原则上也无法获得这样的概念。赔偿的实际问题必须在征收条款的框架内进行解决，而非基于该条款不能适用的假定。

检验那些作为立法的恩赐而向商誉提供有限保护的建议只是加强了扩展对商誉的宪法保护的理由。在这里 Frank Michelman 提供了最初的理论框架，他恰恰提倡立法在这一问题上发挥更大的作用。[26] Michelman 的核心假设是，在法律原则中存在“漏洞”（gap），以致任何给予难民（displaced person）的现金赔偿不应被视为仅仅是立法的“馈赠”，相反，它应被视为是对“不完全的”债务（“imperfect” obligation）的解除，这一债务在道德上是吸引人的但并非是宪法施加的。Michelman 的观点继续认为，在法院面对完全赔偿和不赔偿之间的困难选择时，它们会选择后者。因此，更好的方法是允许立法通过支持部分赔偿而分裂差异。

Michelman 的分析在 Abrams 案中结出了司法上的成果。在该案中，加州最高法院部分否认了所有者对商誉损失的诉请，因为在商誉的损失源自对不动产的剥夺以及所有者无法采取合理的减少损失的措施时，加州的法律——在原告的土地被征用（condemned）时法律尚未生效——仅规定了每一请求 10 000 美元的有限赔偿。

该制定法充满了讽刺。它（通过让诉请人承担举证责任）将细致
84 的调查导向对损害的减少（mitigaiton of damages），法院认为这一调查作为宪法事务是不可容忍的。不过，它对减损问题并未比同样的宪法规则提供更多的指引。该制定法的优点并非源自它的实体规则而是源自用于确定赔偿的程序，例如仲裁。但是这些程序和征收条款是一

[26] Frank I. Michelman, “Property, Utility, and Fairness: Comments on the Ethical Foundations of ‘Just Compensation’ Law,” 80 Harv. L. Rev. 1165, 1215－1258 (1967).

致的，后者要求公平补偿，而不是法庭（judicial forum）。[27]

在确认该制定法的有效性时，加州法院最初认为，该制定法应根据“善意标准”（good faith standard）来评价。不过，问题并不是刑事责任问题或政府豁免问题。问题是政府对被征收的财产的赔偿。在政府征收土地用于邮局时，善意标准并不足以保护政府免除全部赔偿的义务；在商誉被征收用于建设住宅项目时，善意标准也不应保护它。善意标准以及它所要求的司法裁量依据的是一项对州的义务的性质和来源的严重的错误认识。对商誉毁损的赔偿并不能将它的效力完全归因于立法的仁慈或被广泛分享但并不统一的公平直觉。它应当是综合的私有财产理论的必然结果。该制度在权利结构中并未包含漏洞。对被归属于所有权的事物，财产规则唯一地确定了所有人永久的权利。如此确定的这些权利是内在一致的，因此在根据先占规则诉请所有外部的事物时，（它们中的）每一个都有一个所有者并且是唯一的所有者。在束中并不存在根据立法的兴致（at legislative whim）在私人和公共领域中游走的剩余枝条。

什么构成对私人财产的征收是一个通向固定的逻辑答案的问题，因此判断哪些司法裁决是明显正确的或者是明显错误的总是可能的。就这一问题（相对于执行警察权力的适当手段），完全不存在智识上的争论或司法遵从立法的空间。一旦私有财产被征收，就必须提供赔偿。正如 Monongahela Navigation Co. v. United States 案中所阐述的：

> 立法可以决定为了公共目的需要什么私有财产——那是
> 一项具有政治和立法性质的问题，但是在已经命令征收时， 85
> 赔偿问题就是司法性质的了。在公众通过它的代表——议会
> 或立法机关征收财产时，并非由公众负责说应当支付什么赔

[27] 可能出现的唯一问题就是那些在所涉程序严重偏向政府时会出现的问题，因此，预期救济的价值要少于对完全证明权利的正当所要求的价值。但是程序的廉价并不同于偏见。对《塔克法》（Tucker Act）下类似问题的讨论请参见第四章。

> 偿，甚至什么是赔偿规则。宪法已经宣示应当支付公平补偿，并且对此的查明属于司法调查。[28]

根据这一标准，加州商誉法（California goodwill statute）下的赔偿方案完全是有瑕疵的。对商誉损失为何仅在和剥夺相联系时才可以赔偿这一问题，它并未提供有原则的理由。更关键的是，甚至善意标准也不能成为对赔偿施加固定的最高限制的正当理由，不论案件的情形如何。私人侵权的被告不能事先宣称他对陌生人的责任应当限于固定数额，无论是 10 000 美元还是 1 000 000 美元。国家也不能。

五、通过不实陈述征收

现在，我将离开政府通过使用武力而干涉期待收益的情形，讨论政府通过不实陈述达到同样目的的罕见情形中出现的法律问题。通过不实陈述而干涉处分权的典型情形是诽谤侵权（the tort of defamation）。在处理诽谤时，经常被询问的是究竟为何它构成侵权，更不用说其规则——至少在作出 New York Times v. Sullian 案[29]这一史诗性的判决之前——极为有利于原告的案件了。对这一问题的回答可分为两部分。首先，受害的原告享有一项和其他个人建立有利关系的权利——可对世的财产权，例如，出售他的货物或服务。其次，这一权利为不法的手段所毁损或破坏，此时被告就事情的真相向第三人做出了不实陈述，该第三人然后选择不与原告进行交易。诋毁权利（title）的侵权行为描述了诽谤和私人财产之间的必然联系：被告质疑了原告的权利，结果导致财产未能出售给本来有意愿购买的买受人。

---

[28] 148 U. S. 312，327（1893）. 第十六章提出并讨论了和劳工赔偿法相关的类似的观点。

[29] 376 U. S. 254（1964）.

而且，传统的诽谤责任的严格性并不是无原则的异常事物，而是 86
主要取决于所揭露的原告的地位。[30] 由于原告不是被告与第三人之间最初联络的一方，他并没有承担任何不实陈述的风险；更重要的是，他并没有能力来保护自己对抗不实陈述，特别是在他并不知悉被告已经告知第三人的情况下。因此，在私法中，我们可以描绘出一条清晰的连贯线：从侵占到财产毁损到对期待收益的干涉到诽谤，无论是对权利（title）、信用还是声誉的诽谤。

正如 Paul v. Davis 案[31]所暗示的，这一对诽谤的叙述与征收权的法律是直接相关的。原告对当地的县治安官（a local sheriff）提起了一项依据第 1983 条的诉讼（a Section 1983 action），主张被告错误地在几份报纸声明中将他称为“活跃的商店扒手”而对他进行了诽谤。法院开始假定原告对诽谤享有州法上的救济。此后它考虑了更为困难的问题，即是否因为对声誉的利益是第十四修正案所保护的“自由或财产”利益而存在独立的给予联邦救济的理由，对此，法院看来是予以否认的[32]，因此禁止了原告依据第 1983 条提起的诉请。

[30] 关于严格责任，参见 E. Hulton & Co. v. Jones（1910）A. C. 20（H. L. E.）。当然，初步证明的案件（prima facie case）为大量的复杂特权（priveleges）所限制，而这些特权并不包含被告的无过失。参见 Williams L. Prosser，Handbook of the Law of Torts 776－801（4th ed. 1971）。诽谤的类似发展以及对征收权的这一分析应当是足够清晰的了。

[31] 424 U. S. 693（1976）.

[32] 在 Paul 案中，对这一方法存在暗示：“Kentucky 的法律并未延伸至对［Davis］现在享有的声誉的任何法律保证，这一对声誉的享有已经作为［Paul 的］行为的结果得到改变……任何对该利益的损害…并不导致对任何州或联邦法律所承认的‘自由’或‘财产’的剥夺，它也没有改变在那以前为州的法律所承认的被告的地位。基于这些理由，我们认为在本案中所主张的对声誉的利益既非‘自由’也非‘财产’，仅这些自由或财产可以得到保障以对抗州未经法律的正当程序而进行的剥夺。”424 U. S. 693，at 711－712. 上引的段落包含了不合逻辑的推论（non sequitur）。前两句强调私人救济排除了认为自由或财产已经未经赔偿而被征收的主张。但最后一句超出于此并表明声誉完全不是自由或财产，因此对它的州法上的保护问题对宪法问题就是非实质性的。就最后一点，Brennan，J. 所表示的异议看起来是有说服力的，该异议声称法院的“暗示……即州的救济的存在 vel non——例如诽谤诉因——和对是否存在第 1983 条的诉因的决定相关，完全是没有理由的。”Id. at 715.

87 Paul v. Davis 案经常被评论者批评，认为它狭隘地解释了第十四修正案的正当程序条款中的“自由”和“财产”这些术语。㉝ 在分析中通常都未提及征收条款。不过，批判性不满的根源非常简单，也即该情形与州征收或毁损原告轿车的情形没有什么不同这一观念。考虑到从侵占到侵入到干预预期利益再到诽谤的必要发展过程，这一观点在分析上是牵强的。州的官员的诽谤是法律规定的对私人财产的征收，它或许可以基于行政豁免而得到正当化，或通过州法所规定的私人诉讼权而得到赔偿；但它仍然是征收。因此，如果州法规定的救济是充分的，Paul v. Davis 案就是正确的，但前者是这一调查的范围之外的事情。无论如何，鉴于该问题和公平补偿之间的联系，州的救济的充分性是应当根据联邦宪法的要求而予以检验的问题。

六、妨害合同权利

前几节已经论证了，对私人财产的征收是如何延伸到政府通过暴力和不实陈述而妨害预期收益的情形的。因此几乎更有理由（a fortiori）得出，通过自愿的交易而创设的合同权利也受到征收权条款的保护。如果使交易成果受到政府的掠夺，那么最初的处分权就无法得到保护。和阻止订立合同一样，使用暴力或不实陈述来阻止对已经成立的合同的履行也是侵权性的。一系列令人印象深刻的判例都认为合同权利为征收条款所调整。㉞

为了使讨论更为具体，可以考虑一下买卖货物的双务合同。假定政府要求买受人转让他对出卖人的权利。原则上，对这一权利转让应支付的赔偿额是出卖人的履行对买受人具有的价值——期待衡量方法

㉝ 参见 Henry Monaghan，“Of ‘Liberty’ and ‘Property’，” 62 Cornell L. Rev. 405，409—410（1977）。

㉞ 例如，参见 Contributors v. Pa. Hosp. v. City of Philadelphia，245 U. S. 20（1917）；Long Island Water Supply Co. v. Brooklyn，166 U. S. 685（1897）。对于一般性的讨论，参见 Williams B. Stoebuck，Nontrepassory Takings in Eminent Domain 132—133（1977）。

(the expectation measure)。就像在其他征收权的情形中一样，买受人的成本——由应向货物支付的价格来代表——在这里是无关的：在房屋被征用（condemn）时，它的原始成本并不是对赔偿的适当衡量标准。如果合同对买受人而言是一项亏本的（losing）合同，那么州的接管（takeover）就不允许他获得对原始成本的赔偿。如果合同是一项赢利的合同，州就无权将所有的利润收入囊中，而使买受人处于他好像原先从未进入交易一样的境地。一如既往，是被征收之物的价值——对出卖人的履行所享有的权利——而非被保留之物的价值决定了赔偿的衡量标准。 88

这些合同情形可以通过大量不同的方式得以复杂化。通过暴力干预履行可能是部分的而不是全部的，正如允许履行进行但使之受到政府施加的限制一样。但是限制条款描述的仅是基本主题的一个变体；它们不能将该情形从征收条款中拿出去。因此，很久以前在 Green v. Biddle 案中对什么构成损害合同的情形所做出的宽泛描述，逻辑上蕴涵于征收条款下的部分征收的理念中。[35] 在该描述中，任何为州所命令的（state-mandated）对合同权利的变更都构成对私人财产的部分征收。原则上，这些变更是为了债权人还是债务人的利益是无关紧要的。借助于州的补助（state aid），向债权人提供他并未预料到的保护将允许他获得他并不享有权利的财产。同理，旨在解除债务人的合同负担的立法也受到征收权的质疑。[36] 这一立法所规范的情形就好像是，债权人收回了欠他们的钱或财产，然有又不得不将它们返还给原初的债务人。一些解除债务人负担的机制是程序性的：限制债权人的管辖地，缩短诉讼时效法（statute of limitations），或者施加新的举证责任。其他的则是实体上的：债权人必须推迟收债，接受较低的利率，或者重新评估相关的担保。这些对债权人的权利的不同限制的最终宪法地位取决于是否对损失提供赔偿，但是该条款包括所有这些

㉟ 参见前注 2。

㊱ 我已经在 Richard A. Epstein，"Toward a Revitalization of the Contract Clause，" 51 U. Chi. L. Rev. 703（1984）一文中非常详尽地讨论了合同条款的问题。

情形。[37]

89 同样的主题在其他情形中也表现出来。如果政府强迫转让合同权利，它必须支付该权利的市场价值，并在它解除权利受让人的债务的范围内进行扣减。如果每吨钢价值 1 500 美元，而诉请人有权以 1 000美元的价格购买时，若政府通过支付出卖人钢的价款而解除买受人的债务，那么应向最初的买受人支付的赔偿就是每吨 500 美元；如果他没有解除买受人的债务，该赔偿就是每吨 1 500 美元。

注意和 Omnia Commercial Co. v. United States 案[38]的牵连，这是一宗起源于一战的案件。（在该案中）原告达成了一项合同，他可以以规定的价格从制造商那里购买大量钢材，该价格低于预先交付时钢材的市场价格。如果原告自愿转让其权利并将其义务委托给第三人，他本可以获得一笔收益（a positive sum）。政府通过其无可置疑的征用权（the power of requisition）命令钢材公司将其全部的产品交付给政府备战。政府的命令被视为是典型的嗣后履行不能事件（supervening impossiblity），它免除了出卖人在合同项下的责任。问题是，买受人就其所丧失的约定交付能否对政府提起诉讼。

法院本可以以两种不同的方式来回答原告的请求。第一种方式是，承认从原告那里进行了征收，并正当化该征收，而这或许是通过提及战争所带来的公共需要（public necessity）来达成的。不过这一方法遭到了强烈的反对，因为在战争情形，非常明显地要求赔偿，这令人回想起革命战争时期的滥用行为（Revolutionary War abuses）。第二种更为尖锐的方法是，完全否认对私人财产的征收，也就没有必要触及正当化问题。Omnia 案中的法院明显受到了公共需要观点的影响，它提及，如果支持原告的案件，将开启对州的“数量惊人的”请求，该难题仅能通过将钢材视为已经交付给买受人而得到避免。

不过，法院将它智慧之光（intellectual fire）的大部分导向了征收的门槛问题（the threshold taking question）。它最初的预设和这里

[37] 参见第十五章。

[38] 261 U.S. 502 (1923).

所采取的立场一致，即“正讨论的合同是第五修正案的含义范围内的财产，如果它为了公共用途而被征收，政府就应承担责任。”[39] 但是， 90
它此后又认为，在本案中政府并未“征收”所涉合同。

> 本案中被征用（requisition）的只是钢材公司的未来产品，因为在没有政府干涉时，这一产品本应作为对合同的履行而进行交付，这一争论看起来是，合同和产品在此范围内是如此一致，以致对前者的征收依事实（ipso facto）也构成对后者的征收。不过这会使合同与其标的物相混淆。每个可执行合同的实质就是法律施加给当事人的履行义务……显然，本案中，并不存在对债务或执行合同的权利的取得。如果钢材公司没有遵从征用命令，那么救济是什么呢？不是对合同的执行而是对制定法的执行（借此政府可以强行接管（takeover）钢材公司）。如果政府没有对它获得的东西进行支付，那么钢材公司享有什么权利？它并不是对合同所约定的价格的权利而是对宪法所保障的公平补偿的权利。[40]

主要预设的宽广前景因为对其适用的错误而破灭了。就出卖人未出售的钢材而言，政府必须支付全部的市场价值。为何仅因为买卖合同将所有权与占有分离，它的成本随后就被减少了呢？无法忽略的唯一暗示就是，市场价格是否因为备战而实际反映了被增加的政府活动。不过，即使是这种情况，在合同价格和市场价值之间的整个差异都无须归咎于政府的介入。无论如何，该观点在钢材已被交付的情形和未被交付的情形中都具有同样大的影响力。

但是这些精妙之处（refinements）并无助于财产是否被征收这一问题。政府在强迫买受人以低于公平的市场价格转让合同权利时就征收了私人财产。那么，可以确信，在它选择不强迫该转让而是占用合

[39] Id. at 508.

[40] Id. at 510－511.

同的标的物时，它也“征收”了合同，尽管作为交换赋予了买受人以一项可以对抗出卖人的履行不能的抗辩，而这一抗辩决不会保护他从交易中可获得的利润。政府是根据一项制定法来行为的这一点并未增
91 加其理由而仅是表明了该制定法自身的缺点。（在这里）可以适用熟悉的老调（refrain）：在未向原告就其钢材的全部价值负责时，第三人就不能取得该钢材，无论其价值超过成本多少。干预协议自身和征
92 收其标的物之间已得到承认。

第八章　对多数人的征收：责任规则，管制和税收

一、从 1 到 n 的征收

我现在要着手实现一种过渡，这种过渡虽有争议但却是根本性的，在前面的章节中我对此已经有所暗示，只是没深入讨论。迄今为止，我们的讨论都是集中于国家与声称财产遭剥夺的孤立个人对立的情境。现在的问题是，这种对基本征收——包括部分征收——的论述，在何种程度上能适用于众多个人的要求：这些人的财产被某种行为征收，而如果只针对他们中的一人，这个行为就将受征收条款的调整。

关于这个问题，早期的历史资料中也几乎没有可资指导的东西。洛克的《政府论》（下篇）也没有任何对这里所检讨的问题的分析。确实，它根本没有讨论这部分的三个主题：征税，管制，责任规则的修改。但是，洛克有关代议政府的理论却必然影响到这一系列现代问题。对普通的土地征收的分析形式可同样适用于这三种政府活动形式；这三种政府活动形式，不可能被存放于与私人财产之征收完全隔

离的密封室中。最高法院本身众多的关于“管制性”征收的文献，也
93 已经承认了这一点。[①]

目前的判例法也在努力解释征收与管制之间的界线。这种公认的明智行为背后的刺激，来源于霍姆斯在 Mahon 案中的评论：“如果不给予一般法律上的每种变化以补偿，附着于某财产的价值在某种程度上不可被消减，那么，政府也就很难存在下去。”[②] 霍姆斯很快就为立法控制开拓了一片广阔的领域，但是他也强调了司法尊重的原则必须有所限制，“否则，契约和正当程序条款就消失了”，他想以此来努力保存一种张力。[③]

我这里所采取的立场并不是始于霍姆斯的那种谨慎的关心。相反，它始于这个分析性的问题，并且朝相反方向发展。这个给予征收条款相当大范围的基本命题，从形式上而言，是非常普遍的。很明显，征收针对的人数越多，不公正也就越大。政府行为是否为普遍的征收行为，关键要看它对每个受其行为控制的个人的财产权发生了什么后果；其他的因素或多或少都是不相关的，包括与别人相关的政府行为。调整一个人所有财产被征收之行为的征收权原则，同样调整对部分财产的征收。确定一个人财产是否已被征收的规则，也在整体或部分上确定着许多人的财产是否在整体或部分上已被征收。

因此，这个条款的适用范围并不会缩小或是被取消，即使征收（包括了财产损坏）的规模变小，即使受到征收的人们的范围及征收的频率同时提高。这个条款既适用于那些范围较小但程度较深的征用，同时也适用于那些范围较广但程度较浅的征用。

理解这一点的最好办法就是诉诸增量的过程。当政府点名要征收一个人（比如 A）的财产时，从他那里征收财产就是容易的；这种征收并不会因为同一行为也针对 B，就转化为别的什么东西。就此而

① 最近一个例子，见 Ruckelshaus v. Monsanto Co.，104 S. Ct. 2862（1984）。

② Pennsylvania Coal Co. v. Mahon，260 U. S. 393，413（1922）.

③ 同上，页 413。这里说的正当程序条款是指它的实体纬度，在此，它是作为征收条款来约束国家的。

言，同样，该政府行为指向 C，D，E，等等都不会变更行为本身的性质。如果那些财产被征用的人不是被指定的，而是以某种容许公共官员（如法官或是州长）在公共没收的时候可以确定的方式被描述的，这种政府行为的性质也就不会变更。无论一个法律命令的形式如何，它的影响都要落到个体的人的头上。规范对单个人的征收行为的规则，同样也规范对多数人的征收行为。

为孤立的政府行为与综合的政府行为发展一套统一的理论，这使 94
得我们不必要在两种类型的政府行为之间划出一条明确的界线。当然，当国家为建一家邮局而征收土地时，对此予以补偿的义务，并不取决于它是拿走了两个独立但却相邻的土地，还是仅仅拿走了在共同所有权之下的一片土地。现在，如果把土地所有者的数量从一个变成一千个，我们也只不过是将土地征收的目的从建设邮局变成为建设军事基地或公共高速路。数量的增加并没有在单个征收与大规模征收之间造成十分明显的差异。在关于征收的一般问题上，我们不可能去追问，为了使政府行为逃避征收条款的仔细审查，该行为涉及的面应有多大，因为界线和程度与这里的问题，完全是不相关的。用来确定是否存在对私有财产权的征收行为（不管是针对一人、少数人还是多人）的根据，只是政府行为的性质，这种行为的性质是依照适用于私人的标准而得到评价的。

当这种征收只是部分而不是全部时，这种分析方法也同样适用。如果一定形式的政府行为管制了一片私人土地的用途，比如通过限制契约（restrictive covenant[*]）或留置权（lien），那么这很显然就是对私人财产的部分征收。当那种部分征收针对许多人的土地时，这个规则使用的普遍性增加了，但其对于每个被征收的当事人的影响的性质没有变更。也许国家更希望把土地使用分区（zoning）称为综合土

* restrictive covenant：在契约中，限制财产的使用和禁止将财产投于某种用途的条款。就财产法来说，指那些转让人限制受让人对财产的使用和占有的契约；一般来说，“限制契约”的目的是，通过控制周边的土地的性质和使用，以维持和提高相邻土地的价值。它的对象一般是不动产，最常见的方式是具体规定块地的大小，其上的建筑界限和风格等。——译者注

地管制，但这仍然是施加在这些被管制土地上的一套精细的限制契约。也许它更愿意使用“不动产税”这个措辞，但是它们却仍然是对从属于自己的财产的留置权。综合责任规则（liability rules）及税收和管制的一般体制的法律地位，都是有明确概念的，而且没有那种徘徊于边缘地带的令人讨厌的模糊。现代社会中，试图疏远征收条款和一般法律控制之关系的努力是站不住脚的。所有的管制、所有的征税以及所有对责任规则的变更，都显然属于应该由国家补偿的对私人财产的征收行为。

这个综合路径的理由，部分地源于征收条款的功能。任何只涵盖一种政府行为形式而排除其他行为的宪法审查理论，都会在边缘地带招致众多的不确定的变动。那些控制国家的人将会发现，在不受管制的行为形式里，存在许多对依征收条款可能被质疑之行为的有效替代选择。对于征收条款的狭义解释，不仅不能对政府权力的过度扩张提
95 供一个可以与之抗衡的堡垒，相反，它只会简单地助长政府官员将自己的行为转变为那些不受宪法审查的剥削形式。[④] 没有任何有关政府控制的综合理论可以容忍立法上的这种漏洞。既然征收条款僵化的字面适用与它的目的是一致的，将其适用仅仅局限于孤立的征收，这种做法是没有正当理由的。

在陈述这个中心命题时，我必须再次强调的是，政府征收行为的形式及属性的不同，确实会对特定案件的最终结果造成不同的影响，即使它们对最初的征收问题来说，是无关紧要的。对众多人的部分征收行为，增加了这种可能性（但却并非确定性）：权利受到侵害的当事人将会收到暗含的实物补偿，因为，在那些财产被征收的人们与那些因征收而受益的人们之间，总存在部分的重叠。当政府计划中已经暗含有足够的实物补偿时，再进行金钱支付似乎就是不适宜的了，即

④ 例如 Richard A. Epstein, “Taxation, Regulation, and Confiscation,” 20 Osgoode Hall L. J. 433 (1982); Anthony T. Kronman, “Contract Law and Distributive Justice,” 89 Yale L. J. 472 (1980); Richard A. Posner, “Taxation by Regulation”, 2 Bell J. Econ. Management Sci. 22 (1971)。

使条款本身适用于此。[5] 现在首要的任务就是，表明这个条款所包括的三种基本情形：普通法责任的更改，征税和管制。

二、普通法责任规则

如果不吹毛求疵的话，我们可以说，存在这样一种强大的共识，即征收条款并不能达到排除一般实体法之变更的程度。皮特尼（Pitney）法官写道："没有人可以对任何法律规则享有一种既得利益，以至于该种利益授权他坚持该规则应为了他的利益而永不可变更。"[6] 这种判断的背后含义也就是说，征收条款并不能阻抑普通法原则不可避免的演变，这是我们法律传统发展很普通的特征。断定普通法是可塑的，这种说法在一些重要的限定之内是正确的，但是其所陈述的理由——在责任规则中没有既得权——却是错误的。所有权是个社会概念。私有财产权制度包含了对所有者与外在世界间的权利义务网络的必要投效（commitment）。所有权的基本规则以一般的形式规定了其他人的构成过错的行为类型。在侵权案件中所适用的基本责任规则主 96
要集中于一些特定的当事人，他的行为使他突现出来，从而使得某种对于原始所有权的确证成为必要。这两个方面只是同一硬币的两面，它们之间并没有根本的区别。

在现代法学界，大多数的学术著作都表明了财产权规则与责任规则间潜在的融合趋势。一个常出现的问题是救济途径的选择问题，即一方面是修复和禁止令，另一方面则是补偿。[7] 比如，对于被征收的动产是应该支付赔偿金还是应该返还。普通法中没有基于所有权概念本身就可成立的诉因；原告只有当表明被告的行为存在过错时，才可能胜诉，即原告表明被告要么是将原告的动产当做自己的财产进行

⑤ 参见第十四至十五章。

⑥ New York Central R. R. v. White，243 U. S. 188，198（1916）.

⑦ 参见 Guido Calabresi and A. Douglas Melamed，"Property Rules，Liability Rules，and Inalienability：One View of the C at hedral，" 85 Harv. L. Rev. 1089（1972）。

处分；要么是在原告要求归还时，被告仍然拒绝归还属于原告的财产。相反，罗马法则确认了一类完全基于财产权的诉讼（vindicatio rei）——在这种诉讼中，只是要求归还原物，而不考虑占有人有无过错行为。[⑧] 然而，就这一点来说，在这两大法系之间是没有功能上的区分的，因为仅仅是通过提起诉讼，原告强迫拒绝归还原物的被告，被告的拒绝本身就足以引发“私占侵权”（tort of conversion）。普通法的侵权制度的行为要求，事实上在那种声称将诉讼权利奠基于所有权基础之上的体系里，也得到了满足。而且，这一点并不仅仅适用于动产。传统上为收回土地而进行的诉讼——被抢占不动产回复之诉（novel disseisin）和权利令状以及后来的收回不动产之诉（ejectment）——也表明了财产权规则与侵权规则在分析上的融合。

财产权和侵权规则之间的亲密关系并不仅限于 A 的土地被 B 占据的案件。如果被告故意损坏了原告的财产，而原告却被告知其不享有获得救济的权利，这很明显是对所有权概念的蔑视。如果认为，基于无辜的过错而剥夺了原告财产的被告，可以保有这项财产，仅仅因为他需要这个财产，或者说，如果认为，允许一个随便进入他人土地的侵犯者可以正当地使用该土地来实现自己政治、艺术或金融方面的利益，以对抗该土地的所有者，那么，对作为一项制度的所有权的顾虑就会深化。

一般观点会推演出极端的结论，而且不丧失任何智识的力量；如
97 果你否决了原告的针对没有证据证明其有疏忽的第三方的明显的回复权，那么你就征收了有限的财产利益；如果你否决原告对某些损害（nuisances）的回复权，那么你就创制了一项导致损害的地役权（easement）。如果你允许一个人阻止他的邻居在他自己的土地上修建房屋，那么你就已经创立了一个限制契约。如果允许灌溉，则存在一个灌溉地役权（flowage easement）。每个责任规则在本质上都与法律所保护相关财产权利益密切相关；变更一个必然也会变更另一个。这种关联并不是经验性的，它是分析性的，它是我们使用且必须使用所

⑧ 参见 Barry Nicholas，An Introduction to Roman Law 99－103（1962）。

有法律语言的方式的变量（a function of the way）。

有两种方法可以被用来将责任规则的变更与私人财产的征收，按照这些术语通常所被理解的那样，从范畴上区分开来。首先，责任规则的变更最多也只是微小而次要的，因为在最初的所有权权利束中，有很多权利都一直没有变更，即使是责任规则变化了。其次，这些变更是普遍适用的，并没有针对特定的人。这些都是重要的区别，也是任何理论都必须考虑的，但它们并没有在责任规则的变更与一般征收行为之间严格地划出一条清晰的界线。

就第一点而言，更改的程度只是表明存在一个部分的而不是全部的征收行为。然而，反过来，那也仅仅表明，这里所要求的补偿显然要少一点，或者说，对它的证成也许更容易一些，因为需要证成的内容相对也较少。它并没有表明征收行为没有发生过。就第二点而言，责任规则更改的普遍性也仅仅表明，有许多人都受到了征收行为的影响；它也没有否认征收行为的发生。如果一个误入歧途的司机撞了一辆校车，我们不能因为他撞伤了许多孩子而不是只撞伤一个孩子，就说他没有给一个孩子带来伤害。我们想出了各种途径，想使许可性联合诉讼（permissive joinder）和集团诉讼变得更为便利，以此对个人权利被广泛侵犯的情形作出回应。同样的道理在这里也是适用的。

劳工补偿和汽车无过错法律⑨的通过，提出了相关的宪法性问题，那些与这些宪法问题相纠缠的案件，就面临着一个实质的而不是口头上的难题。此外，即使是那些在责任规则体系内部的变化——比如一些很细微的变化，从疏忽责任转向严格责任，或是相反——也从原则上提出了一些有关征收条款的严重的问题；第十四章对潜在的实
物补偿的讨论，还会对此做更为细致的考察。 98

三、征税

类似观点也适用于征税。总和（summation）同样是问题的关

⑨　参见，比如，Pinnick v. Cleary，366 Mast. I，271 N. E. 2d 592（1971）。

键。如果国家征收了 A 的财产，那么即使国家同样向从 B 到 Z 的众多人征收了财产，那么 A 的财产也还是被征收了。如果国家征用了 A 的部分财产，在这种情况下，国家也向从 B 到 Z 的众多人只征收了部分财产——这一主张是没什么意义的。无论这种部分征收的测算标准是土地的边界，还是土地上的产权，或是所有权的标准要件（如占有、使用和处分），征收的原则都是不变的。虽然对全面的分析来讲，税收的形式和范围是至关重要的，但对我们现阶段的讨论来说，它却没有任何意义。如果仅仅针对一个人的某种行为是一种征收，那么以税收的普遍术语来掩盖这一点，就使该征用成了一种针对所有属于该法律调整范围内的一切人的征收，这只会加大政府不公正的程度。这个过程纯粹是添加性的。没有什么秘密的魔力能将重复的征收行为转变成某种宪法上中立的东西。

因此，就征税和管制而言，我们只消提一个问题就足够了：从单个所有权人的利益看，前几章论述的适用于个体所有权人的一般征收理论，是否适用于征税或管制的典型情形？这种与征税和管制的私的类比是很有启发的。

所有征税行为的共同目的，都是为维持各种国家活动收取必要的收入。作为最初的选择，国家可能只会让它的代理人拿走私人所拥有的财产的一部分，比如部分土地、粮食或存货。对实物财产的大量剥夺，很明显就是一般征收行为，无论这种勒索制度是明智的，还是反复无常的，也无论它正当与否。现在，如果国家的代理人不是征用实物财产，而是在强力威胁下要求某项被指定的财产转交给国家，这种情形和前面的行为几乎没什么不同之处。在这种情形下，与近因（Proximate cause）* 与

* 近因（proximate cause）：在自然的和不间断的序列中的一项原因，它不会因任何有效的居间原因所打断，它导致了伤害的出现，没有这一原因，这种伤害就不可能发生。在导致损害后果发生的某因果序列中的距结果最近的原因，当然，这种最近不一定就是时间上的或空间上的，而主要是就因果关系而言的。某种伤害的近因，是该伤害的主要的或决定性的原因，如果伤害是可合理预见的、某错误行为的自然结果的话。——译者注

物品胁迫（duress of goods）* 的私的原则的类比具有决定意义。[⑩] 当一个强盗问“是要钱还是要命”时，他给了他的受害者选择的机会，但他并不能因为钱是受害人给予他的，就可以保有该财产。强盗的强力威胁将给予变成了征收。

国家规定了一定的金钱数额——并称之为税收——公民可以用他 99
所选择的任何财产来履行该义务。这个阶段所增添的“选择要素”，仅仅将一般的强制——“要钱还是要命”——转化为物品胁迫——“就你的财产而言，你可以保有 A 也可以保有 B，但不能兼得”。反对政府这样做的理由与反对私人这样做的理由一样，也就是说，如果两样物品都无条件地正当地属某个人所有，那么任何人都没有权利迫使该人为保有其中一样物品而被迫放弃另一样物品。在物品胁迫的情形下，这种受限制的选择权与市场交易领域的选择是完全不同的，在那里，问题的关键是，一个人是否希望放弃一些属于他的东西，来获得一些他无要求权的东西——即购买他不拥有的东西。只要国家迫使个人做了某种转让，那么至于说转让的特定物品究竟是什么东西，就无关紧要了。

通过私的类比，我们可以认为，即使对征用权条款采取一种限制性的看法，即认为财产的损失与毁坏并非一回事，私有财产也仍然是被征收了。通过税收，国家征收了最狭义的财产，最终取得了曾经属于私人的那些财产的所有权和占有权。任何想要否认这个结论的人，只要考虑一下不交税的后果就可以了。个人的土地或银行账户将会被留置，然后被夺走、变卖，以履行纳税义务。可以确信的是，无论是从一般的政治理论上讲，还是就宪法理论来说，在税收与国家盗窃间都不可能简单地画等号。但是，我们的分析确实表明，税收显然就是

⑩ 关于强迫在因果关系中所扮演的角色，参见 Richard A. Epstein，“A Theory of Strict Liability”，2 J. Legal Stud. 151，174—177（1973）。关于对货物的强迫，参见 John Dawson，“Economic Duress-An Essay in Perspective，”45 Mich. L. Rev. 253（1947）。

* 物品胁迫（duress of goods）：当某项行为是对某财产权利人财产的侵权性夺取或滞留，且规定以某种行为的履行为放弃该物的必要条件，那么这种行为就是物品胁迫。——译者注

对财产的一种征收。税收的合法性并不源于对“私人财产的征收”这一术语的意义的人为的限缩解释，而是源于对所有其他征收形式都适用的合法性的证成：治安权力、同意和补偿，其典型形态，要么是隐含的，要么是实物的。我们绝对不能说：当税收的效力纯粹依赖于隐藏在官员制服背后的强制权力时，它就根本不是征收，所以它就完全处于征收条款的规范范围之外。[11]

四、管制

有关税收和征收的观点，同样适用于国家对私人财产的占有、使
100 用和处分的管制。这种管制在现代美国生活中相当普遍。一些管制要求所有权人允许别人进入并使用他们的财产。土地使用管制可以将土地的使用仅限制在居住、商业或工业事务上；它可以限制这块土地的使用密度；它还可禁止某些类型的活动；它也可以详细规定块地或基地的最小面积，或建筑的最大高度、边长及对某类修缮的限制；它也可以指定某些建造物作为地标，并且坚持主张说，这块土地的改造或废弃，无论是整体地还是部分地，都只有在获得某部门或委员会的同意后才能实施。管制限制了那些可以在商业中出售的商品，同时也限制了它们的价格。无论是对经济结果的评价来说，还是就它的法律上的证成而言，不同形式的管制之间的区别都非常重要。然而，这些千变万化的管制都是对私人财产的部分征收。

我们可先从由私人被告对单个土地所有者的土地使用的限制入手。A告诉B说，不能在该土地上建造高于10米的建筑物，或没有他的同意，不能出售或出租该土地。这样的行为，如果是由强力威胁支持的，则A的行为将被认为是侵权。A首先就在B对他土地的使用权上，强迫实施了限制契约——公认的财产利益——的事实转让；然而，依照财产权在邻居之间的最初分配，A只有通过购买或其他自

[11] 现在所说的这一点并不是有关历史的。与此有关的事项在第八章中有详细的阐述。

愿的转让，才能获得这种土地使用权。这样一来，B 就获得了一项对抗 A 的未来可能损害的禁止令和对已经造成的损害的补偿。A 对 B 的明确要求的性质，对是否有明显过错这个阈问题（threshold question）来说，并不具有实质意义；它仅与 A 的过错程度及适用于此补偿的合适的救济方法相关。

基于增量的论证，与前面已有的讨论相同。在私的情境下，如果 A 的类似的以强力为后盾的要求也针对从 C 到 Z 的邻居，A 的过错不会变更。A 的要求的普遍性只会使他更有危害；它并不能赋予最初具有侵权性质的行为以合法性。如果 A 是国家，即使它的命令仅仅直接指向 B，它也从 B 的土地上获取了利益。我们可以扩展这种情形：当国家针对许多情况类似的人发布普遍指令时，它就已经在对私人财产做大规模的部分征收了：土地使用分区（zoning），无论作为词语，还是作为过程，都没有什么神秘之处，即使是它在 1791 年还不为人所知。政府过错就 像那些私人过错一样，是严格地可累积的。

同样的论述，也适用于对处分私人财产的能力的政府限制。假设 101
A 告诉他的邻居 B，B 只有在得到 A 的同意后才能出售自己的土地，或 B 必须以低于 A 规定的价格出售他的石油。那么 B 的财产很明显是被剥夺了，这里唯一的争论在于，当禁止令救济不足以保护权利人时，如何确定适当的赔偿数额。这就好像是，A 剥夺了土地或石油，支付了部分补偿，然后又将该财产按照其所支付的价格转售了出去。A 的利润的缺失并不能遮蔽 B 受到的损害。如果 B 也对所有的土地或石油的所有权人施加类似的限制，那么他的过错也只能被认为是可经团体单位而累积的（as cumulative across class）。

当政府就是 A 时，那么它就在大规模地从事着一种如果出自私人就会被裁断为过错的行为。因此，它必须证成自己逃避补偿义务的行为。就像对私人被告一样，转售限制或是价格控制的程度和形式都是涉及显见过错程度的细节问题，它与“阈征收问题”是完全无关的。

当然，这种对土地使用和价格控制的分析，已被法院抛弃无数次了。取而代之的主流观点——可追溯至霍姆斯法官在 Mahon 案中的观点[12]——他认为，管制根本不是一类征收行为，它属于征收条款的适用范围之外的事，除非其征收幅度过大。这个普遍的命题必然会在边缘地带引发很多争论。但是，我的主要任务并非要确定，哪些案件（如果有的话）的判决是根据主流观点错误做出的。相反，我要坚持认为，今天那种支持管制行为的强有力的假设，将边缘地带放到了错误的地方；决定性的假定应该是，所有的管制行为，无论补偿与否，都属于征收条款的适用范围之内。

在许多原则问题中，有一个应该足以解释普遍的道理。据说，在确定某种管制是否合理时，法院应当考虑由管制所引起的“价值减损”。据说，宪法并不保护政府行为所导致的纯经济价值的减损。一个基本点是，如果那些减损并不太大时，个体所有权人所遭受的损害应当被认为是“无不法行为的损害”（Damnum absque iniuria），因此不应当由国家补偿。[13]

通常的智慧（conventional wisdom）依赖于本书论述的私的类
102 比，但是，就像对商誉的类似论述一样，这种智慧完全误解了它们的含义。“无不法行为的损害（Damnum absque iniuria）”从来都不曾彻底地应用过。我们在论述有关竞争或视野阻隔的案件时，损害的程度是无关紧要的，因为受到损害的一方并不能表明其所有权的任何附属权利因强力威胁而受到的侵犯。由于占有、使用和处分的权利上有着不同的限制，“无不法行为的损害（Damnum absque iniuria）”的原则也就没有帮助。现在，限制契约或其他利益的征收，就是对权利的基本侵犯，于是，价值减损只剩了它通常的功能，即衡量可以归咎于政府过错的损害。这些并不只是纯粹“经济价值”的案件。无论基于任何理论，它们都是财产权利的损失。

将若干问题——征收、证成、补偿——混为一谈，必然会导致明晰性的丧失，这种丧失将会扩大国家行为的范围。Andrus v. Allard[14]一案就表明了，处分的权利很容易就能被引入公共领域。有些不能或

⑫ 260 U. S. 393 (1922)。

⑬ 参见 HFH 的讨论，Ltd. v. Superior Court in Los Angeles County，在第十七章。

⑭ 参见第七章。

不愿划定清晰的裁判原则的法院，很可能会退缩到允许立法者自由选择的心灵结构之中。这种尊重态度主要是工具性的，例如，在支持市政当局的 Goldblatt v. Town of Hempstead⑮案的判决中，对土地所有权人挖掘水线之下的沙砾的权利的限制，被认为是一种不构成征收的管制行为，即使这种行为禁止了这份财产先前所被投向的最有利的使用。如果所有对使用的限制都构成部分征收，那么格尔德布莱特（Goldblatt）就是错误的，因为它因自己对法令的解释而被控告。法院尊重在 United States v. Central Eureka Mining Co. ⑯案中也有决定性意义，在该案中，国家明令禁止某煤矿继续运作下去，这种命令被错误地认为是处于征收条款的适用范围之外，用最高法院的话说，因为"国家并没有占有、使用或用其他任何方式剥夺该金矿的物质财富，也没有剥夺与之相关的任何设备"⑰。这种用来解放政府的描述只会谴责政府，它含蓄地承认，政府命令限制了公司的使用权利。在 Agins v. City of Tiburon⑱一案中，最高法院并没有在大规模的土地使用管制面前退缩，依照那些管制，上诉人可在他的五亩大的土地上修建一到五间房子。当限制契约是由私人协议创立的时候，它本身就 103 是有负担的土地的所有者被剥夺的财产利益。如果契约是因土地使用分区（zoning）而订立的，该契约就是对不动产的利益。可以确定的是，从受益方的角度看，契约与土地使用分区是不同的。那些正当地从私的契约中获益的当事人更容易确定，而那些获益于土地使用分区的当事人则通常不易确定。然而，征收问题只关心：什么东西被征收了；只有在首先承认征收之后，对所授予的利益的性质和分配问题才具有相关性。管制是合理的——这种近乎决定性的假定，并没开始论述征收案件中的疑难问题。征收条款也没有说，"处分和使用的私人权利属于公共领域"，但是，我们现在却是这样解读的。

如果我们考虑了宪法规则对政府强加的动机，那么上述对管制的

⑮ 369 U. S. 590 (1962).

⑯ 357 U. S. 155 (1958).

⑰ Id. 165－166 页。

⑱ 447 U. S. 255 (1980).

分析将会进一步深化。当对使用和处分的管制很自然地被允许时，那些控制政府权力工具的个人可能会花费他们自己较少的财富，就能获得他们想要的东西。因此，在可运用类似替代物又不需什么花费时，他们当然不会愿意为公用而征收土地，且为此支付相应的补偿。目前，这种不严格的管制方法，歪曲了设置政治团体的原初动机，它使一种国家行为从属于强有力的宪法控制之下，却将与该种行为类似的替代物置于完全不受控制的境地。一旦税收、管制和责任原则的修改都被认为是可互换的社会控制技术，那么政府对财产的占有、使用和处分的全部控制就都必须依照征收条款，接受仔细的审查。在短短的
104 几步内，我们就离为邮局而征地的阶段很远了。

第三编

征收（Takings）的正当化理由

第九章　治安权（police power）：目的

一、主权的内在权力

治安权在美国宪法中的地位一直以来就难以确定。宪法本身并未包含这一用语。然而，许多宪法和法律学者一直想确定该权力的恰当范围，原因在于，在围绕第一修正案、正当程序条款、契约条款、平等保护条款以及当然还有征收条款发生争议的案件中，总是会涉及这项权力。

虽然经过含蓄地解读，治安权已经被列入所有主要的实质宪法保障当中，但是，终其历史，治安权的存在仍然飘忽不定。造成这种模糊的一个根源就在于，这同一术语承载两种完全不同的含义，更不幸的是，这两种含义还盘根错节。一种理解是，治安权与某个州向其内部下属机关委任权力有关——这些下属机关包括市、县、特别区域等。一个市有权进行污水处理吗？这是个权限问题，在很大程度上取决于州当初向其下属机关委任权力的条款和条件，这其中并无明显的联邦宪法因素。

治安权的第二种含义是指，根据联邦宪法的明确限制而向联邦和各州政府委任的权力，这层含义与我们的研究关系密切。虽然对政府权力的大多数限制都被表述为列举性条款，但是，治安权在宪法研究领域中，却始终属于背离这些明确条文的一个部分。如果政府没有权力去管制言论、契约、财产，或者没有权力对人群进行区分，那么，
107 人们对于国家的存在还能赋予什么意义呢？为什么要建立一个事实上根本无法行事的组织呢？用古老的术语来说，治安权在政府的各个层面都一直是主权的一个内在的特质。以这种方式来表述以后，这个概念就与洛克的国家理论完全一致，洛克的理论要求，个人之所以离开自然状态，就是为了获得和平与安全，免于邻人可能的侵犯，治安权这一术语本身就是这个意思。[①] 鉴于维持和平与良好秩序乃政府本身的核心职能，那么，如果否认联邦和州政府在这方面的必需能力，那将是对宪法的一种非常古怪的解释。治安权并未给代议制政府理论带来任何威胁。如果个人在对其邻人进行自我防卫时，可以正当地使用暴力，那么，当国家代表个人行事时，在类似的情况下也可以这么做。这一基本理论要求，无论对不成文条款必须具有的隐含之义课加多么严格的标准，治安权都应该被解读进宪法当中。这一章的任务就是去考察第二种意义上的治安权可以恰当追求的目的。在下一章中，我将探讨为实现这里所界定的目的而可以运用的手段。

二、反征收（antitaking）原理

对治安权限制所服务之目的所做的任何充分阐述都应该与征收条款的用语和目的保持一致。围绕治安权展开的通常讨论都始于对该术语的不确定性的某种体认。对该权力所作的一种常见阐述出现在 Lochner v. New York 案的判决词中，这里体现出那种常见的谨慎态度：“然而，有这样一些特定的权力，它们存在于联邦内每一个州的

① John Locke，Of Civil Government. 136（1690）.

主权当中，被人们有些含糊地唤作治安权，法院尚未对它作出精确的描述和限定。这些权力，如果宽泛地阐述，而且在本案中，如果不试图去做更加具体的限定，那么，它们涉及公众的安全、健康、道德、和普遍福祉。”②

在比较晚近的讨论中，“治安权”一语似乎让位于一个更加苍白的公式，比如说，当能够证明某土地使用分区条例“与一种正当国家利益存在任何合理关系时”，正当国家利益这一公式就拒绝对该规划 108
条例提出挑战，鉴于正当国家利益这一术语的模糊性，规划条例几乎总是与它存在合理关系。③

传统的和晚近的公式都超出当初洛克提出的概念，它们由于用语太过宽泛，而无法凭分析语言来捍卫。当下流行的正当国家利益标准就是一个空洞的结论，它无异于宣称，政府行为之所以是正当的，就因为它是合法的。这一标准完全忽略了治安权与保持和平和良好秩序这一需要之间的关联。因此，这一标准至多为进行严肃审查提供一个便捷的标签，它并没有界定政府行为可以追求的那些目的。

即使是 Lochner 案中的更加严格的公式也包含某些措辞上的不精确之处。④ 该公式所提及的“健康”和“安全”并没有区分开这样两种侵害。一种是对陌生人的侵害，比如对公众健康的侵犯和威胁；另一

② 198 U.S. 45，53（1905）.

③ Construction Industry Ass'n v. City of Petaluma，522 F. 2d 897，906（9th Cir. 1975），cert，denied 424 U.S. 934（1976）. 引文的确切背景是，根据实质正当程序原理对排除性土地使用分区条款提出挑战。

④ 在这里，我略过治安权追求的“道德”这个目的。从历史上看，这个要素针对的是赌博、酗酒、卖淫等。在部分程度上，限制这些行为的理由可以被说成是，它们引起疾病、不健康以及对他人有害，不过这其中存在的手段－目的关系即使不是无法确定的话，确定起来也非常困难。参见第十章对 Mugler v. Kansas 案的讨论。然而，在很大程度上，这些限制表达了人们对那些本身毫无价值的行为的一种价值共识，即使这些行为对他人无害，人们也这样认为，并以此作为限制的理由。从原则上讲，人们可以主张说，私有财产的观念就是为了排除对别人的行为作出上述那些判断，实际上，比如说，当人们以隐私权为名，推翻国家限制人们在自己家中使用淫秽物品的权力时，就是私有财产的观念在起作用。参见 Stanley v. Georgia，394 U.S. 557（1969）. 但是，不管人们对治安权的这一历史维度采取什么态度，都很难见到重要的经济管制可以靠适用治安权追求的“道德”目的来维护。

种是因契约而产生的侵害，在这里，明确或默示的合约可以在当事人之间分配风险。类似地，它所提及的人民的“普遍福祉”也在治安权和公共使用要求之间造成混淆，而这两者的后果是完全不同的。符合公共使用的限制以后，并不能允许国家未经公正补偿就征收私有财产。与之相反，当满足治安权要求以后，则允许国家征收私有财产，而无须提供补偿。不能把治安权解释成代表公共利益而行为的不受限制的国家权力，否则，作为例外情况的治安权就将压倒征收条款本身。

公共使用和治安权之间的关系可以从与私法领域的一对关系之间的类比中得到充分的理解——这就是自我防卫与个人急需之间的区
109 别。自我防卫允许一个人实施侵害而无须赔偿受侵害人，而个人急需只创造一项有条件的特权，该特权允许行为人实施侵害，但必须支付赔偿。⑤ 这两个原则之间的鸿沟并不取决于理性人的行为。与它们在结果方面的显著区别相一致，它们之间的界限是一种更加持久的结构性差别。在自我防卫的情形中，原告的不当行为——在这里是指使用暴力——使得他丧失救济，而在个人急需的情形中，被告的需要并不能使原告丧失所有权利。在公共背景下，结论也是一样，外部侵犯的危险作为一种公共急需，为政府行为提供了广阔的空间，但是，它不允许国家为了战备所需，而未经补偿就征用（commandeer）军需品工厂。国家欲豁免补偿，还必须符合治安权限制中的更加精确的标准，而不能止于满足公共使用要求。⑥ 最高法院则因下述主张而消除了一种关键的结构性区别，这种主张就是，“征收条款所包含的‘公共使用’要求的范围与‘主权者的治安权的范围是完全一致的’。”⑦

接下来的问题是，治安权作为可以接受的政府征收私有财产行

⑤ 与此相关的典型侵权案件，参见 Ploof v. Putnam，81 Vt. 471，71 A. 188（1908），该案承认人们在穷困潦倒的时候，有权使用他人的财产，以及 Vincent v. Lake Erie Transportation Co.，109 Minn. 456，124 N. W. 221（1910），该案要求为此支付赔偿。侵权和宪法之间明显的相似性在以下论文中得到揭示，Dale W. Broeder，“Torts and Just Compensation：Some Personal Reflections，” 17 Hastings L. J. 217（1965）。

⑥ 参见第十二章。

⑦ 参见 Ruckelshaus v. Monsanto Co.，104 S. Ct. 2862（1984），单引号中的引文出自 Hawaii Housing Authority v. Midkiff，104 S. Ct. 2321，2329（1984）。

为的一种正当化理由，该如何被解读进宪法当中？如条文所示，征收条款似乎把国家局限在两种选择当中：要么不去征收，要么为所征收的财产支付补偿。当然，这两种选择在许多情形中都可以应付。当被征土地用作邮局时，根本不需要正当化理由。然而，即使在直接剥夺财产的情形中，有些政府行为也只有通过诉诸治安权才能得到正当化，比如说，国家关闭一个持续地向城市供水系统中排放有毒化学废品的工厂。一旦征收私有财产的概念拓展到涵盖部分征收，包括所有形式的国家管制和税收，对治安权进行充分考察的需要就变得更加迫切。 110

治安权的智识源泉存在于精确的私法和普遍的代议制政府理论之间的联姻。在私法领域中，B 刻意拿取（taking）A 的私有财产的行为可能会引发一个显而易见的责任，但是这并不排斥 B 证明自己行为的正当性，比如通过自我防卫来证明。在洛克理论的基础上，这种权利可以转移给国家，国家可以代表拥有该权利的个人行事。当某侵害危及人群中的一大部分时，国家就拥有相加后的这些个人权利。这样一来，作为一种正当的公共干预的治安权，就和一个私人自己亲自行为的情形完全一样。要求提供免受他人拿取自己财产的保护的私人，如果拿取或者威胁要拿取他人财产，他就丧失这种保护。

初看起来，治安权的范围似乎局限于被用来制止明显的偷窃和侵犯。然而，这种解释遗漏了一个要点，那就是，在私法背景下，拿取私有财产的行为还包括除完全剥夺之外的所有不当行为。这种广义的拿取概念被用来在宪法背景下描述国家的行为，因此，当个人权利受到危及时，也应同样地适用这种广义概念。用宪法的术语来说，公民的拿取行为使得国家相应作出的征收行为得到正当化。用日常术语来说就是，某公民的不当行为使得代表其他公民并捍卫这些公民利益的国家的行为得到正当化，而若没有该公民的不当行为，国家的这种行为应属于不当行为。[8]

因此，结论就是，治安权使得国家可以去控制私人作出的部分和

⑧　参见第四章。

全部拿取。而且，它还涵括所有暴力和虚假陈述的情形，即使这些情形仅导致财产遭到破坏而没有被侵占（occupation），结果也是一样。总而言之，治安权使得国家可以控制涉及针对他人的暴力和虚假陈述的所有普通法上的不当行为，既有故意的，也有意外发生的，同时还包括针对私人的侵扰（nuisances）。根据 Batten 案所作的讨论[⑨]，国家制造的侵扰在原则上也是部分征收，因此也需要支付补偿。根据类似的方式，针对公众的侵扰和治安权之间的关系可以很快从分析对大量人员进行征收时所用的权利相加这一基本原则中找出来。[⑩] 正如国家不能从单个人那里随便征收财产一样，它也显然不能从许多人那里
111 征收。当国家试图去管制私人行为时，这个原则也同样适用。针对公众的侵扰可以被理解为针对许多人作出的不当行为，其中每个人都遭受一小部分应该得到补偿的侵害。[⑪] 由于私人的强制执行成本太高，所以国家可以控制这些侵扰，并因此为个人权利提供救济。

尽管如此，对于治安权概念还是存在明确的限制，它不能被用来管制经前述暴力和虚假陈述标准证明为并非不当的行为。根据宪法，超出征收条款保护范围之外的一个目的是对竞争损失进行救济，从原则上说，这种损失不能经受害人的请求而进入诉讼。类似地，若没有暴力或虚假陈述，就不能通过治安权来抹平当事人间可感觉到的经济不平等，这是因为，并不存在需要控制的私人不当行为。治安权的唯一职能就是去保护个人自由和私有财产，使之免受所有形式的暴力和欺诈的侵害。

三、侵扰控制原理

在征收条款下，治安权最突出的一个方面就是它的反侵扰要素。

⑨ 参见第四章。

⑩ 参见第五章。

⑪ 相关例证可参见，F. Harper &F. James，The Law of Torts? 1.23（1956）. 关于材料汇编，可参见 R. Epstein，C. Gregory，H. Kalven，Cases and Materials on the Law of Torts 629－636（4th ed. 1984）。

最高法院的案例不止一次指出，控制侵扰是国家的一项正当目的，毫无疑问，这个命题在今天和在过去一样，在原则上都是正确的。这个命题的另一方面，即国家唯一可作的行为就是控制侵扰，则是备受争议的。在这里，稍微详细地追溯智识和法律领域中的一种相反的趋向是很重要的一项工作，因为这种趋向导致被理解为反侵扰的这一治安权概念遭受衰落和灭亡。在追溯这个过程时，首先需要的一项探究是，什么样的行为构成侵扰。

简单案件和疑难案件

我们最好从一个简单案件入手。在很早以前发生的 Northwestern Fertilizing Co. v. Hyde Park 案中[12]，Hyde Park 镇制定了一项条例，禁止原审被告通过该镇街道运用废物和其他有刺激性味道的物品。这项限制对于保护邻人免受气味侵入、昆虫传染和其他有害健康的危险来说，是非常必要的。无论是从历史角度还是纯粹法律理论的 112
角度来看，这里所描述的行为都是一种常见的侵扰，因此显然是不合法的。该条例可以得到维持，而无须对治安权可以追求的那些目的作任何细致的考察，不过，如果特定行为是否构成侵扰这一问题并不明确，就需考察这些目的。该公司若遵守这个条例，就将比所有其他私人付出更高的成本，因为只有它从事被禁止的行为。但是，这种不成比例的负担并不能使该条例遭受质疑，因为侵权制裁的全部目的就是对那些对他人造成侵犯的私人或公职人员课加不成比例的负担。这里的关键要点是，这些负担尽管沉重，但却是完全正当的。

Hyde Park 案上诉到最高法院的唯一理由是，州政府当初特许该公司经过 Hyde Park 镇运送上述废品，以避免这些废物在其他地方腐烂时造成其他严重的健康危险。[13] Hyde Park 镇（根据州政府委任给它的权力）课加了一项属于治安权恰当范围之内的禁令。但是，这项禁令与州政府和该公司之间先前签订的契约不一致。由于契约权利

⑫ 97 U. S. 659（1878）.

⑬ 关于该特许的相关条款，参见同上，663 页。

被理解为属于财产利益，所以就应该支付补偿，除非有某种理由来攻击当初的特许，认定这种特许超出该镇的委任权力，或者让人相信这种特许（默示地）给该镇保留了一项无须补偿就撤回契约的权利。[14]

侵扰控制与治安权之间的关系在 Miller v. Schoene 案中得到完全不同的对待。[15] 在这个案件中，州政府砍倒了原告所有的观赏杉树，而没有向所有权人支付补偿。砍伐行为根据一项制定法而作出，该法律授权州的昆虫学家根据附近十名树木所有权人的请求，去决定观赏杉树是否属于对其附近两英里内的苹果树有害的细菌的寄主植物。法院认为，所拯救的苹果树的价值远远超过所砍伐的观赏杉树的价值。

最高法院维持了州政府未经补偿所有权人就砍伐其树木的权力。这一判决之所以遭人非议，更多是因其理由而不是因其结论。州政府征收了私有财产，即使原告仍占有被砍伐后的木材，征收行为仍然成立。实际上，州政府是用被砍伐后的那些价值更少的木材补偿了那些
113 直立的树木。真正的问题取决于治安权的范围，继而又取决于是否有充分的理由去砍伐树木。后面这个问题使得法院必须判定原告的观赏杉树是否事实上对苹果树构成侵扰。在这里，从私法角度来看，这个问题关系甚密，因为在作为一般侵扰法组成部分的行为要件和物理侵入这两个标准的边缘地带，存在着无法避免的模糊之处。行为要件这个标准显然无法适用，特别是如果观赏杉树就生长在所有权人的土地上时，就更是如此。[16] 物理侵入标准也难以成立，因为从观赏杉树移到苹果树上的细菌或者是因为自己的移动，或者是借助自然的力量，而没有被告的任何行为，除非可以说，种植观赏杉树是为了作为细菌的诱饵或者圈套。如果必须判定这个特定的问题——被告的观赏杉树是否构成对附近苹果树的侵扰？——我将谨慎地回答说，不构成侵扰。

⑭ 参见第十一章对该案这个方面的讨论。

⑮ 276 U. S. 272（1928）.

⑯ 关于对被告有利的普通法类似案例，参见 Giles v. Walker，23 Q. B. D. 656（1890）；Merriam v. McConnell，31 Ill. App. 2d. 241，175 N. E. 2d. 293（1961）。

这些有限的问题上存在的智识难题正好说明了它们对于制度的意义。在边缘地带必须容忍一些不确定情形的存在；合理的社会制度永远都不应该建立在或依靠那些每个法律原理都会遇到的边缘分类。本案的关键之处在于，法院根本就不去判定侵扰问题。法院指出，“我们无须精确地去考察受到感染的观赏杉树是否构成普通法上的侵扰，或者它们是否构成制定法上的侵扰”[17]。法院放弃在治安权和公共使用之间进行区分，或者对治安权的范围施加原则性限制的任何努力，而土地所有权人的律师在口头辩论中曾提到这一点。[18] 从法院的前提中，很快就会使征收条款受到曲解。如果关键问题并不是“是否存在观赏杉树的所有人制造的侵扰”，那么，治安权问题就会退化为纯粹的功利考量，问题就变为：“苹果种植主得到的收益是否足以压过被砍倒的观赏杉树的价值所体现出的成本？”这的确就是法院采取的思路，它指出，两种用途之间的冲突允许州政府以治安权之名，去决定“破坏一种财产，以保护另一种财产，根据立法机关的判断，这种得到保护的财产对公众有更大的价值”[19]。治安权和公共需要之间的区 114
别完全被混淆。为这种错误所付出的代价就是，公正补偿的要求变为立法层面的规定，而不再是宪法层面的要求。

对于价值问题的这种痴迷与任何财产权理论都完全不一致。无疑，如果争议的焦点是，所有权人或侵入者是否应该占有某土地，那么，人们就不该探究最高法院提出的“更大价值”的问题。同样，如果州政府自己想要这块土地，人们也不该探究这个问题。价值比较的问题只能用来判定州政府征用（condemn）土地的行为是否明智，而不能用来确定州政府是否应该为所征的土地支付补偿。同样的原则也必须适用于州政府的部分征收行为，其表现形式为州政府制定一项限制种植观赏杉树的法令。在这里，必须适用“康德的”洞察：国家需要越多，它的补偿义务就越重。[20] 征收条款的补偿要求既关注人们

⑰ 276U. S. at 280.

⑱ 同上，275－276 页。

⑲ 同上，279 页。

⑳ 参见 Bruce A. Ackerman，Private Property and the Constitution ch. 4（1977）。

的收益和损失的总量，也同样关注在他们之间进行收益和损失的分配。无论最高法院的一般哲学倾向是什么，他们鲁莽的功利计算都与该条款的内在逻辑完全不一致。在观赏杉树的所有权人未作任何不当行为的情况下，不予补偿的判决就无异于违法地授权从一部分公民那里向另一部分公民转移财产，原因在于，观赏杉树的所有权人未作任何不当行为，但却既没有得到树木，也没有得到这些树木的相应价值。[21]

因果不明

现在的棘手之处在于，价值比较的问题怎么就开始主导一场与其明显不相关的讨论。在这里，答案存在于对侵扰概念的智识一致性以及因此而生的现实意义所进行的持续不断的攻击。在一个层面上，“侵扰”一词被认为仅仅是一个“总结性的标签，它反映了在哪种财产用途应该得到优先考虑这个问题上的某种社会共识”[22]。这一主张无异于宣称，法律原理是如此模糊且没有原则，以至于即使在最简单
115 的案件中也无法约束法官。由此，鲁莽的功利主义演变为粗鲁的法律现实主义。他们所宣称的法律原理的不一致变为一道入侵的裂缝，允许、鼓励以及实际上证成法官根据特定事态得出他们所偏爱的任何结论。支撑任何宪法的合法性原则假定，某种含义可以从宪法秩序中得出。然而，侵扰问题被认为是如此困难，以至于根据原则而裁决的整个机制对此无能为力。如果言词不能发出指示，那么，命令就不能发生拘束力。

对从侵扰角度理解的治安权概念提出的挑战还依赖于更加严谨的智识基础。当下流行的主张认为，不可能以有建设意义的形式在“引发侵害”和“没有赋予利益”之间作出区分。在谈论制止侵害时，这

[21] 关于另一种分析，参见 James M. Buchanan，“Politics，Property，and the Law：An Alternative Interpretation of Miller et al. v. Schoene，” 15 J. Law &Econ. 439 (1972)，这篇论文强调政府过程问题和大量互不相关的行为人之间的协调问题。

[22] Note，“Developments in the Law-Zoning，” 91 Harv. L. Rev. 1427，1470 — 73 (1978).

种观点就发挥作用，因为人们必须能够识别出作为侵害的唯一肇因的行为。由于所有的相关情形都涉及至少两个当事人之间的相互作用，因此，人们无法确定到底是受到限制的当事人还是受到保护的当事人，才是造成侵害的肇因一方。由此，制止侵害和赋予利益之间的区分也就无法成立，这也使得人们必须抛弃公共需要和个人不当行为（当然包括侵扰）之间的区分。

具有讽刺意味的是，这种主张的学术渊源来自于罗纳德·科斯的“社会成本问题”这篇经典论文。[23] 该主张在宪法领域的应用在很大程度上依赖于约瑟夫·萨克斯[24]和弗兰克·米歇尔曼[25]的著作，在他们的著作中，这一主张被用作扩张国家权力的核心机制，而对于这一结论，科斯毫无疑问会认为在智识上不可接受。萨克斯和 Michelman 的方案试图颠覆所有的私有财产这一核心概念，他们采取的方式是，从所有权中剔除掉所有针对支配和使用的权利。萨克斯走得如此远，以至于他主张，私有财产的概念太过脆弱，即使当海军用私有土地进行射击练习时，人们也不能用这个概念——尽管基本的侵入（trespass）法律已经存在了好几百年——来确定是否应该支付补偿。[26] 人 116
们可以说这块土地阻挡了子弹的去路，正如脸颊阻挡了拳头的去路一样。

米歇尔曼对于“私人过错和公共收益”之间的区分提出了同样的质疑：

> 为说明这种分析路径，让我们比较两项管制措施，一项措施禁止继续进行干扰临近居民的垒墙行为，另一项措施禁止稀有草地的所有权人开发这片草地，以免剥夺公众在排污和野生动物保护方面的利益。根据我们将要考察的理论，受

---

[23] Ronald H. Coase, “The Problem of Social Cost,” 3 J. Law & Econ. 1 (1960).

[24] Joseph Sax, “Takings and the Police Power,” 74 Yale L. J. 36 (1964) (Sax Ⅰ); “Takings, Private Property and Public Rights,” 81 Yale L. J. 149 (1971) (SaxⅡ).

[25] Frank I. Michelman, “Property, Utility, and Fairness: Comments on the Ethical Foundations of ‘Just Compensation’ Law,” 80 Harv. L. Rev. 1165 (1967).

[26] SaxⅡ，前注 24，167 页。

> 第二项管制措施影响的人将拥有更有说服力的要求得到补偿的主张。但是即使就他而言，这一主张也并非确凿无疑。为清楚地理解这一点，我们可以举出第三项管制措施作为例子，该措施禁止人们在高速公路旁边竖立告示牌。我们应该把这项措施解释为制止在路边制造破坏和杂乱等“侵害”的措施呢，还是一项保护安全和舒适等“利益”的措施？我们应该认为该措施制止高速公路旁的土地所有权对经过的机动车驾驶人造成侵害，还是应该认为它提升了公共的高速公路设施的价值？第三个例子给根据制止侵害或获取利益来确定某些管制措施是否应该支付补偿的区分方法，提出了一个基本的难题。这种方法将无法发挥作用，除非我们能够确立一种“中立”行为来作为基准，借以使我们能够判定，在什么地方，拒绝赋予利益（未经补偿不得禁止某行为）就开始滑向准备实施侵害（未经补偿就可以禁止某行为）这一边。[27]

米歇尔曼又进一步用两个案例来说明他的总体评论。第一个就是 Miller v. Schoene 案[28]，第二个则是那种“自找侵扰”（coming to the nuisance）的典型案例，在该案中，制砖人在一个孤立的区域开始建立他的工厂，后来却发现，其后移居到这个区域中的人抱怨他的工厂运作制造的污染所带来的不适和不便。

用一小组精心选取的反面例子来反驳一个普遍命题，这从来都不是一种合理的策略。在其讨论侵扰案例时，米歇尔曼就是选取了这些在私法领域被认为是最让人头疼的案例。即使人们可以说，这些案件
117 没有明确的、有原则的解决方案，它们也不能颠覆一般的侵扰标准的基本效用，由于这一标准适用于大量的常见污染案件（就像 Northwestern Fertilizing Co. 案），在这些案件中，污物被倒进河流，燃油的浓烟被排入空气。传统理解的物理侵入标准能够轻易解决这些案

[27] Michelman，前注 25，1197 页。

[28] 276 U. S. 272 (1928).

件。类似地，在另一方面，根据在这个问题上的任何可以想象的理论来判断，建造一座干扰陌生人视线的房屋，都不构成侵扰，这同样是因为不存在物理侵入。

这些案件之所以如此明了的原因在于，私有财产制度的核心功能就是确立米歇尔曼所说的中立基线。所有权规则的功能就在于赋予基线以法律意义。[29] 因此，再去主张我们需要为征收条款确立这样一条中立的基线，就是对私有财产制度已经确立的基线视而不见。只要我们相信大量的案件都能被明确地分到这条基线的一边或者另一边，我们就能轻松地容忍边缘地带的一些不确定情形：诉讼制度调动了强大的力量去选取最棘手的案件来裁决，而不考虑背后的支撑性标准是什么。如果侵扰理论的缺陷被认为可以颠覆该理论，那么，其他人希望为治安权限制提出的任何更加复杂的阐释所存在的缺陷也将导致类似的后果。比如说，人们怎样去阐释一个依赖于对国家制定的管制措施存在的个人认识或“预见”的概念呢？[30]

此外，也没有理由去认可米歇尔曼选取的反面案例的说服力。我已经讨论过 Miller v. Schoene 案。我的结论是，对于苹果树所有人造成的侵害应被看做一种不以人的意志为转移的行为，根据物理侵入的标准来判断，这种行为完全不应受到责罚。类似地，该标准在处理公共高速公路旁边竖立广告牌的案件时，只会碰到很少或根本不会碰到困难。它们也不能因被认定为对公众的侵扰而遭禁止，此中原因与下述情形的原因相同，这就是，我们不能因为一座漂亮的房屋或一块秀美的石头分散了开车人群的注意力，就拆除该房屋或破坏这块石头。

现在只剩下“自找侵扰”的情形。只要我们同意，在法律分析的框架中，“对他人造成侵害”这一短语就是“对他人的人身或财产使用暴力或欺诈”这一短语的缩写，那么，这类案件中的因果关系就非常

㉙ 参见 Donald Wittman，“Liability for Harm of Restitution for Benefit?，” 13 J. Legal Stud. 57（1984），这篇论文强调了私有财产这条基线在形塑私人交易方面的重要性。

㉚ 参见第十章的讨论。也可参见 Lawrence Berger，“A Policy Analysis of the Taking Problem，” 49 N. Y. U. L. Rev，165，175（1974）。

118 明了。时间的先后在这里并不是相关因素：关键的问题是，制砖人从其工厂中向他人的土地上排放了浓烟。只有当人们向米歇尔曼那样，去探询一方或另一方当事人采取何种策略行为才能避免二者间的有害相互作用时，该案件才会表现为一个互为因果的案件。然而，恰当地说，这里的因果关系问题并不是邻人或制砖人是否应该购买对方土地作为自己行为的一道屏障。[31] 在这一点上，问题的确是对称性的，而且无法根据邻人或制砖人的情况作出判决。然而，这一点说明的并不是因果关系原理在法律辩论中不再发挥作用，相反，它说明了米歇尔曼从避免较大成本的角度对因果关系所作的解释的内在缺陷，这种解释在比较明晰的案件中无法系统地区分侵害的原因和侵害的制止。米歇尔曼没有解释清，当存在与日常用语和宪法文本更加符合的标准时，我们为什么还非要坚持一种注定失败的标准。恰当的理解是，该案的因果关系问题只是这样一个问题：制砖人是否向其邻人的土地上排放了污染？只要通过在所有这类侵扰案件中都用得着的简单观察技术，就能回答这个问题。“屏障”、“预见”以及“与周围环境的相容”等都不在要点上。一旦通过独立的方式确立了归责原则，我们就能知悉，谁必须设立屏障，以及谁必须为自己拙劣的预见承担后果。

有人可能会回应说，这个简单的回答没有解决谁先到达该地域这个时间问题。从某种意义上说，时间问题毫无关系，因为这两片土地从争议的开始就都拥有所有权人。通过充分地描述自找侵扰案件，就能明确这一点，在这些案件中，恰当的救济方式体现了涉案情形的突出特征。因此，作为一个严格的权利问题，在侵犯行为出现的那一刻，就产生了原告的起诉资格，而不用考虑其后造成的侵害的程度。然而，原告此时还不能提起诉讼，因为存在一个对双方都有益的强制交易，要求原告直到受到经济损失时才可提起诉讼，该强制交易的目
119 的就是让被告放弃制定法赋予他的对原告的限制权。[32] 此外，通常向

[31] 米歇尔曼，前注 25，1243—1244 页。

[32] 关于更加充分的分析，参见 Richard A. Epstein，“Nuisance Law：Corrective Justice and Its Utilitarian Constraints，” 8 J. Legal Stud. 49，72—73（1979）. 其中的分析在 Sturges v. Bridgman，11 Ch. D. 852（1879）案中发挥了非常重要的作用。后来，Sturges 案在科斯分析因果关系时扮演了非常重要的角色，前注 23，7—10 页。

受到侵扰侵害的任何当事人都颁发的自动禁止令也可能推迟颁发（不过向他们支付暂时的损害赔偿），为的就是进一步考察颠倒后的时间顺序问题，因为禁止令不必都是绝对的，它可以要求侵害人在部分程度上减轻侵扰。[33] 然而，所有这些要点都假定，可以为权利问题提供一个确定性的答案：是否能从反侵扰的角度为治安权提供一种有原则的解释？米歇尔曼和其他人都说不能。我的回答则是，从征收条款中衍生出来的物理侵入标准能够提供这种解释。侵扰原理可能经常会被误解和误用，但是，这一概念并不存在一定被误用的内在缺陷。

传统的物理侵入标准也能为诸如 Hadachek v. Sebastian 这样的案件提供充分的解释和理由[34]，该案在宪法领域挑起自找侵扰的问题。在 Hadachek 案中，原审被告拥有一个价值不菲的砖厂。当该砖厂所占的土地还处于洛杉矶城市界限以外，而且临近还未建起居民住宅时，被告就取得了这片土地并已经进行了开发。在该土地被划入城市界限以内，而且附近建起民宅以后，洛杉矶制定了一项条例，其中规定，在城市内特定区域经营砖厂构成轻罪。由于主要业务被禁止，原告的土地的价值从大约 800 000 美元锐减到大约 60 000 美元。最高法院根据宽泛的治安权概念维持了该条例。米歇尔曼对该案上诉人的境况表达同情时，指责最高法院未能对治安权进行全面的解释。[35] 当人们引用该案例来证明，价值减少本身不能作为补偿的充分依据时，他们实际上误解了这个案件。[36] 在 Hadachek 案中，法院恰当地拒绝提供救济的理由并不在于价值损失“只有”80%或者 90%；实际上，即使损失达到 100%，结果也毫无差异。真正关键的问题是，被告的损失尽管很重大，但因其行为构成侵扰，所以可以正当地禁止其继续生产，邻人自找侵扰的情节至多只能在部分程度上进行抵偿。因此，

---

[33] 比如，参见 Sturges 案；Ensign v. Walls，323 Mich. 49，34 N. W. 2d 549（1948）；Pendoley v. Ferreira，345 Mass. 309，187 N. E. 2d 142（1963）。

[34] 239 U. S. 394（1915）.

[35] 参见 Michelman，前注 25，1191 页 n. 55。

[36] Haas v. San Francisco，605 F. 2d 1117（9th Cir. 1979），第十四章对该案有讨论。

Hadachek 案对于偏离反侵扰原理的宽泛治安权概念没能提供有原则
的支持。相反，在这里，价值减少的情节和在侵权案件中发挥的作用
120 没有区别。只有在根据某些独立的标准确立了归责原则之后，在确定
损害赔偿时，价值减少的情节才具有相关性。

从对私人的侵扰到环境保护

由于从反侵扰的角度对治安权所作的解释不断受到侵蚀，结果，政府越来越宽泛地管制环境问题。需要明确的是，有些环境管制的确属于治安权的范围。空气和水源污染，以及排放有害物质都涉及侵害私人权利，对此，国家有权去禁止。然而，仅仅指出潜在的环境危险，则不足以为治安权名义下的政府行为提供理由；所有问题都取决于国家到底作出什么行为。征用（condemnation）土地建造国家公园是一个极端的例子，这类政府行为可能是可取的，但却处于治安权范围之外。在处理中间情形时，最终的问题仍和以前一样：管制措施是为了控制被告的不当行为还是为了提供一种公共收益？这种区分被忽视或掩盖的情形，可以从对三个当代环境控制项目的考察中看出来，它们分别是：湿地，分洪河道和露天采矿方面的立法。

湿地管制禁止在未经政府允许的情况下，对特定土地进行开发，其目的是为了保持脆弱的自然平衡。分洪河道立法则规定，特定地域不能进行开发，以方便排掉过剩的水流。露天采矿立法至少都要求，在采矿作业结束以后，供采矿使用的私人土地要恢复到它们的“最初形貌”或“最初的生产能力”。所有这三类立法都要接受严格的宪法审查。

湿地

在 Just v. Marinette County[37] 这个也许是最典型的湿地案中，威斯康星州最高法院维持了一部地方法律，除其他事项外，该法律禁止私产所有人在特定的湿地建造掩埋式垃圾处理场。法院指出：

---

[37] 56 Wis. 2d 7，201 N. W. 2d 761（1972）.

该案迫使我们再次考察与公共侵害相对的公共收益的概念，以及所有权人对其财产的使用权的范围。在眼前这个案 121
件中，我们面对着对公民使用自己财产的一项限制，该限制不是为了保护一项公共的收益，而是为了避免一种因该公民财产的自然形态的变化而造成的损害。我们从这样的假定入手，那就是，湖泊和河流在自然状态下是没有被污染的，因此，现在出现的污染肯定是人为的。根据委托原理，威斯康星州有义务去消除当前的污染，并阻止适用航行的水流继续遭受污染。从法律意义上说，这并不是通过保持环境的自然状态而取得的一项收益或保护一项收益。使得该案与大部分征用（condemnation）案或治安权土地使用分区案不同的是，湿地、沼泽地和滨地周围的自然环境与河流的清洁，以及航行、捕鱼和优美风景等自然资源之间存在相互关系……

一块土地的所有权是否如此绝对，以至于所有权人可以改变其特性，以达到自己的任何目的？……土地的所有权人并无绝对和不受限制的权利，去改变其土地的内在自然特性，并用作一种与土地自然状态不符且侵害他人权利的目的。运用治安权进行土地使用分区时必须合情合理，我们认为，把私有财产的使用限于其自然用途范围内，以避免对公共权利造成侵害，这并非治安权的不合理运用。

这并不是一个禁止所有权人把其土地用于自然和内在用途的案件。与土地特性相符合的用途是得到允许的，其他用途也得到了认可，另外的用途经特许之后也可实现。湿地规划条例在下述限度内禁止对土地的自然特性进行改变，即一个适用航行的湖泊要保持方圆1 000米大，一条适用航行的河流要保持300米宽，这是因为，这些土地与临近的水流保持着不可分割的相互关系。通过扰乱自然环境和自然关系而改变湿地和沼泽地的特性，从而对普通大众造成侵害，这并非对该土地的合理使用，对此，治安权限制要出面对这些土地给予保护。在某种程度上对土地进行改变和填充是允许

> 的，因为这些改变和填充并未造成侵害。我们发现，在威斯康星州尚无涉及滨地规划条例的案件，在其他州有一些此类案件，那些判决似乎宣布这些条例违宪；但是，本院在以前案件中的论述和判决从未表明，破坏一块沼泽地或湿地的自然特性，使之适于人类居住的行为，属于对该土地的合理使
> 122 用，这是因为，虽然新的用途对所有权人可能具有更大的经济价值，但是它却对普通公众造成了侵害。[38]

这一大段判决经过非常认真的构思，以努力将湿地规划条例引入到治安权的传统范围中。其中提到的污染“造成侵害”，以及侵犯“他人权利”都和把新奇案件归入传统理论的总体方案非常一致。然而，该判决未能把案件放入反侵扰原理的范围中。虽然开发行为可能会污染Just拥有的土地，但是，这里并不存在侵权，因为可以被起诉的侵害，必须是针对其他人的，而不是对“公民自己的财产”。然而，当判决提到对其他人的侵害时，所指的并不是污染，而只是因使私有土地脱离总体生态平衡而导致的经济和审美损失。此间并不存在所有权人因使用财产而造成的物理侵入，所有的只是州政府想把这块土地作为一大块野生动物栖息地之组成部分的愿望。如果Just决定不按照其财产的自然属性来使用，我们无法想象任何不动产或野生动物的所有权人可以据此提起一起成功的诉讼。财产权通常包括的这束权利并未给土地的自然特性容留优先地位；它认为使用，包括开发，是所有权的一个典型的要素。

抛开判决中的这些花言巧语，Just案是一个征用这些开发权利的案件，因此需要支付补偿。保持湿地原貌只是为公众带来了一种可能的收益，这并不能排除补偿这项宪法义务。这些案件背后的真正动机是这样一种想法，这在类似的Sibson v. New Hampshire案中也同样明显[39]，这就是，填充土地的行为“对沼泽地有害，对人类有害”。

[38] 56 Wis. 2d at 16—18，201N. W. 2d at 767—768.

[39] 115 N. H. 124，126，336 A. 2d 239，240 (1975).

但是，谁对沼泽地拥有权利呢？还有，当国家想使用私有财产来造福人类时，它就是在宣称，它想为了公共使用而征收这块土地，至少是部分征收该土地。因此，它必须为这种特权支付补偿。

洪水控制立法

当我们转向各种各样的洪水控制立法时，上述分析模式仍没有改变。再一次，治安权禁止任何河岸居民拥堵用来排掉过剩水流（比如冬天的雪后融水）的河床或水渠。[40] 这样的拥堵行为侵犯了其他河岸 123
居民的权利，因此，可以直接应用自然流动理论或者水权的合理使用理论来对其进行禁止和控制。但是，当国家以洪水控制为名，通过一般性立法或者行政行为，规定某些私人拥有的高处地段在未经公共机构许可的情况下，不能由其所有权人建造设施时，就变为完全不同的一个问题。在这种情况下，并不存在土地所有权人的侵犯行为，因此，最恰当的结论应该是，这属于为公共使用而对开发权利进行的征收。在 Usdin v. Environmental Protection Department of New Jersey 案中[41]，法院经过细致的讨论后维持了一部这样的法律，它指出，“环保署的行为必须被认为是对治安权的恰当行使，其目的是为了制止滥用环境，而不是一项应该支付补偿的征收行为”[42]。但是，如果从另一个角度看，这个案件非常简单。对开发权利的限制是对不动产的一种部分征收，这是因为，避免自然灾害和禁止财产所有权人的不当行为并不相同。禁止不以人的意志为转移的行为不属于治安权的范围之内，即使它满足公共使用的要求，结论也是一样。在原则上，这个判决无异于授权征用 A 的木材在 B 的财产上修建泄洪道。

露天采矿

根据类似的分析，近来的露天采矿立法也存在同样的缺陷。在

[40] Allison Dunham, “Flood Control Via the Police Power,” 107 U. Pa. L. Rev. 1098 (1959).

[41] 173 N. J. Super. 311 (1980).

[42] 同上，331 页。

Hodel v. Virginia Surface Mining and Reclamation Ass'n 案中[43]，面对人们对《1977 年地面采矿控制与恢复原貌法》提出的宪法质疑，最高法院维持了这部法律。该法律规定，在上面采矿之后的土地要恢复为当初的生产条件和与当初大致相当的形貌，应该努力分离并稳固表层土壤，对水力平衡和水源质量造成的干扰应当减到最低限度，开采后的地域要重新种上植被。本案所涉及土地的 95%都位于一块倾角大于 20 度的斜坡上，这意味着，对其恢复原貌的作业将耗资巨大。地区法院判定，在大多数情况下，在经济上和物理上都不可能按照该法的规定来开采。它还认定，开采前的土地价值大约是一亩 5 美元到
124 75 美元，但是，在经过开采和平整以后，它的市场价值有一亩至少 5 000美元，有时还能达到一亩300 000美元。最后，地区法院判定，遵守露天采矿的规定在很大程度上会提高土地受到侵蚀的危险，这是因为，在把土地恢复到其最初条件的过程中，会产生不稳固的土块。在可以参照的最高法院判决构成的框架中经过一番努力之后，地区法院最终判定，管制措施造成的所有财产价值的减少都构成应该补偿的对私有财产的征收。

最高法院推翻了这一判决，其理由是，“仅仅制定”这样一部系统的立法并不构成征收，因为“上诉人和法院都没有确定出任何上诉人对其拥有利益，且因法律的操作而被征收的财产”[44] 这种观点不过是根据地区法院下面这个明确的认定而要的一个小伎俩而已，这个认定就是，该法律的通过迫使大量采矿公司无法营业，大量采矿工人丢失工作。

认为该案件尚不能算作成熟的可诉案件的主张也丝毫不能为这部法律的明显无效性提供任何辩护。该法律构成对所有它所调整的土地的一种征收，因为采矿权和开发湿地权一样，都是不动产权利的一个传统要素。然而，该法律却要求土地所有权人为他们以权利之名可以作出的行为支付大量的金钱。而且，治安权完全不适用于这个案件。

[43] 452 U. S. 264 (1981).

[44] 同上，294 页。

按照其自然条件保有的所有权从来都不能被认为是对私人的侵扰，而对土地的开发已被认为降低了，或至少没有提高，对他人造成外部侵害的可能性时。仅仅对私人拥有的土地进行改造永远都不会属于侵犯他人财产。该法律显然应该被推翻，因为并不存在紧急情况来支持它
在将来情形中的适用。 125

第十章　治安权：手段

一、手段审查：不确定性与两种类型的错误

一旦确定了治安权追求的目的以后，接下来的问题就是，国家可以采取哪些手段来实现这些目的？首先，有必要强调指出，手段问题不可能像目的问题那样具有笛卡儿哲学般的精确性，因为在应对目的问题时，以权利为基础的明确理论可以规定某些目的可取，另一些目的不可取。对于手段问题，哪个法院都不敢对自己的判决保有完全的信心。国家可以对已经造成的侵害处以损害赔偿或罚款，但是，在私法诉讼中，确定数量和确定是否应该赔偿同样困难。

更重要的是，在宪法领域中，主要的争论都是围绕可能制止将来的和不确定的侵害的救济形式展开的——这些形式既有损害赔偿，也有禁止令。再一次，国家被授予它所代表的公民所拥有的权利，但是，这些权利很难以列举的方式来陈述。在原则上，任何人都不应该被放在一种必须行使自我防卫权的境地，因为侵犯本身是一种不当行为。当一种不当行为发生时，需要解决的问题是，对于受到侵害的人可以提供哪些救济。毫无疑问，可以提起损害赔偿诉讼，但是这个诉

讼可能是远水不解近渴，或者被告可能已经破产。因此，受到侵害的人在自我防卫的情况下可以使用暴力，不过要限于纠正在前的不当行为，这就又引发了过度或致命暴力、善意和恶意、过于敏感的受害者等诸如此类的棘手问题。[①] 法律试图控制这些问题，规定在“合理” 126
情况下才可以在自我防卫中使用暴力，无论如何解释“合理”一词，都会在结合地带留下模糊空间。[②]

在侵扰案件中也存在着类似的问题。理想地说，任何人都不应该制造侵扰。但是，在一个充满不确定性和贪欲的世界中，侵扰行为随时都在发生。于是，问题就变为应该提供什么救济。减轻侵扰是一种与自我防卫类似的反抗人身侵害的自助救济。但是，在所有复杂的归责制度中，减轻侵扰的适用空间都非常有限。当它无法适用时，问题就变为，永久或部分的损害赔偿，或者附条件或绝对的禁止令，是否能够提供恰当救济。再一次，可能存在（诸如偏向于控制重大侵害的禁止令）的假定，但是，围绕救济方式的争论仍无法平息，因为很难找出控制将来的和不确定的侵害的恰当救济方式。[③]

适用于侵扰和自我防卫的结论也同样适用于违约。在原则上，不应该出现违约情形，因为如果交易成本为零，契约双方可以原则上通过交换来让渡权利。但是，由于交易成本并不为零，所以当出现违约行为时，又会围绕救济选择发生争议，无论是采用损害赔偿或具体履行或否定性的禁止令，争议都无法避免。再一次，在案例法或学术讨

① 例如，参见，Francis H. Bohlen and John J. Burns，“The Privilege to Protect Property by Dangerous Barriers and Mechanical Devices，” 35Yale L. J. 525（1926）；Richard A. Epstein，“Intentional Harms，” 4 J. Legal Stud. 391，41—420（1975）. George P. Fletcher，“Proportionality and the Psychotic Aggressor：A Vignette in Comparative Criminal Theory，” 8 Israel L. Rev. 367（1973）。

② 参见，William L. Prosser and W. Page Keeton，The Law of Torts? 19（5th ed. 1984）。

③ 关于侵权的问题，参见 Richard A. Epstein，“Defense and Subsequent Pleas in a System of Strict Liability，” 3 J. Legal Stud. 165，197—201（1974）；A. Mitchell Polinsky，“Controlling Externalities and Protecting Entitlements：Property Right，Liability Rule，and Tax-Subsidy Approaches，” 8 J. Legal Stud，1（1979）。关于案例汇编，参见 Richard A. Epstein，Charles O. Gregory，and Harry Kalven，Cases and Material on Torts 618—629（4th ed. 1984）。

论中，围绕恰当的救济方式无法达成共识。[4]

私法领域的这些问题不可避免地会在宪法框架中发生影响。人们不应该要求国家在救济选择的问题上，能够比它所代表的私人提供更高的精确性。因此，经常出现的难题就是在两类错误之间进行权衡。
127 一类是调整过度的错误，当管制措施在控制所识别出的不当行为时超出必要的限度，就犯了这类错误；另一类是调整不足的错误，当管制措施没有涵盖所有需要控制的不当行为时，就犯了这类错误。人们无法同时避免这两类错误，而且，尽量减少这两类错误的共同影响的努力显然具有宪法维度的意义。假设土地所有权人想要在其土地上建造一座工厂，并因此引发有害污染物飘向邻人土地的风险。如果规定在建造该工厂时，要保证其操作不对邻人造成侵害，这实际上就是在限制所有权人对其财产的使用，因此构成对该财产的部分征收。然而，如果允许该工厂开展导致侵害的运作，就是在授权私人征收他人财产，而且如果被告破产，这种征收可能就得不到补偿。然而，如果随后出现的一项更加恰当的禁止令能够提供所有，或实质上是所有所需的救济，那么，匆忙地禁止该工厂从事生产就是不妥的做法。在不确定的情况下，当面对这两种类型的错误时，人们的最恰当做法就是去尽量减少错误的总和，在此过程中，要一视同仁地评估每种错误，这是因为，每种错误都涉及对财产权的限制，而这些财产权都有资格得到宪法保护。

对于宪法审查如此重要的调整过度和调整不足的问题，肯定与尽职尽责的衡平法院承担的在不同困境间进行权衡的任务有类似之处。如果只关注于国家力求避免的风险，就忽视了因此而提高的风险。由于权衡代替了原则，所以就需要某种司法自制。公正补偿问题涉及的因素非常繁多，而且也没有统一的顺序。任何充分的考察都必须不仅关注法律本身，还要关注令人头疼的立法资格和立法偏见，所有这些是在努力评估所选择的救济是否适合于想要避免的不

④ 参见 Anthony T. Kronman, "Specific Performance," 45 U. Chi. L. Rev. 351 (1978); Alan Schwartz, "The Case for Specific Performance," 89 Yale L. J. 271 (1980); William Bishop, "The Choice of Remedy for Breach of Contract," 14 J. Legal Stud. 299 (1985)。

幸。这项任务还会涉及棘手的边缘情形，因为当所要解决的问题太过分散且模糊不清时，减少错误并不意味着能根除错误。然而，即使考虑到这项探究的内在困难，最高法院在这里和在其他地方一样，都把它的偏向过多地放在国家权力这一边。在这个领域中，理性基础这个标准无法对目的和手段之间的适合性进行任何严肃的检验。真正需要的是一种中间审查标准，就像法院在 Lochner 案的判决一样，该标准的内容是，“仅仅宣称政府的行为在一个渺茫的程度上与公共健康有关，尚不足以保证法律有效。该行为作为一项实现目的的手段，还必须与所追求的目的有更加直接的关系，而且该
目的本身也必须是适宜且正当的。”⑤ 128

换言之，当法院相信立法决定可能比自己的判决更加正确，或更加精密时，当它相信自己的深入审查造成的附加成本（这种审查经常要靠公共支出来支付，其本身就是对第三方人群的一种征收）无法从目的和手段间的适合性处取得的改进那里得到正当化时，法院就应该自我收手。这种标准不可能搜寻出所有滥用立法权的情形。但是，不能仅仅因为它无法一贯胜任，就把它变为一种无效且错误的标准。如果这种审查能够把滥用立法权的程度降低到若无该审查时可能达到的那种程度以下，至少要降到能够证明该审查所引发的成本（如果有的话）属于可以接受的限度，那么，这种审查就是值得的。

也不应该因为中间手段审查引发了立法机关和法院之间持久而剧烈的斗争，就反对这种审查标准。这种看法建立在一个错误的假定上面，这就是，无论决定立法行为的制度角色的法律规则网有怎样的约束，立法机关的产物都始终要保持雷打不动。然而，政府和私人都会对法院发出的指令作出回应。随着手段审查程度的提高，立法条文能够通过审查的机会就会降低，同时，含糊不清的法律的数量也会减少。毫无疑问，会经历一个过渡时期，在此期间，通过了宽松审查标准考验的早期立法将在取而代之的更严格标准下接受审查。一旦完成

⑤ Lochner v. New York，198U. S. 45，57（1905）.

了过渡调整，主要政府行为所发生的变动就将是可以预测的，当然这并不是指数量和方向层面的预测。法院仍将继续裁决边缘案件，只有这些边缘才会随着规则的变化而发生偏移，而与此同时，总体的立法数量将会减少，而不是增加。⑥ 继而，总量更少的立法行为就意味着，需要裁决的违宪案件也会越来越少。当制度找到了自己新的均衡点时，即使涉诉案件的类别发生了变化，法院裁决案件的负担也将减轻。首先可以估量到的结果是，更加严格的司法审查将会减少对司法
129 制度的需求。

二、应用

最高法院已经裁决了大量涉及手段问题的案件，因为有些治安权的变体不仅在征收条款中出现，也在正当程序条款、契约条款、平等保护条款和第一修正案中出现。在我看来，不管其出现的背景是什么，为治安权提出一种统一的分析模式都是可取的。本章就要检验这种分析模式的说服力，我首先从早期的土地使用案例入手，然后再分析更加晚近的判决，我主要选取了第一修正案和平等保护领域的判决。

Mugler 和 Euclid 案

在 Mugler v. Kansas 案中⑦，受到质疑的法律禁止在堪萨斯州经营任何酿酒厂。原告宣称，他的酿酒厂是在该法律制定以前建造的，

⑥ 参见，George L. Priest and Benjamin Klein, "The Selection of Disputes for Litigation," 13 J. Legal Stud. 1 (1984); Patricia Munch Danzon and Lee A. Lillard, "Settlement out of Court: The Disposition of Medical Malpractice Claims," 12 J. Legal Stud. 345 (1983)。Priest 和 Klein 提出的模型认为在一定限度内，不管背后的归责原则如何规定，诉讼案件的结果在原被告之间都是各有一半可能。Danzon 和 Lillard 提出的模型虽然没有这么惊人的推论，但也同样假定，不应该随意地判决案件，因此，法律规则发生的任何变化都会促使当事人作出相应的回应。

⑦ 123U. S. 623 (1887).

他的财产不适合于其他任何用途，而且酿酒厂的经营也没有构成对公众的侵扰。哈兰法官代表法庭撰写判决，他依靠一个分作两支的观点支持了该法律。他首先否认政府行为构成征收，因为该法律并没有剥夺原告对其财产的占有。但是，这个观点在部分征收的分析面前就站不住脚，因为财产的使用这个要素遭到侵害。

即使对法院来说，“不存在征收”这个观点是否有说服力，也是值得怀疑的。如果这个观点成立，那么，随后以治安权为正当化理由所作的详细考察就将变得没必要。在分析治安权时，哈兰的观点非常简单，那就是，立法机关可以采取措施去控制被认为属于酗酒的不可避免且有害后果的疾病、贫穷和犯罪。即使在今天，广泛适用的最近因果关系理论也只允许受害人向酒精的直接供应者——酒吧侍者、旅馆主人或者零售商——寻求救济，而不应该指向最初的制造者。[8] 因
此，允许立法机关把制造者的行为定性为侵扰，就是错误地允许他去 130
界定自己权力的范围。

然而，假定州政府把制造酒精的行为定性为侵扰在事实上是正确的。那么，第二层审查就应该是，该法律是否属于调整过度——这就要求我们去分析，州政府用更加柔和的手段是否能实际上实现同样的目的。特别是，法院从未考察对酒精买卖和消费进行限制——不管是根据年龄、供应场所，还是使用者的条件——是否能消除大部分社会问题，而无须对 Mugler 的经营施加沉重的限制。同样，法院也从未考察对酗酒本身，或对醉酒状态下实施犯罪的人处以更加严厉的惩罚，能否达到同样的效果。当然，这些问题的答案并非确凿无疑，但是，在州政府并未试验对酒精的销售和使用施加比较轻微的限制的情况下，很难让人信服它完全禁止当前酿酒厂的酒精生产的做法。如果

⑧ 例如，参见 Vesely v. Sager，5 Cal. 3d 153，486 P. 2d 151，95 Cal. Rptr，623 (1971)，该案允许受到醉酒司机侵害的人向酒精饮料的供应商提起诉讼。该判决并不允许向酒精饮料的生产商提起诉讼，后来该判决被加利福尼亚州的一项法律推翻。Cal. ［Bus. & Prof.］ Code § 25062（West 1964，1984 Supp.）. 类似的，大部分枪支案件都以同样的方式判决，因此，如果枪支本身不存在瑕疵，就不能对制造者提起诉讼。比如说，参见 Martin v. Harrington Richardson，Inc. 743 F. 2d 1200（7th Cir. 1984）。

州政府必须为其毫无争议的征收财产行为提供理由，那么，这里的判决就是错误的，如果该判决没错，那么，州政府的行为就显然超出了治安权的范围。

在某种意义上，Mulger 案可以不去认真对待，我们可以把它看作 19 世纪禁酒运动的产物。但是，赋予现代土地使用分区条例以全部权力的 Euclid v. Ambler Realty 案⑨，则不能这么看待。简单来说，该案的相关事实是这样的：Euclid 是一个方圆大约 14 平方英里的小镇，大部分由农业用地组成，位于克利夫兰市的东边。通过该镇的中心有两条铁路，Lake Shore 铁路和 Nickel Plate 铁路。在本案中的规划条例通过的时候，原告拥有一块 68 亩的未开发土地（宽 1 800 米，长1 950米），位于 Nickel Plate 铁路和 Euclid 大街之间。条例对原告三分之一以上的土地作出限制，规定在上面只能建造独居房屋、两户的住宅、或者公寓。这样规划的土地是为了商业开发使用；该土地使用分区（zoning）使原告土地的价值降低了 75%，从800 000美元锐减到200 000美元。对于第一个问题，是否存在明显的征收，答案是
131 显而易见的：这种对土地用途的限制是一种部分征收。因此，接下来的补偿问题就取决于该条例能否靠治安权站住脚。

在此案中，承审法官——对于该问题比最高法院表现出更成熟的认识——认为，整个举动就是一种以规划条例为媒介，非法掩盖从一部分所有权人向另一部分所有权人进行财富转移的努力。⑩ 然而，最高法院在面对治安权时却采取了一种更加宽泛的处理方式，它写道：

> 上文引用的第一组案例的判决都表明，禁止在居住区域建造用于商业、贸易等用途的房屋的做法，与社区的卫生和安全之间存在着合理的关系。为此结论提供的一些理由有——通过把居住住宅和商业及工业区域隔离开，可以提高儿童及其他人的健康和安全水平，使这些人免受侵害；控制

⑨ 272 U.S. 365 (1926).

⑩ 参见 Ambler Realty Co. v. Euclid，297 F. 307，315—316（1924）。

> 和避免混乱；方便进行灭火，以及实施街道的交通规章和其他涉及公共福利的规定；通过从居住区域中消除掉多少与商店、工厂有关的火灾、传染病、和混乱等危险，有助于社区的卫生和安全。另一条理由是，把流量更大的交通负担分配给从事商业的街道，能够使街道的修建和维修更加容易且更加低廉。[11]

这里不会与反侵权原理——疾病预防、侵扰控制——发生冲突，据称，反侵权就是制定该土地使用分区条例的动机所在。但是，这一系列目的无法应对调整过度的问题：条例中采取的手段与可以追求的目的相适应吗？显然并不适应。并不存在必须把居住区和商业区隔离开的需要。即使在两个区域结合在一起的地方，治安权也总能发挥作用，在二者分离的程度和避免侵害的程度之间，并不存在明显的关联。任何可取的分离都可以通过私法手段来实现。本案原告拥有规划财产的一大部分。他有足够的动力去采取措施防止不良的人口过剩，并在结合区域和分离区域之间找出恰当的分配，以作为一个总体区分方案的组成部分。

为这项全面土地使用分区提供的其他治安权理由甚至更值得质
疑。火灾危险是城市生活中的一个常见问题，但是，这并未导致全面 132
禁止城市开发。因此，问题并不在于是否应该允许进行自由开发，相反，这里的问题是，在大多数情况下在其他大多数地方都得到允许的行为，是否在本案中可以被禁止：本案作出的选择不符合手段与目的间的密切关系。当存在明确的危险时，有利害关系的邻人照样可以申请私法上的禁止令。然后，他们还可以提起私法上的损害赔偿诉讼。第三方责任保险可以作为从事危险行业的前提条件。为避免这些危险而采取的特定国家管制措施——在公共场所安放警报器，切实禁止在建筑物中使用易燃材料——根据对治安权所作的反侵扰理解，可以把火灾控制从私人领域转移到公共机关主导的范围内。市政府还有其他

⑪　272U. S. at 391.

手段来处理同样的问题。它可以要求安装一流的灭火设备，还可以制定条例，在公共街道中为灭火提供通行权。在采取这些手段和毫无掩饰地宣称防火的唯一办法就是禁止建造许多可以燃烧的建筑之间，存在着巨大的差别。

Euclid 案中提到的另一些考虑几乎没有多少说服力。在每天都在建造街道的情况下，为什么不能采用可以承受巨大交通流量的材料呢？当存在更优质的材料时，还非要在繁华地带使用劣质的材料吗？为进行道路维修而征收的公用事业特种税，在 19 世纪是一个普遍现象，它为什么就不能作为一个更加柔和的选择呢？[12]

还有另一种方法可以显示 Euclid 案中的土地使用分区条例存在的宪法缺陷：为该案所涉及的地域施加的限制并没有施加给城镇中的其他地域。那里的人们仍可以按照自己认为合适的方式开发自己的土地，如今，他们不会面临来自受到管制的邻人那里的竞争。这种区别对待，当既不是进行土地使用分区的必要条件，也不是它的充分条件时，总可以作为一个有力的警示，它表明治安权已经变为追求不正当目的的一件外衣，它的影响淹没了所陈述的理由。当揭示动机的证据和规划条例的效果之间不存在冲突时，前面所说的那种危险就迫在眉睫了。

Euclid 案发生在刚刚出现土地使用分区的时代，它代表的是法院在土地使用案件中事实上拒绝去解决调整过度问题的情形。在本案以及其他案件中，法院坚持使用的“合理关系”标准，承载着与日常用语并不相同的法律信息。手段与目的之间只要有关联，尽管可能是脆弱的关联，哪怕还存在着更好的选择，也足以证明政府行为的正当
133 性。尽管如此，该案还是为司法审查的恰当限度提供了指引。当国家为土地使用施加下列限制时，它必须承担明确地证明其行为正当的责任，这些限制包括：（1）被用来管制已经属于集体所有的土地（或者，就此而言，那些受当下的限制性契约或类似机制调整的土地）；（2）适用于尚未开发的土地；（3）禁止某些人从事其他人可以从事的土地使用；以及（4）指向可以通过其他更加专门的手段大致就能控

[12] 参见第十八章。

制的特定侵扰，这些手段可以使直接的立法或行政命令，也可以是私法领域的损害赔偿和禁止令诉讼。

当然，人们可以以这些假定都属于人为制造为由，而提出反驳。某些土地也可能因为含有有害物质而不能进行开发，这些物质一旦被移动或受到干扰，就可能污染附近的地下水。另外一些开发条例可能具有某些反侵扰方面的根据。一项对土地使用的限制可能在90%的情况下都能避免一种现存的危险，而另一个更加柔和的限制则只在10%的情况下才能发挥作用，因此，在这两种限制之间的选择将是非常明了的。然而，根据同样的理由，对于所有的假定都能够提出孤立的或并不常见的反例。如果没有进一步的证据来证明这个假定不恰当的话，那么，这些反例只是表明了“假定”一词本身就隐含的意思——那就是，例外情况总会存在。这些反例并不能推倒那些假定，也无法否定他们与其调整的情形之间的适应性。

上文提出的假定明确地意味着，就如今生效的大部分总体土地使用分区条例控制的那些诸如可以开发的最小面积、建筑物高度、墙壁突出程度、地面与地板的面积比率、扩大的程度等问题而言，它们都无法从治安权那里寻求正当理由。当然，边缘情形仍会存在。对那些为犯罪青少年或释放后的罪犯提供的过渡教习所施加的限制则很难作出判定，即使以个案为基础（在 Mugler 案的阴影下），也是一样，但是，我认为，最基本的假定应该是，只有当有证据证明存在真正的犯罪危险时，才能施加这些限制。类似的，完全禁止在下水道和水流设施上安装接口也很难找到理由，原因在于，国家作为一个集体的权利载体，在相对方支付相当于安装或使用成本的使用费之后，就必须为所有的用户提供服务。

第一修正案：享有优先地位的自由

第一修正案涉及的案件在应对治安权的态度方面，提供了一个很有启发的对比。在这类案件中，“治安权”这个词并不经常出现，这可能是因为在涉及财产权和经济自由的案件中赋予这个词太过宽泛的
解释。然而，当提出的问题是，对第一修正案可以施加什么限制时， 134

答案是明确的：个人的言论自由权只能被“紧迫的国家利益”压倒。继而，这个答案被赋予限制性解释，重点强调控制暴力（诸如煽动暴乱）和欺诈，根据洛克理论对治安权所作的“反征收”解释也是这么理解的。然而，紧迫的国家利益的正当性不过引出了对国家在手段和目的间适应性所作选择的不断审查。授予和拒绝事前救济之间的不对称得到了人们的充分理解，因此，在使用暴力本身应受惩罚的情况下，即使当使用暴力的可能已经迫在眉睫，国家通常也并不出手制止。[13] 相应的，过度调整通常从表面判断就被宣布违宪。[14] 美国纳粹党准备在伊利诺伊州的 Skokie 市游行的计划引发了大量诉讼[15]，在这些案件中，地方法院推翻了当地政府打算限制游行者的一系列措施：事前批准；时间、地点、和方式的限制；以及需承担的义务。[16] 当政治言论自由受到威胁时，政府为防止这些言论带来的灾祸而事先采取的措施就会因调整过度而接近违宪的边缘。

在更加常见的针对公众的侵扰案件中，法院同样不愿承认治安权作为正当化理由，这也表明了财产权案件和言论自由案件之间的巨大差别。特别是，在 Mugler 案和 Erznoznik v. City of Jacksonville 案[17]之间作以比较，将会很有启发。在本案中，法院根据第一修正案成功地推翻了一道地方条例，该条例规定：“任何放映者若在城市中可以坐在车内观看的影院里放映如下影片，都将构成违法，并被认定为对公众的侵扰……这类影片包括……在其中展示男性或女性裸露的屁股，女性裸露的乳房，或者人们裸露的生殖器官，而且，这类影片从任何公共街道或公共场所都能看到。”[18]

⑬ 关于国家在示威案件中的犹豫不决的态度，参见 Thornhill v. Alabama，310 U. S. 88（1940）；Teamsters Local 695 v. Vogt，Inc.，354U. S. 284（1957）。

⑭ 例如，参见 Comment，“The First Amendment Overbreadth Doctrine，” 83 Harv. L. Rev. 844（1970）。

⑮ 参见 Collin v. Smith，447 F. Supp. 676（N. D. Ill.），aff'd 578 F. 2d 1197（7th Cir.），cert. denied 439 U. S. 916（1978）。

⑯ 447F. Supp. at 681.

⑰ 422 U. S. 205（1975）.

⑱ Jacksonville，Fla.，Ordinance § 330. 313（Jan. 14，1972），这段引文在 Erznoznik 案中所处的位置是，422U. S. at 206－207。

在根据初步印象就推翻这道条例的时候，最高法院对于何种行为构成对公众的侵扰的立法判断没有给予丝毫的尊重，尽管淫秽行为和 135
酗酒一样，可能属于传统的治安权包含的“道德”要素所关注的事项。Mugler 案和 Euclid 案甚至都不能算作地平线处射出的两缕微光。实际上，法院对 Euclid 案的审查是完全按照另一种思路展开的。法院首先指出，该法律之所以无效，是因为它调整过度。如其条文所示，“它将禁止播放含有婴儿屁股、战争伤员的裸体以及必然含有裸体的某种文化中的景观的影片。”[19] 接着，法院总结指出，从其追求的目的来看，该条例又调整不足。并无迹象表明，该条例禁止了所有从公共街道看见后就具有潜在危害的影片，或者对儿童具有潜在危害的影片；而且，也无迹象表明，该条例被用来——受 Michelman 所举例子的影响——防止分散高速公路司机的注意力。法院未曾评估有该法律和没有该法律的情况下，发生不幸后果的频率，也未曾考察该法律的实施遇到反常案件的可能性。仅因为手段和目的间存在的这种裂缝就足以根据初步印象推翻该法律，即使该法律对言论自由只施加了轻微的限制（它要求影院新建一座隔离墙），结果仍是一样，这是因为，在这个案件中，虽然政府行为接近于符合严格的治安权概念，但却远远偏离了第一修正案所追求的目的。

Erznoznik 案展示了优先地位自由原理如何对立法命令施加有力的限制。就某种意义上说 Erznoznik 案仍属于土地使用案件而言，在其中对治安权的审查与 Euclid 案中针对总体土地使用分区条例进行裁决时对治安权的审查之间存在的差别给人留下深刻的印象。从历史的角度看，作为其时代产物的 Euclid 案依赖于类似“恶劣倾向”的标准，该标准在涉及第一修正案的早期案例中影响非常大[20]，不过，它在更加晚近的案例中已经被彻底抛弃。[21] 然而，恶劣倾向标准之所以在自由言论案件中被抛弃，是因为它与第一修正案的内在

[19] 422U. S. at 213.

[20] Patterson v. Colorado，205 U. S. 454（1907）；Whitney v. California，274 U. S. 357（1927）.

[21] Brandenburg v. Ohio，395U. S. 444（1969）.

结构不一致。这种不一致在征收权案件中也导致了法院的并不恰当的过分懦弱态度。对于一部符合智识规律的宪法来说，潜在的例外情形是必要的，但是，这些例外情形绝对不可被间接地用来颠覆基本的实体保障。

136 现在面对的更加棘手的问题是，一个判定手段适当性和进行审查的统一标准是否应该同样应用于第一修正案和征收权案件。我自己的（谨慎）看法是，如果某种判定手段一目的间合理关系的中间标准能够适用于所有这些类型的案件，那么提出一种统一的审查标准可能就是可取的。但是，本章的命题并不需要依赖于严格地接受对第一修正案的这种看法；不管在这类案件上持何种看法，中间审查标准在征收权案件中仍然是明显合适的。在征收案件中提高审查标准的关键在于，消除优势地位自由和其他宪法权利之间的潜在区分。在这里，我无意去质疑第一修正案的核心主张，它们包括观念市场、个人的自我实现以及保护政府的政治过程。我们仍然可以证明，征收条款对国家治安权的限制应该有更强的抵抗力。

我的主张中的第一个要点是，即使治安权给这两条修正案制造的例外情况是相同的，这两条修正案的结构也并不相同。第一修正案给国家征用权设定的限制比征收条款中的公共使用要求设定的限制更加严格。因此，第一修正案成功地阻止合众国把纽约时报国有化，甚至不允许国家把它作为一份官方报纸来经营，就说明在第一修正案面前，这是个非常简单的问题。同样，如果纽约时报打算抵制一部意在防止报纸生产厂排放的废物对水流造成污染的一般性环境法律的实施时，第一修正案就将无法提供帮助，这就好比第一修正案不会帮助它去对抗一般性的最低工资和集体谈判法律一样。

此中原因非常明确。在第一种情况下，国有化的受益人是政府官员，他们希望免受媒体批评：此时滥用权力的可能性非常大，又因为还存在更柔和的控制报社的手段，所以就不值得努力去找寻那寥寥无几的能够证明国有化正当的情形。在第二种情况下，受益人是（或据称是）一般公众，他们只是要求报社遵循也同样施加给其他人的普通义务。因此，政府滥用权力的可能大大降低，即使在某种意义上会涉及言论自由，那些日常的治安权和公共使用规则也可以正常运作。

在自由言论案件中适用中间审查标准的第二点理由是，争讼的双方都有稳固的利益需要保护。言论可以得到有力的宪法保护，但是，欺诈、违反保密义务、诽谤、叛国以及煽动暴乱都是非常严重的犯 137 罪，即使在一个尊重有限政府的社会里，也会运用公共力量来制止这些行为。在政治言论和叛国言论之间的交锋中，为什么中间审查标准就不适用？中间审查标准也需付出成本，但是，在一个不完美的世界里，不应该用这些成本来否定它的价值。中间审查总是在追问，是否还存在比较轻微的限制手段？没有哪种严重侵害言论自由的行为能够逃过这个问题的考验。中间审查标准允许人们对不同形式的言论赋予不同的价值，正如它允许人们对不同的利益给予不同的对待一样。我们最好关心这个问题，并分出一些可靠的子类别和可以反驳的假定，而不要在所有言论的重要性显然不同的情况下，假设它们都具有同样的重要性。

第三点理由采取了一种不同的形式，它基于这样的假定，那就是，对言论和财产的传统保护具有同样的根基。例如，洛克在捍卫财产权时，运用了个人独立和自我实现作为论点，而在为言论自由提供宪法保障时，它们同样是时髦的措辞。第一修正案的主张是，只有当个人拥有一个受到保护的自治领域，在其中可以自由地行为和试验时，个人才能实现他们的全部潜能。然而，同样强调个人自治的私有财产制度，也是为了实现同样的目的。财产权是防御性的，而不是进攻性的。

还有一个政治维度的理由。一个私有财产受到保护的国家中，存在着独立、分散的权力渊源，它们可被用来对抗国家，因此，能够减少某个群体控制信息或政治权力的可能性。此外，私有财产还提供了必需的私人财富，以支持人们积极参与公共讨论。总之，私有财产滋生言论自由，正如言论自由也滋生私有财产一样。有人能找到这样一个社会吗，在其中，言论自由欣欣向荣，而私有财产制度却不被接受？存在一个报社属于国家，但却同样自由的国度吗？围绕第一修正案究竟应该在多大程度上保护个人进入公共论坛所发生的争议[22]，最终都会被证明只是发生在自由言论边缘的小冲突；第一修正案的核心
138 目标是防止政府在分配公共资源时有所偏爱，这是一个显然包含征收权维度的问题。我们可以想见，如果禁止政治言论，定会给私有财产带来巨大灾难。对政府限制言论的不断质疑，也应适用于征收案件。

在这两类案件中适用统一的治安权审查标准的需要被最高法院近来裁决的案件推到前台。这些案件表明，言论和财产问题密切地互相交织。许多年来，土地使用分区案件和言论案件之间似乎不会存在必然的冲突，因为看上去可以在两类案件之间作出绝对的区分。但是，两者的撞击已经变得日益明显，特别是考虑到最近把第一修正案的保护拓展到商业言论时，就更是如此。在 Metromedia，Inc. v. City of San Diego 案中[23]，圣地亚哥市制定了一道复杂的条例，严格限制了可以在市内张贴的标志的种类。除去车站标志、临时政治标语等一系列例外，该条例禁止悬挂任何形式的非商业告示牌，对于那些商业告示牌，也只有在悬挂该告示的那一面表明公司的位置或所提供的服务以后，才允许悬挂。市政府为限制悬挂标识提供的理由是，第一，交通管理和交通安全；第二，审美改善。加利福尼亚最高法院认为此案和 Euclid 案类似，因此判定没有理由去推翻市议会的决定，尽管在制定该条例时，根本没有有力的证据表明该条例能实现所追求的目的。

这个案件在合众国最高法院那里得到完全不同的对待，因为最高法院认真地考虑了这个前提性问题——这是一个土地使用案件还是言论自由案件？有六名法官，包括持多数意见的四名和持附从意见的两名，都认为应该进行更加严格的审查，因为告示牌是被用作交流信息，因此属于第一修正案的范围。在否定了认为该案“不属于”言论自由的案件以后，多数意见进而指出，对非商业言论的禁止是违宪的。法院还进一步判定，如果加利福尼亚最高法院选择发回重审，那

[22] 例如，参见 Geoffrey Stone，“Fora Americana：Speech in Public Places，” 1974 Sup. Ct. Rev. 233。

[23] 453 U. S. 490（1981）.

么它们可以维持对商业言论的禁止。布仁南（Brennan）法官和布莱克门（Blackmum）法官的附从意见则反对这种精细的区分，他们主张，整个条例都应该被推翻，原因在于，很难在商业和非商业言论之间作出区分，而且该条例严重违背第一修正案。

根据我此处提出的分析，这个案件并不存在明确的处理方案。该条例既是对私有财产的征收，也是对言论自由的限制。由于财产案件 139
和言论案件之间的严格区分不再成立，所以就必须从两个方面都去证明所施加的限制是正当的。本案提出的理由无论对手段还是对目的来说，都是不充分的。条例提到的审美考虑完全超出治安权的反征收范围。为公共使用而进行的征收必须向受到影响的人支付补偿，可能是间接补偿。[24] 交通安全这个理由将无可避免地遭遇到大部分总体土地使用分区条例都会碰到的调整过度的反对。根据可用的其他手段来看，比如对标志的形状、颜色或照明进行限制，或者直接限制车辆和司机，州政府必须承担沉重的证明责任。使最高法院发生分歧的分类问题，至少在这里不需要讨论。无疑，真正需要解决的问题仍然是，商业告示牌也好，非商业告示牌也罢，到底是否应该被禁止。但是，如果允许禁止悬挂，就需支付金钱补偿，这是足以打消州政府进行管制的热情的一个办法。

正当程序案件：基本权利

就像我在 Mugler 案和 Euclid 案中所指出的，正当程序条款一直是许多征收法律的归宿，因此，在这一领域中，私有财产和治安权不断发生着碰撞，也就不足为奇。Euclid 案仍然主导当前最高法院思路的一个例证就是 City of Pittsburgh v. ALCO Parking Corp. 案。[25] 本案的争议问题是，对直接与市属停车场发生竞争的私人停车场所有权人课处 20%的收入税是否合宪。我已经指出，这项税收显然属于一种征收；这里需要解决的问题是找寻治安权理由。回顾了 Euclid 案

㉔ 参见第十四章。

㉕ 417 U. S. 369 (1974).

以后，市政府提出，这种税收落在郊区乘车人的身上，是补偿他们对城市公路造成磨损的恰当手段，法院认可了这种主张。

这里所追求的目的是正当的，但是，所采取的手段却并不正当。所有相关的问题都未经审查。为什么市政府不对停放在市属停车场的郊区车辆收取费用？为什么它要对停放在私人停车场的市内车辆收费？在所收取的费用和所造成的磨损之间有什么关系？向郊区居民征收的销售税、财产税或其他税种是否给城市带来了收益？其他种类的税收是否能发挥同样的作用？由于忽略了所有这些问题，从法院判决中能得出的结论只能是，市政府采取的手段是为了限制来自于私人公
140 司的竞争。如果必须由市政府承担证明该税收正当的责任——无论是哪种责任——那么，该税收将在直接裁决之后的简易审判中被撤销。应该探究的问题绝对不应该是，州政府能否从治安权的角度提出理由。相反，这个问题必须是，所课处的税收与治安权的反征收和反侵扰目的之间是否存在合理关系。

根据正当程序条款提出的挑战并不会总是需要面临这样一种命运。特别是，在第一修正案中拥有如此强大的决定力的基本权利，可以把其魔力伸到其他形式的土地管制措施当中。Village of Belle Terre v. Boraas 案[26]和 Moore v. City of East Cleveland[27] 案都说明了这个核心要点。在 Belle Terre 案中，受到挑战的土地使用限制措施禁止在单户住宅中居住两个以上没有血缘、收养、或婚姻关系的人。Moore 案中受到挑战的限制措施也是为了实现同样的一般性目的，但是，它的规定却是，祖母与只有表亲关系的两个孙子女共同分享自己的房屋属于违法行为。根据 Euclid 案确立的标准，法院维持了 Belle Terre 案中的土地使用分区管制条例。但是，马歇尔法官的反对意见指出，如果隐私和结社自由，尤其是家庭内的结社自由等利益需要得到优先保护，那么，很快就能推翻该土地使用分区条例，明显的理由就是，在所确定的不幸和所提供的救济之间并不存在适应性。因此，

[26] 416 U. S. 1 (1974).

[27] 431 U. S. 494 (1977).

在 Belle Terre 案中，马歇尔写道：

> 为了支持 Belle Terre 村庄的条例，已经提出了大量的理由。据称，该条例是为了控制人口密度，避免噪音、交通和停车问题，以及保持该社区的租金结构和对安家的吸引力。我前面已经指出，这些都是正当且重要的政府利益。但是，我认为，非常明显的是，为实现这些目的而选取的手段既存在调整过度也存在调整不足的缺陷，而且，完全可以通过对宪法所保护的选择生活方式的自由并不产生歧视的条例来充分实现这里所追求的目的。只要生活在一幢房子里面的人拥有婚姻或血缘关系——而不管他们的这种关系多么疏
> 远，该条例对其中的人员数量就不作限制。该条例也不去限 141
> 制能对这样一幢房屋的租金有贡献的有收入人员的数量，或者是居于其中的人可以拥有的汽车的数量。在这个意义上说，这个条例调整不足。另一方面，该条例把可以同居一室的没有亲缘关系的人数限制在两人之内。因此，它就禁止三个没有亲缘关系的人居住在一起，即使三人中只有一个有收入来源且没有汽车，仍不能一起居住。虽然一个拥有十二人或更多人员的大家庭可以挤在一间小屋子里，但是，三个年老且退休的人却不能共同居住在隔壁的大房子中。因此，该法律在追求自己的目的时，又存在调整过度的问题。㉘

这种观点在 Moore 案中发挥了作用，在该案中，Euclid 案确立的审查标准遭到鲍威尔法官的抛弃，他认为很容易处理该案所涉及的条例：

> 如果按这种方式审查，这个条例不能被维持。市政府在为该条例提供理由时，试图把它看做一种防止人口过剩、减

㉘ 416U. S. at 18—19.

> 少交通和停车拥挤、并避免对东克里夫兰州学校体制带来沉重财政负担的手段。虽然这些都是正当的目的，但是，我们面前的这个条例至多只能边缘性地实现这些目的。例如，该条例允许任何只由丈夫、妻子和未婚子女组成的家庭生活在一起，哪怕家里有六个取得驾驶执照的司机，而且每人都有自己的车辆。同时，它却禁止一对成年兄妹共用一套房产，即使他们都一贯乘坐公共交通工具。该条例将允许一位祖母与其已经独立的独生子和其孙子女们居住在一起，哪怕她儿子的达到学龄的子女数量达到十二个，然而，该条例却强迫Moore太太为其孙子John寻找另一间住所，这仅仅是因为一同居住的还有John的叔叔和表兄。我们无须在这个问题上多费精力。该条例的第1341.08部分与减轻市政府提到的那些状况之间只存在非常脆弱的联系。[29]

根据正当程序条款在这两个案例中提出的理由和Euclid案中提出的理由非常类似，但是，在两种情形中，这些理由都构成了一个推理严谨的段落。鲍威尔法官在ALCO案和Moore案中对待治安权的态度却存在鲜明的反差。然而，关键的一点是，Belle Terre案中的反对意见和Moore案的判决都存在同样的缺陷，这就是，二者都坚
142 持认为在对法律进行任何司法审查之前，必须先确定出某项基本权利。这种缺陷并不在于把普通权利和基本权利之间的界限划在哪里，而在划分这种界限的努力本身。按照恰当的分析，所有权利在当前和过去都同样是基本权利。正当程序条款和征收条款都不能在它们所保护的各类财产利益之间进行区分。所有这些利益都是不可分割的一部分，它们都要受到统一适用的治安权规则的保护。

平等保护：经济自由

在当代的平等保护语境中，也面临着根据治安权选择恰当手段的

㉙ 431 U.S. at 499—500.

问题，对此，我提出的分析模式同样适用。在 Minnesota v. Clover Leaf Creamery Co. 案中，明尼苏达州立法机关制定了“一部法律，禁止零售不可回收、不可再次使用的塑料容器装的牛奶，但却允许零售其他不可回收、不可再次使用的容器装的牛奶，比如用纸盒装的牛奶”[30]。该法律基于这样一个立法判断，“使用不可回收、不可再次使用的容器作为牛奶和其他奶制品的包装，给州政府带来一个固体废物处理的问题，还有增加资源浪费，以及消耗自然资源”。经过全面的审理之后，明尼苏达地区法院判定，该法律所依靠的“实际依据”是在“损害牛奶行业其他企业和塑料行业经济利益的基础上，增加地方牛奶行业的另一些企业和纸浆木材行业的经济利益”[31]。

合众国最高法院根据平等保护分析而维持了该法律，在其分析过程中，它只根据非常宽泛的“理性基础”标准对各种牛奶容器的分类问题做了判定，然而，只有这种分类不受质疑或者不涉及基本权利时，才能恰当地运用该标准。法院只关注于该法律为自己提供的辩护，而对所有不利于该法律的证据视而不见（其中包括一些毫无争议的证据）。布仁南法官传达了法庭意见，并维持了该法律，判决的理由包括：州的污染控制机构赞成制定该法律，在制定过程中已经进行了实证调查，而且，该法案是为了“防止再出现生产不可回收的容器的企业”，因为本案一旦出现了这样的企业，就很难让它停下来。[32]
由于这样安排这些证据，司法自制本身就足以维持该法律。 143

当把 Clover Leaf 案作为一个征收权案件，并运用中间手段标准来审查时，它就会展现出一副完全不同的面貌。首先，毫无疑问的是，该法律——禁止对私有财产行使处分权——构成对希望用塑料容器装牛奶的企业的私有财产的征收。接下来，问题就变为，治安权能否为该法律提供理由。该法律在目的选择上就首先遇到这个问题。无疑，“固体废物处理”完全符合治安权的反征收目的，尤其是要涉及

[30] 449 U. S. 456，458（1981）。该法律可见于 1977 Minn. Law，ch. 268，Minn. Stat. § 11 6F. 21（1978）。

[31] 449U. S. at 471 n. 15.

[32] 同上，465 页。

过滤有害物质，防止它们渗入到下层土壤和地下水当中。但是，所选取的手段合适吗？到这里，对两种类型容器的区别对待就成为相关的证据，它表明州政府所采取的手段并不是为了追求所提出的那些目的，而是为了实现在互相竞争的生产者之间进行财富转移这个不可接受的目的。让我们换一种方式表述立法机关的要点，这就是，一旦允许新产品投放到市场中，劣势竞争者就会很难去保持自己的市场份额。

虽然不正当动机的证据并不具有决定性意义，但是，此处对案情的更详尽考察将毫无疑问地表明，哪里有烟，哪里就有火。明尼苏达最高法院在其富有说服力的意见中[33]，借助于专家证据，证明了塑料容器的优越性，然而，合众国最高法院对此却完全视而不见。这些优越性包括：（1）塑料制品是无机物，而纸制品在被撕破或折叠时则容易很快腐烂。在掩埋式垃圾处理厂那里，纸制品是细菌污染的源泉；而塑料制品则不会。（2）作为无机物的塑料不会产生沼气，因此降低了爆炸的危险。相反，纸制品在分解时则会产生沼气。（3）证据（包括由纸制品行业赞助，由州政府主持的具有决定意义的交叉询问调查）表明，塑料制品并不比纸制品需要更多的掩埋式垃圾处理厂。（4）塑料制品可以通过焚烧的方式得到更好的处理，因为在焚烧时它们向空气中排放比较少的有害物质，同时却产生更多的热量。

这些证据看上去非常明确，但是，如果我们注意到，为避免假想的不幸而采取的救济手段是完全禁止使用塑料制品，我们就会感到需要更加强烈地反对该法律。事实上，即使塑料制品比纸制品带来更大的危险，它在本案中也并非迫在眉睫，而且，国家只需要在销售点征收一种税，用以弥补塑料容器给环境带来的潜在成本，就已经足以实
144 现目的。此外，即使对于竞争性的纸制品，也需要作这种类似的计算。根据这里提供的证据，人们还无法在所有的情况下对这两种税收作出判断，但是，如果一种较重的税收加于一种较轻的危险上，也就是加于塑料制品上，那么，这种税收必须被推翻。因此，唯一棘手的

㉝ Clover Leaf Creamery Co. v. State，289 N. W. 2d 79，82—94（1979）.

情形是，在课加这种税收时，严重地错误估计了两种物品不同的外在影响，在某种程度上，这成为司法控制的入口。就此而言，立法机关压制竞争性物品所能取得的潜在收益也将减少，继而，追求不可接受的立法利益的寻租程度也将显著降低。因此，平等保护案件落入系统的征收权理论的范围中，这就解释了通常的司法自制程度在适用于经济管制案件时，为什么不可接受。 *145*

第十一章　同意与自担风险

在这一章中，我转向另一类肯定性的辩护理由，这就是同意与自担风险，借助于从和私法的类比中得到的力量，这类辩护理由允许国家征收私有财产，而无须支付补偿。和治安权一样，这两个辩护理由也假定个人所有权人已经明确证明，他的私有财产已被征收。自担风险的典型适用情形是偶然发生的征收（包括破坏）。同意则适用于刻意进行的征收。这二者之间的区别与它们在私法领域的区别完全一样，尽管有此区别，我却用类似的方式对待它们，原因在于，受害人的言语和行为都使我们可以恰当地认为，其他人对他们私有财产的征收——无论是完全征收还是部分征收——应被看做他们自己造成的损害。在洛克的框架中也很容易吸收进这两个辩护理由，洛克理论明确允许在得到对方真正同意的情况下，可以征收其财产。一旦这两条辩护理由的地位得到认可，接下来的关键问题就是它们的适用范围。

一、同意

同意的恰当作用一直是私法领域中许多疑难问题的肇因。首先，在默示同意和根本不同意之间存在一条精心描绘的界线，其次还存在这样一个问题，这就是，已经表达的同意能否因强迫、错误陈述、或可能是无行为能力为由而被宣告无效。[①] 大部分难题，特别是人身伤 146
害案中的难题，都来自于无法对什么才是真正的不完全交易作出明确的界定，在这类交易中，同意是被迫作出的，也许还是由头脑或意志存在明显缺陷的人作出的。然而，在征收权法的框架中，个人出于一般性的慈悲而向政府捐赠财产的情形即使有，也非常少见。因此，我们要讨论的关键案例是这样一些，在其中，对征收的同意体现在某种更大的交易中，这种交易至少在部分程度上对抵抗政府行为的个体所有权人是有利的。

这种案件的典型模式在 United States v. Fuller 案中得到了充分的反映。[②] 被告牧场主根据《泰勒法》（Taylor Act）授予他的许可，利用临近其土地的政府土地来放养牲畜。该法律的条文，以及据此而达成的合约都明确规定，这项授权可以根据政府的意愿而撤销，不受禁止反言和信赖原则的阻碍。实际上，政府的一般性行为表明，放牧权具有准财产权的地位，类似于广播许可的地位。这种权利具有的明显持久性反映在拥有放牧权的土地的较高市场价格上面。然而，在本案中，政府在首先终止临近的联邦土地上的放牧权以后，又征收了牧场主的土地。之后，政府拒绝为这些权利的丧失支付补偿。

合众国最高法院正确地维持了政府的行为。正如法院所言，政府已经拥有收回放牧权的途径，而无须诉诸征收权。与任何私人授权人拥有的权力一样，政府也可以根据当初的授权行为行使其财产权利。任何私人公民都不可因为作出权利所许可之事而被要求支付代价；同样的结论对政府也适用，它是代表公民的利益而行事。只撤销放牧权而不征收受到影响的土地，并不会产生赔偿请求，因此，在撤销行为之后再作一个征收行为也不应导致不同的结果。问题并不在于，被告从向第三方出售放牧权的交易中可以获得额外补偿。真正关键的问题

① 关于对这些情形的一般讨论，参见 William L. Prosser，Handbook of the Law of Torts § 18（4th ed. 1971）。

② 409 U.S. 488（1973）.

在于，根据授权条款，放牧权并不是牧场主可以出售的权利，因此，买方购买的只是对放牧权不会被终止的一种预期，而不是这种权利本
147 身。当该权利被终止后，土地所有权人（或者买受人）遭受的价值减少并不能要求政府返还。根据当初的合约规定，土地所有权人无法证明他的经济损失是因被剥夺一种权利而引起。

从原理的角度来看，在 Fuller 案中，所有权人的事前同意阻止了他根据合约提出赔偿请求，即使国家后来又征收了某种财产利益，结果仍是一样。这就是 Fuller 案与 Almota Farmers Elevator & Warehouse v. United States 案之间的明确差别。③ 在 Almota 案中，政府拒绝对被征收人可以从房东那里得到续约的预期支付补偿，此时，政府就不能以房东或授权人的资格行事。因此，Almota 案是一个涉及三方当事人的情形，在其中，承租人可以因政府干预他和另一方当事人之间互有利益的关系为由，而主张政府行为构成对财产的征收。Fuller 案涉及的只是根据一项授权而行使政府权力的情形。

我们还应注意，不应该以同意无效为由而推翻 Fuller 案的判决。该案被告原则上可以证明（又一次作为一个宪法问题）他们的同意因欺诈或胁迫而无效，但是，从案件事实来看就无法支持这种主张。他们唯一可以采取的某种路径就是主张存在某种形式的经济胁迫，但是，这种主张还是会像在私法情形下一样，得到同样的简短而否定的回答。④ 放牧权并不是被告可以利用的利器；如果他们愿意，就可以放

③ 409 U. S. 470（1973），参见第七章。

④ 关于我在这个问题上的观点，参见 Richard A. Epstein，“Unconscionability：A Critical Reappraisal，” 18 J. L. & Econ. 293（1975）。另一种对立的观点在这种情形下扩张了国家在行使征收权时应承担的义务，这种观点认可上述理由在非常有限的情况下可以成立，但是，它却无法在不可接受的经济胁迫和没有让步的协议之间找出一条有用且明确的界线。参见 John P. Dawson，“Economic Duress-An Essay in Perspective，” 45 Mich. L. Rev. 253（1947）。我所捍卫的传统观点和 Dawson 提出的修正观点之间的一个共同的关键要素是，在所谓强买强卖的情形中才能看到胁迫。当一个消费者被迫为一件他在其他情况下本可以获得的特定物品支付过高的对价时，就出现了典型的强买强卖。该原理的要点在于，以违反契约相威胁来获取某种附带的经济利益是一种形式的胁迫。比如在雇佣的情景中，该原理可以轻松地拓展到所有服务契约上面，但是，这种拓展仍要胁迫和没有让步的协议之间的明确界限，只有当强买强卖不必要地转化为一种谈判力量不同的情形时，二者之间的界线才算完全消失。

弃这项权利。他们可以在一定期限内在联邦土地上放养牲畜的事实只表明存在一种额外收益，对此，他们完全没有权利，而且，也几乎不 148
可能使之具有宪法上的持久性。

为确定某种形式的胁迫——经济胁迫或其他胁迫，必须证明以下几点中的任一点：第一，放牧权是在迫不得已的情况下接受的，第二，通过类比私法上的强买强卖原理，证明被告在接受放牧权时，被迫在两种利益之间进行选择，而这两种利益都无条件地属于他的权利。因为该案丝毫没有证明存在任一种情形，所以，被告的损失不必进行补偿，即使考虑了同意的所有例外情况后，结果也是一样。被告从授权中所得到的收益，也因根据授权中包含的权力行使而失去。因此，被告不能提起控诉。

根据这里所作的分析，Fuller 案使自己面对一个我们已经熟悉的问题：在国家作为授权人，私人作为被授权人的情形中，什么才是对授权行为的恰当解释？在通常情况下，最恰当的解释规则就是从整个文本中找寻双方当事人的意图。解释的品质就在于使双方受益，而不是偏爱一方或另一方。这个原则保护国家免受这样一种主张的侵害，这就是，应该对所有的授权作出对国家不利的解释，因为国家拥有更强大的经济力量。另一方面，这个原则也能保护个人免受如下主张的侵害，该主张声称，国家的特定行为能够把自身转化为不同寻常的权利。

合同解释的问题竟上升到宪法层面，这可能看上去很奇怪，甚至让人感到遗憾。但是，由于同意这个辩护理由是宪法层面的，因此它的适用范围和效果也属于宪法层面的问题。在合同条款中，这个问题无法避免，诸如 Charles River Bridge v. Warren Bridge 案这样的案件[5]，就表明了这个问题的存在。在征收条款中也无法逃脱这个结

⑤ 36 U. S.（11 Pet.）420（1837）。对斯托里观点的坚决捍卫可见于 James McClellan，Joseph Story and the American Constitution 215－226（1971），他认为，最初授权的特权有一种隐含的排他性假定（其目的是为了促进最初的特权受益人进行投资）。斯托里的观点实质上是主张中立的解释，这种解释不能授予国家像英格兰的王室可以享有的那种利益，至少当国家作出并无收回之意的授权时，应该给予这种解释。同上，219－220 页。

论，在这里，授予财产的行为是通过与国家签订的契约完成的。由于在契约解释上不存在完善而唯一的理论，看来最好的办法就是承认，哪一种单独的解释规则都不能毫不含糊地占据主导地位。要求宪法诉讼具备最完善的法律理论也无法提供的精确性，这毫无意义。然而，尽管可以接受的分歧领域广阔而幽深，但是，在解释某些涉及政府的
149 地方利益的案件中，仍有可能发现其中的偏见，这种偏见取代了对正常合同含义的公允探究。

Northwestern Fertilizing Co. v. Hyde Park 案[⑥]展示了这里出现的解释问题。根据伊利诺伊州全体大会的一部法律，肥料公司获得一项授权，可以在芝加哥南部建造“化学和其他工厂……目的是把动物尸体和其他动物产生的废物制造并转化为农业肥料和其他化学产品”[⑦]，同时，还授权他在芝加哥市其他地方建造必需的仓库，用来储藏动物粪便，以备运往他自己的化学工厂中。根据最初这项授权，该公司在当时“潮湿且几乎无法居住”[⑧]的地方建起了工厂，这个地方后来变为 Hyde Park 村。大约三年后，Hyde Park 的官员制定了一道条例，禁止“进入或通过” Hyde Park 储藏和运送动物粪便和其他不卫生和有害的物质。该条例对每一次违法行为科处 50 美元罚款。现在的问题就是，当初的特许令能否保护该公司免于被处以罚款。

法院开始就提出一个严格的假定，这就是，授权行为几乎没有给公司授予权利；实际上，法院对授权的解读几乎就等于认为，立法机关可以随意终止该授权。法院的判决是，授权条款中没有哪条规定能够阻止 Hyde Park 村要求工厂在芝加哥南部的其他地方重新选址的决定，即使工厂已经建造起来并且已经开始运营，结果仍是一样。而且，法院还判定，已经存在的储藏仓库可以被关闭，这就迫使该公司必须抛弃所建造的围栏，而转向成本高昂且未经试验的其他选择。这种解释摧毁了公司的信赖利益，无视授权令状中的规定，该授权令授予该公司对工厂场所的决定权，而不是授予市政府。私人间的授权不

⑥ 97 U.S. 659，663—664（1878），在第九章讨论治安权时，曾考察过该案例。

⑦ 同上，663 页。

⑧ 同上，664 页。

能接受这样一种暴虐的解释，它使被授权人注定处于一种不利的境地。同样，国家的授权也不应该被给予不同的解释。

这里的问题并不是，国家是否能够根据治安权来制止侵扰；真正的问题应该是，在撤销当初的授权时，是否必须支付补偿。注意这样一种类似的情形：国家直接给予的钱财可以被撤销，但是只有以征收权的名义才允许撤销，而且当初的给予中必须存在这种可以撤销的保留。Hyde Park 案中的特殊问题是，授权公司进行的侵扰所侵害的个 150
人并不是该授权的当事人，因此，根据常理，他们不受授权条款的约束。然而，对于这个一般性原则，存在一个强有力的例外情形，这个例外就适用于作为公共代理人的国家。在公共机关与被授权人发生的任何争议中，国家的授权对公共机关都有拘束力。个体公民针对授予该特权的公共机关可以提起控诉，但是，他们不能直接攻击这个授权行为。无疑，个体公民受到授权所允许的侵扰的侵害，但是，他们也同样可能因为出售政府财产而受到侵害。除非公民受到立法机关的一种不完善的代理行为的约束，否则，代议制政府本身就不能前行。因此，国家可以约束其公民，而且只有通过回购的方式才能撤销授权。从长远来看，通过错误的解释来推翻授权很可能是国家的一种自我毁灭，因此它摧毁了政府试图靠自己在公平交易和良好信誉方面的声誉来进行交易的努力。然而，该案中反对州政府行为的理由很少建立在这些审慎考虑的基础上，相反，它们更多地依赖于这样一个简单的事实，那就是，适用于本案的征收条款要求为这种不当行为支付补偿，它完全不去关注政府行为在将来可能产生的后果。

二、自担风险

征收法律中的第二条线索是自担风险，它在由疏忽或严格责任规则构成的侵权法中，被公认为是一条辩护理由。因此，国家在扮演其公民代表的角色时，也可以在征收案件中享受这条辩护理由带来的利益。真正的问题涉及的是这条辩护理由的恰当范围和解释，在这里，我们发现了公法与私法之间的又一条未经解释且毫无根据的界线。在今天，自担风险这条辩护理由在私法领域中处处遭遇冷落[⑨]，然而，它在征收案的背景下却获得了改善处境的机会。这种具有讽刺意味的现象是非常明显的，自担风险在公法领域得到的解释比它在自己的鼎盛时期，即 19 世纪的普通法人身侵害案件中得到的解释还要宽泛。

这条辩护理由在现代法律中只拥有非常有限的地盘，它不仅要求要在事实上证明原告确实同意自担风险（assumption of risk），还要证明该
151 风险在原则上是“超出合理限度的”。只有当原告对造成侵害的危险情形或避免手段有具体的认识时，被告才可运用这条辩护理由。该原理还主张，只有当对方当事人对特定行为可能造成的后果做了充分的警告和揭示以后，才能认为原告同意自担风险。在今天，如果能证明存在宽泛意义上的经济胁迫，或者随处可见的谈判力量不平等的情形，就可以驳回这条辩护理由。

从理论上说，这种非常受限制的现代版自担风险将能够让法院把这条关键的政府辩护理由从征收条款中剔除出去，从而进一步限制国家权力。但是，这种处理方式将是违背原则的，因为私法领域中对自担风险所作的这些现代解释本身就是误导人的且错误的，这种解释在很大程度上是为了给所有受到侵害的人提供充分补偿。然而，展示这些现代解释中的错误并不是我这里所作讨论的重要组成部分。[⑩] 19 世纪对该辩护理由的粗犷解释是为了迎合国家在征收案中的利益。因此，在宪法语境中，我们有必要证明，自担风险获得了比它在私法领域更加宽泛的解释。

可以想见，在自由放任的鼎盛时期，自担风险这条辩护理由通常被用来防止工人因工作过程中和工作之外的意外事故而向其雇主提起诉讼。这条辩护理由通常要以明确的同意为基础，而且，如果能证明

⑨ 参见，Prosser，supra note 1，at § 68，439—457. 对该原理进行限定解释的典型案例也许是 Meistrich v. Casino Arena Attractions，Inc.，31 N. J. 4，155 A. 2d 90（1959）。

⑩ 关于我的观点，参见 Richard A. Epstein，“Defenses and Subsequent Pleas in a System of Strict Liability，” 3 J. Legal Stud. 165，185—201（1974）。

存在欺诈和胁迫，当然不包括所有的经济胁迫，就可以驳回这条辩护理由。[11] 在下述情形中，也意味着自担风险的辩护理由成立，这就是，工人被告知将会遇到的一般类型的风险以后，从事一种危险的工作。[12] 然而，在这里，告知的作用应受到严格的限制，因为仅仅告知 152 风险永远都不能等同于工人愿意自担该风险。同意而不是认知，才能阻止赔偿请求，这才是我们要坚持的标准。[13] 二者的区别取决于当事人之间事前的权利分配。自担风险原则要求受害人明确或默示地放弃他对于被告明显拥有的赔偿请求权利。

在雇用的情形下，通常能够看到这种对权利的放弃，因为不管潜在的雇员经济状况如何，都不存在法律义务强迫他去接受雇用，同时，他也无权强迫雇主为他提供工作。工人对他的劳动享有完全所有权；雇主则对他的企业和资本享有完全所有权。根据这种毫无争议的权利分配现状，一个正确的推论应该是，工人放弃他免受某些意外事故侵害的身体完整权，换来的是雇主提供的工资。这种交易的精确条件通常很难在谈判过程中作出评估。例如，工人是否承担了雇主已经知悉并可以避免的所有潜在风险？当工人已经因危险境况而向雇主提出抱怨，雇主也承诺进行修理，然而还是发生了意外事故，在这种情况下，能够（像通常情况那样）推翻风险承担的辩护理由吗？在这

⑪ 经典的论文是，Francis Bohlen，“Voluntary Assumption of Risk，” 20 Harv. L. Rev. 14 (1906). 关于典型的案例法分析，参见 Lamson v. American Axe & Tool Co.，177 Mass. 144，58 N. E. 585 (1900). 至少有一些明显的放弃侵权诉讼的案件，同时的配套措施是，工人和雇主都向一个工人补偿基金交付金钱。参见 Griffiths v. Early of Dudley，9 Q. B. D. 357 (1882)；Clements v. London & Northeastern Railway [1894] 2 Q. B. 482. 关于对这些案件的讨论，参见 Richard A. Epstein，“The Historical Origins and Economic Structures of Workers' Compensation Law，” 16 Ga. L. Rev. 775 (1982). 关于自担风险问题上的不同观点，参见 Robert L. Rabin，“The Historical Development of the Fault Principle：A Reinterpretation，” 15 Ga. L. Rev. 925 (1981)。

⑫ 关于占主导地位的观点，参见 St. Louis Cordage v. Miller，126 F. 495 (8th Cir. 1903)；Titus v. Bradford，B. &K. R. R.，136 Pa. 618，20A. 517 (1890)。关于英国法律界的观点，参见 Smith v. Baker&Sons [1891] A. C. 325。

⑬ 例如，参见 Thomas v. Quartermaine，18 Q. B. D. 685 (1887)，在该案中，法庭多数意见和反对意见都同意这个主张，但是却以非常不同的方式运用它。

里，我们无须为这些细节而烦恼，我们所要做的就是，讲明这条辩护理由在日常合约中的地位，并把它拓展到其他关系当中，例如邀请人与受邀人之间的关系[14]，以及司机与乘客之间的关系。

然而，在许多情况下，知悉可能发生的危害甚至被认为和自担风险一点都不沾边。因此，站在自己路边的原告可能知悉经过公共高速公路的机动车司机制造的危险。如果他愿意付出某种成本，他就有许
153 多选择来避开这个风险。然而，这并不能证明他愿意自担风险。关键的问题是，原告个人既有使用自己土地的权利，也有保持身体完整的权利。知悉其他人可能作出的一种不当行为，并不能强迫他在没有补偿的情况下为保存一种权利，而放弃另一种权利。原告在这种侵权情形中的地位和强买强卖情形中受到损害的消费者的地位完全相同。被告的不当行为可能会给原告施加一项减轻损失的义务，但是，它却绝不能得出结论说，根本就不存在应该给予补偿的损失。[15]

当在征收语境中提出自担风险的问题时，基本的论证结构仍无须改变。当存在放弃权利的行为，比如，作为私产所有人与国家之间事前达成的交易的一部分，此时，就可以使用这条辩护理由。但是，当只有国家的告知，同时对权利所有人本来可做的选择进行一定的限制，此时，就根本不存在这条辩护理由。在这些“反向征收”的情形中，国家可以强迫达成交易，并因此迫使所有权人采取措施减轻损失，但是，它却无法逃避在某个时间点支付补偿的义务。

在现代法律中，国家的告知被认为是创造了一条绝对的辩护理由，而不限于减轻损害赔偿。米歇尔曼的一段富有启发的论述表明了

---

⑭ 正如在 Fletcher v. Rylands，L. R. 1 Ex. 265，286（1866）案中指出的，“得到所有权人许可而经过其正在装卸货物的仓库的人，肯定不算同意承担不可避免的意外事故的风险。”关于土地所有权人对进入其土地的人应该承担的一般义务，比较下面两个案例，一个是 Robert Addie &Sons（Collieries），Ltd. v. Dumbreck［1929］A. C. 358 案，该案坚持了侵入人、受邀人和被许可人之间的严格区分，另一个案例是 Rowland v. Christian，69 Cal. 2d 108，433 P. 2d 561，70 Cal. Rptr. 97（1968）案，该案放弃了上述区分，并为所有权人课加了一项在这些情况下进行合理照顾的统一义务，不过，该案还是探讨了进入其土地的人的地位。

⑮ 参见 Restatement（Second）of Torts § 496E（1965）。也可参见 Marshall v. Ranne，511S. W. 2d 255（Tex. 1974）。

这种基本的错误：

> 假定我在高速公路旁买了一块观景地，此时，公众正在热烈讨论禁止对这些土地进行任何开发的可能性，同时，市场也明确反映出对十分可能发生这种限制的关注。如果限制最终出现，我是否有权要求补偿土地在受限和不受限情形下的价值差量？显然这将是一个脆弱的权利诉求。我买了一块我明知可能被限制的土地；而且，我支付的价格也应该因为可能存在限制而减少。因此，我完全知道我要购买的土地是什么情况，或许可以说，就我的情况而言，社会并没有进行财富的重新分配，正如当它拒绝返还我没有中奖的彩票支出时，也没有进行财富的重新分配一样。[16] 154

米歇尔曼在购买彩票的人和土地所有权人之间所作的类比并不成立，因为这种类比忽视了当事人之间最初的权利分配。在购买彩票的情形中，双方当事人之间只存在一个权利交换。其中一方放弃自己的钱财，以换取可以赢得更大数目钱财的机会；另一方则接受这些较小数量的钱财，并在符合条件的情况下强迫自己支付出更大数量的钱财。这里并不存在第三方权利的问题。如果彩票购买人没有中奖，他当初达成的合约使得他无权要求返还。他的地位和 United States v. Fuller 案中牧场主的地位相同，在那个案件中，牧场主发现自己无权继续享有受州政府意志支配的放牧权。

这种情形和土地使用限制的情形是完全不同的。在这里，我们面对的是一个三方当事人之间的交易——购买者、出卖者和国家——这种情形不同于 Fuller 案，而和 Almota Farmers Elevator 案类似。在这种存在限制威胁的情形中，最初的土地所有权人享有的并不是受国家意志支配的权利。相反，他享有的是完全可以对抗国家的权利；没

⑯ Frank I. Michelman, "Property, Utility and Fairness," 80 Harv. L. Rev. 1165, 1238 (1967). 这段论述在下述案例中被引用，HFH. Ltd. v. Superior Court, 15 Cal. 3d 508, 521, 125 Cal. Rptr. 365, 374, 542 P. 2d 237, 246 (1975)。

有理由说明他为什么不能把自己可以对抗国家的权利转移给他的购买者。如果当前的所有权人拥有对抗国家的完善诉讼权利，他当然可以把它转移给土地购买者。

对告知问题的讨论可以放在更加普遍的背景下。如果告知足以免除补偿义务，那么，征收条款就失去了效力或实效。如果仅仅告知可能发生的政府行为，就足以免除对部分征收私有财产的行为进行补偿，比如对开发权利的征收，那么，它也足以免除对全部征收私有财产的行为进行补偿。所有需要做的就只有，交易双方应该知悉，政府可能会完全拿取他们的土地，所采取的形式可能是一道一般性的指令，规定从今往后所有的土地在得到该指令通过时的价值对价之后，都可以被征收，而不考虑将来的改善可能带来的价值提升。因此，私人主体就不能再对抗对其财产的征收，因为他们从一开始就可以压低交易价格。这实质上就是米歇尔曼的观点，但是，这种观点颠倒了价格和权利之间的关系。我们不应该用价格去决定权利；相反，我们应该用权利去决定价格。如果最初的所有权人对抗国家的诉讼权利可以随土地一同转移，那么，交易价格就应该反映出在限制措施出台前后所存在的那些权利。如果这层保护遭到拒绝，土地的价格就应该相应降低，正如今天的做法一样。

换言之，米歇尔曼的观点之所以存在缺陷，就因为这种观点没有
155 从买卖双方的角度来阐释该交易。米歇尔曼指出，购买者之所以不需要对抗国家的诉讼资格，是因为他可以通过降低交易价格的方式，来避免政府限制的风险。即使价格调整能够保护购买者避免该风险，又有什么办法可以保护出卖者避免因出台限制措施而遭受的资本损失呢，这种限制措施本身是一种部分征收，当把财产买给第三房当事人时，这种损失就发生了？当国家威胁要征收私有财产时，为什么偏偏要由出卖者承担损失？

事实上，不能因为正在围绕土地使用限制进行讨论，而所有权人仍然保持占有其土地这一点，就推出他放弃了自己的权利。如果可以这么说的话，那么，政府通过宣布其打算进行限制或者征收土地的意图，就能获得土地上的权利。没有哪个私人主体可以通过宣布拒绝支

付对价的方式而获取权利，同样，根据我们的代议制政府理论，国家也不能享有更优越的地位。如果当前的土地所有权人可以抵制在其财产上面粗暴地强加国家的优先权，那么，他就可以通过和出售行为一并转移其对抗国家的诉讼权利的方式，来避免自己的资本损失。无疑，我们无法确定这种权利转移是否能发生。但是，出卖者和购买者并无义务去为减少国家课加的经济负担而安排他们的共同事务。恰当的推论应该是，他们安排自己的事务是为了使他们自己的共同福利最大化，而不是为了使陌生人和普通公众的福利最大化。购买者希望自己在取得占有以后，处于一种可以挑战限制措施的地位，出卖者则希望从交易中完全脱身。恰当的策略应该是，出卖者把他的诉讼资格转移给购买者，而不是保留这个资格，当然也不是无条件地转移给国家。当买卖合同把诉讼权利分配给买方或卖方以后，合同的条款就应该受到尊重。当合同条款未作这种分配时，公平的推论应该是，出卖者对抗国家的权利已经转移到购买者身上。抵制政府限制的权利应该反映在支付给出卖者的价格当中。这种权利不会应权利重组而消失。

米歇尔曼没有讨论这些问题，不过，他已经注意到，他的告知观点有某些缺陷；在上述引文的一个注解中，他讲到，应该“谨慎地”对待告知观点。但是，即使作出这种保留，也无法挽救他的观点。[17]
假设国家公布了一份地图，上面标出它在未来二十年内打算建造高速
公路而需占用的土地。国家还宣布，任何开发自己土地的个人都要自 156
担风险，而且，当发生征收时，所支付的补偿不会考虑这些改进付出的成本或带来的价值。[18] 对这个案例的正确分析应该直接从上文的讨

⑰ Michelman，前注 16，1238 页 n. 124，该注解随后讨论了这样一种情形，“某行政官员缺乏管制权利，但又希望降低高速公路的建设成本”，因此，就试图按照自己的设想遏制私人开发。

⑱ 比如，参见，Pennsylvania State Highway Law of June，1945，P. L. 1242，Pa. Stat. Ann. Tit. 36 § 670. 219 (Purdon 1961)：“在本部分已经确立并公布的任何州高速公路的宽度和线路的限制内，任何土地、建筑或改良设施的所有权人或占有人都不能建造任何建筑物或实施任何改造，如果出现任何这种建造或改造行为，在评估损害赔偿时不作考虑。”在 Commonwealth v. Spear. 38 Pa. D. &C. 2d 210 (1965) 案中，该法被判定为构成对使用权的征收，因此，允许原告启动国家的损害赔偿程序。自担风险和告知之间的关系在这个案例中则未作讨论。

论中得出。通过自己的宣告，国家试图把个人依权利之名可为的行为转变为他只有准备承担遭受损失的风险才可以作出的行为。这是一道毫无原则依据的命令，据此，他必须牺牲自己的一项权利——从被征收的财产中获取补偿——以保护另一项权利——行使其开发权利。告知只是诉诸错误的自担风险概念的一个变体，它允许国家仅仅通过宣告就能取得权利。⑲

在原则上，政府只有两种选择。第一，它可以把自己的宣告作为对私有财产的征收，准确地说，是对开发权利的征收。第二，它可以根本不赋予该宣告任何法律效力和效果，即使私人主体在计划自己的事务时可能会考虑这个宣告。根据前一种观点，存在一个明显的征收，对此，显然需要支付补偿，补偿额则根据开发权受到的损失来确定。当土地随后又被国家占有时，还必须为最初的所有者在第一次征收之后还保留的所有权利支付补偿，这个补偿额则根据该土地被国家占有时的市场价值来计算。实际上，两次前后相继的部分征收共同组
157 成了需要支付的补偿：第一次是对开发权利的征收，第二次则是对减去这些权利后的土地的征收。根据第二种观点，国家在作出宣告之后，并不存在立即发生的征收，因此，也就不存在立即需要履行的补偿义务。类似地，对于开发权利也不存在立即发生的限制，因此，当征收发生时，国家必须补偿所征收的土地，以及所有的开发，甚至包括那些告知之后进行的开发。当前法律的重大缺陷在于，在国家先宣告后征收的情况下，这些法律允许国家任意行为，而不对它的补偿义务施加任何限制。这样一来，征收案件中的一条原则主导的辩护理由就被严重歪曲，远远超出它的有用和恰当的限度。

⑲ 围绕这些发布通告案件存在的类似观点，参见 Jack L. Knetsch and Thomas E. Borcherding, “Expropriation of Private Property and the Basis for Compensation,” 29 U. Toronto L. J. 237, 243 (1979)，该文章强调了在政府作出特定宣告之后，就可以无须补偿改进成本或价值而征用土地的方案导致的福利损失，之后，就得出结论认为，“当无法对被征收的所有权人支付充分的价值补偿时，继续出卖开发权利就是一种更可取的策略。”作者还指出了如果为开发支付充分补偿而可能导致的风险，私有财产权人可能抱有建造昂贵建筑以索取高额补偿的动机。在所有情况下，这种可能性都是非常小的，特别是因为所有的补偿都是以建筑物价值为根据的，而不是以其成本为根据。

第四编

公共用途和正当补偿

第十二章　公共用途

一、看不见的公共用途条款

下一个问题涉及征收条款中的公共用途限制的性质和功能。从关于本主题的判例和学说上判断，本章主要论述一个空洞的问题。最高法院在 Berman v. Parker 案中提及，“公共福利的概念是宽泛和包容的”，足以允许使用征用权力来达到任何在其他方面属于议会权限的目的，从而给了这一限制以致命的一击。[①] “第五修正案要求以公平补偿作为征收的价格，在这些财产所有者获得公平补偿时，他们的权利即得到满足。”[②] 在 Hawaii Housing Authority v. Midkiff 案[③]中，

① 348 U. S. 26，33（1954），它维持了为了公共住宅项目而对贫民区（blighted areas）的全面征用。就更为深入的讨论，参见下文。

② 同上，36 页。

③ 104 S. Ct. 2321（1984）. 在 Midkiff 案中对公共用途条款所采取的态度在 Ruckelshaus v. Monsanto Co.，104 S. Ct. 2862，2879－2880（1984）案中再次得到了肯定。

法院提出了两项宽泛的建议，从而使人能理解该主题。第一，"'公共用途'要件因此和主权者的治安权的范围一致。"④ 其次，"在对征用权力的行使合理地和可以想象的公共目的相关时，法院从来没有认为
161 一项已得到补偿的征收为公共用途条款所禁止。"⑤ 在学术上，致力于解读宪法所含限制的评论者在观点上针锋相对。Bruce Ackerman 在其所著的《私人财产与宪法》（Private Property and the Constitution）一书的一个脚注中评论道，"任何在其他方面合宪的国家目的都应当被认为是足够'公共的'而能够证明征收的正当性"，从而打发了整个问题。⑥ 早在 1949 年，于《耶鲁法律杂志》（Yale Law Journal）中发表的一篇写得很好的评论（note）就评述说："所得出的结论就是，就联邦法院而言，州的立法和议会都无须在任何细节上（ramifications）关心公共用途的检验。"⑦

二、公共用途和社会盈余的分配

有充分的理由相信，那种将公共用途限制视为微不足道的言论虽被广泛承认，但却是不正确的。至少，公共用途要件是对政府征收私人财产之权力的严格限制。该含义几乎无法为现在的解释所把握，因为"可想象的公共目的"表明，法院在寻求"理性的基础"时，可以

---

④ 104 S. Ct. 2329.

⑤ 同上，2329～2330 页。

⑥ Bruce A. Ackerman，Private Property and the Constitution 190 n. 5（1977），它引用了 Berman v. Parker，348 U. S. 26。在别的地方，Ackerman 写道："我们谈论最多的是在宪法层次与私有财产的冲突：宪法的该部分隐晦地说，'私有财产也不能……未经公平补偿就被征收'"。Bruce Ackerman，"The Jurisprudence of Just Compensation，" 7 Environmental Law 509，510（1977）. 就 Ackerman 对该条款的全面认识，这一省略号（ellipses）讲述的超过了一卷，因为省略的词汇是"为了公共用途"。

⑦ Note，"The Public Use Limitation in Eminent Domain：An Advance Requiem，" 58 Yale L. J. 599，613－614（1949）.

提供一项立法本身遗漏的目的。[8] 我认为公共用途限制是征用权条款的一个必要部分。解决这一难题的最好途径就是，作为一项政治理论，表明公共用途的表述和洛克的国家观念是如何契合的，根据洛克的国家观念，国家是通过所有个体公民之间的一系列强制交易形成的。由此产生的一项关键问题是，“谁获得盈余呢?”根据霍布斯的政府观，主权者可以随意占用（appropriate）它能够得到的盈余。不 162
过，在洛克的世界里，主权者应当受到充分的限制，这样公民的生命、自由和财产（estates）才可以得到保全。对该限制的可见的衡量标准就是，对主权者，也即对垄断国家权力的一群人，攫取盈余的行为进行有原则及谨慎的限制。洛克自己的描述是有缺陷的，因为它并未考虑主权者如何获得保持其对武力的垄断所必需的资金；例如，洛克并未深入考虑税收问题。但是这一遗漏可以得到弥补而并不损害他的基本洞见。允许主权者从公民那里征收的只是运营国家所必需的资金。受到该税收留置权（tax lien）限制的其他盈余应当在所有公民那里、依据他们的私人财产按比例进行分配。不过，并不是所有的人都应得到同样的数额，因为比例分配原则（the principle of proration）要求，对国家做出最大投资的人应当从国家那里获得最大的回报。必须强调的是，这一按比例的分配有着重要的分配功能，因为它并未扭曲在对人类事务的公共和私人控制之间进行选择时私人所受到的激励。[9] 例如，如果每个人都获得总收入的同等份额，则享有较少投资份额的人（persons with smaller shares）就会受到激励将事务推

⑧ Midkiff 案中的一段话暗示了这点：“可以确信的是，法院的判例反复地声明‘没有正当化的公共目的，不能为了另一个私人的利益而征收一个人的财产，即使已经支付赔偿……’这样，在 Missouri Pacific R. Co. v. Nebraska 案中，在‘所涉的命令不是，而且未被声称是……根据征用权利为了公共用途而对私人财产做出的征收’时，法院将因为缺乏正当化目的而使已得到赔偿的对财产的征收无效”。104 S. Ct. at 2329。

⑨ 就为了诉讼而在非破产和破产舞台之间进行移转的类似点，参见 Thomas Jackson，“Translating Assets and Liability to the Bankruptcy Forum，” 14 J. Legal Stud. 73，75（1985）。“但是，尽管集体［进入破产法院］（collectivization [into bankruptcy courts]）引入了应当衡量的新的关注，破产法仍会努力以下述方式完成这一转变，这一方式使得从一个领域移至另一个领域所产生的混乱最小化。”

入公共领域，在该领域里，他们将是相对的赢家。按比例保留收益将使得发生策略性取巧行为（strategic gamemanship）的可能最小化，否则，这一行为将倾向于减少盈余的数额。如果每个人都从对社会治理的投资中获得同样的回报率，政治环境就会更稳定。

第一章中的数字举例解释了这一点。如果在自然状态下总财富的数额是 100，在社会中这一数额为 150，那么就存在潜在的盈余，数额为 50，必须对它进行分配。如果保持秩序的成本是 20，那么盈余就是 30。如果社会中存在 30 个人，每个人就从对政治生活的成功组织中平均获得 3 个单位的盈余，即使某些人获得了 5 个单位的收益，而其他人只获得了 1 个单位的收益。

政治生活所创造的盈余不仅应在国家形成时进行分配，而且应在
163 国家运作的过程中进行分配。在国家为了公共用途取得私人财产时，公共用途要件应当通过防止任何群体占用（appropriate）超过比例的份额来确保“公平的”分配。因此为了私人用途而征收是被禁止的，因为征收者将保有全部的盈余，即便给予了公平补偿。更不用说，该条款根本不允许未予补偿的任何为私人用途的征收。只有为了公共用途的征收才被允许。

我们可以通过观察在私法和公法之间的密切类似性，对征收条款如何规制盈余的分配获得更好的认识。在不动产法中，一项强有力的规则规定，侵入者不能仅因为他准备向所有者支付相当于私有财产之公平市场价值的价格就可以接管该财产。所有者通常有权在接管（财产的）行为发生前禁止该接管或在接管发生时收回土地。[10] 这一在救济手段上的选择反映出如下评判：即便财产在他人手中有剩余价值（the surplus value），财产所有人也有权阻止他人征收（expropriation）其财产。与此形成鲜明对比的是，州对其征用权力的行使通过公平补偿迫使私人当事人接受了赔偿，这种公平补偿相当于所有者在征用（condemnation）前对财产的最好的用益。因此，允许州未经协

⑩ Frederic W. Maitland 所著的 The Forms of Action at Common Law（1936 年重印）一书对这一规则的历史起源作出了勾勒，它与回复不动产的各种诉讼是相关的。

商就获得所有的交易盈余（the transactional surplus），但是只能是为了全体公众的利益。

举一个简单的例子就可以表明这种对比。假设 A 拥有一项财产，他准备将之以 100 美元的价格出售。B 可能需要获得该财产并准备对之支付最高 150 美元的价格。如果对该财产没有竞争的购买者，财产的交易价格将是 100 美元和 150 美元之间的某一数额，这取决于双方当事人之间的谈判技巧。如果 B 可以借助于征用权力，他就可以缩短谈判的过程并以 100 美元的价格取得财产，因此就占用（appropriation）了盈余。适用于非限嗣继承地产权（fee simple）的规则也适用于地役权和其他土地上的较小利益，所有这些都受到宪法的保护。公共用途的限制防止 B 使用州的征用权来获取盈余。被代理人（B）不能利用其代理人——州——的特殊权力，州仅可以在履行公共职能时才能行使其征用权力，这样可以排除对所创造的盈余的扭曲性分配。控制私人使用征用权的需要这一基本主题在关于侵扰的私法中找 164
到了有力的共鸣，在私法的侵扰中，明显地倾向于禁令救济，这依赖于下面的主张，即普通法（包括衡平法）并不赞同对征用权的私人权利。[11]

乍一看，有着很好的理由来质疑对立法权力的公共用途限制的合理性。特别是，该限制看起来有着反效率的后果（adverse efficiency consequences），因为它阻止了州将财产从一个人那里迅速而容易地移转到另一个人那里。如果州的直接移转可以在没有成本的情况下进行，将有更多的盈余可以通过放弃公共用途的限制并仅仅依赖公平补

[11] 例如，参见 Boomer v. Atlantic Cement Co.（Jansen，J. 持有异议），26 N. Y. 2d 219，231，257 N. E. 2d 870，876，309 N. Y. S. 2d 312，321（1970）："在未经所有者同意的情况下，通过赔偿为了私人用途而持续损伤土地所造成的永久损害而对土地施加地役权，在宪法上也是不允许的。美国宪法对此做了阐明……它规定'不能未经公平补偿而为了公共用途征收私人财产'（强调为［原文］所加）。当然，值得注意的是该条没有提及为了私人用途的征收。"注意该主题在 Morton Horwitz 的 The Transformation of American Law：1780—1860（1977）一书的第三章中也有重要意义，该章对 19 世纪法律的批评主要依赖于征用权力应当受到严格的限制这一主张。

偿的要件而得到保存。州可以命令转移财产并消除谈判的额外成本。不过这一简单的分析是不完全的，因为它忽略了替代做法（alternative ways of proceeding）的成本。如果A知悉了B对其财产的企图，对盈余的争夺只不过转移到了一个不同的舞台。现在A和B不仅会在相互的谈判中消耗资源，而且会在影响立法结果中消耗资源。确实，如果A和B能够找到其他处于类似境地的当事人，一项综合的立法解决方案只会增加博弈的赌注（stakes of the game），因为另外的比赛者的存在会导致联合，他们的行动只会增加立法解决方案的成本。一对一的谈判情形变成m对n的情形，此时策略行为的可能性将更为复杂。公共用途限制有助于约束这些滥用，因为通过控制对盈余的处分，它就限制了派性活动（patisan activities）的范围。明显的难题是使得公共用途限制能作用于一对一和m对n的情形之间的连续体。我在对私人财产之征收的叙述中逐步提出的这一简单的求和规则（rules of summation）并不适于在公共用途和私人用途之间划
165 出一条宪法上的界线。那么可以使用什么技术来避免，或者至少缓和划界的难题呢？

三、公共用途和公共物品

一种有希望的方法就是将公共用途等同于公共物品（public goods）的经济理论。[12] 尽管该术语是现代的，但它指向的正是霍布斯（Hobbs）和洛克（Locke）所面对的难题：在时间、空间和数目众多构成理想的合意解决方法（ideal consensual solution）之无可克服的障碍时，（如何实现）单独的当事人之间的协调行动（coordinated actions）。而且，这一经济理论的优势正是它允许我们更明确地表达一些观念，这些观念的完整意蕴尚未得到完全的理解。它有助于

[12] 关于公共物品的经济理论，参见Mancur Olson，The Logic of Collective Action：Public Goods and the Theory of Groups（1965）。

原初的解释，这一解释挑选出了“公共用途”这些词汇并表明了使用这些词汇的后果。无疑所有这些后果都不是起草者所明确意图的，尽管如此，出现的原则仍符合他们观点的一般模式以及他们表达这一观点所使用的措辞。公共用途的表述需要公共物品理论。

根据公共物品的标准理论，两项要素并不容易结合起来。首先，公共物品的提供不能满足对私人财产观念而言极为关键的排他性要求。例如，国防以一种非常严格的方式满足了非排他性的要件，因为向一个公民提供保护的行为也向其邻居提供了保护。第二项要素和额外保护的成本相关。所有公共物品中最纯粹的一种就是每一额外保护单位的边际成本为零的情形。在大多数情形中（包括国防），将保护扩展至其他个人通常需要支出某种积极成本（positive cost），该成本如果不是对第二个人支出的话，也是对第 n 个人支出。不过，即使这一障碍也不是绝对的，因为在大多数情形中，该物品并不能私有化，因为排除第 n 个当事人的成本远超过进行排除的当事人可能期望获得的收益。

对公共物品的经济描述所具有的边界上的困难警告我们，在解释征用权条款时不要未经批判就使用这一描述。不过，注意边界上的模棱两可是一方面，坚持认为它们会完全破坏概念的价值是另一方面。活动的主要核心部分落入了这一公共物品的概念中，所以这一经济概念，无论如何解释，都很容易使州对征用权的行使合法化。这样，为 166
了灯塔或海军的海岸装置而征收一块土地不会导致滥用，在这一滥用中，个人要求州做一些他不能亲自做到的事情。被征收的财产仍然由美国控制，私人当事人后来并不能获得被征用（condemned）财产上的未被划分的利益。财产被保有和使用的方式提供了一项强有力的保证，即盈余不会为任何个人所侵占（appropriation）而会在整个公众中根据大致的比例份额进行分割。如果仅公众的一部分从灯塔中受益，那么，原则上特定的评估制度会保证成本和收益的适当匹配。[13]所以，为了通过购买获得土地而对私人财富征税也是为了公共用途。

⑬ 参见第十八章。

对军官的薪水或者对供应品的购买也是一样。政府是从个人那里还是向个人（无论该个人作为雇员还是作为供应者）移转财产或收入（revenues）（这是它必需的）都是无关紧要的，只要这样做是用来帮助提供经典的公共物品。

这一对公共物品的简要描述仅确定了一类情形，即满足了宪法命令的情形。不过，这一描述对宪法目的而言过于狭隘，因为，作为例证，它会排除为了公共高速公路或公园而对土地进行的征用（condemnation）。可以确信，这些情形在重要的方面不同于第一类公共物品。这些物品因为所提供的收益的性质而成为公共物品：一个公民无论其乐意与否，都受到军队的保护。和军事或警察的保护形成对比的是，对高速公路或公园（特别是后者）所提供的收益，个体公民可以拒绝，只要他想这样。高速公路或公园也描述了下述情形，即为额外的个人提供服务的边际成本实际上总是为正的情形。私人收费公路和公园很容易组织，所以公园和收费公路在政府选择放弃它们时可以私有化。这些情形中的财产仅因为政府选择提供这一服务而成为公共的。不过征用权无疑可以为了这些目的而被用来获得土地或其他财产。⑭

167 在这里，关键点在于有效的是公共用途的另一种含义。高速公路和公园是根据适合于公共承运人（common carriers）的条件来运营的：接受该服务是所有满足最低健康要求的人的自由，可以为了该用途而收取某种非歧视性的费用。只要所有个人有权利根据这些条款来使用这些设施，那么公共用途的要求就得到了满足，即使并非所有的个人都能同时使用它。

主导规则有大量的特征和对盈余的适当分配的基本关注相契合。普遍利用（universal access）和非歧视性规定（nondiscriminal provi-

⑭ 例如，参见 City of Oakland v. Oakland Raiders，32 Cal. 3rd 60，646 P. 2d 835，183 Cal. Rptr. 673（1982）。注意，如果允许征用（condemnation），Oakland 将必须根据市场价值的检验标准支付洛杉矶（Los Angeles）的足球特许经营权（football franchise）的价值。Oakland 可能也无法执行和球员之间订立的个人服务合同或者满足联合会的成员资格规则（the league rules for membership）。这些条件足以判定接收（takeover）的失败，即使公共用途得到了满足。

sions）旨在确保单个个人或一小群个人（无论是特许经营人（francisee）还是使用者）无法排除他人而取得整个盈余。将对公共设施的使用限于符合最低礼仪（decorum）和良好举止（good behavior）条件的人，就防止了把大部分盈余用于为少数人的奢侈行为买单。

公共用途的表述并未限制州的权力还有着进一步的意义：在征用（condemnation）后政府没有必要持续对财产保持所有状态。作为统一交易的一部分，被征收的财产可以立即转让给私人当事人，但这些当事人受到适当的公共承运人限制（the appropriate common carrier）的约束。[15] 该主张不仅适用于普通的对私人财产的征收（garden variety takings of private property），而且适用于上面勾勒的全部部分征收的情形。这样，在 Teleprompter Co. v. Loretto 案[16]中，纽约市（New York）许可 Teleprompter 公司（Teleprompter Company）取得任何必需的地役权以在私人住宅上安装其有线电视电缆。尽管每个单独的连接都可以被视为是获得该服务的当事人的一项私人受益，但最初的授权条款要求该公司基于非歧视性的基础以适当的价格向所有 168
来者提供其服务。这一对排他占有权的侵入表明了公司的行为构成对私人财产的征收，尽管最高法院对这一点仍存有某些——被错置的——怀疑。但是该征收是为了公共用途，尽管它是由私人当事人进行的。

同样的分析也适用于其他常见的社会制度。土地记录制度（the system of land recordation）实际上改变了权利（title）的优先性，这样就征收了未办理登记的那些当事人的财产。不过这是为了公共用途

[15] 例如，参见 Munn v. Illinois，94 U. S. 113（1877），该案涉及 Illinois 州确定存储谷物的最高费用的资格。在其意见中，首席法官（C. J.）Waiter 提及，传统的公共承运人的义务向获得法律垄断地位的当事人施加了一项就所提供的服务仅收取合理费用的义务，此时，对人们认为合适的事物收费的权力所受到的限制就是对所涉的垄断地位的补偿物（the quid pro quo）。参见 Allnutt v. Inglis，12 East 525，104 Eng. Rep. 206（1810），在 Munn 案中对它有所提及，它是一项提出实质问题的判决。Munn 案中的意见的致命弱点就是，它假定在对法律垄断的保护所提供的服务和那些“受到公共利益影响的”服务之间可以进行不费力的转换，而未探究在这两个概念之间存在的巨大差异。

[16] 458 U. S. 419（1982）.

的征收，因为所有土地的所有者及其预期的购买者可以利用记录系统。[17] 我已经以同一口吻主张过，对责任规则的修改必须被理解为是部分征收：起诉或被诉的每个人都取得了一般适用规则（the rule of general application）的好处或负担。类似地，普通的时效制定法（the ordinary statute of limitations），包括适用于反向占有情形的时效，都满足了公共用途的要求，因为它普遍适用于它调整的所有情形。应当确信的是，合理的记录或时效制定法对某些人可能比对其他人更有意义，但是同样，人们会以不同的方式评价政府的防卫，而且对公园或者公共高速公路的享用无疑对不同的人也有不同的价值。这些价值上的不同是所有公共物品内在的性质。假定他们将这些交易转变为为了私人用途的交易，就是将征用权条款视为是对政府征收的完全禁止，这显然和该条款致力于设立一道屏障——一些征收可以安全地通过这道屏障而其他的征收无法通过该屏障——是不一致的。对公共用途问题，公众的享用权足以允许州进行（征收）。该享用的价值，如果相关，也仅和是否给予了公平补偿的问题相关。

四、为了公共用途的私人征收

关键问题是，有多大的可能可以超出这些有限的情形而与公共用途的限制不发生冲突。一个问题就是，该要求能否通过证明征收创设了一些整个大众分享的间接收益而得到满足。例如，假设国家征收了财产，又将该财产转让给了某个企业用于其日常的营业过程；公众以
169 向该企业的产品支付较低价格的形式获得了利益。另假设该企业将其货物出售给所有来客。而且，每个人分享收益的方式和每个人在企业（通常是自然垄断企业）根据公共承运人的限制运营时受益的方式几乎是同样的。在该营业（practice）始终是一种提供一般服务的营业

[17] 参见 Texaco，Inc. v. Short，454 U. S. 516（1982），在 Richard A. Epstein 所著的 “Not Deference，but Doctrine：The Eminent Domain Clause”（1982 Sup. Ct. Rev. 351，at 265—369）一文中也对之进行了分析。

(one of general service)，且不仅使所有者受益而且使整个公众受益时，为何应当对法律义务的结构给予很大的关注呢？正如马萨诸塞最高司法法院（Massachusetts Supreme Judicial Court）在早期的一个判例中所阐述的："谁曾听说过拒绝？"并补充认为："源自制造企业（establishments）的利益或收益在劳动者以及技工之间进行的分配完全同于，而且经常大于在工厂主之间进行的分配，这属于伴随主题这一分支的最令人愉悦的考虑之一。"[18]

但是这一观点为了它自己的利益而表达得太快了，因为这一阐述使得识别任何下述的情形变得非常地困难，即伴随有完全补偿的对私人财产的征收通不过公共用途检验的情形。大概该种征收仅因为财产在其新的私人用途中具有的价值要等于或大于它以前的用途时才会发生。由于由此引起的相对价格（relative prices）的变化，部分公众总是会从交易中获益（正如其他人会受损失一样）。允许这种间接的公众受益的形式满足公共用途的要求，将使得该要求成为彻底的空话。

磨坊法（The Mill Acts）

在19世纪关于磨坊法案合宪性问题的大量诉讼中，逃避公共用途限制所创设的宪法僵局（the constitutional impasse）的努力得到了发展。根据这些制定法，州授权私人的河岸拥有人可以建立大坝，这些大坝可以阻拦坝后的流水以创设磨坊运营所需的"水位差"（a "head"）。借助对大坝建造者的诉权（rights of action）施加种种限制，这些制定法经常受到规避：通常，陪审团被授予了限制大坝的高度、限定泛滥（flooding）的次数和场合以及保护已确立的大坝水位差的权力。[19] 大坝的建造者被要求向上游的财产被淹没的所有者 170

[18] 例如，Boston & Roxbury Mill Corp. v. Newman，29 Mass.（12 Pick.）467，477（1832）。对获益的确切分配依个案而不同，它主要取决于对不同生产要素的需求的弹性。

[19] 参见 Miller v. Troost，14 Minn. 365，369（1869），在该案中，实施规章（the operative provision）规定："根据本章的条款，不能建立或维持任何磨坊大坝而伤及任何之前已经得到改善的水力。"法院认为，这一规章保护仍在建设中的大坝，以保护第一个建设者的信赖利益。

（upstream owners）支付赔偿，赔偿的数额通常是作为最初的陪审团程序的一部分来决定的。在某些场合，应支付的赔偿水准超过了因泛滥而遭受的实际损失。尽管有这些程序上的和实体上的保护，但磨坊法案通过取消其他河岸拥有者对泛滥获得禁令救济和采取自助行为的权利以及通过废止惩罚性赔偿，并在许多场合废止对永久损害（permanent damages）的赔偿而减损了他们普通法上的权利。[20]

对磨坊法的司法回应是一种具有真实的困惑和不确定的回应。在某些案件中，法官通过伪称磨坊法完全没有涉及对私人财产的征收而试图回避对这些法令的指控。只有一个人，Lemuel Shaw，坚持认为并不涉及征用权，因为州并没有征收土地，而只有建立大坝的私人主体才应支付赔偿。[21] 美国最高法院试图通过将磨坊法视为仅仅是一种“规制”来回避公共用途表述的全部效力，这样它的合宪性就可以在无须对公共用途的限制作出明确回应的情况下得到维持。

> 根据一般的磨坊法，为了制造的目的而建立和维持磨坊……能否被确认为是一种在宪法意义上的，经由征用权利（the right of eminent domain）的授权，为了公共用途而对私人财产进行的征收这一问题是如此重要和影响深远，以至于之前未被要求决定当事人的权利时，不适合由法院对该问题表达意见。我们宁愿将对这一案件的裁决依赖于下面的理由，即这样的制定法被认为规制了邻近河流的土地所有者得以主张和享有其权利的方式，并充分顾及了所有人的利益和公共利益，因而属于立法机关的宪法权力范围之内。[22]

完全缺位的是对如何可以避免与征用权条款相冲突这一问题作出

[20] 参见 Horwitz，前揭注 11，48 页。

[21] 参见 Murdock v. Stickney，62 Mass.（8 Cush.）113，116（1851）。这一点和第十八章中对特殊评估（special assessments）的关注是一致的。

[22] Head v. Amoskeag Mfg. Co.，113 U. S. 9，20—21（1885）. Head 案也包括了对所有磨坊法的汇编。同上，17 页的注释。

的解释。法院的含蓄假设是，该条款授予了州以额外的权力，而该条款的实际功能是限制州拥有的权力。仅仅在口头上将征收重新描述为 171
规制并不起作用，因为更为坦率的观点承认要尽力解决公共用途问题。[23] 可以确信，许多早期的制定法能够满足公共用途检验。例如，依据上面提到的检验，磨粉机（grist mills）就属于公共的，因为它们的所有者被要求在非歧视的基础上为所有的来者加工谷物。[24] 不过，后来的制定法，如 Head 案中的制定法，授权为了制造的目的而筑坝蓄水，因而否定了公共使用权。最终，这些裁决的明显倾向是维持这些制定法，但经常对这些结果表示了严重的忧虑。[25]

完全由这些磨坊法案件提出的疑问，以及处理这一疑问的法院的不安的源头，都仅仅在于以下的问题：如果根据磨坊法进行的征收是为了公共用途，那么什么样的征收是为了私人用途呢？在 Dayton Mining Co. v. Seawell 案[26]中，法院面临着基于公共用途原则对一部制定法的宪法挑战，该制定法允许矿主征用（condemn）土地以便他们可以建造道路向他们的矿场运输所需的物质和补给品。该制定法凭借类似的磨坊法案件在一项意见中得到维持，该意见因为其急切努力表明公共用途限制在该制定法得到维持后仍继续有效而值得注意。

> 事实是，在道路和旅店之间，以及在采矿事业和经营剧院的事业之间，存在广泛的区别。一条铁路，要想成功地运营，必须根据最可行的和最直接的路线来建造；它不能从每

[23] 例如，参见 Boston & Roxbury Mill Corp. v. Newman，29 Mass.（12 Pick.）467，479—482（1832）；Miller v. Troost，14 Minn. 365（1869）。

[24] Head v. Amoskeag Mfg. Co.，113 U.S. 9. 18—19（1885）：“无疑，早前的法案的主要对象是磨粉机；以法律所确定的费用，为所有来者磨粉的磨粉机是为了公共用途这一点，已经得到了普遍的承认，即使是那些对立法权持有最受限的观点的法院也承认这一点。”

[25] 就这种勉强的态度，参见 Miller v. Troost，14 Minn. 365，369（1869）：“退一步说，这样一种法律走到了立法权的极限，而且如果在拥有类似于我们的宪法限制的州，类似的法律并未统一为法院所维持，我们在维持本案的很早之前就应当延缓作出裁决。”

[26] 11 Nev. 394（1876）.

> 个拒绝根据合理的条款来处分其私人财产的个人的土地旁绕过。这些情况下，为了促进对社区的巨大的公共收益这一利益——不行使征用权就无法实现这一点，法律予以介入并在
> 172 支付了公平补偿后征收了公民的私人财产。同样的原则也适用于采矿事业；但是它不能合理地适用于旅店或剧院的建设。在建设旅店和剧院时，位置不必限于特定的地点，总是需要在资金的范围内作出合适的选择，而且无论多么棘手或不合理，防止建造这样的建筑也从不属于任何个人或多个个人的权力。征收私人财产的目标不仅必须有着巨大的公共利益而且要为了社区的最高利益，而且行使征用权利必须存在必要性。[27]

注意这些案件所引起的内含的紧张。磨坊创造了某种总体的资源收益并因而应被允许运营有着令人信服的合理性。对采矿地役权（the mining easement）也是如此。因为基本的资源，无论是水还是矿物，在性质上都固定于某个区域，这样它的所有者就不能自由地根据他们喜好的地点从事营业，因此，该情形的结构阻碍了自愿的交易，这也有着合理性。不过，在另一方面，被征用的（condemned）土地的最初的所有者是依市场价格被剥夺了土地，这完全是为了另一人的利益而损害了其自治，也有其道理。理解这些案件的关键来自下面两点：必要性和盈余的分配。首先，存在将强制交易的种类限于情事必需（situational necessity）所引入的交易的努力。存在一种清晰的认识，即在发动交易的当事人受到外部环境限制的交易中，允许更大的自由度；该外部的限制减少了某人简单地主张其对他人财产的意愿和支配的可能性。

但是情事必需的简单存在是否足以满足公共用途表述的要求是一个开放的问题。这一点提出了某种困难，但是根据我的观点，需要必要性之外的更多条件来满足公共用途的要求。公共用途的基本理论要求，在强制交易中必须平均地（evenly）分配盈余。如果做

㉗ 同上，411 页。

出某种规定，将资源从一个私人所有者转移到另一所有者所创造的盈余在两个当事人间进行划分，那么该要求就可以从国防延伸到矿山和磨坊。仅在于（财产）转移的情形，能够努力再现通常的公共 173
物品的情形中发现的同样的成本和收益分配时，公共用途标准才能得到满足。

这一观点和公认的看法不符，但是通过对磨坊法案件自身的更为仔细的观察，这一看法可以得到支持。在 Head 案中发现一条重要的线索，在该案中，Gray 法官提及，根据不满意的共有人（joint tenant）的请求对共有财产（joint tenancy）进行的分割实际上是为了私人用途而对私有财产做出的征收，在该征收中，放弃对整体之一部分的未被划分的利益构成收到对另一部分的排他利益的补偿。[28] 这一点确实是正确的，但是该救济旨在避免磨坊法或采矿情形中的必要地役权（easement by necessity）的难题。随着对共有财产的分割，任何一方都不能为了其自己的使用而占用（appropriate）盈余，因为通过价值来平等地分割财产需要平等划分因清理（disentangling）私人利益而获得的盈余。在普通的制度能够提供收益时，这里的“公众”就是双方当事人，每个人对收益都有按比例的份额。

盈余的关键作用在新罕布什尔州（New Hampshire）磨坊法的结构中得到了显著的确认。尽管在 Head 案中并未依赖这一点，但新罕布什尔州的该制定法仍确定了应向被淹没土地的所有者支付的赔偿，它高于土地市场价值 50%，因而确保了对强制交易所带来的盈余的分配。[29] 某人可以争辩红利的确切数额，但是对制定法分配盈余的明显目的不能争辩，尽管私人所有者的不相称地位排除了这一分割例子中可用的自动分配（automatic division）。另请注意对制定法选择的限制。50%这一数字确实是实质性的。如果磨坊所有者的收益少于应支付的溢价（premium），那么提高该数字将使得该制定法无用。通

[28] 113 U.S. 9，21—22（1885）.

[29] New Hampshire Mill Act，1868 N.H. Laws ch. 20 §3，113 U.S. at 10—11，在 Head 案中对之进行了阐述。（在这里）我要感谢 Robert Ellickson 强调了该规定的重要性。

常无须更高的数字来维护土地所有者赋予牧场或河滨权利的主观价值，因为这种财产倾向于是商业性的而非私人的。（确实，没有该制定法，主观价值可能无法得到维护，因为出售不可能发生。）类似地，在降低该数字时存在危险。一种风险就是更低的数字可能鼓励强制的
174 接管，即使社会收益的希望很小。此外，如果盈余的数额很小，自愿的交易就更可能成功，因为为了较大的收益而拒绝让步的激励会更少。50%这一数字可能并不完美，但是它远非是武断的：可能25%的溢价更好，也许是75%的溢价更好。但是在这些情况下，不应要求完美的精确性，因为它无法提供。

其他赋予该制定法的方案以一致性的特征具有宪法上的重要性。任何当事人都可以寻求根据该制定法建造一个大坝，这样它的收益将不限于某个挑选出来并处于优先的群体。此外，大坝的规模也不是由当事人自己确定的，而是由三个中立的当事人决定的，他们三个被要求在进行最初的查看和估计后向法院报告他们的发现。[30] 因而滥用的可能性受到了抑制，因为发起征收的当事人不能通过单方的行为来完成这一征收行为。这些磨坊法通过在溢流时向供役地（servient land）提供收益而减少了向被淹没的土地支付的现金的数额，但这并不是对磨坊法的谴责，只要这些收益被确切地评估而且盈余得到了完全的保留。[31] 这样，该制定法就对必要性作出了回应，抑制了贪婪和野心，并提供了某种盈余分配，该分配有利于受害人。它可以在无须求助于间接的社会收益（indirect social benefits）的模糊表述而得到支持，这一模糊的表述放弃了公共用途对政治程序的限制。形成鲜明对比的是，Dayton案中的Nevada（内华达）的采矿法应被取消，因为它对采矿公司的行为并未施加限制，而且

㉚ New Hampshire Mill Act，1868 N. H. Laws ch. 20 §§2 & 3.

㉛ 例如，参见 Avery v. Van Deusen，22 Mass.（5. Pick）182（1827），在该案中，陪审团得到正确的指导，用灌溉原告的土地所取得的收益抵消了在原告的草地上散落的锯屑和碎片所造成的损害。参见 Horwitz，前注 11，第 50～51 页，它将这视为是磨坊法的不公正的另一个标志，因为它减少了开发者应支付的数额。但是这一看法符合大多数有关暗含补偿的征用权的法律，正如在高速公路案中一样。参见第十三章。

没有对盈余作出规定，这样采矿公司可以将来自对资源的改进分配的所有收入内部化（internalize）。[32] 同样的分析可以扩展至一切必要地役权（easements by necessity），此时私人的接管（takeover）仅在公平分配盈余的情况下才算满足公共用途的要求，该接管并受到某个第三方的控制，它将需役地（dominant tenement）所有者的能力限于仅为了他自己的利益来界定地役权。[33] 175

租金控制、城市重建和土地改革

租金控制

磨坊法和相关的案件指出了最高法院处理公共用途限制的分界线。它们对这一问题的审视是严肃的和负责的，结果也是正确的。不过解释公共用途和私人所有权之间关联性的理论的缺乏导致对公共用途原则——该原则确立了后来的案件的路线——的侵蚀。表明这一趋势的一个领域就是租金控制法，它在第一次世界大战结束后不久就进入了最高法院。在 Block v. Hirsh 案[34]中，原告 Hirsh，试图在 Block 的租约到期后回复对地下室和一层公寓的占有。被告主张他有权根据 District of Columbia（哥伦比亚特区）的租金法——该制定法是为了回应战时的紧急状况而通过的——继续住在公寓中。该制定法允许承租人保持对房产的占有，只要他支付了租约所确定的租金——租金委员会已修订了租金。该制定法也允许房东在作出通知 30 天后回复其房产为其家庭居住之用。原告需要该财产用于私人用途，但是拒绝给予制定法上的通知，相反他主张该制定法是无效的，部分是因为该制定法许可“为了私人用途”征收“私人财产”。

在一份五比四的裁决中，Holmes 法官支持该制定法是战时条件下对“文明”社会的治安权的合理行使。Holmes 对究竟是存在征收

[32] 1875 Nev. Stat. 111，§14，法典化后被编纂为 Nev. Comp. Law §296（1900）。

[33] 例如，参见 Othen v. Rosier，148 Tex. 485，226 S. W. 2d 622（1950）。

[34] 256 U. S. 135（1921）. 另参见相伴的判例 Marcus Feldman Holding Co. v. Brown，256 U. S. 170（1921），该判例维持了纽约市的租金控制法。这些判例的著称可能更在于它们对治安权的宽泛解释，对此参见第九章和第十章。

还是仅存在根据治安权的某种规制这一门槛问题含糊其辞。就后一观点，处理公共用途问题可能是完全不必要的（如果规制和征收属于不同的部分）。但是 Holmes 发现，该制定法尽管没有造成征收，仍满足了公共用途的要求。他的第一个观点借助了熟悉的司法谦抑的路线（the familiar line of judicial deference），但在宪法事实的问题上这依然是不适当的。他的第二个观点依赖于人们在哥伦比亚特区华盛顿（Washington，D.C.）的突然涌入，他主张，这使得规制租金是为了公共利益。"华盛顿（Washington）的空间必然被垄断在很少的人的手上"[35]，这一点揭示出垄断和未预料到的可归因于外来冲击（exogenous shock）
176 的竞争市场上的需求变化之间的基本混同。（Holmes 维持了减少市场上可用住宅之供给的制定法，该制定法通过对应支付的价格施加了最高限额而实现了这一点。）最后，他通过提及，"住宅是生活的必需品"[36] 而回应了私人必需（private necessity）这一熟悉的主题。

不过，宪法文本所要求的远多于对公共利益的提及。鉴于出租人的土地归复权（reversion）为政府征收并移转给承租人，征收这一点是很明显的。但是公共用途体现在哪里呢？政府没有保留或使用该财产，承租人也没有受到任何形式的公共承运人规制（common carrier regulation）的限制。该租赁财产只是从房东那里转移到了承租人那里。根据我对磨坊法案的分析，公共用途条件仅在下述情况下才得到满足：(1) 存在源于必需（necessity）的双方垄断，以及 (2) 已经努力在房东和承租人之间划分盈余时。租金控制法在这两点上都失败了。可以确信的是，任何对租约续期的谈判都包括了某种拒绝合作的因素，因为房东和承租人都有特定的资本（specific capital）处于风险之中，而这种资本正是另一方试图在谈判中赢取的。不过，与磨坊和采矿的情形不同，在这里拒绝合作的难题并不严重。双方都受到拒绝合作风险的约束，而潜在收益的大小也受到竞争性替代物（comparative alternatives）的严苛限制，无论价格是否正在上涨。双方都

[35] Block v. Hirsh，256 U.S. 135，156 (1921).

[36] 同上。

可以通过在某一中间的租金水平上续展租约而借助节约交易成本取得收益。实际上，通常的模式，即使具有独特的性质，仍是在 Almota 案[37]中发现的——迅速的，如果不是自动的，续约。对出租的住宅，通过要求当前的承租人支付不高于新承租人所付的房租这一简单的对策也能够在市场上得到同样的结果。必要性的情形是微弱的，它几乎消亡。

租金控制法基于第二个理由失败了，因为它不允许溢价（premium），这无疑是因为承租人并未求助于它。确实，作为免除承租人市场增长的负担（the burden of market increases）的一种努力——它完全独立于拒绝合作的难题，固定的租金低于市场价值。如果不能产生相当多的收益，就没有很好的理由通过国家征收来扰乱私人的交易。如果不能支付溢价，那么就不存在私人的必要性足以使政府以公共用途名义作出的介入正当化。租金控制法（和其他类似于它的制定法）应当被全部取消，因为它违背了公共用途的要求。 177

城市重建

第二类案件涉及广泛的重建土地的公共努力（public efforts），它可以贯穿从贫民窟的清理到邻里美化的全部领域。抽象地考虑，19 世纪的观点是，为这些目的而通过征用取得土地是对公共用途原则的曲解（perversion）。[38] 然而在面对对公共住宅计划的质疑时，法院很快就走向另外一个方向。维护政府权力的决定性判例是 Berman v. Parker，1954 年对该案作出了裁决[39]，它针对公共用途的异议，维

㊲ 参见第七章。

㊳ “州里的所有野生土地被改良和开发，所有的低地被排水，所有的不雅观的地点被美化，所有要坍塌的建筑被代以新的，可能都是为了公共利益；因为所有这些事情都倾向于赋予乡村以美丽、繁荣和舒适的外表，并因而吸引定居，提高土地的价值以及满足公众的品味；但是普通法从未仅基于这些考虑而许可占用（appropriation）财产；因此，必须认为我们的宪法禁止任何这样的占用。”Thomas M. Cooley，Constitutional Limitations 532—533（1868）。

㊴ 348 U. S. 26（1954）. 许多更早的判例预示了它的结果。其中一个有影响的判例就是 Matter of New York City Housing Authority v. Muller，270 N. Y. 333（1936），它维持了国家住宅法（State Housing Law），L. 1926，ch. 823；修订后为 L. 1934，ch. 4，它批准了清理并重建贫民窟地区的计划。

持了一个旨在清除哥伦比亚地区一个区域的贫民窟住宅的综合重建计划。原告拥有一家百货商店，该商店在指定地区并未处于危险或不能使用的状况。根据这一总体规划（the master plan），他的建筑物被接管并卖给了另一个人作私人用途。

在一个由三个法官组成的地区法院作出的裁决——Schneider v. District of Columbia 案[40]中，一份详尽的意见表达了对该制定法之合宪性的巨大的不安。Schneider 案首先认为，可以征收私人财产用于减少贫民窟现在的或合理预期的状况，即使其后该财产被移转给私人支配。但是它通过拒绝允许财产只是为了在“丑陋的”地区创设“一个很均衡的社区”而被征收并被重新移转而做出了妥协（split the difference）。“政府不能攫取一个人的土地并出售给另一人而仅仅是为了该买受人可以在上面建造一栋更好的房屋或符合政府对什么是合适的或设计周全的观念的房屋”[41]。

代表意见一致的最高法院发表意见[42]的 Douglas 法官发现该计划
178 符合公共用途标准，因为（注意概念上的混淆）它属于治安权。不过，该案件并不属于公共用途的前两个部分（heads）：没有提供纯粹的公共物品，在移转后也不存在普遍的对原告财产的准入权。因此，最后，社区重建计划依赖于必要性的观点。正如在先前的 New York 案中所说的：“消除内在的不幸（evil）并以低成本提供住宅设施——这两件事必然结合在一起——要求大规模的行动，这仅可以在有权力违背意愿地和通过拒绝达成协议而寻求额外的利润的偶尔存在的贪婪的所有人进行交易时才能进行。”[43]

在某种意义上，较之租金控制法，这一“必要性”（necessity）的观点对综合性的发展计划有着更大的刺痛（bite）：无论政府何时试图将多块土地集中于一个单独的所有权下，拒绝让步的行为（holdouts）都可能存在。不过存在一种意义，在该意义上，必要性

---

[40] 117 F. Supp. 705 (D. D. C. 1953).

[41] 同上，724 页。

[42] Berman v. Parker，348 U. S. 26 (1954).

[43] New York City Housing Authority v. Muller，270 N. Y. 333，341—342 (1936).

并不产生于资源的内在性质（而这正是矿山、磨坊和侵扰（nuisance）的情况），而是产生于州在私人当事人间移转财产的愿望。但是即使存在必要性，能够挽救该制定法的对盈余的公平分配又在哪里呢？非但没有支付某种形式的额外费用（premium），重建法（redevelopment statutes）还拒绝对重新安置的费用或信用的损失给予适当的赔偿。该制定法违背了公共用途的要求。

Berman 案在某种意义上是一个极端的情形，因为被征收的财产还被保留在最初的状况下。但是该情形在贫民窟的财产被转变为公共住宅计划时并未得到改观，此时经济和其他的适格限制被施加给了潜在的承租人。在这里我们离公共承运人的情况已经很远。经济和其他适格条件非但不是一种确保对社会盈余进行公平分配的手段，现在还意味着防止非歧视性的价格下的普遍利用。这些计划仅因为政府选择运营才成为公共的，这又一次成为通过断言提出的观点（argument by assertion）。根据它们的功过来看待，这些计划依赖于为了私人用途对私人财产的征收，在这里是大规模的。

一旦 Berman v. Parker 案被写入书本，任何对土地的征收（condemnation）能否因为缺乏公共目的而被攻击的问题仍保留着。Poletown 案[44]表明一个州法院允许政府（179）征用大量的土地，但并非是为了清理贫民窟，而是为了通用公司的所有权和使用，但所有的都是以促进就业的名义进行的。不过对土地所有者并没有支付盈余，他们并未就巨大的后继损失获得充分的赔偿。

土地改革

在 Hawaii Housing Authority v. Midkiff 案[45]中，夏威夷州（Hawaii）通过了一项土地改革法，该法允许地方委员会指定一定的财产，对这些财产，允许订有长期租约的居民无须征得出租人的同意而从后者那里购买可继承的地产权（fee），尽管租约中存在相反的

[44] Poletown Neighborhood Council v. City of Detroit, 410 Mich. 616, 304 N. W. 2d 455 (1981).

[45] 104 S. Ct. 2321 (1984).

条款。[46] 应支付的赔偿在数额上不少于（1）租约所剩付款的现有价值和（2）土地归复权（reversion）减少的（discounted）市场价值的总额。[47] 最高法院首先注意到夏威夷可追溯至古老皇室的土地权利（titles）。然后它又继续阐述：

> 在20世纪60年代中期，经过广泛的听证后，夏威夷州的立法机关发现，尽管州和联邦政府拥有该州土地几乎49%的份额，但另有47%的份额处于区区72个私人土地所有者的控制之中。……立法机关进一步发现，享有21，000英亩或更多土地的18个土地所有者拥有该州土地40%以上的份额，而且，在该岛最都市化的地区，Oahu（瓦胡岛），22个土地所有者拥有了非限嗣继承地产权（fee simple titles）的72.5%。立法机关得出结论说，集中的土地所有权应当对该州居民可继承地产权市场的扭曲、土地价格的膨胀以及对公共安宁和福利的损害负责。[48]

尽管存在这一段历史，第九巡回法院仍然取消了该法案，因为它构成“一种代表夏威夷州征收A的私人财产并将之仅为了B的私人用途和利益而移转给B的赤裸的尝试”[49]。最高法院撤销了这一裁决，它对Berman v. Parker案赋予了高度的信赖，因为这一征收“和任何可以想象的公共目的有着合理的关联性”[50]，它终止了对土地市场的“寡头垄断”控制（oligopolistic control），这一控制强迫“成千上万的房屋所有人租赁而不是购买他们房屋下面的土地。”[51] “我们也不能
180 将该法案矫正土地寡头垄断难题的方法谴责为是非理性的。该法案假设，在足够多的人宣称他们愿意但无力以公平的价格购买土地时，土

[46] Hawaii Land Reform Act，Hawaii Rev. Stat. ch. 516（1976）.

[47] Hawaii Rev. Stat. §516—1（14）（1976）.

[48] 104 S. Ct. 2325.

[49] Midkiff v. Tom，702 F. 2d 788，798（9th Cir. 1983）.

[50] 104 S. Ct. at 2329.

[51] 同上，2330页。

地市场就失灵了。”[52]

这一理性基础检验法（the rational basis test）又一次使用了错误的观点来否认明确的宪法保障。没有反托拉斯专家因为既定市场上“仅有”70或22或18个土地所有者就认为有“寡头卖主垄断”（oligopoly）。那么为什么允许立法机关作出这样的发现呢？甚至没有理由因为出租人和承租人（经常是早在租约到期前）完全不能就租约续展的价格达成合意而发现市场失灵。对仅涉及两个当事人的难题的解决并不比租金控制更为复杂；它也绝不依赖于市场的整个结构。寻找土地短缺和高昂价格的更好的地方是在州土地使用规制[53]的广阔的网络中，这些规制今天不再受到宪法的质疑，尽管它正好便利了土地改革所旨在反对的寡头买主垄断的实践。

因此这一案件是很简单的。该制定法允许承租人作为一个群体从出租人那里征收归复权。这些征收并不仅仅因为涉及大量的承租人而成为他物。财产并没有在任何单个情形中被用作纯粹的公共物品，在任何单个情形中也不存在普遍的通行权（the right of access）。能够发生移转的唯一情形就是，对盈余的明确分配满足了双边垄断（bilateral monopoly）* 所创设的必要性。不过（在本案中）双边垄断难题是次要的，而且承租人保有了盈余。土地改革因此和公共用途限制
相冲突，后者应当受到较它今天所获得的更为恭敬的对待。 181

[52] 同上。

[53] “既然夏威夷州有着全国最严格的土地利用法之一，并将州内410万亩土地中的大部分用于农业和资源保护的目的，Bishop Estate的租赁政策的影响就被夸大了。”“Hawaiians Foresee Change in Homeowner's Status，” N. Y. Times，May 31，1984，at 7。

* “双边垄断”所指的情况是：交易的市场上，只有一个供给者，同时也只有一个需求者。供给者只有将商品卖给此需求者才会有剩余，其他人对其商品没有任何需求，同样该需求者也只有向该供给者购买才能满足自身的需要，否则没有别家的供应商。——译者注

第十三章　明示的补偿

一、市场价格，而非成本

在本章中，我将探究征收条款规定的赔偿的水准和形式。我将通过联系从单个人或一小群人那里进行的征收来阐释这些问题，这些人被置于和国家尖锐而完全对立的地位，并且他们作为公民对所征收的财产的份额被忽略了。原则上，理想的解决办法是，将个体所有者置于这样一种位置（a position of indifference），无论是政府征收还是保有自己的财产对他来说都是一样的。在 Olson v. United States 案①中，正确地阐述了，被征用的（condemned）财产的所有者应被置于"在经济上和其财产未被征收时一样的地位上。他必须未受到损害但无权获得更多。是财产而非其成本受到州和联邦宪法的保障"②。

① 292 U. S. 246（1934）.

② 同上，255 页。这一裁判本身并不允许回复高度不确定的收益（gains），该收益仅在私人所有者之间能达成提供溢流地役权（flowage easement）的合意时才能获得。在该案中，达成合意的可能性非常低，但是零估计使得结果偏向政府。

对此的正确理解是，这一公式要求应对后继损害进行赔偿，包括诉讼和评估费。[③] 不过即使这些费用被置于一边，仍是财产的价值，而非成本，决定了应当支付的赔偿的数额。对价值的一种衡量办法就是市场价值，也即，一个自愿的出卖人会从一个自愿的买受人那里获 182 得的价格。不过，市场价格仍然包含了一种分类上的偏见（a systematic bias），它会低估使用价值，而使用价值通常超过交换价值。这样，在任何征用（condemnation）中，就存在两种相关的可能性：对被征用的（condemned）财产的最高并且最优的使用或者属于所有者，或者属于另一个人的支配中。不过，在任一种情形，其价值都会超过交换价值，特别是对受到普通征用（ordinary condemnation）限制的独特资产（the unique assets）来说。在第一种情形中，现在的所有人将不会以市场价格出售，因为出售会剥夺他从现有使用中获得的盈余，或许因为该财产是为了他的需要而定做的，或者给他提供了特别的位置上的好处（special locational advantage）。不过，在第二种情形中，也会发现同样的偏见，因为可能的买受人必须支付的价格要高于对当前的所有者而言的使用价值。在可能的出卖人对财产的主观价值更高的情况下，也存在一项真实价值的要素（an element of real value），它并未为市场价值的检验所注意。[④] 因此，在市场是均衡的情况下，市场价值检验并未使得所有者漠不关心出售和征用（condemnation），即使后继的和附带的损害被（错误地）忽略了。并且它只是通过忽略可预期的（尽管是无法确定的）买受人的潜在收益而使得所有者漠不关心。

因此，补偿的市场价值公式的核心难点就是，它否认了对真实的但是主观的价值的任何赔偿。[⑤] 为了避免这一难题，可以求助于可供选择的赔偿衡量方法。一种选择就是根据重置成本（replacement

③ 参见第七章。

④ 例如，参见 Jack L. Knetsch and Thomas E. Borcherding，“Expropriation of Private Property and the Basis for Compensation”，29 U. Toronto L. J. 237（1979）。

⑤ 就合同法中的类似问题的讨论，参见 Timothy Muris，“Cost of Completion or Diminution in Market Value：The Relevance of Subjective Value，” 12 J. Legal Stud. 379（1983）。

cost）来判断赔偿，但这一方法自身有着严重的危险。[⑥] 如果重置成本处于一般的市场价值和某个更高的主观评价之间，那么赔偿就是充分的，因为它允许所有者原样重置被征用的（condemned）设施，并因此重获来自其最初活动的主观价值成分。但是，如果所有者的主观
183 价值低于重置成本，他就没有激励去说出真相，这样政府就面临一种严重的风险，即所有者只是将钱装进腰包而不是获取或建设替代设施。[⑦]

另一个对主观价值难题的回答，是在征用（condemnation）时给予一定的红利价值（bonus value），这是众多人中的 Robert Ellickson 所建议的。[⑧] 这一红利（bonus）可以得到正当化，首先，它可以作为对任何强制交易[⑨]所导致的对自治的侵犯的安慰剂，其次，它体现了纠正市场价值检验中对价值的体系性低估（the systematic under-estimation）的努力。基于这些理由，在英国，于强制购买的情形，许多年来都给予 10％的红利，尽管在最近的时期停止了对它的使用。[⑩]

确实，固定的红利无法捕捉到各种情形中的巨大变化。不过，红利可以纠正市场价值检验的持续偏见，尽管它在一些情形中造成了过度的补偿，而在另一些情形中容忍了补偿的不足。但是，只要再最初

⑥ 参见 United States v. 546. 54 Acres of Land，441 U. S. 506（1979），它认为公平的市场价值是对营地征收的适当衡量方法，即使在新的地点重建营地的花费要多出许多倍，因为新的规制并不适用于较老的建筑。

⑦ 参见，同上，第 515～516 页："在替代设施永远无法获得，或者在获得后又被出售或转换成其他用途时，基于被告将继续为了公共目的运营营地的推测而授予重置费用就提供了意外之财。"根据合同私法作出确切类推是，在建设或采矿的情形中，给予了无辜的当事人以相当于完成费用的损害赔偿，而该数字大于市场价值，竟会包括了收益。例如，参见，Groves v. John Wunder Co.，205 Minn. 163，286 N. W. 235（1939），该案在 Muris 的文章中进行了讨论，前注 5，393 页。

⑧ Robert C. Ellickson，"Alternatives to Zoning：Covenants，Nuisance Rules，and Fines as Land Use Controls，" 40 U. Chi. L Rev. 681，736－737. 该建议为 Knetsch 和 Borcherding 所批评，前注 4，241 页。

⑨ 参见第十二章对磨坊法案的讨论。

⑩ Comment，"Eminent Domain Valuations in an Age of Redevelopment Incidental Losses，" 67 Yale L. J. 61，66（1957）.

的评估中不存在体系性的偏见，对国家的整个负担就应当公平地反映出获取的全部成本，即使在个别情形中仍存在一些随意的错误。因此，红利价值很值得推荐。自然，如果不给予红利价值，过度给付的危险就减少了，但是这样做的话，无论有多么充分的理由，赔偿都将无法达到其核心目的，因为原初的所有者不会在基本财产的保留和替代给付二者之间表现得漠不关心。关于宪法坚持红利的情形确实非常相近。

不过，在所给予的赔偿少于被征收的财产的市场价值时，明示赔偿的检验方法受到了毫不含糊的批评。鉴于征收权条款的清晰含义，184
可以认为，这一结果在既定情形中仅会因为评估中不可避免的错误而发生。不过，今天大量的原则已经为低于市场价值的赔偿确立了基准，特别是在成本或以前的价值被用作基准时。Penn Central Transp. v. City of New York 案[11]中的建议描述了这种错误，该建议为，国家一旦允许私人财产的所有者对他最初的投资享受"合理的返还"，它的义务就被解除了。这一对合理性的诉求在某些情形中确实是合理的[12]，但这里并非是其中的情形之一。财产所有者被剥夺了应该得到的补偿，即他最初取得财产或改良财产时和财产被征收（condemnation）日期之间的市场价值的评估数额的全部或部分。

为了理解合理返还理论中隐含的错误，看一看私人背景下从市场价值到最初成本的类似转变就足够了，这完全是不道德的（unprincipled）。A 拥有一辆自行车，为此花费了 100 美元，但在 B 毁损该车时，它价值 500 美元；后一数字是对所应付的赔偿的衡量标准。的确，如果财产在被征收前或在被毁损前贬值，不法行为人就无须赔付最初的成本，因此就被评估的财产，没有理由让他使用成本数字（来计算）。如果相关的话，成本问题是和最初的所有者应就交易中实现的收益支付的税收相关的。不过，除了成本提供了对毁损时的价值的最高估算的情形外，它在挑选出受害人和不法行为人的权利和义务中

⑪ 438 U. S. 104 (1978).

⑫ 对公用事业（utilities）和其他垄断事业的费率规制（rate regulation）的讨论，请参见第十七章。

并不发挥任何作用。但是原则是清楚的：价值控制（value controls）。如果贬值的自行车是在最初的所有人处，不法行为人无须赔偿500美元，如果它正好被转卖给一个陌生人，不法行为人只需赔偿100美元。出售的事实仅决定谁应收到赔偿而不是应赔偿多少。

根据代议制政府的核心原则，政府不应处于更好的地位：价值是赔偿的普遍衡量标准。贬值的财产的所有者并未通过保留所有权而增加政府的义务。被评估的财产的所有者无须为了增加应向他支付的赔偿的数额通过缩小成本和市场价值的差距而出售他的财产。最高法院在近几年对“投资支持的期待”（investment-backed expectations）的
185 暗喻表现出了明显的偏爱，但这一优雅的短语并非是私人财产的同义词（synonym）。它也不能被用作正当化基于成本的赔偿公式（a cost-based compensation formula），该公式完全违背了公平补偿要求的明显含义——至少在这里。坚持将市场价值作为普遍标准不仅适用于完全的征收也适用于部分征收，包括所有形式的直接规制（direct regulation）。租金控制和可移转的开发项目（transferable development schemes）都表明了在政府介入的项目被复杂化时回避这一基本的标准有多么容易。

二、租金控制

近来的租金控制的制定法具体描述了对赔偿计划的不适当选择，例如，在纽约和华盛顿特区可以发现这些制定法。[13] 在采用租金控制之前，出租人已经向租户出租了一定时期的房屋。根据租赁关系，出租人有权在期限届满时重新获得对对房屋的占有，并在租户同意提高租金的情况下让其保持占有。（租户也可以在其要求减少租金的要求未得到满足时离开。）制定法的方案坚持认为，租户可以违背出租人

[13] 在 Block v. Hirsh，256 U. S. 135（1921）案中，对华盛顿制度的基本原则进行了勾勒，第十二章结合公共用途要求对该案进行了讨论。

的意志，强行要求根据旧的条款（包括旧的租金）重新续租。大多数制定法的方案都通过允许（对租金的）一定的提高而修正了续租条款的严格性，这些提高或者根据规定的方案，或者基于所有者在修复或改缮房屋中招致的可以允许的费用。所有这些变化对基本问题而言都是非实质性的，因为它们都没有矫正租金控制法的核心缺陷——依租户的选择而根据出租人在自愿的交易中会拒绝的条款重续租赁关系。

在处理这些方案的合宪性时，Holmes 法官发现，它们根据对公共用途限制和治安权的随意的和错误的阐述而得到了批准。[14] 他从未
面对进一步的问题，即是否存在对之已支付了市场价值的征收。为了 186
看到潜藏于背景中的公平补偿的问题，只需在揭示了政府支配地位的方面重作交易。实际上，政府（1）征收了一项租赁权，它附有根据固定价格或理论价格（formula price）续租的选择权，（2）将它的期限利益（its interest in the term）转让给了承租人，然后又将（不享有追索权的）自己的义务委托给承租人以赔偿这样被征收的财产利益。

在功能上，似乎政府对承租人购买自己的单位（unit）进行了一次特殊的估价，该价格是分期支付的而非一次付清。[15] 对政府权力的使用表明了对财产的基本征收。如果 A 的物为 B 所征收并将之交付给 C，B 能主张他未保留财产因而未进行征收吗？私法的回答是清楚的。A 对 B 并非不享有救济，C 的出现只是给予他一项替代的赔偿（recovery）来源，这一赔偿或者基于回复（restitution）理论或者基于侵占理论。租金正是以这种方式运作而仅存在一种复杂情况。考虑到制定法的安排允许但并不要求承租人定期续租，从出租人那里征收并给予承租人的利益的存续期间在某种程度上就是不确定的。

更具体地说，有两种可能的方式来描述交易的性质。首先，在制定法将权利授予个体承租人时，它可以被视为是单个的征收。根据这一观点，考虑到承租人可能行使续租权，有必要估计租赁的预

⑭ Block v. Hirsh，256 U. S. 135（1921）. 参见第十二章中的讨论。

⑮ 参见第十八章。

期存续期间。存在一定的不续租的几率，但它远低于普通的商业租赁安排[16]，因为制定法严重地偏向承租人，他享有单方的续租权。因此永久续租或终身续租（a renewal for life 取决于制定法的权利的可继承性（descendability））看起来是一项良好的第一近似值（a good first approximation）。租金控制单位（rent control units）也并不因迅速的流转（turnover）而出名。

从另一种选择看，该交易可被视为是一系列的征收，它每过相当于固定期限的时间段就发生一次，并排除了未来的选择权。那么，每一项单独的租赁续展都要求单独的政府赔偿，它相当于在租赁期内已减少的市场租赁的价值和制定法上的租赁价值之间的差价。通过选择分期付款，制定法就以成本替代了价值。对投资的“合理回报”
187 （reasonable return）仅是没收（confiscation）私人财产的委婉说法（euphemism），它是一点一点地、一年一年地发生。在这一方案中的种种掩饰——国家拒绝征收所有权（title），而使用定期接收（periodic takeovers），出租人则保有（不断退缩的，ever-receding）回复权（reversion），对一定成本的全部转嫁（pass-through）——单独或结合起来，都和征收问题无关，无论它们在决定州应支付的赔偿的确切数额时有什么关联。政府不能以低于市场的价格来征用可继承的地产（fees），也不能通过以财产自身的成本而非以它的价值将财产转售而使它不愿意支付全部赔偿的行为正当化。租赁和可继承地产利益（fee interest）一样，也属于财产，并且公平补偿的同一原则以同样的效力适用于二者。租金控制法明确违反了征收条款，因为给予出租人的明示补偿是不足够的。

三、可转让的发展权

反对所谓的合理回报和公平补偿的观点可以以同样的效力适用于

[16] 参见第七章对 Almota Farmers Elevator & Warehouse v. United States，409 U. S. 470（1973）一案的讨论。

可转让的发展权（transferable development rights，TDRs），此时，所提供的赔偿是实物赔偿（in-kind）而非现金赔偿。实物赔偿完全符合宪法原则，只要它依据的是市场价值。但是根据和可转让的发展权密切相关的“公平补偿”规则[17]，赔偿的数额是有缺陷的。通过适用可转让的发展权，州——通常是通过它的市政当局（municipalities）——试图借助给予个体的土地所有者对旁边的或邻近的地块的发展权来补偿他们就其发展权所受到的损失，这些地块的基地权（ground rights）仍为其原始的地块所有者保留着。这样，州可以防止对具有历史价值的教堂进行增修，而授予教堂所有者对附近一块停车位（a parking lot）的空间权（air rights）。这些方案的目的旨在允许州从事值得做的项目——特别是地界标的保存（landmark preservation），（因为）若不支付完全的赔偿，州就无法开展这些项目。不过，可转让的发展权以下述观念为前提，即让任何个体的所有者承担全部的保存费用而无法从国家那里得到资助将是“不公平的”。通过
可转让的发展权实现“公平”补偿旨在达成妥协以便使受限制区域的 188
所有者的部分、而非全部的损失能够社会化。

这一妥协在 Penn Central Transp. v. City of New York 案[18]中得到了宪法上的赞同（constitutional blessing）。经由 Brennan 法官代言，最高法院第一次提及，对现存火车总站（terminal）的发展权的丧失并不构成对私有财产的征收，这一结论在承认部分征收的任何领域内都是不正确的。Brennan 然后得出结论说，可转让的发展权对并未被征收的财产权构成“有价值的”补偿。[19]“尽管这些权利在征收发生时可能还未构成‘公平补偿’，不过这些权利无疑减轻了法律向上诉人施加的任何财务负担，并因该原因，在考虑规制的影响时应得

⑰ 例如，参见，John Costonis，“The Chicago Plan：Incentive Zoning and the Preservation of Urban Landmarks，” 85 Harv. L. Rev. 574（1972）；John Costonis，“‘Fair’ Compensation and the Accommodation Power：Antidotes for the Taking Impasse in Land Use Controversies，” 75 Colum. L. Rev. 1021（1975）。

⑱ 438 U. S. 104（1978）.

⑲ 关于征收问题，参见第六章。

到考虑。”[20] 这一点已经为纽约上诉法院（the New York Court of Appeals）作出了详细的描述：“在未来租赁已经到期或者改良已经失去其效用时，可能会建设一座更大的建筑，知悉这一点会增加该建筑场地的价值，至少是在存在新建筑的市场需求时。”[21]

这些回应根本不符合宪法的目标。Penn Central 案的一个特殊之处在于，授予 Penn Central 的空间权存在八项财产的上空，这些财产包括 Penn Central 拥有的 Biltmore Hotel、Waldorf-Astoria 以及 Yale Club。必须询问的是，作为对其地标保存法的赔偿，该城市是如何处于将这些权利授予 Penn Central 的地位的？为了达成此行为，该市首先必须拥有这些权利，对这些权利，它仅能通过从 Penn Central 那里购买而不能通过土地使用分区（zoning）获得。这样，该市对空间权损失的补偿来自它在先的未获补偿的征收。就好像 A 使用了从 B 那里偷来的钱向 B 支付他其后从 B 处购买的财产一样。

通过赋予 Penn Central 以对它并不拥有的建筑的空间权可以避免这一难题，但这只是以一种困窘代替另一种困窘的方法而已。该市仍须获得对这些财产的空间权，对此，它不能通过向这些财产现在的所有者支付赔偿而获得，而只能通过土地使用分区来获得。注意这一具有
189 讽刺意味之事（irony）。如果土地使用分区仅仅是一种规制，那么国家如何可以向 Penn Central 移转（convey）空间权作为补偿？要使可转让的发展权得以运作，我们需要一项理论，借助该理论，州通过土地使用分区而征收的空间权仅在它们为州所移转时才成为了财产。如果被划分走的空间权又被转售以获得现金，最初的没收（confiscation）就是显然的，在同样的空间权被用于获得其他财产时，问题并未好转。

还存在一项估价的问题，即使州对提供作为补偿的空间权享有完美的权利（title）。公平补偿要件仍然要求城市支付被征收财产的公平的市场价值。如果该补偿是以现金方式支付的，对州支付什么就不再可能存在争议，因此争论的唯一事由就是被征用（condemned）的

[20] 438 U. S. at 137.

[21] 42 N. Y. 2d 324，335，366 N. E. 2d 1271，1277，397 N. Y. 2d 914，920－921（1977），aff'd，438 U. S. 104（1978）.

财产的价值。在 Penn Central 案中，政府通过向 Penn Central 支付一系列并不能被合理评估的扭曲的（twisted）和不确定的（contingent）权利而规避了宪法的命令。州总是可以以现金进行补偿，所以它以非标准的货币（coinage）进行支付的单方决定正确地招来了增强的司法检查。所应给予的补偿的水准并不因为支付是以可转让的发展权或以 Kansas 冬麦期货（futures）的方式做出的就会降低。根据对交易所给予的权利的公平评估，该城市不会获胜。[22]

法院对其在 Penn Central 案中所作的裁判的辩护确认了它内在的弱点。法院决定，并不存在（应予补偿的）征收，因为“所施加的限制和对普遍福利的提高是充分关联的，它不仅允许对地标地点进行合理的获益使用，而且进一步向上诉人提供了机会来增加总站地点本身以及其他财产的价值。”[23] 但应逐点来理解该句子。限制是对财产的部分征收，因此引发了公平补偿的义务。通过地标保存法对公众福利的促进仅满足了公共用途的调查。被保留的获益使用重新确认了征收是部分征收，而非它处于该（征收）条款的范围之外。增加总站或其邻近财产的价值的机会仅表明了对被征收的财产已经给予了一些补偿，但无法确立它的充分性。法院受到了其自己的观点的谴责。

四、对发展权的临时征收

在 San Diego Gas & Electric v. City of San Diego 案[24]中，燃气公 *190*

㉒ 即使在最好的情况下，若不确定的请求为政府所征收，评估也倾向于低估它们的价值（the worth of contingent claims）。参见 Olson v. United States，292 U. S. 246（1934），它忽略了排水地役权（flowage easements）的价值，这些地役权仅可以在众多不同的湖边所有者同意共享他们的资源时才能创设。相比之下，不确定的建筑权利（building rights）在为政府授予时被过分地高估了。这就是同一双重标准的全部。

㉓ 438 U. S. at 138.

㉔ 450 U. S. 621（1981）.

司在城市的边缘收集了一大块土地，在该地上它计划建立一个核电厂。所获得的土地最初并未被划定为是为了工业开发，但在购买土地后获得了所需的土地使用分区变更。不过，在开发前，该市采取了三项行动，但这些行动立即遭到了起诉：该市缩建了一些土地，将其从工用转为农用，在其综合规划中纳入了新的“空地”（open spaces），并准备了一份地图，在该地图上，土地被指定由该市通过发行适当的债券（bond issue）来购买。San Diego G. & E. 辩称这些结合起来的行为构成了对私有财产的征收，对此应给予公平补偿。

加州最高法院认为[25]，所有对政府依据治安权进行的规制的质疑必须通过执行职务令（mandamus）* 以行政方式提出。根据其观点，基于它所声称的根据征收条款对财产的征收和根据治安权对财产的剥夺（deprivations）之间存在的区别，这一区分得以正当化，前述区别是一种文字游戏（a play on word），它允许州逃脱在施加规制和其后来作为未予补偿的征收而归于无效之间出现的“临时损害赔偿”（“interim damages”）。不过，法院的论证路线无法奏效。举个简单的例子，假定政府已经基于一个不明确的基础而占有了房屋。一开始可能无法决定政府停留的时间长短，但是无疑应对有效的占有期间给予补偿，即使支付的时间安排是不确定的。[26] 在这里情况几乎没有什么不同，因为部分征收，即使是那些给予国家受限的合约（covenants）而非直接占有的部分征收，也受到同样规则的约束。

美国最高法院并未正式解决征收权问题中的任何一个，因为五位法官认为并不存在最终的裁断，从中可以得出上诉是正确的。[27] 不过，最高法院的五位法官（Rehnquist 并提出了异议）表达了反向征用

㉕ Agins v. City of Tiburon, 24 Cal. 3d 266, 598 P. 2d 25, 157 Cal. Rptr. 372 (1979).

㉖ 参见 United States v. Westinghouse Co.，339 U. S. 261 (1950)。

㉗ 450 U. S. at 633.

* 执行职务令是指上级法院对私人、公司、市政当局或其官员、行政司法官员或下级法院发布的命令，或要求回复原告被非法要求履行属于其职责的特定行为，或要求恢复原告被非法剥夺的权利或特权。摘自《元照英美法词典》。——译者注

（inverse condemnation）的问题。[28] 与其 Penn Central 案裁决形成鲜明对比的是，Brennan 的异议很容易处理加利福尼亚最高法院的观点。 191
Brennan 首先指出，公平补偿是必要的，无论征收是如何作出的，是通过正式的征用程序（formal condemnation proceedings）、占有、有形侵入还是规制（regulation）。然后他提到，该要件扩展到了部分征收以及完全征收，暂时和不确定的征收（temporary and indefinite takings）以及永久征收。租金控制现在就很容易了；Penn Central 案是无法说明的（inexplicable）。他也提及，司法、立法或行政政策在处理对土地规划的偏好时，无法取代（oust）宪法命令。他的结论是，“一旦法院确立存在规制性‘征收’（a regulatory ‘taking’），宪法就要求支付公平补偿，（计算补偿的）期间开始于规制最早实现‘征收’之日，终结于政府实体选择以撤销或其他方式修订该规制之日。”[29]

Brennan 的观点试图使 San Diego G. & E. 案和 Penn Central 案相协调，他基于的理由是，Penn Central 案仅表述了征收问题本身，而 San Diego G. & E. 案则表达了公平补偿的问题。不过该努力至多是表面的（cosmetic），因为这两个案件提出了对同一主题（subject matter）的完全不同的智识上的导向。在 San Diego G. & E. 案中，补偿问题的出现仅因为对 Penn Central 案中的征收问题的错误责难未被遵循。在 Penn Central 案中，Brennan 再三主张没有固定的公式可以决定征收案件；司法谦抑（judicial deference）就是格言（watchword）。在 San Diego 案中 Brennan 并未利用该悲悼（lamentation）而是根据逻辑顺序来考虑征收和补偿问题。[30] 两种观点结合一起就给

㉘ 关于反向征收的一般论述，参见 Roger Cunningham，“Inverse Condemnation as a Remedy for ‘Regulatory Takings，’” 8 Hastings Const. L. Q. 517（1981），该文支持临时损害赔偿（interim damages）；Daniel Mandelker，“Land Use Takings：The Compensation Issue，” 8 Hastings Const. L. Q. 491（1981），该文反对损害赔偿。注意，在第四章中讨论的 Pumpelly v. Green Bay Co. 案是一个反向征收的判例，在第十一章中讨论的高速公路计划案件亦同。

㉙ 450 U. S. at 653.

㉚ 公共用途和治安权问题被忽略了。第一个要件得到了满足；州可能未提出治安权，因为对核能的直接的联邦安全控制优先于（preempt）州的介入。参见 Pacific Gas & Electric v. State Energy Res. Conserv. & Dev. Comm'n.，461 U. S. 190（1983）。

出了一个教科书的例子，该例子的内容是作出裁决的风格如何影响案件的结果。将征收权诉讼的所有问题揉成凝固的一团，并且在拒绝赔偿的同时，增强了裁量权。应当以足够的清晰程度表达它们，并且论证的结构要求赔偿。

五、针对非规范用途的分期偿付法 (amortization statutes for nonconforming uses)

192 和许多调整对非规范用途的分期偿付（amortization of nonconforming uses）的州的制定法相关，明示补偿的难题也未得到充分的司法处理。典型地，在实施某项条例（given ordinance）之前，土地所有者已经使用其财产作为了垃圾场（a junk yard）、汽车修理铺或一栋多单元的住宅。尽管邻居可能不喜欢他对其财产的使用，但该使用不能被作为侵扰而受到禁止，原因在于它在性质上是非侵害性的，或者因为它受到时效（prescription）的保护。

现在假设政府决定限制这些使用。简单的禁令看起来是对私人财产的未予赔偿的征收。不过邻居们倾向抗拒（resist）征收通常所要求的完全赔偿，特别是在他们的收益少于被规制的所有者所受的损失时。[31] 在“公平”补偿的框架下运作时，分期偿付的制定法允许既存的使用继续存续一定的有限的年份，而所有者必须以自己的费用使之符合当地的土地使用分区规定。正如可转让的发展权，制定法背后的原则是，如果一个人在私人福利和公共福利之间进行了妥协，（征收）程序将基于其公共获益超出了其给私人造成的损害而经得起审查。[32]

㉛ 参见，例如，Comment，“The Elimination of Nonconforming Uses，” 1951 Wis. L. Rev. 685。

㉜ 参见 Harbison v. City of Buffalo，4 N. Y. 2d 553，562—563，176 N. Y. S. 2d 598，605—606，152 N. E. 2d 42，47（1958）；People v. Miller，304 N. Y. 105，107—108，106 N. E. 2d 34，35（1952）。

不过，谈及私权和公共需要之间的调和（accommodation）将忽略公共用途和治安权之间的不同。实际上，制定法对土地及其改良物（improvements）的未来使用施加了强有力的限制，而留给了所有者通过改变他原计划在修缮和改良上花费的支出而减少损失的可能。不过，两种形式的未获赔偿的损失仍保留下来了。第一，如果建筑物的预期寿命超过分期偿付所允许的期限，所有者将失去他对建筑物的回复权（reversion in the structure）的价值。可以确信，仅回复权现在减少的价值应当得到补偿，但是该数字很难是零，因为真实的折扣率并不取决于通货膨胀的水平并且以每年 2%的比例运行。[33] 其次，所有者在他被允许进行非规范使用的有限期间内会发 193
现对其资产的管理更加困难。例如，假设在一栋有 50 年寿命的建筑物中允许一个 5 年的期限。如果切合实际的（sensible）修缮有预期 10 年的寿命时，所有者应怎么做呢？完全不进行任何维修将减损使用或建筑物在允许的期间内的价值。进行修缮将牺牲这些修缮在第 5 年到第 10 年的价值而没有得到任何对价。由于所需的修缮无法被分摊（tailored）到所有者保留占有的预定期间内，它们将变得更为昂贵。

一旦这些缺点得到承认，就没有明显的方法来挽救这些制定法了。治安权通常是没有价值的，可以预计，对所有者不存在明显受到要件约束的含蓄补偿的形式，所以市场价值的减少——已证实的对使用以及占有权利的部分征收——代表了国家应支付的赔偿的最低水平。支持使用这些制定法而无须赔偿的各种裁决指出了一项制定法的特殊特征，即被认为是为了避免被指控为对个人的不公平。在某些而非全部情形中，允许对改良物的使用达到其预期寿命或者达到足够长的时间来获得对投资的“合理”回报。其他极端困难的情形也根据地

[33] 同样的问题会在估计人身伤害案件中的所失收入时出现。对此，得到公认的是，未来通胀的不确定性也是无关的，因为它同等地影响着折扣率和未来的价值。参见 Doca v. Marina Mercante Nicaraguense，S. A.，634 F. 2d 30（2d Cir. 1980）；O'Shea v. Riverway Towing，677 F. 2d 1194（7th Cir. 1982）。就正在讨论的所失收入和分期付款，必须对真实的价值变动作出某种估计，无论是改良物的还是未来服务的，当然它们都独立于折扣率。

方法的宽泛认可而进行了变通。但是这些观点在这里并不比在租金控制或地标保存的情形中运作得更好。征收了一条面包的州无法通过返还该条面包中的一片而偿清其债务。所有这些特征可能会减少特定案件中所应给付的赔偿的数量，但是它们无法掩饰对回复权的没收（confiscation），无论它是对使用的没收还是对建筑物的没收，也无
194 论它是对永久资产的没收还是对消耗性资产的没收。

第十四章　隐形的非货币补偿

一、无须明示的补偿

我们对公平补偿要求的分析，迄今为止限于要求州以现金或实物形式就一定类型的征收给予明确赔偿的那些情形，例如对土地的直接征收，以及那些因租金控制、土地界标调整（landmark regulation）和分期偿付法而发生的征收。① 不过，我们无法就此得出结论，认为大多数政府的立法提案权（initiatives）仅在支付现金或其他财产明确移转给财产受征收者时才能进行。宪法仅提及“公平”补偿，而没有提及其必须采取的形式。因此，原则上，国家可以提供它选择的任何补偿形式。这一主张表明了含蓄的实物补偿的重要性。许多大规模的（large-number）征收都是采取规制（regulations）、税收和修订责任规则的形式。在这些情形中，评估征收对每个人的影响的难题可以被划分为两种调查，而无论征收采取什么形式。第一类是询问政府的行为对个人就财产的占有、使用或处分限制到何种程度，并因而构成

① 参见第十二章。

征收。第二种是询问：一般立法对他人权利施加的限制作为对被征收的财产的赔偿达到了何种程度？这一问题是和无数样态的一般政府行
195 为一起出现的。债权人扣押（seize）债务人资产之权利所受的限制能被施加给他人的同样限制正当化吗？占有者在其财产上设立标志的权利所受的限制能被对他人权利的同样限制正当化吗？这些情形和无数的其他情形一起提出了在一般法律规则中所暗含的收益（benefits）的问题，因为它们既不涉及转移给受规制当事人的单独对价，也不涉及受规制当事人对他最初拥有之财产的一部的保留。这些收益也是以实物形式出现的，因为并未进行现金移转。

这些收益更可能是根据普遍适用的制定法（statutes of general application）而发生，因为大量的个人既从同一规则中受益也因此而承受负担。在该情形中，宪法的公平补偿要求可以通过对制定法自身的实施而得到满足。其财产为规制所征收的每个人从施加给他人的类似的征收中获得了含蓄的收益。该种收益经常能够得到发现。无法从其债务人那里收账的一般债权人可以获得补偿，因为类似的对其他债权人施加的限制确保存在一种共享的资产（a pool of assets），它可基于比例（on a pro rata basis）而用于满足请求。无法竖立标志的土地所有者可以得到保证，他的邻居也不能建立标志来阻挡该土地所有者自己的标志。只要所有者收到的财产等同于或超过他交出的财产的价值，含蓄的补偿就是不必要的；毫无疑问，它构成完全不适当的过度补偿，其自身是对他人财产的征收。②

② 含蓄补偿的重要性会在某些无法预期到的非特定的人或团体（quarters）中突然出现。考虑一下 Locke 所坚持的观点，即国家必须提供无偏见的法官（Of Civil Government § 13 [1690]）。最初，征收条款适用于司法命令这一点看起来是很清楚。在州解决 A 和 B 之间的纠纷时，如果它做出了错误的裁判，它就错误地征收了财产。强迫 A 对其并不应负的一项债务向 B 支付 100 美元，就是从 A 那里进行了征收。在 A 欠债时不让他支付该 100 美元，就从 B 那里进行了征收。对无偏见的法官的需求因此转化为对错误的可能进行对称分配的要求，这样每一方都以有利于他的错误判决的形式，就针对他做出的的这些错误判决收到了事前的赔偿（ex ante compensation）。因此，可以理解，对错误判决的绝对的司法豁免仍然满足公平补偿和公共用途的要件，因为法律规则从集体行动（collective action）中划分出了预期的盈余（anticipated surplus）。

这些观点超出了行使主权的范围，它们不仅适用于综合的规制（comprehensive regulation）和对责任规则的修订，而且适用于为获得现金收入（cash revenue）而征收的税收，它们为早先分析的含蓄的征收提供了资金。原则上，在两项条件同时发生时，公平补偿的要 196
求就得到了满足：（1）财富的整个尺寸——全部所有权和对人权（personal rights）的价值总额——得到维持或增长；以及（2）财富的每一单独份额的尺寸也得到了维持或增长。

在（2）得到满足时，（1）也必然得到满足。不过，在（2）未得到满足时，（1）仍可能得到满足。在这些情形中，考虑到行动（move）的行政成本，调查必须集中在对含蓄补偿的支付可能引起社会安排（social arrangement）的方式（如果存在的话）上，该社会安排满足（1）和（2）两项条件。单独考虑（standing alone），命题（1）和（2）并不能唯一地对任何净社会盈余进行分配，而我在对公共用途的论述中已经解释了这一盈余，它也要求按比例分配。③

含蓄的实物补偿的主题在征用权的法律中不断出现。Holmes 在他于 Pennsylvania Coal Co. v. Mahon 案④中所做出的众多主张之一中暗示了这一主题，当时他写道，政府行为在其确保所有利害关系人的“利益的平均互惠性（average reciprocity of advantage）”时可以得到认可。在依据“公平正义”本应施加给公众整体的负担被施加给少数人时，应当给予明示补偿，这一点是 Armstrong v. United States 案中的主张的实质。⑤ 该主张和 Sax 在仲裁的（arbitral）和企业性的行为（entrepreneurial activities）之间做出的富有教益的区分密切相关；在前者，向政府行为中潜在的损失者提供暗含补偿的可能性较之在后者要大得多。⑥ 最后，含蓄的实物补偿原则在米歇尔曼的著名主张（即普遍适用的规则在它们为了受到规则负担的群体的长期利益而

③ 参见第十二章。

④ 260 U. S. 393，415（1922）.

⑤ 364 U. S. 40，49（1960）. 对该判例事实的详尽讨论，参见第四章。

⑥ Joseph L. Sax，“Takings and the Police Power，” 74 Yale L. J. 36（1964）. Sax 自己在“Takings，Private Property and Public Rights，” 81 Yale L. J. 149（1971）一文中放弃了这一区分。

起作用时应当得到支持）中获得了它最得到认可（sustained）以及最令人信服的阐述：

> 效率推动的集体措施（efficiency-motivated collective measures）通常会给无数的人施加不成比例的负担，这些负担实际上无法通过补偿协议（compensation settlements）而得以消除。在这一困难的表面，看起来我们很乐意相信我们
> 197 能达到一个可以接受的确保水平，即随着时间的过去，和集体决定的改进相关联的负担将会得到足够"公平地"分配，以致每个人都是纯粹的获益者。⑦

尽管含蓄的实物补偿重复了一项对征用权条款至关重要的反复出现的主题，但必须再次将该问题置于适当的背景中。看起来，米歇尔曼的表述将经过一定时间的负担的公平问题视为，它好像是征用权问题的唯一解决办法。不过，仅在已经存在对私人财产的征收，并且它是为了公共用途，以及征收并未根据治安权或为同意和自担风险原则证明为正当时，才触及补偿问题——以及因此的含蓄的实物补偿问题。

存在这样一些例子，在这些例子中，一项政府行为具有巨大的不成比例的经济影响，却无相应的国家补偿义务。例如，在无有形伤害的损害（damnum absque injuriam，a loss or damage without injury）的情形中，一项不构成征收的政府行为使得个体所有者境况恶化。假定政府建立一栋高大的办公楼，该楼阻挡了一栋庞大的豪华公寓的综合体（a large luxury apartment complex）对湖泊的视野，因而急剧地降低了该公寓的市场租金。该经济影响肯定是不成比例的，但政府没有义务赔偿，因为就损害赔偿，该综合建筑的所有者对其先前并未受到契约（covenant）约束的私邻并不享有请求权，更不用说禁令救济了。类似地，在政府根据它所保留的被授予的权利而终止单个个人

⑦ Frank I. Michelman，"Property，Utility and Fairness：Comments on the Ethical Foundations of 'Just Compensation' Law，" 80 Harv. L. Rev. 1165，1225（1967）.

的特权时，也不存在赔偿，正如 Fuller v. United States 案[8]中的放牧权（the grazing rights）一样。该损害集中于一人，但是无须赔偿，因为原告作为任意的许可证持有人（a licensee at will），无法表明他的经济损失是对他权利的任何侵犯所引起的。

此外，某些得到承认的征收，如对被污染的垃圾区的查封（seizure），可以完全根据治安权而得以正当化。[9] 该情形下的影响可能是极为不成比例的，但是反侵扰的原理（antinuisance rationale）可以完全正当化政府的限制。不过，即使损害得到清楚的证实，仍无须赔偿。米歇尔曼对 Consolidated Rock Products v. City of Los Angeles
案[10]中被告的挖掘活动感到困扰——（这是一宗）“令人惊异的案件， 198
在该案件中，未规定补偿的土地使用分区限制得到维持，尽管存在一项未受到质疑的发现，即该限制使得原告的土地完全无法用于生产的目的”[11] ——但是这一观点完全依赖他自己关于赔偿的一般理论，所以他没有意识到在宪法体制下治安权特殊的以及无法简约的角色。赔偿问题直到处理了正当性问题后才会出现。在典型的预防侵扰的情形，这一问题的解决是不利于请求人的。

二、完备的知识（perfect knowledge）和帕累托原则（the Pareto Principle）

对含蓄的实物赔偿，不能脱离它在原理上和制度上的背景来进行考虑。不过一旦征收、正当性和同意这些门槛问题（threshold issues）得以解决，案件最终将取决于公平补偿。在存在完备知识和无成本的衡量手段（costless measurement）的世界里，会存在唯一正

⑧ 参见第十一章。

⑨ 参见第九章和第十章。

⑩ 57 Cal. 2d 515，370 P. 2d 342，20 Cal. Rptr. 638，上诉被驳回，371 U. S. 36 (1962)。

⑪ Michelman，前注 7，1191 页注 55。

确的解决办法。在每一个案件中，都必须识别其财产为政府行为完全或部分征收之人。然后才能对该征收所带来的负担和收益进行精确的计算。对一定当事人所遭受的净损失需要做出明示的补偿，它将从其他人的净收益中获得。然后公共用途的要求就所有个人依其最初对社会投资的贡献划分了整个社会盈余，即净收益大于净损失的部分。[12]以这种形式体现的制度至少拥有一项非常值得要的财产。从社会干预中取得的赢利（gains from social intervention）中的每一元，根据宪法的命令原则上都唯一地拨给某个个人，因此寻租（rent-seeking）和派系（faction）问题完全抵消了：不存在应寻求的经济租金。[13]

199 不过，片刻的反思指明了这一方案所要求的信仰的跳跃（leaps of faith）。衡量被征收财产的价值以及作为交换而提供的赔偿是特别困难的，因为许多方案的收益（benefits）都采用了公共物品的形式，而这些公共物品是出名地难以评估的。在收益和负担都属偶然且不确定，特别是在缺乏对风险厌恶（风险规避，risk aversion）——它在个体之间趋于变动很大——的统一估计时，这一任务也并非更加容易。此外，计算负担和收益远非无成本并且会产生属于自己的巨大的政治压力。所涉及的当事人的巨大数目（the sheer number）表明，错误和衡量的难题远非狗摇的尾巴，而在各种意义上成为狗自身。

第二点在形式上是概念性的：如果国家能够完全地知悉每个人的私人偏好，那么征用权条款必然禁止任何不会维持或增加社会财富的总体水平的对私人财产的征收。这一结论在这里看起来如果不是荒谬的，也是很奇怪的，因为一般的假设是，征用权条款仅保护个人权利，而将决定是否获益这一功利性问题的唯一权力留给了政府的政治部门。[14] 概念上的这一点就国家开展计划的权力提出了严肃的问题。

---

⑫ 就盈余与公共用途之间的关系，参见第十二章，特别参考磨坊法案部分。

⑬ 有人可能争论说，如果不存在租金，那么就没有人会愿意提供公平的纯粹的公共利益的规制。不过，基于两项理由，这看起来是不适当地乐观了。第一，对这一立法会存在相对较少的抗拒，如果有的话；第二，私人团体，例如贸易协会，能够克服搭便车难题（the free-rider problems），否则，这一难题会阻止制定出好的立法。

⑭ 这是我提出的一种观点；参见 Richards A. Epstein，“The Next Generation of Legal Scholarship?”，30 Stan. L. Rev. 635，645—646（1978）。

然而，基于形式上的理由，这一结论看起来是不可避免的。赔偿净损失者的唯一方法就是通过税收收入，但是这些也构成对私人财产的征收，它们必须得到赔偿。无限的递归（infinite regress）迅速地出现了，因为对所支付的税收的赔偿又来自进一步的税收，对这些税收自身也需要进行赔偿。打破递归的唯一方法就是产出某种净的社会收益，它使得每个人在每轮政府征收之后保持至少和征收之前一样的富裕。相较之下，在政府行为缩减整体财富时，至少存在一个净损失者，他能够禁止征收，因为他未得到赔偿。

在我们考虑大规模的征收（large-number takings）时，征用权条款展示出和经济学文献中发展出的社会财富的标准检验之间存在强烈的相似性（kinship）。[15] 该条款并不要求发生征收，也不要求征收
使得社会财富的总体水平最大化。它确实要求每项征收都增加社会财 200
富的总体水平。这和标准的卡尔多—希克斯公式（Kaldor-Hicks formulations）之间有着密切的相似性，即为了使对法定权利（entitlements）的一项分配被视为较另一项分配更为可取，原则上获胜者应当赔偿失败者。[16] 确实，鉴于征收条款要求实际赔偿，而非卡尔多—希克斯公式所想象的假设的赔偿，它看起来甚至更为严厉。这一条款看起来包含了一项宪法上的帕累托标准，根据该标准，仅在至少一个人的境况变好而没有人的境况恶化时，法定权利（entitlements）的移转才是可能的。可以得出，就任何给定的立法计划，存在三种可能的结果。第一种是，该计划进行而未给予明确的补偿。第二种是，该计划必须被禁止，因为征收中的净损失者不能得到赔偿，因而使得征收条款长期被忽略的禁止维度（injunctive dimension）变得显著。第三种是，仅在从其他人收集的收入中向某些人支付了明示的补偿后，该计划才可以进行。

对回答的选择是崇高的原则和特殊的证据的混合体，它与在治安

---

⑮ 对不同公式的审视，可一般性地参见 Jules Coleman，“Economics and the Law：A Critical Review of the Foundations of the Economic Approach to Law，” 94 Ethics 649（1984）。

⑯ 同上。

权下考虑手段——目的关系时提出的问题并非不同。因为存在令人气馁的不确定性难题，在这里无法要求对严格意义上的征收问题所要求的逻辑上的精确性。理论上，公平补偿的整个原则会使得未获补偿的征收的数目最小化，而这反过来将使得估计的错误（的数目）和运作制度的行政成本最小化，后二者中的每一项都依赖于另一项。对此，鉴于程序内在的不确定性，立法必须被赋予某种裁量权。为了在任何特定的案件中从三种可能的结果中进行选择，有必要获得社会财富（the social pie）的总数额及其每份财富的数额的证据，通常是间接证据。单一形式的证据无法完成这项工作，而且在许多情形中，证据将会是冲突的。边际上的障碍（marginal embarrassments）原则上可以通过更好的证据得到救治，但是直到该证据出现，我们必须学会容忍源自不完备知识的疑难案件（the hard cases）。

不过，更好的办法是考虑不同类型的证据，就所有的大规模征收案件中的赔偿问题，可以对这些证据进行整理，而不是哀叹命运。我们可以依赖的第一种类型是一般经济理论，它可以用于以定性的方式
201 估计特定政府计划的财富效应。第二种类型是再分配的动机，它表明了政府行为的支持者借助其他公民为之付出不成比例之代价的计划而意欲获得的东西。第三种类型的证据是，征收对遭受它的当事人的影响，以及不成比例的程度。

经济理论：共享资源的内外

大量的文献都阐述了政府规制、税收和普通法规则的效率特征。在某些情形中，基本结论是引起争议的，但是在另外的许多情形中，它们并未引起争议。一项得到很好证实的结论就是，不要指望私人协议为充足水平的经典公共物品提供资助；拒绝合作的难题和交易费用阻碍了自愿的解决办法，而这些办法原则上是每个人都乐意的。为获致这些目的而着手进行税收和规制时，应当假定这些权力创设了一项正合博弈（a positive-sum game），因为所要求的赔偿通常都得到支付，所以这一博弈使得这些权力免于整体无效（wholesale invalidation）。在和诸如一般防卫（the general defense）之类问题相关联时，

这一点特别有力，此时决定每个人对国家提供的服务所赋予的主观价值是出名地困难。

同样的假定也适用于其他情形，此时高额的交易费用排除了得到很好确立的私人财产权利制度的形成。因而，人们普遍同意（the general consensus）排他的或者至少是得到良好界定的对特定事物的财产权利将增加社会财富的大小。任何将有价值之物从共享资源中取出并将之归属于得到良好界定之权利的制度，原则上能够生产出足够的财富来满足征用权条款的赔偿要求。

我仅会提及两种非常重要的类型。其一，得到人们普遍同意的是，共享财产中自然发现的资源（如油和气）在归属于得到良好界定的权利制度时会更有价值。鉴于旨在缓和共享资源难题的规则的总收益，它们的总括无效（blanket invalidation）因此应当很少发生。所遗留的问题就是，是否应当支付明示的补偿，如果答案为是，（则补偿应）向谁支付以及由谁支付？其二，阻止垄断并鼓励竞争的反垄断法显然属于同一类型。如果交易费用是零，竞争性的结果将总是占据上风，因为它能产出更多的货物和服务：消费者可以出价高于竞争者或至少引入新的竞争者进入交易。垄断因而可以被理解为是一项负合 202
博弈（a negative-sum game），它正是反垄断法所旨在克服的，至少就这些法律未来的适用而言。⑰

不过，立法经常通过将界定良好的财产权利从个体所有者处征收走并将之置于新的共享资源中而起了相反的作用。举一个极端的例子，一个有十个人的社群，每个人都对该社群财富的十分之一拥有一项界定良好的权利。州决定使所有的私人财产国有化，作为交换给予了每个人得到整个社会财富十分之一的机会。鉴于大多数人都厌恶风险，所创设的这些权利的价值将少于它们在被置于共享资源之前的价值。如果后来对财产的分割是借助政治决定而非通过抓彩，则寻租和风险厌恶结合起来甚至会进一步减少财富的水平。即使所有个人都受

⑰ 对我关于反垄断法的观点更为详尽的描述，请参见 Richard A. Epstein，“Private Property and the Public Domain：The Case of Antitrust，” in Ethics，Economics，and the Law，NOMOS 24（1982）。

到同样的法律对待，这一负和博弈（negative-sum game）仍可以得到阻止。实际上，真正的问题是，一项如此刻板的计划如何才能够最先被通过？不过，同样的分析适用于在一个更为有限的范围内消灭财产权利的立法。假设政府事先宣布它将征收修建高速公路所需要的任何土地而不给予赔偿。在不存在寻租的风险中性（rish-neutral）的世界里，这一计划能够通过宪法的检验。风险中性的人对不确定性是漠不关心的，而寻租的缺席阻止了派系的收益。对高速公路地点的随机选择因而并不应减少财富的整个数额，或者扭曲它的分配。所有的人都应当得到充分的赔偿，但在这个世界里，我们都知道，一项使所有的人都受到同样的征用（condemnation）的风险而不能获得赔偿的一般制定法必然会失败。[18] 国家所给予的彩票所具有的价值和它所取代的财产权利并不相等。财产的价值不仅取决于世界上存在的事物而且取决于对该事物的所有权的构造（configuration）。

动机（Motive）

然而真实世界的情形很少是这么刻板的（this stark），因为对不同类型征收的效力可能会出现直率的争论。在真实的案件中，直接的经济证据可能远比刚才给予的极端情形中的证据更为脆弱。关
203 于动机的证据在征用权的案件中是有影响的，正是因为它允许法院检查制定立法的行为，即使法院对它们的社会和经济后果没有可信赖的直接信息。动机的相关性已足够清楚并很容易表述：寻求通过政府行为进行再分配的当事人通常知道他们正在做什么。在他们说他们希望从他人那里进行征收而使自己获益时，极有可能他们说的即他们的本意并且他们足够明白（这）与正确做之间存在的手段—目的关系。没有人曾经指责乳业的游说团（the dairy lobby）缺乏有根据的自我利益（informed self-interest）。确定基于派性动机而行动的当事人将提供未获补偿的征收的某种证据。动机自身可能是清楚

[18] 一般性地参见，Lawrence Blume and Daniel L. Rubinfield, "Compensation for Takings: An Economic Analysis," 72 Calif. L. Rev. 569 (1984)，他讨论了赔偿要件背后的保险原理。

的和无掩饰的[19]，也可能被伪装并掩饰起来。它可能和合法的动机相混合，并居主导地位或附随地位。动机的证据在公平补偿问题上绝不会是决定性的，但它通过从过失的文献中撷取一段话而建构了一个散兵坑（foxhole），* 这提供了某种庇护来对抗来自所有方向的相冲突的证据的攻击。[20]

不成比例的影响

不成比例影响的检验对征用权的文献而言是首要的，因为判断一定类型的政府行为是增加还是减少了社会财富的数额经常是不可能的。在直接的衡量不可能时，这一检验提供了一种传递立法合理性的方法；因为不成比例影响的检验并非是包罗万象的（underinclusive），它必然以它从事公共事务的方式上向州提供某种裁量权。理解这一检验对征用权法律的核心地位的最简单方法就是假定社会财富在数量上保持恒定，即使是在私人财产被征收为公用以后。然后最初的假定就可以放宽，对该检验就可以根据替代的假定进行审查，该替代的假定就是资源用途的变化经常是以某种未经确认的方式增加了或者减少了社会财富。

不成比例影响的检验甚至在最简单的一对一的案件，即在征收土
地建造邮局的案件中，也是至关重要的。在那里，通常假定个体公民 204
处于交易的一方，而州处于交易的另一方，所以该案件可以被正确地视为是我和你的案件。实际上，这一尖锐的对立是对真实情形的（正当的）简化，因为个体土地所有者——他也是一个纳税人——是处于

[19] 参见 Cass R. Sunstein, "Naked Preference and the Constitution," 84 Colum. L. Rev. 1689 (1984)，该文说明了该主题如何贯穿了全部的宪法条款。

[20] 散兵坑这一隐喻来自法院在普通的侵权诉讼中无法坚持单一的过失检验方法。"地方习惯和一般风俗，或者单独地或者一起，都不能使得过失正当化或者使之得到开脱。它们只是法律的一个战场上的散兵坑，它提供了掩护，但不能完成用于对抗过失指控的保护。" Bimberg v. Northern Pacific Ry.，217 Minn. 187，192，14 N. W. 2d 410，413 (1944)。

* 散兵坑是指在战斗中，士兵为躲避敌人炮火的袭击而挖的小坑，它可用于临时避难。——译者注

交易的两方的。为了完全理解他的地位，必须考虑的不仅是他的私人损失，而且要考虑他用来资助购买的纳税责任（本身就是征收）的适当比例和他从对财产的公共使用中获得的收益的份额。

因此，财产的所有者事实上处于交易的两方，但是他的利益主要倾向于一方。单个的征收案件总是构成一种不成比例影响的情形。如果芝加哥市为了新的市政大厅征收我的土地，我失去的土地份额为I，而该市给我的金钱份额可能是一百万的一部分。我可能获得或失去了我作为纳税人的资格，但是我个人的股份（stake）使得我作为公民的经济利益相形见绌。明确的补偿是必要的，因为重叠部分（overlap）的数额是如此之小，以致我因没有土地而境况变坏，即使我和其他市民按比例从新的市政厅中获益。既然通过假定财产价值在公众那里和在私人那里是一样的，那么赔偿的效力就是个人之间的相对财富（the relative wealth）未经变化。[21]

举一个私法上的类比，假设原告拥有100美元的通用汽车的股票，通用汽车的雇员造成了他汽车的毁损，他起诉了该公司。股东事实上处于案件的两方，但是他作为股东的股份是如此少以致需要明确的补偿（他支付了微小的部分而获得了全额）来平衡账目。受害人对公司的净资产的减少所分担的份额自动考虑了他对公司的少量利益。在所有的情况都相同时，通用公司的股东可能宁愿从福特公司回复同样的美元数，如果他对该公司不拥有股份的话。但这两种情形的差异是如此微小，以致不值得受到注意。

在从大量的个人那里征收财产时，情况变化（dynamics）就非常
205 不同了。尽管每个个体所有人所资助的征收部分并未增加，但每个人失去的数额却大大减少了。用更正规的话来表述的话，被征收的财产的价值是m，它远少于I；而m和n是同等数量级的（of the same

---

[21] 这和经济学上讨论的代理成本（agency costs）有着密切的类似性。例如，参见Michael C. Jensen and Williams H. Meckling，"Theory of the Firm：Managerial Behavior，Agency Costs，and Ownership Structure，" 3 J. Fin. Econ. 305（1976），该文提及，在某人必须承担一定行为的全部成本而仅获得部分收益时，或者在仅承担部分成本而获得全部收益时，个体的动机就受到扭曲。

order of magnitude)，在有限的情形中它们还是同样的。

现在转向前一个例子，假定该城市希望在一块土地上建设，该土地正巧（by some quirk）为该城市的所有居民以同等的份额共同租赁，再假定它的价值在公众手中或在私人手中都是恒定的，该城市征收了该块土地并向每个居民就他来自总收入（general revenues）的利益进行了支付。在这里，所有者又一次处于了交易的两方。但是现在他们在每一方所享有的少量利益的数额是相等的，至少在每个人对新的市政厅所享有的份额是同等的这一最简单的情形中。每个居民作为丧失者对该交易所享有的比例是 n，小于 I，土地的价值增加了该比例，而这也是收益的确切份额。在这些情况下，很快就变得清楚的是，对明确补偿的支付不具有可理解的功能，因为它没有改变任何芝加哥居民的净资产，更（a fortiori）没有改变他们的相对地位。如果该市支付了过量的赔偿，私人手中财富的份额就增加了，但是收益正好为每个人对城市的现金储备的少量份额的减少所抵消。如果城市所做出的赔偿不够充分，那么每个人的个人损失就正好为他对留在城市账户中的收益的份额所抵消。在这些情况下，对赔偿的支付就是一件无关紧要的事情，即使它的实施是无成本的。[22]

正因为每个人的净财产（net worth）没有受到未支付的赔偿数额的影响，管理问题就主导了裁决。不向任何人支付就非常接近于无成本，它产生了一项收益，该收益首先为该群体按比例分享，这使得每个人的境况变好。早期勾勒的全部赔偿的计划通过一系列完全抵消的借贷（debits and credits）来实施。在个体于交易的一方获得全部的收益或遭受全部的损失，而在另一方仅获得微小的收益或遭受微小的损失时，总是需要明确的补偿。在所有的个人于交易的两方都享有
同样的微小利益时，就无须明确的补偿。确切的私法上的类比就是公 206

[22] 公债和公共资金受到了政治上的压力，而这些压力是私人财富和私人债务所逃脱的。但是，即使是偏好私人财富而不是集体财富在这狭隘的一点上也是很重要的，因为城市总是能够通过增加税收的总体水平来弥补额外的赔偿。类似地，如果支付的钱太少，该差异就可以通过减少未来的税收或在某个其他的公共项目上支出所节省的税收来进行调整。注意对社会保障也会发生同样的争论，只要相信公共储蓄和私人储蓄是彼此的替代物。

司按比例的捐款（contributions）或者是分配，除了税收上的后果外，这对不同的股东而言，没有经济上的后果。[23]

因而，两个对立的极端是I对n和n对n。在二者之间存在着不确定数量的变化，在这些变化中捐款或分配与全部财产（overall holdings）不相协调。在一种简单的变化中，州从一个群体的每个成员那里征收的（同类的）土地两倍于它从其他群体的每个成员那里征收的。相反每个人都失去了同等数额的土地，但一个群体的成员所获得的赔偿是另一个群体成员所获得的赔偿的两倍。在任一情形中，该交易可能分解为两项交易，一项是成比例的，另一项是不成比例的。原则上，对成比例的部分，不需要明确的转移支付（transfer payments），但对另一部分，就确实需要这种支付。在不成比例的情形，所支付的赔偿的水平对参与者来说不再是无关紧要的事情。这种自动抵消的借贷制度只会部分起作用而不是全部起作用。

举一个简单的例子，在该例子中，一个人拥有一块价值一百美元的土地，由两个市民组成的城市征用（condemn）了该土地，每个市民都从公共用途中获得了同等的收益。唯一的合理结果就是让第二个市民支付50美元的现金（或实物）来抵消他对公共物品享有的一半利益，这是通过从A和B那里征收50美元的税收并将全额支付给A来实现，还是通过让B向A进行50美元的简单的转移支付（或特殊的评估）来实现没有什么差别。显然关键的是，为了决定转移支付的合理水平，对资产的评估应当是确切的。因而在通常的征用权的情形中评估是关键的，在大规模征收中评估则在很大程度上是非实质性的。

假定社会财富在财产被征收后并不保持恒定，在不可能决定财产

---

[23] 对公司税收领域中的按比例和不按比例的分配规则的详尽阐述，参见 Boris I. Bittker and James E. Eustace, Federal Income Taxation of Corporations and Shareholders (4th ed. 1979)。贯穿的中心主题是，并不影响相对财产（relative holdings）的对有价证券（paper）和财产的调整完全没有税收上的后果，而确实影响相对份额的那些调整创设了可税收入或损失——这要根据具体情况而定。那里的规则对这里所考虑的征用权条款而言是完美的指导方针（a perfect road map），此时个体公民的股份（stake）类似于个体对公司股份的持有（holding）。

从私人手中转到公众手中是增加了还是减少了全部的净资产时又该做什么呢？在这里，目标是发现某种构成动机的方法，以便只会发生盈 207
利的交易。在这一背景下，不成比例影响的检验施加了有力的和受人欢迎的影响。这一检验限制了任何个体行为人通过利用法律制度运作中的持续偏见来获得净收益的权力。为了从其他人那里要求额外的贡献（contribution），他自己也必须作出额外的贡献，为了获得额外的收益，他也必须准备向其他人提供额外的收益。通过使所有的个人相互之间步调一致，在大规模的（large-numbered）情形中“不成比例影响”的检验限制了对立法权的滥用。在宽泛的立法不具有不成比例的影响时，它可能创造某种形式的社会损失，因为没有事物能防止错误的政府计划使每个人的境况变坏。这样，这一计划的成比例的形式指示不存在净盈利者（net winner）——或者允许某种结果上的偏差（dispersion），存在很少的净盈利者。因此，政治程序受到了反对负的财富效应的内在限制的约束，因为没有人坚持通过整体不明智的政府行为而获益。当某一群体对整个财富所分享的份额获得足够高的增长，足以抵消财富整体数额的缩减时，政治生活就会出现极大的危险。[24] 因为整个财富已经缩小，成功派别的收益必然为剩余的人所遭受的甚至更大的损失所抵消。这正是不成比例影响的检验试图通过防止联盟（coalition）破坏公共物品的行为所要避免的那种损失。

合乎人意的政治结果可以从不成比例的影响的检验中得出，这一检验在不需要它时并不尖锐（have no bite）。存在很好的理由信赖政治过程来纠正最初的司法所引起的资源分配的错误。相较之下，在效

㉔ 更为正式的表述是，假设 V 是组织完善的社会的整个财富的价值，$V*$（$<V$）是它在发生寻租时的价值；假设 n 是一个群体对整个财富所享有的份额，（$I-n$）是第二个群体在具有不成比例影响的立法通过前所持有的份额。在该立法通过后，x 是该立法所移转的相对财富的份额，因而第一个群体所持有的份额等于（$n+x$），第二个群体所持有的份额则是（$I-n-x$）。在该立法之后，获胜者的净资产（net worth）超过了立法之前它们的净财产，或者说（$n+x$）$V*>nV$。这一结果在获胜者正确计算了他们的总额时就会发生。对获胜者而言，份额的增加就抵消了对财富数额的损失。对失败者而言，经济效果总是明确的，而且通常是很巨大的，因为（$I-n-x$）$V*$ $<$（$I-n$）V。不成比例影响的检验旨在最小化该损失。

果是不成比例时，获胜的联盟能够获得使失败者遭受沉重损失的法
208 律。对失败者的明示赔偿的要求现在有助于保证政治博弈会得到一个正数。在按比例和不按比例两种情形中，该制度被赋予了一系列的结构上的激励（structural incentives），它们最小化了这些分配上的错误，即使在对一定的征收是产出净的社会收益还是净的损失并无直接的知悉时。换句话说，不成比例影响的检验在每个个体福利函数（the individual welfare function）和社会福利函数（the social welfare function）之间创设了一种精确的联系，以致后者只是前者的一个倍数（multiple）。（从简单的计算）可以得出如果受不成比例影响的检验限制的个人也支持政府的最大化整个社会福利的主动行为，他必然会最大化他自己的福利。[25]

三、分段的交易（step transactions）

我们不应低估在隔离不成比例影响的检验所旨在反对的弊端（evils）中所涉及的潜藏的困难。特别是，这一检验仅在我们对交易的范围有独立的知悉时才能发挥作用。[26] 现在回到简单的情形，假设使A组中的市民为了B组中的市民的单独使用而捐献了财产。就其本身而言，这一交易看起来像是未给予公平补偿的征收。但是如果存在一项具有同等价值的类似交易，在该交易中，要求B组中的个人为了A组中个人的单独利益而贡献财产时，又会发生什么呢？这两个交易应当单独考虑还是一并考虑呢？如果分别考虑，两个交易都要求

[25] 这一检验是直接的。找到社会福利的函数F（x）。通过不成比例影响的检验，个人的函数f（x）=k F（x），其中k小于1。对两个函数而言，第一个导数（the first derivatives）在同一点上都等于零，因而它们有着同一极大点（the same maximum point）。

[26] 在Frank I. Michelman的文章“Politics and Values or What's Really Wrong with Rationality Review,” 13 Creighton L. Rev. 487，499－500（1979）中，于他讨论“一连串的立法”（stream of legislation）时也提及这一点，它也对合并单独的交易——这些交易中的每一个单独来看都是有瑕疵的——采取了怀疑的观点。

赔偿。而合并考虑的话，整个情形就可能被视为是有利的（benign），因为一种情形中的征收为另一种情形中的征收所抵消，从而使得两组成员的境况都变好。

不过法院应如何决定哪些系列的交易应联结起来呢？（这里）可以建议一些答案。在两个交易可以“分段”时——被视为是一个统一的整体的一部分——因为二者都是一个共同计划的一部分，那么结论看起来就很清楚了。州应当能够归集这些交易并主张一项交易的不平 209
衡已为另一项交易的不平衡所抵消。但在两部法律独立通过时情况又如何呢？现在这样说是很诱人的，即只要合并的效果是有利的，通过以更有利的描述来展示存在一个更大的团体而将交易分为几个阶段来满足成比例影响的标准就是适当的。不过，对单独立法（legislative enactments）的一般化关联是一种宪法维度的陷阱（a trap of constitutional demensions）。有一点就是，两项单独的关联事物（packages）的收益和负担并非是同等数量的。也无法将人们整齐地划分为团体。在许多个人根据一项制定法获得收益而根据另一项制定法受有损失时，另一些人则在两项制定法下或者都受损失或者都获得利益。这些制定法是相关联的，但仅在事实方面相关联（after the fact）；这一关联事物中的每一部分都独立地受到作用并且受到派系努力（factional efforts）的影响，而派系的努力正是赔偿要件所要反对的。事实上，滥用是附加的，但在政治动态（political dynamic）被忽略时，它们被视为是一项法律的事情而具有抵消作用。在界限内，法院可以将所有过去和未来的立法置于一个单独的议案箱中（hopper）并宣布收益和负担总是成比例的，因此为了一般规制（general regulation）而抽去征收条款的精髓（gutting the takings clause）。

在这里，一般的经济理论限制了不成比例影响检验的范围。在每个单独的制定法都带有负和博弈（a negative sum game）的迹象时，它们的整体只会得出一个更大的负和。如果每项制定法的损失是10，那么两项合并后的损失是20，而不是0。反对这一错误（在定义上它允许未获补偿的征收）的唯一办法就是仅在立法使得关联明确时才遵循这些关联，这通常地是逐个方案或逐个制定法进行的。制定法之间的某些关联将很少会被错过。不过，在使用不成比例影响的检验根据每个政府方案自己的条款来对之进行评估时，错误的成本就会远低得多。对宪法规定的忠诚因此会大得多。

四、一般化、平等保护和代表

上述对不成比例影响的分析对法律和道德理论中的一般化的作用（the role of generalization）有着重要的影响。根据传统的观点，规则的一般化经常被认为是一件好事，因为它防止了个人被挑选出来进行特定的滥用（for special abuse）。不过没有人认为，一般化总是一
210 件好事：种族隔离（racial segregation）和宗教迫害（religious persecution）规则被有意识地用非常一般的形式来写成。不成比例影响的检验对一般化——尽管它与道德质问（ethical inquiry）相关——为何不是一个实质道德主张的完全替代物提供了一个很好的解释。只要政府行为以同等的比例对同样的个人构成一项征收和一项施与（giving），那么所有的都是适当的（well）。用罗尔斯（Rawls）的话语来表述的话，规则的一般化将所有的个人置于无知之幕（the veil of ignorance）之后，以致他们在获益和承受负担时不能偏好他们自己的利益而不是他人的利益。许多普通法的规则正具有这一特征。[27] 但是一般化远非是对个人滥用的万无一失的防范措施，它可以被转变为一种自私利用的群体模式（a mass mode of exploitation）。政府行为可能在其表达和适用上是非常一般化的，但是它可能对一个群体强加了全部的负担，而赋予另一个群体全部的收益，从而大规模地对私人财产强加了未获补偿的征收。

这一一般的主张得出了一个有力的但非终局的推定，即一般立法在两类情形中具有没收性质（confiscatory），随着司法对立法行为的

㉗ 参见第十七章。对另一个背景下的同一观点的讨论参见 Richard A. Epstein，“The Social Consequences of Common Law Rules，” 95 Harv. L. Rev. 1717（1982）。

控制的减少，可以预计的，这两类情形在频度上都在增加。回溯性的立法就是这样一种可据以推定的坏事（presumptive evil）。因为一个人采取了另一个人没有采取的行为，表面上中性的法律对第一个人的成本要远大于他作为交换所取得的收益。政府行为从未发生于白板之上（on a blank slate），因为所有人的法定权利在立法通过之前就得到了很好的界定。正是随着未来的立法（prospective legislation），个体的权利丧失了，在某些情形中，该损失可能非常大。预期的立法从未提及“过去的”（ex ante）情况，过去意味着在取得法定权利（entitlements）之前。立法仅在它先于特定的行为（例如，建设一栋建筑）的意义上是未来的，在剥夺该行为的立法通过之前某人有权取得对该行为的权利。

与回溯性立法相配的是特殊立法或集体立法（special or class legislation）它使失去财产的人的负担与作为交换给予另一人的收益不相匹配。正如回溯性法律，特殊立法需要更高的审查，因为它对权利丧失所给予的不充分的赔偿提供了有力的证据。这些负担可能是集中的，而收益是分散的，或者正好相反。但是无论我们处理的是来自一般税收的补助（subsidies）还是来自对油气的特殊税收的补助，收 211
益和负担的不相匹配都是未获赔偿的征收的明显表征。作为一种初步的近似值，合理的一般立法的规则（formula）非常简单：特殊负担等于特殊收益；一般负担等于一般收益。回溯性的立法和特殊的立法经常违反了这一假定。这两种类型的方案长期以来都基于直觉的理由被描述为是不公平的，但是这些直觉有着严格的分析基础，正因为它们在宪法上稳固地依靠着征用权条款的公平补偿要件。

对一般立法做出抽象判断的困难也表明了平等保护和征收权法则之间的密切关联。[28] 根据这两项规定作出的分析在两个重要方面是一致的。粗略地说，平等保护的现代观点有两项要求。第一，对州选择

[28] 它也表明了如何可能赋予类似情形类似对待（treat like cases alike）这一一般道德命令以内容，但是对防止该规则成为一项空洞规则的调查赋予了实质的维度，Peter Westen，“The Empty Idea of Equality,” 95 Harv. L. Rev. 537（1982）一文对此进行了争论。

的人或活动的分类必然和某种合法的国家目的相关联。在不存在限制时，州可以选择它想要的任何目的。所有的州行为都是有效的，因为它们和这一选择的目的——无论它有多么古怪——有着合理的、确实是完美的关联。[29] 如果州想给予在纽约出生的蓝眼睛婴儿以补助，通过使平等保护的规定完全无效（a complete nullity）并允许不成比例的税收成功，制定法就完美地使手段适合了目的。为了使平等保护原则能被理解，必须对该类目的进行限制。

现代理论的第二部分在对不同种类的政府行为作出的手段——目的审查的程度上进行了强有力的区分。因而，可以又一次宽泛地说，诸如种族或民族来源（nation origin）等可疑的区分都受到高度的手段——目的的审查，而仅涉及经济关系的分类则适用非常克制的审查标准（a very deferential standard of review），正如 Clover Leaf 案中那样。[30] 诸如基于性别的区分等领域也受到不稳定程度的中等程度的审查（an uneasy level of intermediate review）。

212 征收权条款建议平等保护理论发挥非常不同的作用。征收条款自身包含了区分合法和不合法的政府行为目的的实质标准。如果治安权（它有自己受限的一系列目的）使征收正当化，任何形式的征收都是合法。[31] 但是在该正当化失败时，必须提供赔偿，这在一般的未来立法的背景中可能是含蓄的并采取了实物的形式。在这一点上，不成比例影响的检验依循了平等保护条款中的平等对待的要求，但是赋予它必要的一组实质目的。随着对财产权的保护的确立，和对治安权的分析一样，这里也不存在什么理由对存在可疑的分类或一项基本权利的案件保留更大的审查权。在涉及基于财产的请求时，确认通过征收他人财产而获利的一类个体就足够了。

㉙ 例如，参见 Cass R. Sunstein，“Public Values，Private Interests，and the Equal Protection Clause，” 1982 Sup. Ct. Rev. 127，129—131。Sunstein 提及平等保护条款的一个目的就是防止立法派系（legislative factions）的形成，这一结论看起来和他愿意容忍理性基础检验（the rational basis test）的低水平审查之间存在紧张关系。同上，页 131—135。

㉚ 参见第十章。

㉛ 参见第九章。

在之前给出的例子中，简单的平等保护调查可能仅允许芝加哥（Chicago）的种族划分引起对该市的税收和规制计划的全然不同的影响的司法审查。不过，只要确认无论什么原因成为不成比例立法的受害人这类个体是可能的，这一群体就可以主张（1）他的财产被征收了，以及（2）作为交换给予这一财产的补偿并不充分。从芝加哥的北边到南边或从北边到南边进行的有步骤的财富转移，如果能以与种族划分同样的清晰性得到证明，就是充分的。不成比例的影响，而非这些群体的边界或设立这些边界的动机，成为了决定性的问题。

在这一统一的框架内，一定的情形可能会正确地受到较其他情形更为严格的审查，如果仅仅出于识别相关的滥用类型更为容易的话。这样，在种族案件中对州的要求就应非常严厉，因为利益群体政治（interest group politics）的动态使得再分配的联盟（redistributive coalition）会沿着种族的方向形成。性别区分应受到略为更谨慎的对待，因为联盟不太可能会为了再分配的目的而形成。[32] 另一方面，几乎不可能查出芝加哥的税款及街道清洁费用的征收，因此司法控制的水平应当（有疑义地）更低。[33] 在所有的情形中，最终的问题是征收 213
是否已经获得赔偿。团体类型的差异仅是赋予不成比例影响的检验以更大的或更小的效力，而在直接衡量超出司法的视界（judicial ken）时，这一检验反过来又提供了赔偿的证据。

刚才逐步提出的观点与 John Ely 在其《民主与不信任》（Democracy and Distrust）[34] 一书中提出的一般宪法解释的观点惊人的相似。首先 Ely 试图证明无条款约束的方法（no clausel-bound approach）将解决宪法解释的核心难题。然后他试图证明，许多最困难的宪法条款首先最好被理解是种保持所有团体可以接触政治过程的努力，正如第一修正案，其次，它应被理解为是为了防止立法中的支配团体将政治过程转化为他们自己目的的工具，正如平等保护。

[32] 确实，为了防止再分配，性别分类可能在很多情形中都是适当的，正如人寿保险和养老金保险（annuity）的情形。参见第十九章。

[33] 参见第十八章对特殊评估（special assessments）的讨论。

[34] John H. Ely，Democracy and Distrust（1980）.

Ely 在该书中的分析非常令人迷惑，因为宪法包含了大量的实质性保证，至少在表面上，这些保证并未被指向结构和程序的问题。[35] 不过，我在这里的分析表明，至少存在一种方式来连接两组关注之间的裂隙，足够讥讽的是，它是通过 Ely 拒绝的条款约束的解释来实现的。政治过程在所有大规模征收的情形中和征用权条款有着密切而严格的联系。例如，一个团体在税收或规制的问题上为了对抗另一个团体而操纵政治过程的努力将为公平补偿要件发觉，对该要件，不成比例的影响和堕落的动机是有用的替代物。代表执行的救济（representation-enforcing remedies）的问题并不是解读入不同宪法条款的宪法之外的价值。相反，对一定的方案是否产生一种从 A 到 B 的对私有财产的违法再分配——这是征收条款所明确禁止的——的问题，它构成相关的证据。尽管立法程序偏斜了，但仍有更大的机会让派系进行运作，这使得受到禁止的结果更为可能。Ely 依赖财产权判例来证明不充分代表的不适当结果，而这在传统上受到正当程序条款的攻击。[36] 但是他对财产权案件的学说来源（the doctrinal home）关注不
214 足，因为他接受了优先的自由（preferred freedoms）和基本权利的现代框架，而这将征收条款降低为宪法解释的外围（fringes）。[37] 不过，并没有明显的或适当的方法将不成比例影响的检验束缚到一小类案件或否认立法故障（legislative breakdown）和不充分的补偿之间的强有力的关联。下面四章表明了财产权利的经济理论和动机检验（the motive tests）在评估特定的立法和普通法的创新中协调运作及
215 冲突运作的方式。

---

[35] 参见 Laurence H. Tribe，"The Puzzling Persistence of Process Based Constitutional Theories，" 89 Yale L. J. 1063（1980）。

[36] 例如，参见 Ervine's Appeal，16 Pa. 256（1851），Ely 引用了这一判例，见前注 34，81 页。

[37] Ely 对该条款的简短讨论可以在第 96～97 页找到，它的结论（implications）并未被探究或检验。在有关该条款的中心目的的一个段落之后，他转向了对重建修正案（the reconstruction amendments）的讨论。类似地，他对 United States v，Carolene Products，304 U. S. 144（1938）这一判例中著名的脚注 4 的讨论是宽泛的，但是并未质疑经济自由和宪法保障的其他权利之间的界限。参见 Ely，前注 34，75—77、151—153 页。

第十五章　财产和共享资源

对含蓄的实物赔偿的基本分析适用于本书前几章中确定的任何一种形式的征收。不过，该制度的结果（working out）依赖于对一般理论和特殊的制度安排的联接，这些制度安排是在普通法中以及通过立法发展出来的。在这一事业（enterprise）中不存在捷径（shortcut），因为这一理论的力量仅能通过它对许多单独的原则和实践的领域所施加的统一性而得到揭示。在组织调查中，虑及普通法的分类确认了三种单独的规则类型是有用的：获取私人财产的规则、保护私人财产的规则和移转私人财产的规则。本章所处理的问题是，含蓄的实物补偿的众多规则如何以及在何种程度上认可与共享资源（common pool）控制相关的弹性，无论是在财产的原始取得问题上，还是在随后的控制与划分问题上。

一、共享资源：先占

普通法中获得私人财产的标准规则是先占规则。在该规则中暗含

着一项假定，即，在原初的位置，每个人都拥有其自己的劳动，没有人拥有外在于他的任何事物。然后先占规则使单个的人与外物相
216 配。[①] 不过，这一规则不能被捍卫成一项关于占有与所有权之间法律关系的基本事实：没有哪项法律规则有此如意的性质。[②] 然而，先占规则确实拥有一定的诱人的功利特征，这解释了它历时的持久性。它允许从无所有权向所有权转变的发生，而没有有意识的政府的介入或授权，并且它对洛克的理论而言也是关键性的，这一理论将国家视为是财产权的保护者而非作为其来源。这一规则也确保了每小份财产将只有一个排他的所有者，他可以保证该份财产能得到很好的利用，或者通过使用或者通过出售。[③] 此外，通过向财产的取得施加最低的标准，该规则趋于将取得的成本减至远低于为完善所有权而需要对某物进行广泛的使用或开发（例如为了美化宅地而种树）时所产生的成本。[④] 适用于土地的先占规则也便利了对便易方法/设施的使用——例如勘查或篱笆，就样，最初的所有者可以向世上其他人宣示他的主张，所有权主张上的冲突因而得以减少。最后，就持久性财产（主要是土地）而言，先占规则具有一项特别合意的特征：为了使物保持原状，它并不激发减少物之价值的动机。

最后一点表明了先占规则在不涉及天然土地的情形中的弱点，在这些情形中，个人获取的行为趋于减少那些仍保留于共享资源中的自然资源的价值；例如，就渔业（fisheries）和油气而言，无限制的私人获取趋于减少整个资源的价值。每个人在为了自己的利益而破坏共享资源时都会发现这点，因为他为了自己的使用取得了部分共享资源并保有了该部分的全部收益，但仅承担了共享资源自身所受的损失的

① 关于英美法，请参见 Pierson v. Post，3 Caines 175（1805），2 Am. Dec. 264（1886）。关于民法传统，请参见 Gaius，Institute II，66（de Zuleuta trans. 1945）。

② 参见 Richard Epstein，"Possession as the Root of Title，" 13 Ga. L. Rev. 1221（1979）。

③ 就下述问题的理论阐述，即实际上如何将所有的回复和责任规则解释为是使获得正确动机的交易成本最小化的机制这一问题，参见 Donald Wittman，"Liability for Harm or Restitution for Benefit?"，13 J. Legal Stud. 57（1984）。

④ 参见 Laura Ingalls Wilder，The First Four Years（1949），它描述了在无法发现自然生长的树木的地方保持树木存活的艰难。

极少的一部分。在所有的人无数次地重复这一基本模式时，人们的境况都会比他们的行为为某种形式的相互限制所约束时更为恶化。原则上，就取消对废弃资源的先占规则，当事人可以达成一项全面的协 217
议。但是这样的合同将会面临同样无法克服的障碍，考虑到高昂的交易成本、搭便车问题以及不合作（holdouts）这熟悉的三位一体，这些障碍将阻止整个社会达成合意。

由于这些典型的协议解决方式都遭到了失败，因此，只要不存在宪法上的行动障碍，就需要集体解决的办法。一种方法坚持认为，这里实际上完全不存在困难，只要物保持无所有权的状态，就没有人能够仅仅因为国家以命令的形式宣布了它对所涉财产的共同所有权（common ownership），而请求剥夺财产权。[5] 这一观点并不奏效。一如既往，国家仅是个体的代理人，它让个体在任何给定的交易中都能获益。它唯一独特的权力就是基于公平补偿的规定强迫交易。如果一部国家的法令赋予了该国家以权利（title），那么类似的宣布必然赋予个体私人以权利（title），而这是先占规则所排除的。这一武断的言词（ipse dixit）无法获得它想要的地位，因为国家无法高于它所代表的公民。[6]

确实，几乎不可能是其他情况。对这一私人所有权的宣布理论

⑤　参见第一章和第二章中的讨论。

⑥　与州保护野生动物不在州际贸易中交易的权力相关联，最高法院提出了同样的观点。Geer v. Connecticut，161 U. S. 519（1895）案部分基于州对未归于占有的野生动物享有权利（title）这一理由而维持了一项制定法，该制定法规定，"没有人能在任何时候为了超越本州的边界转让丘鹬、有环状羽毛的松鸡或鹌鹑等目的而杀害它们"。Field，J. 在他的异议中对该主张进行了强烈的攻击，同上，538—540 页。最终，他的观点占据了上风，对鱼和野生动物出售的限制现在也为一般地适用于商业条款（the commerce clause）的同样规则所调整。

对政府宣称所创设的所有权的明确的废止可以在 Douglas v. Seacoast Products，Inc. 案的一个段落（431 U. S. 265，284（1977））中发现："州并不处于和私人禁猎区（a private game preserve）的所有者同样的地位，谈及'拥有'野生鱼、鸟或动物纯粹是一种幻想（fantasy）。合众国或者联邦政府直到它们通过熟练的捕获将这些生物归于占有时才对它们享有资格（title），这并不比抱有希望的渔民或猎人强。"这一段为 Hughes v. Oklahoma 案所引用并得到赞同（441 U. S. 322，334－335（1979）），它推翻了 Geer 案并拒绝了国家所有权可以通过宣布而获得的理论。关于一般性的论述请参见 Walter Hellerstein，"Hughes v. Oklahoma：The Court，The Commerce Clause，and State Control of Natural Resources，" 1979 Sup. Ct. Rev. 51。

(declaration theory of private ownership) 的致命反对意见就是，它无法解释一个私人主体或政府如何获得对任何事物的排他（exclu-
218 sive）权利。先占规则要求存在外部行为，并对取得财产的人施加了正的成本（positive costs)。尽管每个人都可以“攫取”（grab)，但每个人的攫取都受到其他人与之相竞争的攫取的约束，而他不能通过使用武力来阻止他人。相较之下，作出宣布不存在成本，也不存在明显的方式拣选出它们的优先地位。单纯的宣布尽管没有确立对任何事物的共同所有权的，但它排除了对任何事物的排他所有权。

因而，如果只有先占确立了对世的私人权利，那么它所创设的财产权就受到征用权条款的保护，以对抗国家做出的相反宣布：取得权（the right of acquisition）自身是一项财产权，可以对世。此外，如果没有私人可以使用武力来防止其他个人取得尚未为人所有的事物，那么治安权就也不会使国家处于更好的地位。在私人当事人取得未为人所有的事物时，就不存在进行控制的私人的违法行为。⑦

那么，事情就直接转向下述问题，即对共享资源的规制是否向那些财产被征收了的人提供了含蓄的实物补偿。存在有力的理由相信它确实这样做了。最初，这一规制的分配效力倾向于提高财富的整个数额。鉴于在最初的形势中存在的明显的拒绝合作的难题（the holdout problems)，只要私人当事人可以通过单方行为对所生产的盈余获得不成比例的份额，公共用途的要求就未给公共规制造成障碍。只要所分享的盈余和损失的比例基本相当，共有的安排（the pooling arrangement）就应予以维持。在这里，探究含蓄的实物补偿在和三个不同的背景下——油气开采、公共水域和破产——和立法一起运作就足够了，这三种背景有着共同的基本结构。

油和气

对油气情形中的共享资源难题的起源可以进行简要的总结。早期，普通法法官对处于四位不同土地所有者土地之下的油气适用了先

⑦ 参见第五章。

占规则。鉴于石油的“流动”性质，没有人对处于共有中的石油（无论它处于何处）享有绝对的权利，直到他将石油从地下取出并归于自
己的单独占有。[8] 通过基本规则中的“所有者”变量，土地所有者拥 219
有处于正常位置的石油，但是他的资格在相邻的所有者将石油先归于（自己）占有时就作废了。通过竞争的“非所有”规则（“nonownership” rule），每一个土地所有者都被认为享有一项取利权（a profit a prendre）*，它是一项在其自己的财产上钻井采油的排他性权利，而非对处于正常位置的石油的可废止的所有权（defeasible ownership）。[9] 对基于石油最初的地下位置而赋予对该石油的绝对所有权的制度，两种规则都承认存在有自然的障碍；因为油和气不停地流动，没有人能够知道这些资源从地面出来时是否是他的。两种规则也具有可取的效果，即确保油气一旦从地面移走，就获得一个唯一的而且容易识别的所有者，他被赋予了排他的占有、使用和处分权。

这两项规则之间的区别已影响了一些案件的结果，这些案件涉及税收、侵占、信息等大量的法律难点。[10]不过，两项规则共有的弱点使得这些区别相形见绌：二者都没有处理共享资源的难题。两项规则都诱使每个所有者尽可能快地从共享资源中取得尽可能多的石油，因而破坏了它的大部分生产能力。和财产权利的绝对性质相一致，没有私主体可以阻止任何对共享资源享有利益的人对该共享资源进行浪费性的或恶意的破坏；尽管恶意可能使得不良行为更为恶劣，但它并没

⑧ 这里的许多参考文献都为 C. Donahue，T. Kauper 和 P. Martin 所著的 Property: An Introduction to the Concept and the Institution（1974）一书的第 325—359 页中所包含的完美的资料集所容纳。另参见 Hammonds v. Central Kentucky Natural Gas Co.，75 S. W. 2d 204（1934）。

⑨ 参见 Westmoreland & Cambria Natural Gas Co. v. DeWitt，130 Pa. 235，18 A. 724（1899）；Ohio Oil Co. v. Indiana（No. 1），177 U. S. 190（1899）。

⑩ 参见 Westmoreland & Cambria Natural Gas Co. v. DeWitt，130 Pa. 235，249—250，128A. 724，725（1889）；Stephens County v. Mid-Kansas Oil & Gas Co.，113 Tex. 160，254 S. W. 290（1923）。

* 根据 Black's Law Dictionary，该词为法语词，其含义为“获取收益”（profit to take）。《元照英美法词典》中将之译为共同用益权或在他人土地上的用益权，它是指某人使用他人土地并参与分享土地收益或土地出产物的权利。参见该词典第 1103 页。——译者注

有将这些行为转化为涉及使用暴力或欺诈的行为。[11] 只要仅仅适用不带有强制交易的基本征收原则，无恶意的合法行为在恶意的情况下仍是合法的。

在这一所有权模式中存在许多应批评的地方，但是多少批评都不能否认，根据先占规则的个人请求，无论是对特定石油的请求还是对获得适当位置的石油的权利的请求，都和在土地上发现的请求一样，是完全既定的。例如，在界限内（in the limit），国家不能仅仅因为这些石油仍处于正常位置，就对整个共享资源提出请求而排除所有的地表的土地所有者。如果完全征收受到宪法的检验，那么部分征收也是如此，无论它们是通过立法行为、行政行为还是通过司法行为进行的。含蓄的实物补偿又一次成为关键。

220 首先考虑司法责任规则中的含蓄的实物补偿，这一规则防止了浪费在共享资源中钻探的油井所产出的油气。在 Elliff v. Texon Drilling Co. 案[12]中，原告诉请赔偿他们在一定的油床（oil pool）中所享有的特许开采权（royalty）和矿产利益（mineral interests）所遭受的损害，因为被告宣称的由其过失引起的“井喷”（blowouts）损害了原告的生产。因为下述简单的推理（syllogism），传统的先占规则对所失利益并不提供保护：没有所有权，就没有侵权请求权。[13] 不过，法

---

⑪ 关于对主流态度的一般说明，参见 Mayor of Bradford v. Pickles [1895] A. C. 1。关于它在石油案件中的适用，例如，请参见 Hague v. Wheeler，157 Pa. St. 324（1893）。

⑫ 146 Tex. 575，210 S. W. 558（1848）.

⑬ 关于财产与侵权之间不存在联系的观点，参见 Richard A. Posner，“Epstein's Tort Theory，” 8 J. Legal Stud. 457（1979），该文并未解释，为何每当任何人发现他的境况为他人的行为所恶化时，如竞争的情形，并不存在表面案件（prima facie case）。Posner 的主张中的有力部分是，一旦我们引入共享资源制度，我们将拥有新的所有者并因此拥有新的侵权请求人。决定什么当事人被赋予私人的诉权并不是卑鄙的诡计。例如，参见 Pruitt. Allied Chemical Corp.，523 F. Supp. 975（E. D. Va. 1981），在该案中，商业渔民、批发商（wholesalers）和经销商（distributors）、餐馆所有者以及他们众多的雇员都试图对石油溢流（oil spills）所引起的损害提起侵权诉讼。另参见 Richard A. Posner，“The Principles of Environmental Protection：The Case of Superfund，” 2 Cato J. 9（1982），该文捍卫了统一的政府控制，而无须任何并不基于传统的所有权诉请的私人诉讼。

院能够施加一项作为义务（an affirmative obligation）——在本案中，该义务是在钻井时尽到合理的注意——对该义务的违反是侵权损害赔偿诉讼的来源。事前（也即，在损失发生前），正被讨论的过失规则为了所有人对抗所有人的利益而发生效力；事前，井中可获得的产量得到增加而未减少。由于因此而创造出的盈余，责任规则产生了它自身的赔偿。由于它中立的适用，对不成比例的影响或者公共用途要求都不存在问题。确实，如果法院立即从“无责任”走向严格责任的立场，这一分析在赔偿以及公共用途问题上正好是一样的，因为这一更为严格的规则有着和过失的替代规则一样的互惠收益。在这两种规则之间进行的选择是功利性的：哪一个对财富的大小增加得最多？任一个规则都符合征用权条款，它们促进了但是并未强迫总体的社会改进。无论选择哪一个规则，高于最初的普通法无责任情形的盈余和不成比例影响之检验的混合都使得赔偿问题得以休止。

同样类型的观点也可以正当化不同的立法制定行为（legislative enactments），这些行为形成了对权利的重新定义，该定义较之普通法中可获得的更为彻底。在 Ohio Oil Co. v. Indianna（No. 1）案[14]中， 221
印第安纳州（Indianna）通过了一项立法，它要求每个钻井的人都提供管道、容器或其他设施来容纳前两天井中流出的石油。这一规则的运作减损了先占规则的所有权以及非所有权两种形式（the ownership and nonownership versions of the first-possession rule）下既得的财产利益。不过，尽管存在表面征收，该法仍提供了充分的含蓄的实物补偿。该制定法的影响是合乎比例的，并且经济理论提供了很好的理由来相信该制定法会提高生产的总体水平。

这一分析正当化了甚至是更为极端形式的立法介入行为。例如，许多州都通过了规制油井间距的制定法或者是规定公共用地统一化（unitization of common fields）的制定法[15]，其目的是为了防止过分的钻井行为，这些行为在 Elliff 案的粗糙的普通法的侵权机制下仍是

⑭ 177 U. S. 190（1899）.

⑮ Howard Williams and Charles Meyers，Oil and Gas，vol. 6（1984）.

可能的。再一次，每个所有者的负担都为取得更大收益的期待抵消了。不成比例影响的检验又一次保证了该制度的合宪性并指明了要求赔偿的情形。这样，如果统一化的制定法将一定的所有者从共享资源中排除出去，该影响就是不成比例的。但是在该情形中，对所失去的财产利益的赔偿是必要的。[16] 因此，若任何计划赋予参与者对最初的共享资源的份额不同于他们根据先占规则能够合理获得的份额时，就可能会抨击该计划。[17] 在这里，鉴于对石油的自然分配和地表所有者达成这一分配之能力的无法改变的不确定性，必须允许一定程度的裁量权。但是任何合理地并善意地尽力考虑地表区域和每个人对共享资源的份额的厚度（thickness）的制度通常都会经受住任何宪法的挑战，而事实上确实如此。[18] 共享资源的问题要求行政的解决办法来处
222 理对所失财产和作为交换而收到的收益的复杂计算。在征用权条款中没有强迫这一解决办法的事物也没有防止这一解决办法的事物。

公共水域

对油气规则的分析可扩展到起因于于对公共水域之使用的共享资源问题。在 Rossmiller v. State[19] 这一刑事案件中，被告根据一部州的制定法而受到起诉，该法律在相关部分首先规定："在该州蜿蜒的湖泊上形成的冰作为财产属于该州。"[20] 然后它制定了一项许可方案，该方案由刑事制裁来执行，它阻止了对冰块的切割和运输，除非向该

[16] 参见 C. Donahue, Jr.，Thomas E. Kauper, and Peter W. Martin, Property 357 (1974)，它提及，作为典型情形，被排除的土地所有者获得了"相邻的钻井者的特许开采权利益（the loyalty interest）的一份，它和土地所有者对其土地下的油田（oil deposits）的份额是成比例的"。

[17] 这样的结果在一定制度下能够发生，在该制度下，小的所有者无须根据适用于大的所有者的同样的共享资源的限制而辛苦工作。参见 James H. Keahey，"The Texas Mineral Interest Pooling Act: End of an Era"，4 Nat. Res. Lawyer 359 (1971)，它讨论了得克萨斯公路委员会（Texas Railroad Commission）根据 Rule 37 的滥用行为，该行为暂缓了针对小的钻井者的最低区域限制。

[18] 例如，参见 Railroad Comm'n v. Rowan & Nichols, 310 U. S. 573 (1940); 311 U. S. 570 (1941); Pickens v. Railroad Comm'n, 387 S. W. 2d 87 (Tex. 1965)。

[19] 114 Wis. 169, 89 N. W. 839 (1902) (discussing Wis. ch. 470, Laws of 1901).

[20] 同上，172 页，89 N. W. at 841。

州支付了每吨 10 美分的许可费，这些钱被支付给了公共学校基金（the common school fund）。法院判决该制定法无效，它认为在该州的水域上的冰块并非自始（ab initio）就是该州的财产，也不能通过简单的宣布就被转换为公共财产。然后法院（正确地）发现治安权的限制并不足以防止私人当事人对冰块的占有（appropriation），无论是为了使用还是为了出售，也无论是为了家用还是为了商用。它也强调，州不能“作为实体为了自己的使用”而主张对财产的所有权，因为使用“是赋予作为一个群体的该州的人民的”[21]。根据法院的观点，该情况是“无法改变的”（unchangeable），因为“该州内的每个人都［有］权享有［对公共水域的盈利使用］，只要他没有侵犯他人的类似权利，没有处于最高权利对该主体的请求的干涉下”[22]。法院因此得出结论，任何试图变更这一法律秩序的制定法都必然是违宪的。

Rossmiller 案的观念是合理的，即制定法构成一项征收，在这里是对获得无人所有的冰块的权利的征收，该权利无法根据治安权的限制而被剥夺。正被讨论的税收今天可能是 10 美分，但它明天就可能是 10 美元，在任一情形中，它都是对以前无条件的财产权利的部分征收——一项并非专用的取利权。不过，这些财产权利和任何其他权利一样都是“不可改变的”，因为强制交易是征用权力的实质。因而，问题就是赔偿，这可以得到查明，因为我们处理的是共享资源立法。 223
如果从切割冰块的许可中获得的税收被用于“公库”（public treasury），那么大部分公众就获得了充分的赔偿，因此在缺乏不成比例的影响时——通过宣称取得所有权就是足够了。但是对 Rossmiller 和其他企业家而言，他们在法律通过前对冰场（ice farming）进行了实质性的投资，因此很容易发现不成比例的影响。他们的损失不仅包括进入新的营业领域而可能获得的利润（speculative profits），而且包括对继续经营价值（going-concern value）的更为确定的和实质性的损失。原则上，存在一项难题，即如何衡量必需的赔偿。一种回答可能是营

[21] 同上，第 188 页，89 N. W. at 844。

[22] 同上。

业所减少的价值，它或者通过已丧失的在先投资来衡量，或者通过不再可以获得的预期利润来衡量。因为国家没有提供任何机制来确保赔偿，该制定法就是无效的，刑事起诉就是无效果的。

在 Rossmiller 案中提出的对赔偿问题的分析和现代的渔业问题有着明显的相关性。州可以防止在其水域中不受限制地捕鱼，这并不存在问题，但是赔偿这一点不会消失。因信赖现在对权利的分配而做出实质性投资的人应当就他们的损失获得赔偿。在大多数情形中，如果仅出于政治理由，对必须根据新的规章劳作的渔民进行现金支付看起来是很困难的。但是在新的制度下，赔偿可以以捕鱼的替代权利的形式得到提供，它相当于已经失去的价值。在这里，赔偿应当考虑个体渔民耗尽渔业权（exhaustion of fishery）的在先弱点（prior vulnerability），再一次，出现一项评估的问题，而不是法定权利（entitlement）的问题。管理难题的出现看起来已经足够清楚。但是它们无法通过仅在所捕获的鱼中发现既得权的强硬路线（hard line）而得以避免。那种狭隘的观点为先占规则的宪法地位所排除，Rossmiller 案，尽管有其弱点，仍然很好地理解了这一点。

破产和支付不能的制定法

含蓄的实物补偿在对破产和支付不能法律（bankruptcy and insolvency laws）的分析中也起着关键的作用，此时共享资源的难题经常会出现。支付不能要求法律制度基于假定的条件，即某些债权人将不能获得完全的清偿，来决定在受有担保和未受担保的债权人之间分配债务人的资产（assets of debtor's estate）的优先性。根据普通法，
224 共享资源难题是这样产生的。向一个普通债权人进行了全额清偿以避开破产的债务人，并未对其他债权人实施一项侵权行为，这些债权人因此仅剩对债务人财产的无价值的请求权了，这对普通债权人就形成了一种共享资源共有的财富（a common pool of wealth）。[23] 对债务的偿付并不相当于对相竞争的债权人使用暴力或欺诈，它也并非是转让

[23] Shelly v. Boothe，73 Mo. 74（1880）.

其他债权人所有的特定财产，这些债权人中没有一个对特定的财产份额享有担保利益（a security interest）。

这一普通法的制度具有简洁性的优点，但是它也承受和共享资源难题相关联的缺点，此时，在最初的位置，并无财产为人所有。所有的债权人对债务人的资产都拥有某种不完全的请求权（some inchoate claim），而且没有人对特殊的资产享有特定的请求权。因为当事人之间的财产权未被很好地界定，个体债权人就受到鼓励，在麻烦出现最早的迹象时就全力以赴地敦促他们的请求。尽管债务人在仅有一个债权人以这种方式行为时仍可以很好地存活，但在所有的债权人都试图通过要求立即清偿来保护他们的利益时，该债务人就很可能破产。在逐个满足他的债务时，债务人可能就中断了他自己的营业，并减少了该营业的全部价值而给其他债权人造成了损害。原则上，每个债权人都可能在其他债权人也这样做时，同意住手不干，这样所有的债权人都可以分享因维持债务人的营业使之继续经营（a going-concern）而获得的收益。不过，类似的高昂的交易费用（找出所有其他的一般债权人）、搭便车者（让其他人组织活动）和欲取得优厚条件而拒绝合作（我会参加，但仅在获得高于我按比例所得的那份时才行）的难题，经常注定了该企业会破产。

为了处理这一难题，破产法经常强制债权人达成协议，该协议限制了个别债权人单方从公共财产中拿走资产的权利。值得特别注意的是，破产受托人可以将受到强力压迫的债务人向特定的一般债权人做出的付款作为无效的优先受偿权（voidable preferences）而予以取消。[24]受托人取消优先受偿权的资格的确切轮廓（contour）并不总是容易确定的。在债务到期债务人完全能够支付它们时，就不再需要共享资源的方法，以及随它而来的成本。因此，在通常的营业过程中，有理由在破产威胁临近之前取消对债务的清偿。为了区分可以取消的和不可以取消的付款，制定法包含了固定的期限，原来是破产前 120 天，现在是 90 破产

[24] Thomas H. Jackson, "Bankruptcy, Non-bankruptcy Entitlements, and the Creditor's Bargain," 91 Yale L. J. 857 (1982).

225 前天，在该期限之前，对债务的清偿就是不可取消的，它可以对抗作为其他债权人代表的破产受托人。不过，在优先受偿权是否仅在债权人知悉债务人困苦的处境（distressed position）时才无效的问题上，这些制定法含糊其辞。[25] 所有这些优先受偿权的安排看起来并不是同样值得做的（例如，仅仅因为管理的理由，知悉在这里应当是无关的），但是它们在执行中的微小区别并未控制基本的宪法问题。协调单独的普通债权人之行为的破产法是合宪的，只要它们克服了共享资源难题而未造成任何支持或反对任何一群普通债权人的偏见。

这些案件已经得出了正确的结果，但经常是根据错误的理论得出的。特别是，破产法的共有特征（pooling features）并不仅仅因为债权人对债务人的资产不享有财产权利就是不合宪的，因此，确实并没有什么事物根据征用权条款受到征收。在 Dames & Moore v. Regan 案[26]中，由于伊朗的人质危机（the Ranian hostage crisis），卡特总统发布了一项命令，该命令中止了所有在美国法院对伊朗及其国有企业提起的请求，并要求它们在国际仲裁法庭（an international arbitration tribunal）进行听证。在处理该执行令的一个方面时，伦奎斯特（Rehnquist）法官争辩说，普通债权人对他们的请求并不具有财产利益，因为总统在担保权（liens）公示（perfect）之前已经中止了他们的诉权。不过公示和未公示的担保权之间的区别并不是财产和非财产之间的一项区别。它与既得的和可能的剩余物（vested and contingent remainder）之间的区别没有差异：二者都是财产，尽管有着不同的形式和不同的价值。[27] 做出其他假定就是允许立法通过宣布而创

[25] 根据更早的破产制定法，即 1898 年破产法（the Bankruptcy Act of 1898）的第 60 条，该期限为 120 天，但在优先的债权人已知悉债务人的困境时，受托人的权力仅及于已得到支付的优先受偿权。现行法（破产法典（the Bankruptcy Code）第 547 条）要求 90 天的期限而未规定知悉的要件，由于其简洁性，该制定法可能更为优越。

[26] 453 U. S. 654（1981）.

[27] 例如，参见 James S. Rodgers，“The Impairment of Secured Creditor's Rights in Reorganization：A Study of the Relationship between the Fifth Amendment and the Bankruptcy Clause”，96 Harv. L. Rev. 973，988－995（1983），它正确地嘲弄了受担保债权人和未受担保债权人的财产请求权之间存在的差异的重要性。不过，从中得出的妥适推论是，两种形式的利益都受到保护，而非二者皆不受保护。

设财产权，和其他共享资源的情形一样，在本案中这是不允许的。

为了检验未获担保的请求权的一般地位，假定制定法禁止所有未 226
获担保的债权人的请求，并将破产债务人的资金移转给了公库。可以说没有财产利益被征收吗？这和没收（confiscate）根据信托——该信托赋予受托人从有限的人群中指定受益人的权力——保有的所有财产的制定法如何区分？如果制定法仅规定消灭所有对未获担保之债的诉讼会怎么样？关键点是未获担保的债权人确实享有财产利益，尽管该利益可能处于共享资源中，而在该共享资源中，唯一的成员是这些未获担保的债权人，而非大众。他们彼此之间的关系非常复杂，就像油气田的地表所有人之间的关系一样。不过，重组债权人之间的权利是一件事，而移转这些权利给第三方是完全不同的另一件事。"非征收"的表述（"no taking" account）和偏向立法（preference legislation）一起达致了正确的结果，但是每当向原始共享资源（the original pool）之外的人进行强制移转，它都管保发生错误的结果。[28]

为了逃避和不履行（default）相关联的共享资源的难题，许多借贷人都试图为他们的贷款获得担保，这给予他们优先于普通债权人的地位。根据普通法，担保的唯一模式是占有性的，它要求债权人取得对动产的有体占有、占有土地或者占有契据（deeds）和其他权利凭证（evidence of titles）。该制度是非常不方便的，因为它开启了债权人发生错误行为的高度风险，因为债权人会把他保有作为担保的土地出售给第三人。此外，它也使得同一财产作为不同债权人的两项或多项贷款的担保物变得很困难，即使不是不可能的，而这些债权人中的每一个都不可能取得排他的占有。为了克服这些困难，法律制度引入了不同的登记制度（the system of registration），它通过公示的时间来给这些相竞争的请求权排序。但是州没有义务首先创设这一制度，

[28] 此外，征用权条款确实防止了既存的担保权的回溯性无效或从属（部分征收）。例如，参见 11 U.S.C.，§ 552（b），它规定了对非购买价金（nonpurchase money）、对家用家具的非占有的担保利益以及类似利益的回溯性的免除（retroactive release）。该制定法在 Matter of Gifford 案（688 F. 2d 447（7th Cir. 1982））中得到维持。该制定法被解释为在将来仅适用于 United States v. Security Industrial Bank，459 U.S. 70（1982）案，以避免在 Gifford 案中被否定的宪法的挑战。

尽管它不能（在没有赔偿的情况下）废除笨拙的通过自助创设担保债务的占有模式（possessory modes）。不过，现在的记录制度（the system of recordation）在拣选出优先权的方面明显优越于它所替代
227 的普通法制度，以致它自己的合宪性完全未受到我们含蓄的实物补偿检验的挑战。[29]

一旦担保贷款的制度就绪，一项理论上的问题就是，除了普通法上可用的最初的担保利益之外，将来能否在没有代替它的事物的情况下将它废止？原则上，对最初的制定法的起草就好像它在所有公民之间创设了一份合同，这样对它的废止就构成违约。不过，看起来没有理由对这一制定法做出不同于任何其他制定法的对待，所以，在每个人都知悉收益开始只是可能的情况下，对该制定法的废止只是拿走了州没有义务首先提供的利益（benefits）。如果这样理解，该情形就仅是放牧权案件——例如 Fuller v. United States 案[30]——的复杂变体。

虽然如此，让立法仅允许某些个人利用正谈论的制度看起来也是不允许的。选择性的利用使得普通法上某些个人保有担保的模式次于被允许进入该制度的那些人在制定法上的请求权。该从属关系就是对私人财产的征收，它和制定法颠倒第一顺位和第二顺位抵押权之顺位的情形没有什么不同。受限的利用否定了征收是为了公共用途的观点，而不成比例影响的检验也表明该方案会因缺乏公平补偿而
228 失败。[31]

㉙ 参见第十四章。

㉚ 409 U. S. 488 (1973). 参见第十四章。

㉛ 这里的解决方法就是努力逃避 Rodgers 提出的两难困境，见前引注 27。一方面，他不能决定“受担保的债权人持有的财产权利”是否“在某种意义上早于实定法（the positive law）”，96 Harv. L. Rev. at 987，或者政府能否仅通过宣布所有的法律规则都会变更而使得所有的对财产的保护“不起作用”（nugatory）。在该文本中采用的方法表明，州无须从记录中创造明显的收益，但如果它这样做了，它就必须通过允许普遍的使用而公平地划分盈余。

第十六章　侵权

在财产权利唯一并得到很好界定的情形中，与共享资源（common pool）情形相关的含蓄的实物赔偿原则也发挥着重要的作用。本章将使用这一原则来检验，在有形伤害（physical injury）的情形中，普通法和制定法从最初的法定财产权利的固定系列中产生的多种形式的变化。本章探讨了侵扰、陌生人之间的一般侵权规则以及源自合意安排（consensual arrangements）的损害，既包括它们在未来的适用也包括它们在过去的适用。

一、侵扰

侵入性侵扰（invasive nuisance）和双边垄断（bilateral monopolies）

侵权规则旨在赔偿对所有权权益（the rights of ownership）的侵犯，这些权益是根据先占规则获得的，可以对抗其他人的行为。为了运作该制度，有必要决定所有权所包括的权益。在这里，最初的普通法规则详细规定了正确的规范结果。所有权永远受到诉求，它信奉

cuius est solum eius est usque ad coelum et usque ad inferos（可以粗略地译为“土地拥有者的权利上达天空下至地心”）这一箴言。根据该规则，对受保护空间的任一侵入，无论多么微小，都是一项可诉的违法行为，它既可以通过损害赔偿获得救济，也可以通过禁令获得救济。相反，如果不存在有形的侵入，则存在不容置疑的对财产权利的行使，即使他人结果变得更坏。侵入的边界有着鲜明的黑白分明的性
229 质，这赋予财产权以笛卡儿的诉求（Cartesian appeal）。清晰的界限使得人们知悉他们所处的位置，并帮助人们在自愿的交易中重组他们最初的权利。

不过，在边缘情形该制度必须让步，因为不受质疑地坚持有形侵入的检验方法会造成实际的福利损失。即使最致力于保护私人财产①的法官也承认，以功利主义者的术语看，使有形侵入成为侵权责任的唯一试金石，最终是自我毁灭的（self-destructive）。大多数侵扰法则都旨在指明有形侵入原则在两个方向上让步的情形，这两个方向分别是，在某种侵入的情形否认责任，而在其他未发生侵入的情形施加责任。对侵扰法的修订，大部分都建立在功利性考虑的和分配考虑的混合体之上：通过缓和驱动私人财产制度的绝对观念来使每个人变得富裕。

从最简单的情形出发，对绝对排他性的完全尊重诱使每个人就无数琐碎的对财产的侵入，不仅去诉请损害赔偿，也诉请禁令救济，无论这些侵入是噪音、尘土还是浓烟。这些诉讼的目标一律都不是为了防止琐碎的损害，而是为了抽取经济租金的一部分——这些经济租金可不同地归因于对土地的有收益的利用。如果被告的行为使其获益1 000美元，而该行为侵入的一面（invasive aspect）又花费了原告1美

① 最好的描述是由Baron Bramwell做出的，他是少数具有明确的自由竞争思想的普通法法官之一，这一思想使得他在下述判例中采用了严格责任规则，即Fletcher v. Rylands，3 Hurl. & C. 774（Ex. 1985）案，该判例在Fletcher v. Rylands，L. R. 1 Ex. 265（1866）案中得到维持（aff'd），在Fletcher v. Rylands，L. R. 3 H. L. 330（1968）案中又以另一名义得到维持（aff'd sub nom）。就在两年前，Bramwell在Bamford v. Turnley，3 B & S 66，122 Eng. Rep. 27（Ex. 1862）案中对含蓄的实物补偿规则进行了阐述，它现在仍是对这一规则的最好阐述。

元，那么要求禁令救济的（现在是常见的）拒绝合作的价值（holdout value）就是巨大的。但是因为每个财产所有者在部分时间既是原告也是被告，基于博弈的重复性，所有当事人最终都会受有损失。从分析上看，该情形无法区别于前一章的共享资源难题。和先前一样，需要一些强制性的策略来阻止负和博弈（negative-sum game）。

一种可能的方法就是，否认该难题并认为轻微的侵入完全不构成“真正的”侵入，因此原告败诉是因为不存在对他的权利的表面侵犯。但是这一解决办法并不成功，因为它恰恰否认了征用权条款所坚持的主张，即存在一系列的自然和独特的法定权利（entitlements），它们 230
受到私有财产制度的保护。如果不是所有对他人财产的侵入都被视为是对权利的侵犯，那么为什么这样重视有形的侵入？如果有形的侵入完全是不相关的，那么征用权还剩下什么内容？我们因而很容易被驱向同样的对因果关系表示怀疑的方向，它导致了治安权在智识上的毁灭（intellectual annihilation）。又一次，唯一不断被询问的问题就是，哪组由社会决定的法定权利（entitlements）最大化了社会福利。对结果的排他性关注必然湮没最初的参照点（benchmark），即最初的财产权利，它们决定了谁必须向谁支付赔偿，以及支付多少。这一方法仅留下了是否允许政府行为这一问题，但是它并未给得到允许的行为是否创设了一项赔偿义务这一问题留下空间。

和共享资源一样，征收问题不能通过假装它并不存在而得以回避。然而，三项普通法的原则，即所谓的“相互容忍”规则（“live and let live” rule）、地点规则（the locality rule）以及一般和特殊的损害之间的区分，都旨在防止无休止的申请禁令救济，甚至是申请损害赔偿的拒绝合作的诉讼（holdout suits）。[②]

相互容忍

在相互容忍的情形，一般的规则规定，通常和正在进行的家庭或

② 对这些原则以及它们和一般用语（the general formula）的关系作出更为详尽阐述的，请参见 Richard Epstein，“Nuisance Law：Corrective Justice and Its Utilitarian Constraints”，8 J. Legal Stud. 49，82—90（1979）。

商业活动（ongoing household or business activities）相关联的一些低程度的侵扰（low-level interferences）在私法上是不可诉讼的。这一规则很容易满足充分的含蓄实物补偿的所有检验。正如共享资源，基于存在大量的当事人，高度的交易成本阻碍了自愿的对产权的重新谈判。[③] 类似地，因为被禁止的诉讼仅仅是为了它们拒绝合作的价值而提起的，我们可以确信，所从事的活动的价值，对每个个人以及作为总体来说，将超过被削减的行为权利的价值。此外，源自禁令的赢利（gains）以他人为代价而为某一类个体创设不同的收益（bene-
231 fits）是非常不可能的。该规则同时扩展至大量的不同行为；一个人现在能够烹饪，下一个人能够拉小提琴，依次类推（down the line）。卷入该规则的低水平的活动的高频度，有效地消除了它不成比例影响的可能性。在对两项内在的限制进行阐明后，这一点就更得到了加强。首先，特殊的或实质的损害并非是在该规则的运作中带来的，但是它们自身构成受侵害方提起的损害赔偿以及禁令之诉的客体。[④] 其次，完全禁止并不保护恶意进行的活动，这些活动在这里是以通常的含义被界定的，即恶意针对其他个人而从事的活动。

在并非恶意从事的低水平的侵入实际上构成侵入时，无法通过证明它并非侵入而为相互容忍规则辩护。该规则也无法通过不适当地求助于科斯对因果关系的定义（Coasian definition of causation）而得到辩护，这一定义以它虚无主义的（nihilistic）方式在整体上破坏了财产权制度。[⑤] 相反，该规则承认了最初的不法行为的效力，并将含蓄的实物补偿等同于该规则所创设的行为自由。确实，相互容忍规则的一项诱人特征就是，它许可的强制交易并不是由任何一个私人当事人单方发动的。因此，存在对盈余的公平分配，它类似

③ 对这些建立财产权利和侵权诉讼制度的因素的讨论，请参见 Guido Calabresi und A. Douglas Melamed，“Property Rules，Liability Rules，and Inalienability：One View of the Cathedral”，85 Harv. L. Rev. 1089（1972）。他们的文章并不包含宪法的成分，但该文章所确认的一般关系具有一般性和持久性，而这些是对宪法原则的要求。

④ 例如，参见 Colls v. Home & Colonial Stores［1904］A. C. 179。

⑤ 参见第九章中的讨论。

于在分割情形（partition cases）中发现的，而无须支付红利，正如磨坊法案所要求的。[6] 无论含蓄的实物补偿问题是由财产权利的经济理论来判断，还是由对派性动机（partisan motive）的关注来判断，抑或由不成比例影响的检验方法来判断，该规则都很容易满足所有的宪法标准。

地点规则

这一分析可扩展至包括地方性规则，该规则规定，在决定一定的行为是否造成可诉的侵扰时，有必要考虑该行为和其他位于同一地点的行为在种类和强度上的不同程度。按照规定，该规则旨在防止一栋私人住宅的单个所有人阻止在一个工业区的所有制造活动或者所有对铁路或高速公路的使用。和相互容忍规则一样，该主题是，每个遭受他人有限侵扰的人都借助对其他人造成有限侵扰的同等权利（the parallel right）而得到了补偿。它是于更狭小的地域基础上容忍更高 232
程度的侵扰，仅在这一点上，它与相互容忍规则有所不同。在这里已经确立的宪法框架内，这两项条件是密切配合的。一个地方区域内的更高的同质性（homogeneity）倾向于确保，更高程度的干扰可以为更高程度的赔偿所抵消，因而以大体相等的比例保持了所有当事人的地位。

然而，侵入活动之程度的众多变化使得该规则较之相互容忍规则更成问题，因为一些个体可能认为他们自己在该制度下受到了净损失。不过，这并不削弱基本主题的合理性，因为在该规则中不存在事先使其适用有利于单个人或确定群体的内容。那些发现土地无法吸引利用的人可能仍会通过将该土地出售于第三人而获得一大笔收入，该第三人则可以利用（土地周围的）环境。如果不方便的程度过高，普通法的可诉性规则就可能受到变更，或者可能引入直接的规制将类似侵扰的行为限制到它们对该群体的所有成员都提供了净收益的点上。因为预期收益和损失是在某个群体的成员中公平分配的，不成比例影

⑥ 参见第十二章。

响的规则使地点规则不会遭受宪法的公共用途或公平补偿条款的质疑。

一般的和特殊的损害

类似的观点有助于解释普通法和宪法下对一般损害和特殊损害之区分的持久性。正如私法中所发展出的，私人诉讼不予赔偿的一般损害必须满足两项条件。其一是，损害（injury）在范围上必须是宽泛的，其二是，它在性质上必须是非实质性的（insubstantial）（通常的例子是目击一件事故的人的“单纯”惊吓或公共高速公路上的交通迟延的情形）。[7] 不过，为了避免巨大的福利损失，州提供了一项直接的行政控制制度——罚款（fines）、检查（inspections）和警察强制执行（police enforcement）来对抗侵扰的风险。然而，为了避免巨大损害（injury）的不成比例的影响，特别是在人身伤害和完全丧失公共高速公路通行权的情形，就特殊的伤害（special harms），仍保留了私人诉讼[8]，这些特殊伤害如果未得到赔偿将给所有的人创造一种
233 给其邻居造成不成比例之损失的机会。一般损害和特殊损害的二分法并不完美，在仅部分丧失公共道路的通行权时——此时不成比例的影响最难衡量，它将受到更严格的检验。[9]

宪法对这些问题的决定实质上是对普通法判决的重复。例如，它同样不情愿对部分丧失通行权给予赔偿[10]，而且一般损害和特殊损害的区分仍正确地保持着很重要的地位。Richards v. Washington Terminal 案[11]描述了和私法上的区分（the private law distinction）相类

---

⑦ 参见 Epstein，前注 2，99—101 页。

⑧ Anon.，Y. B. Mich. 27 Hen. 8，f. 27，pl. 10（1535）.

⑨ 例如，参见 Smith v. City of Boston，61 Mass.（7 Cush.）254（1851），在该案中，于部分丧失通行权的情形，拒绝了对救济的诉请。对本案的不同观点，请参见 Richard A. Epstein，“The Social Consequence of Common Law Rules”，95 Harv. L. Rev. 1717，1732（1982）；M. Horwitz，The Transformation of American Law 77—78（1977）。

⑩ 例如，参见 Malone v. Commonwealth，378 Mass. 74，389 N. E. 2d 975（1979）。

⑪ 233 U. S. 546（1913）.

似的情形。原告因被告建筑活动带来的灰土、噪音和振动而遭受实质性的损害，而这些活动是根据制定法的授权进行的。法院接受了被告的观点，即他的行为通常免于一般损害之诉，而仅对特殊损害给予赔偿。对这一区分所声称的理由——即在伤害是轻微的且很普遍的情况下，财产并未“被征收”（在受损害或被毁损这一必需的意义上）[12] ——是不正确的。征收问题本身并不容许程度的划分，因为无论程度如何，所有的部分征收都被纳入进来。确实存在伤害，但它有限的严重程度和范围表明它的受害者整体因为已完成的建设项目所会给予的收益而变得处境更好：这就解释了为什么对公共道路的修缮通常并不要求赔偿，即使它们涉及了私人的通行权——这些通行权受到保护免于公共征收。[13] Richard 的特殊损害完全缺乏这一成本和收益——被征收的财产和所收到的财产——的粗略平衡，所以需要在那里给予现金赔偿来恢复平衡。该案借由错误的观点而达成了正确的结论：仅决定了“对私人财产的征收”是否已经发生并不能完成为适用征收条款所需要的所有工作。 234

在 Batten v. United States 案[14]中对 Richards 案作出了区辨，在这一判例中，就飞行的航空器对大量的土地所有者所造成的侵扰并未给予赔偿。这两个判例的区别就是在，在 Richards 案中，损害限于单个人，而在 Batten 案中，损害被施加于大量的个人。但是损害并未因为是由大量的个人承受的而从特殊损害转变为了一般损害。任何单个土地所有者的损失都可能等于或超过 Richards 案中的单个原告所遭受的损失。为了免于支付明确补偿，有必要证明，侵扰所伤害的土地所有者获得了实质的相匹配的收益——这是他们土地价值的净损失所有效排除的一项发现，以及运行军事基地的明显意图是为了整个公众的利益而非仅仅为了基地的紧邻的邻居的利益。

⑫ 同上，551—552 页。

⑬ 参见 Transportation Co. v. Chicago，99 U. S. 635（1878），在该案中，Pumpelly v. Green Bay Co.，80 U. S.（13 Wall.）166（1871）案——对该案在第 4 章中进行了讨论——的裁决以一种不道德的方式受到限制，因为法官没有看到不成比例影响检验的力量。

⑭ 306 F. 2d 580（10th Cir. 1962）.

收益和负担的适当匹配在 Swetland v. Curtiss Airports Corp. 案[15]中得到更充分的重视，在该案中，原告试图以构成私侵扰为由禁止对附近的机场的建设。法院的回答是，禁止作为侵扰的低空飞越，但允许继续进行高空飞越而无需进行赔偿。这一裁决很容易从整体的财富效应（overall wealth effect）和不成比例影响的检验中得出，即使原告的空间权根据上达天空原则（the ad coelum doctrine）最初扩展至天空的最高区域。[16] 原告对更高的空间的唯一价值就是对航空运输的拒绝合作的价值（the holdout value）。不过，他因为航空运输而从更便宜的货物和服务中获得的直接的或间接的收益，都使他所处的境况较之完全不存在对领空的利用时更好。（他宁愿既享有航空运输的收益也享有对他自己的财产的排他的权利完全是无关的，因为那会构成双重给付。）不过，低空飞行对土地所有者的成本要远大得多，并且不为所有的财产所有者分担，更不用说让整个公众分担了。即使
235 原告在获得航空服务并遭受未获赔偿的侵扰时境遇更好，但（和公共用途限制的命令（mandate）相反）他获得的仍仅是航空运输所创造的盈余的一小部分。那么，高空和低空飞行的区别就完全符合普通法对一般和特殊损失的区分以及征用权的宪法基础。

非侵入性侵扰：专门为了刁难邻居而筑起来的栅栏或墙（spite fences）

含蓄实物补偿的逻辑也解释了被告非侵入性行为具有可诉性的情形。原则上，有形侵入检验允许任何个人在其自己的财产上不受限制地进行建造行为，只要对他人的财产不存在直接的或间接的进入。不过从 19 世纪晚期开始，判例法已经允许财产所有人阻止邻居建造

[15] 41 F. 2d 929（N. D. Ohio 1930），后为 55 F. 2d 201（6th Cir. 1932）所变更。

[16] 这一点自身已经受到了质疑，因为，鉴于占有为权利之源，土地所有者拥有的只是受到有效占有的区域这一观点得到了极力主张。例如，参见 Fredrick Pollock, The Law of Torts 362（13th ed. 1929）。就更新的讨论，参见 Bruce Ackerman, Private Property and the Constitution 118—123（1977），Richard A. Epstein 所著的 "The Next Generation of Legal Scholarship"，30 Stan. L. Rev. 635，650 — 652（1978）对之进行了批评。

"专门为了刁难邻人而筑起来的栅栏或墙"，这些栅栏或墙的唯一目的就在于阻碍该财产所有人的视野或光线。[17] 恶意栅栏案件通过放弃有形侵入检验以及使责任转向恶意或动机——在大多数的其他情形下它通常被视为是无关的——而偏离了传统的普通法的责任规则。不过，缓和侵入要件和坚持要求对恶意的证明是密切相关的，在相互容忍规则中有效的同一理论在这里也起作用。如此界定的对土地用途的限制可通过对其他人的财产的类似限制而得到完全补偿，因为在建造恶意栅栏前，收益和损失是成比例的。关于恶意栅栏的基本规则并不适用于所有形式的土地用途：例如，不可能仅基于邻居的房子或棚屋（shed）是恶意建造的就将之推倒（ripped down）。[18] 借由对遭受强制交易的使用价值进行苛刻的限制，该规则减少了在私人当事人之间进行实质的财富再分配的可能性。原则上，邻居之间的低的交易成本减少了对该规则的需要，但该规则可以被正当化为是对可能的双方垄断难题的回答——该难题仍允许当事人谈判权利的替代性分配的方法。从这一规则中获得的全部收益更难以评估但是可能是正数。鉴于该规则的影响及再分配动机的缺乏，很明显它符合要求。

早期的马萨诸塞州的 Rideout v. Knox 案[19]充分地描述了普通法
和宪法裁判密切的近似性，在该案中，Holmes 维持了一项恶意栅栏 236
的制定法，该法宣布任何"不必要地超过 6 米高、为了骚扰邻近财产的所有者的目的而恶意建造或维护的"栅栏都构成一项私侵扰（a private nuisance）。该制定法对财产的非侵入性使用施加了限制，该限制构成一项绝对不处于治安权目的之内的征收。不过，该制定法符合含蓄的实物补偿的要求。因为低于 6 米高的栅栏受普通法规则的调整而高于 6 米的栅栏受证明恶意的诉讼（suit on proof of malice）的约束，获得允许的强制交易的范围因而受到严厉的限制。确实，在建造栅栏后，就可能确认当事人之间实质的财富移转。不过衡量的关键时间是事前，即该制定法通过的时候，此时移转更加难以探查到。

[17] 例如，参见 Flaherty v. Moran，81 Mich. 52，45 N. W. 381（1890）。

[18] Kuzniak v. Kozminski，107 Mich. 444，65 N. W. 275（1895）.

[19] 148 Mass. 368，19 N. E. 390（1889）.

Rideout v. Knox 案也建议对州重新调整邻人之间的财产权利的权力施加适当的限制。

> 可以假定，根据我们的宪法，立法没有权力禁止恶意地建造或养护店铺或房屋，并因此使得联邦（the commonwealth）的大部分财产取决于陪审团可能发现的所有者的过去的或现在的动机。但是并不能得出，对边界上不必要地建造的高于 6 米的栅栏而言，规则也是同样的。可以认为该差异仅是一种程度上的。在仔细分析时，大多数差异都是这样。无论如何，程度的差异只是确定立法机关行使治安权之权利所借由的区别中的一种。⑳

恶意建造的房屋和恶意建造的栅栏之间的区别并不取决于下述理由，即一项绝对构成征收而另一项并非如此，它也不依赖于治安权，正如 Holmes 所建议的。程度问题——Holmes 很喜欢（with such fondness）强调的——也并不仅仅是人类状况（human condition）难以分析的一部分。相反，这一判例追踪了恶意栅栏的普通法规则，并做出了普通法规则不能提供的唯一一项澄清：一项数字，在这里是 6 米，低于该数字调查就无法进行。因此，这一判例最好被理解为是不成比例影响检验的一项经典的适用（a textbook application）。恶意栅栏的制定法在适用中并未提供有关恶意建造的房屋的禁令中可以发现
237 的滥用的权力（the power of abuse in application）。

支撑权（support rights）

普通法的侧面支撑（lateral support）规则也表明了不成比例影响的检验在非侵入性侵扰情形中的力量。根据一项可谓是普遍的规则，每个土地所有者都负有一项侧面支撑邻人财产的义务。支撑的义务仅扩展至以自然状态存在的土地，而未扩展至它的增建物（im-

⑳ 同上，369 页，19 N. E. at 392。

provements）——无论是现在的还未来的。土地的地役权（easements）是互惠的，这样就互相提供了含蓄的实物补偿。改良物被从侧面支撑的义务中排除出去，因为一方当事人通过先行建造的策略行为以获得对他人的土地的更为广泛的地役权必然导致不成比例的负担。然而，一旦建造已经发生，仍然存在相互的积极义务（affirmative duties），如在开挖前给予通知的义务，对新的建筑者来说它可以以低成本允许需役地的保有人（holder of a dominant tenement）通过支撑（shore up）一栋建筑或购买一项支撑地役权（a support easement）来减轻损失。在每一点上，这些规则在改善每个当事人的地位时也提高了总体效率。这一绝对的非侵入规则（the absolute non-invasion rule）在历史上的例外并未受到征用权的任何攻击。

二、一般责任规则

如果有什么区别的话，在侵扰领域内如此明显的谈判难题在调整陌生人之间的损害的一般侵权责任规则中就更为严重了。原则上，任何一套已创设的规则都可以通过一组调整人们之间的所有意外事故（contingencies）的完全契约（complete contracts）而被包出去（contract out）。但是，在实践中，由于交易的棘手的障碍，这些可能的合同（contingent contracts）永远不会订立。因此，有必要询问，从最初的严格责任立场对责任规则做出的何种可能的转变可以符合征用权条款中公平补偿的要求。[21] 可以以两个标题（head）来考虑这一情况。第一个涉及，在被告通过强力或不实陈述给他人造成损失的情形——传统的不法行为的情形（misfeasance case）中，对责任规则的修订。第二个涉及相反的情形，此时，在被告并未引起这两种意义中任一种意义上的损害的情形——传统的不作为情形（nonfeasance cases）中，无责任的一般规则（the general rule of nonliability）得到修订。 238

[21] 参见第四章。

不法行为（misfeansance）

在处理不法行为责任的问题时，从最极端的情形——它完全废除了所有对人身或财产进行损害赔偿的侵权诉讼——开始是有启发性的。这一极端立场的一个可能益处就是它将管理成本导向零。但是这一制度（regime）预示了广泛的灾难；它的激励效应（incentive effects）是如此严重以致每个人都会因放肆的侵犯而境况变糟，而根据洛克的理论，这正是政府所反对的。作为一项形式上的事情（as a formal matter），对侵权原则的普遍废除看起来具有不成比例的影响。不过在重心集中于实际影响时，考虑到这一解决办法产生的危害的不同机会（differential opportunities）以及它预示的财富的整体减少，即使不成比例影响的检验也不能使之正当化。就恶意建造的房屋而言，财产权的不稳定（destabilization）将过于巨大而不能提供暗含的补偿，无论采用何种解决方法。

不过，极端立场的不合理并未排除一大堆的中等程度的调整（intermediate adjustments），无论是通过制定法还是根据普通法。考虑一下过失制度和严格责任制度之间的长期冲突。正如我所主张的，假设所有权的观念使得严格责任标准在所有陌生人之间的侵权案件中都是必要的。但仍不能得出，从严格责任转向过失必然归于无效，除非根据新的制度向净损失者提供了明确的补偿。特别是，通过事后（发生事故之后）观察原告——因为他不能证明过失而否决了他的请求——来判断该转变的合理性是错误的。正确的参照点是事故发生前，此时看起来可归因于责任规则转变的净财富效应是很小的，也许是可以忽略不计的。而且，对这一转变的方向在大量的学术文献中仍在激烈地争论着。[22]

因为对净的社会收益的关注给规则的选择提供了相对较少的指引，所以必须对两项关注给予大得多的重视：动机和不成比例的影

[22] 例如，参见 Richard A. Epstein，“A Theory of Strict Liability”，2 J. Legal Stud. 151（1973）；George P. Fletcher，“Fairness and Utility in Tort Law”，85 Harv. L. Rev. 537（1972）；Richard A. Posner，“A Theory of Negligence”，1 J. Legal Stud. 29（1972）。

响，后者为规则变更对既定个人财产的边际效应（marginal effects）所掩饰。[23] 为了使责任规则具有重要性，首先必须存在某种事故，该事故产生了一项诉讼，这一诉讼的结果取决于对规则的选择。但是对 239 大多数人而言，事故并非是常见的事情，而过失原则和严格责任原则在大多数陌生人的案件中是达成一致的。在某些情形中，通过连接高度注意标准或通过适用事实自证（res ipsa loquitur）规则，即从事故的发生中推定出过失，过失标准得以变得严格。类似地，严格责任原则在被告的行为因为第三人的介入而被免责时也受到削弱。不仅这些规则之间的差距很小，而且在事故发生前，大多数人都不知道哪个规则的运用更有利于他们，因为他们无法预言诉讼是将他们置于原告还是被告的位置。考虑到情况的决定因素，实际上，大多数人都是在无知之幕后活动，这使得他们无法为了自己的利益来操纵制度。罗尔斯的理想不再取决于个人的假设观念（the hypothetical construct），这些人并不知悉他们的个人情况；外部的环境制造了所需的唯一的帷幕。

在考虑对这两项规则的相对福利效应（the relative welfare effects）的直接司法审查时，不成比例影响规则的吸引力甚至会变得更大。关于这两项规则的影响（incidence）的经验证据几乎难以找到，因为没有市场交易可以提供有关哪一项规则通常更为人喜好的任何蛛丝马迹（telltale traces of clues）。对明确补偿的坚持提出了谁应向谁支付什么的问题。为了使得普通法无效，宪法命令（constitutional fiat）对此所授予的裁量权确定了最初的一组权利，以便排除征收条款自身引起的强制交易。对这一问题，区分明智的事物和合宪的事物是至关重要的，因为普通法责任规则宽泛的一般化提供了一项强有力的保障来防范损害。鉴于所争论的问题，赌注（stakes）是很小的，而且受益的个人和承受责任规则变动负担的个人之间存在着很大的重合。政治上自我纠正的机制在这里运作得很好。唯一适当的宪

㉓ 对被剥夺了宪法上的含义的描述性观点做出的更为详尽的表述，参见 Epstein，前注 9，1717 页。

法处理是允许这两项基本的责任规则自由地共鸣。法院可以从严格责任移至过失或从过失移至严格责任而不违反征用权条款。也可以采用任何中间的立场——事实自证或从因果关系的证据中类似地推定过失——这使得两种制度达成一致。而且这一结论是站得住脚的，即使否认严格责任规则必然构成所有权概念的一部分。假设以过失为出发点，基于刚才提出的类似的理由，严格责任规则也满足了含蓄实物补
240 偿的检验。

同样的分析可以扩展至其他的侵权原则。例如，因果关系中可预见检验和直接性检验的优点[24]，提出了个案中的语言使用和结果公平的深刻问题。在既决案件中可以探查出无尽的兴衰起伏（ebbs and flows)。但是这些短暂的选择，即使是关于基本原则的选择，也没有提出征用权条款之下的任何关注，无论认为严格财产权的制度需要哪种因果关系的观点——如果有的话。在缺乏政治操纵的情况下，对所有陌生人案件的一般化保证了含蓄的实物补偿。

与有过失（contributory neligence）和比较过失（comparative negligence）提出更为尖锐的难题，因为让最好的法律理论来衡量双方当事人的不法行为的相对重要性不存在自然的或唯一的方法（无论通过过失还是通过因果关系）。原则上，与有过失或比较过失规则都代表了对私人财产的征收，尽管（至今）无人能确定适当的基本规则（the proper baseline rule)。不过对宪法调查而言，困窘(embarrassement）并没有实际的重要性（of no practical consequence)。如果一项规则是侵权制度的合理观点所要求的，它的替代规则就可以根据不成比例影响的检验得到正当化，其理由依然如上。

---

[24] 主要的判例是：In re Polemis ［1921］ 3 K. B. 560；Overseas Tankship（U. K.） Ltd. v. Morts Dock and Engineering Co.，Ltd. （The Wagon Mound ［No. 1］) ［1961］ A. C. 388（H. I. E.）。一般的论述，参见 H. L. A. Hart and A. M. Honore，Causation in the Law（1959)；关于因果关系的资料集，参见 Richard A. Epstein，Charles O. Gregory，and Harry Kalven，Jr.，Cases and Materials on Torts ch. 5（第五章）(4th ed. 1984)。

不作为（nonfeansance）

不作为案件基于的是好撒玛利亚人问题（the good Samaritan question）——人们有义务救助一个陌生人免受并非救助人引起的迫近的危险吗？与不法行为相比，该问题就是，法律制度能否将保护程度扩展至超出对所有权的最初分配所设定的程度，这一最初设定的程度强调通过使用强力或欺诈伤害某人与不帮助受到并非被告引起的外在力量威胁的某人（“没有”帮助则避开了义务问题）之间的鸿沟。

我们从极端的情形开始，该情形是完全废除侵权制度的对立面。假设立法机关颁布了一项制定法，它使得每个人在没有救助他人免遭迫近的危险时要承担严格责任。从字面上看，该制定法认为，为了实施救助，被告必须承受的费用是无关紧要的；被告是手持绳子站在桥 241
上还是睡在一千里之外的床上同样无关紧要。这类制定法由于其整体的财富效应构成违宪，因为它允许每个原告随意挑选某个有钱人使之承担绝对的责任。尽管该制定法在表面上可能是中性的，但鉴于它公开招致策略行为，它的影响完全是相反的，因此，由于其不成比例的影响，检验会归于失败，尽管这一制定法在立法上通过是不可能的。

不过，极端的事例并未解决中等程度的情形，例如，仅向能够以“很少的成本或受到较小的麻烦、或无成本或不受麻烦地”采取措施的人施加“容易的”救助义务的情形。[25] 该规则的措辞旨在限制对适用的最大滥用，但是它招致一堆未得到回答的问题——原告的与有过失、对风险的客观误解——这些问题从来未被面对，因为该主张从未被采纳过，即使是在这个不断扩展侵权责任的时代。不过，我会证实这一主张，我确信正因为它的效果是不成比例的，它永远不会作为对陌生

[25] 例如，参见 James Barr Ames，“Law and Morals”，22 Harv. L. Rev. 97，113（1908），他对他的“行为准则”（working rule）作出了如下的阐述：“没有介入救助他人免受迫近的死亡或重大的人身伤害者，若他进行救助只会带来很少的麻烦或不带来麻烦，而且死亡或重大的人身伤害是因他不采取行动（inaction）而发生时，应当受到刑事惩罚并应向受到伤害的人支付赔偿或在受害人死亡的情形向其遗孀和子女支付赔偿。”另参见，Ernest J. Weinrib，“The Case for a Duty to Rescue,”90 Yale L. J. 247（1980），在那里出现了“容易的”救助这一措辞。

人之间的义务的一般声明而得到接受。即使事先某些个人定会从这一容易的救助规则中获益或受损，但他们仍无法自报身份；如果他们能够自报身份，潜在的收益很有可能会少于希望争取他们的联盟的组织成本（organizing costs）。根据这些限制条件，法律规则自身的一般化提供了稳固的保护来防范任何伪装的政府的没收行为（confiscation）。

三、对诉讼的限制

在普通法中，一旦一项义务（obligation）得以创设，它就无限地存续下去，除非它被解除（discharged）或被免除（released）。时间的流逝并不能赋予原告以额外的权利，它也不会对被告施加额外的义务。仅当事人之间的诉讼可以改变他们的法律关系。不过，每个法
242 律制度都包括了时效的制定法（statutes of limitation），其核心功能就是，仅因为时间的流逝而禁止这些诉权，因为普通法并不会这样。

征用权条款适用于这些制定法是清楚的。财产权包括了赔偿未来的和过去的损害的权利。任何限制该救济的制定法和其他对普通法责任规则的修订一样都构成一项对私人财产的征收。但是没有人曾经认真地质疑过时效法的明智或合宪性。通常观点的正当理由很难找到。时效法受到欢迎是因为它们提供了一般的改进（general improvement）；使争议不至恶化，并在当事人死亡和证据变得陈旧之前审理案件。这些制定法有公共记录可查（of public record），而且概括地说，它们的存在是种常识。因此通知受伤的当事人并不成问题，一旦给予通知，他们通常就可以以很低的成本来满足法律的命令。注意阻止时效法在诉讼应得到允许的案件中进行的原则，如原告是婴儿或精神病人无法为了自己的利益起诉的情形。* 时效期间在不同类型的案件中是不同的：在不动产和动产之间、在侵占和侵入之间、在故意和

* 原文这里仅使用了一个定语从句来修饰 doctrines，没有谓语成分，可能存在错误。——译者注

过失伤害之间。不过，依据类型对诉讼做出的精确分类不可能事前在全体人民的组成员之间实现财富的系统移转，因为该分类并未反应明显的社会分组（social grouping）。（通过及时起诉）减少损失的权力实际上是绝对的，并且在制定法确实禁止一项诉因的情形，让任何人事先预计他是受到侵害的原告还是得到满足的被告是很困难的。

针对这些制定法的宪法案件是不可抗拒的（overpowering）。任何由这些制定法造成的财富的移转会很小，它会是随意造成的，并会为财富数额的整体增大所遮掩。在新的法律制度下状况最为恶化的成员会比他们在旧制度下的状况有所改善。暗含补偿的全部三个衡量标准都得到满足。直接的经济证据表明了财富的整体增长，并不存在再分配的动机，而且总体上缺乏不成比例的影响。

在立法机关通过制定法限制胜诉的原告可以获得赔偿的钱数或负有责任的当事人所支付的钱数，而不是可以提起诉因的时间时，就出现了更复杂的问题。这一类型诉讼的一项重要限制包含在 Price-Anderson 法中，它将核事故的所有原告可以从私人和政府那里得到赔偿数额限制为560 000 000美元（它通过"议会将采取被认为是保护 243
公众免受这种程度的灾难的结果所必要的和适当的任何措施"这一模糊的承诺而得以增加），无论他们受到的伤害的严重程度如何。该限制明显构成部分征收。关键的问题是该制定法是否提供了充分的含蓄的实物补偿。

Price-Anderson 法的合宪性在 Duke Power Co. v. Carolina Environmental Study Group，Inc. 案[26]中受到质疑，在该案中，最高法院使用了一项征收的分析，尽管它形式上并未根据征用权条款进行诉讼。最初，法院考虑到自己的先例，即"一个人"对已经得到考虑并受到拒绝的"普通法的任何规则不享有财产权和既得利益"，从而对是否需要补偿物（quid pro quo）的问题含糊其辞。[27] 但它其后又详尽

㉖ 438 U. S. 59 (1978).

㉗ 同上，88 页注 32。所引文句来自第二雇主责任案（Second Employers'Liability Cases），223 U. S. 1，50（1912），以及 Munn v. Illinois，94 U. S. 113，134（1877）。关于批评，参见第八章。

地表达了该问题，它符合前述对含蓄的实物补偿的分析。[28] 法院在该制定法给予原告——并不要求他证明过失——的利益中发现了该补偿物，这使得他们可以克服第三人介入的问题或质疑基于与有过失或自担风险的积极抗辩（affirmative defences）。此外，规制性的限制首先减少了突发事故发生的可能性，因而提供了进一步的获益来抵消对损害赔偿的限制。

没有问题的是，这一揽子收益（this package of benefits）可能对未来的原告颇具价值，而且因公司免遭诉讼而导致的费率（rates）减少也向所有电力的购买人提供了进一步的收益。但是恰当的问题并不是该制定法是否给予了一些收益，而是该收益是否等于或大于对不受限制的损害赔偿的可能诉权的丧失。提出这一问题是无法避免的，即使它要求调查程度问题。在限度上，如果制定法将整个赔偿限制为 100 美元，那它就肯定是令人不悦的，而在它允许赔偿达到 100 亿美元时，它无疑就是使人满意的。

中间情形提出了困难的问题。以公用事业公司（和股东们）为一
244 方，以公众为另一方的情形并未展示出在油气案件或相互容忍的情形中发现的互惠的权利和义务的图景。不成比例影响的检验并未挽救该制定法，即使它没有使之无效。确定该制定法提供的其他收益的价值是很难的。在采用严格责任标准时，该制定法可能仅符合普通法上对异常危险活动的一般严格责任规则。[29] 对因果关系介入抗辩（the defence of causal intervention）的废除可能只是使一般普通法的效力加倍。[30] 与有过失和自担风险在这些情形中仅起到有限的作用，即使在普通法的框架内它们毫无疑问地得到接纳。更重要的是，最初的 1957 年的总额限制在过去 25 年内并未因通货膨胀而受到调适，这肯

[28] 注意公共事业企业的资产远远超过了 6 千万美元，对此，根据该制定法它们被置于风险之中。这里的问题并未随着有限责任而消失，而且 Price-Anderson 法也并不能仅仅被视为是一项保护陌生人的强制保险计划。该企业的资产免于依该制定法提起的诉讼。

[29] 参见 Restatement（Second）of Torts §§ 519—520（1977）。

[30] 同上，§ 522。另参见 Yukon Equipment，Inc. v. Fireman's Fund Insurance Co.，585 P. 2d 1206（Alas. 1978）。

定是不利于该制定法的一点。

交易条款可能因此已发生根本上的变更，因而 Price-Anderson 法在通过时是合宪的，现在则不合宪就是可能的。这里的难题是向各个方向蔓延的，因为仅仅提出总额限制的一项风险就是，它招致了陪审团提高判予的损害赔偿额。不过，更复杂的结构可以控制这一问题而不剥夺个体原告合理的赔偿水平。其他的保险范围可以以每个原告或每个家庭为基础来订立。可以通过数额或公式来明确对不当致死案件的限额。在人身伤害诉讼中，单独的限制可能指向医疗费用或指向痛苦，特别是精神损害赔偿（psychic damages）。这些替代制度的细节所要求的信息要远多于 Duke Power 案所提出的。然而，因为公平补偿要求的适用，评估难题要比最高法院所承认的远为迫切。根据放宽的现代标准，作为回报给予某种实体价值（substantial value）的总体判断（global judgement）可能已经足够的，但根据征用权条款，它则是不适当的。

四、劳工补偿法

劳工补偿案件表明了合同法和侵权法之间不稳定的重叠。在一般的讨论中，补偿法被认为是以前调整工业事故的侵权法的替代物，这对在这里处理它们提供了解释。不过它们和其他的侵权问题不同，因为它们试图规制的并不是陌生人之间的关系，而是相互进入合意安排的个人之 245
间的关系，此时协议可能明确以及默示地分配了损失或事故伤害的风险。

现在在每个司法辖区都可以发现劳工补偿法。在 20 世纪的前二十五年，劳工补偿法多半得到采用，它们重塑了整个雇主——雇员关系的结构。[31] 在以前的普通法制度中，个体雇主和劳工可以自由谈判

[31] 对劳工补偿计划以及它们对普通法规则所造成的影响的一般叙述，参见 Ives v. South Buffalo Ry. Co.，201 N. Y. 271，94 N. E. 431（1911），它废止了纽约的法律；New York Central Railroad Co. v. White，243 U. S. 188（1917），它维持了修订后的纽约法律来对抗联邦宪法的挑战。对劳工补偿之发展的描述，参见 Richard Epstein，“The Historical Origins and Economic Structure of Worker's Compensation Law”，16 Ga. L. Rev. 775（1982）。

所有的雇佣条款和条件，包括对与工作相关的伤害的赔偿。在缺乏协议时，普通法中形成的类似侵权的一般规则（tort-like rules）就向雇主施加了一项向雇员提供合理的安全工作场所的一般义务。作为补偿（offset），雇主享有三项独立的抗辩：自担风险、与有过失和共同雇佣（common employment）。*[32]劳工补偿法打破了旧的普通法的领域并扩展了工业事故的数量，对这些事故可以要求雇主支付赔偿，但它同时也限制了每个这样的事故所要求的赔偿的数额。

为了实现这一目的，下列的结构变革被引入进来。首先，雇主过失的有无变得与和补偿问题无关。新的责任检验标准是事故是否“来自雇佣并在雇佣过程中发生”。其次，普通法上的三项抗辩（trilogy）被废除了，因此只有故意自我引起伤害才会禁止雇员的请求。这一得到扩展的雇主责任的明确补偿物采取了两种形式。其一是，雇员对雇主的侵权救济为所谓的制定法的“排他救济”规定所取消。其二，对
246 所包括的伤害支付的赔偿要少于胜诉的原告根据普通法就同样的伤害本能得到的赔偿。劳工补偿并未考虑痛苦，而且它的早期形式对所失工资和医疗费用的赔偿施加了明确的金额限制（financial limitations）。如果普通法的赔偿旨在使原告保持完整，劳工补偿的收益则有着更为适度的目标，即减轻来自伤害或死亡的打击。实际上，“赔偿交易”以更宽泛的覆盖面换来了更低的赔偿水平。

作为实体法的问题，采用了这一一般形式的劳工补偿法毫无疑问豁免于宪法的质疑。历史上，情况更为复杂。这样通过的制定法中的第一部——1910 年的纽约劳工补偿法——为纽约上诉法院在 Ives v. South Buffalo R. R. Co. 案[33]中废除。Werner 法官在 Ives 案中的观点在今天受到广泛的置疑，它遭受了较应有的份额为多的曲解和讽

[32] 与有过失大概是指劳工对他自身的安全没有采取合理的注意。自担风险涉及雇员接受已知风险的决定。共同雇佣的抗辩规定，正如在劳工自己和雇主之间一样，劳工承担了他同伴雇员的过失风险。

[33] 201 N. Y. 271，94 N. E. 431（1911）.

* 共同雇佣为普通法的一项规则，它是指雇主对工作中其雇员因另一雇员的过失所致的伤害不承担责任，除非雇主未能尽职仔细挑选雇员和采取安全措施。引自《元照英美法词典》。——译者注

刺，但是它对劳工补偿法提出的问题却不能简单地抛之一旁。

Werner 在 Ives 案中的观点是从对 Wainwright 委员会的赞颂词开始的，这一委员会的综合报告详述了普通法的浪费和无效率，这有助于保证劳工补偿法案的通过。[34] 法院很快就得出结论说，没有宪法的障碍阻止制定法废止共同雇佣、自担风险和与有过失的抗辩。但是它回避了无过错责任的制定法领域，这使得雇主责任并非依赖于他自己的行为而是基于在伤害时雇员的地位，它甚至从未成为普通法中严格责任规则下的责任来源。法院然后引用了两项基本的主张来废止这一制定法。第一项涉及立法机关的法律（legislative enactments）和宪法规定之间的关系，第二项涉及制定法的实体操作。

> 财产权并不依赖于哲学或科学的思考（speculations），也不取决于值得赞颂的慈善的冲动，更非建立在自然正义的指令（dictates）之上。这一权利在基本法中有它的基础。这可以为人民所改变，但不能为立法机关所改变。……任何 247
> 其他观点都将导致荒谬，即宪法仅保护立法机关并未拿走的那些权利。如果允许使用和这里提出的支持该制定法的观点一样的经济和社会学的观点来彻底颠覆对财产的基本观念，那么就不存在完全安全的私人权利，因为对立法机关的绝对裁量权并没有限制，宪法的保障只是浪费言辞。……雇员的风险应由雇主承担，因为它内在于雇佣关系中，这一观点在经济上可能是合理的，但是它和下述法律原则存在冲突，即没有雇主能被强迫承担和雇员的工作无法分离的并且尽管雇主采用了远高于最严厉的法律所要求的注意程度仍可能存在的风险。如果因为雇主的营业是内在危险的，就有权向没有忽略法定义务并且没有为不法行为的雇主施加一种完全基于立法授权的责任，那么，基于医院或其他慈善机构主要致力

[34] 委员会报告的全称是“由根据 1909 年法律的第 513 章任命的调查雇主责任问题和其他事项的委员会对纽约州立法机关所做的报告”。

> 于减轻主要可归咎于雇主的营业疾病这一理论，同样有权为了支持这些机构而向雇主加诸一种特殊税收。根据最后的和简单的分析，那构成对 A 的财产的征收，并将之给予 B，这是不能根据我们的宪法来进行的。㉟

在一项有启示作用的同意意见（a revealing concurrence）中，首席法官 Cullen 阐述道：

> 我知道，除非是基于合同之债或者基于过错，不存在一项可以强迫一个人赔偿另一个人所受损失的原则。为了支持要求一个人支付他邻居的债务的法律，也可以认为普通法要求每个人支付他自己的债务，而所涉制定法仅是对普通法的修正而要求每个人支付他邻居的债务。㊱

就法院的观点依赖于宪法的至上权威而言，很难和它进行争辩。但是该观察的力量仅证明了对责任规则的任何修订——尽管完全是将来的，仍相当于对私人财产的征收，正如 Werner 所明确指出的。Ives 案中的两种观点由于没有表达含蓄实物补偿的问题而完全是有瑕
248 疵的。这样 Werner 对慈善行为的特殊税收㊲的类比和 Cullen 对支付邻居之债的一般债务的类比都是毫不相关的（lie very wide of the mark）。这些例子表面上都是对私人财产的征收，对此并没有给予所有人以含蓄的实物补偿。雇主向慈善事业支付金钱可以提高整体的福利，但收益和负担并不相当，因为认为医院主要致力于减轻可归咎于雇主的营业疾病是错误的。这一税收，主要是为了陌生人的利益，因而不符合不成比例影响的检验。㊳

Cullen 假设的支付他人债务的制定法很类似于一项施加普遍的、

㉟ 201 N. Y. at 294—296；94 N. E. at 440（省略引语）。

㊱ 201 N. Y. at 318—319；94 N. E. at 449.

㊲ 这里对“特殊税收”的提及并不是偶然的或者是不重要的。参见第十八章。

㊳ 第十九章对为了慈善目的的税收是否可以存续的问题做出了更详尽的考虑。

严格的和无条件的救助义务的制定法。形式上，使每个人支付其邻居的债务创设了一项成比例的义务。不过实际上它通过允许每个人花费他人的钱而创设了一项巨大的道德风险。在 A 可以质押 B 的存款（credit）时，他也能够授权他自己的债权人取得 B 的金钱而无须自己亲自来取。这一规则实际上将使得每个人的经济状况都变坏，如果个人以不同的方式利用这一极端的规则所提供的征用（expropriation）机会（无疑情况就是这样），它也会创设不成比例的影响。这种制定法背后的动机并不具有可以想象得到的意义。这样该制定法看起来就像我早先举的例子，即完全废除了侵权责任或施加绝对的救助义务而无论情形如何。根据含蓄实物补偿的全部三项标准，这一规则被宣布无效。

劳工补偿法，和其他对责任规则的中等程度修订（intermediate modification）一样，是一件非常不同的事情。它们被构造成是雇主和雇员之间的“赔偿”交易，而远非主要是为了陌生人的利益或完全不为谁的利益。根据这里的征用权分析，补偿物并不是一种细小的法律细节而是对雇员所失去的权利的相关的赔偿来源。正是某种补偿物的明显存在说服了意见不一致的美国最高法院在 New York Central R. R. v. White 案[39]中维持了该制定法。

不过 White 案并不像传统的见解所说的那样容易。它的关键问 249
题并不是补偿物是否存在，因为每个人都承认对被征收的财产权存在某种赔偿。难题是宪法要求公平赔偿，这反过来要求调查该制定法是否对被拿走的权利提供了充分和完美的等价物。在这里，补偿物的第一部分是明确的：该制定法下的排他救济条款。第二部分是含蓄的：变更合同中的工资条款以赔偿该制定法施加给雇主的额外风险的能力。

雇主的这两项获益结合起来是否充分？答案绝不是显而易见的，

[39] 243 U. S. 188（1917），顺便提及，该判决是由 Pitney 法官撰写的，他的保守倾向可以从 Coppage v. Kansas，236 U. S. 1（1915）案中明显看出来，该案认为，禁止以不参加工会为条件的劳动合同（黄狗合同，yellow dog contracts）的州立法是违宪的。

因为如果赔偿制度是一种好主意，那么雇主和雇员[40]就会自愿采用它的某种形式。这一点并不是无根据的推测，因为英国[41]的铁路业和采矿业确实采用了自愿的赔偿方案，并且根据 Wainwright 的报告，纽约[42]以及可能国内的其他地方的许多铁路都这样做了。不过，这一制定法超越了以前所做的。许多（如果不是全部的）企业的资本价值都为这一立法上的征收所减少，这一征收或者施加了一项这些企业并未自愿接受的义务，或者扩展了已经承担的赔偿义务的范围。更为一般的是，该观点认为，该制定法对合同自由施加了一项限制，它使得双方当事人的经济状况变坏。通过暗含补偿的检验，可知这一制定法所提供的收益必然是不充分的，并要求该制定法归于无效。

这一观点为了自身利益改变得太快了。首先，普通法关于共同雇佣的规则形成了一项责任的确切基准这一点是不清楚的。在许多产业中，基于企业（by firm basis）引入赔偿制度的管理成本对企业来说
250 过于巨大了，但是这些改革如果为立法大量批准的话，也会受到企业的欢迎。如果唯一的选择存在于两个强制性的领域——普通法和劳工补偿——之间，那么就没有特别的理由拒绝劳工补偿而支持现有的普通法解决办法，特别是基于宪法的理由。的确，普通法规则优越于制定法的方案这一点远非是清楚的。许多雇佣合同选择不适用普通法，这一事实使得至少对所有产业的所有企业来说，普通法责任规则是理想的规则这一主张受到削弱。

有几项特征有争议地使得赔偿制度优越于普通法的规则，实际上，这几项特征很容易得到确定。对于许多工业事故它们的保险范围

[40] 这一文本仅从雇主的优越地位（vantage point）上考虑了赔偿法。类似的观点是，它们也损害了（至少是某些）雇员的地位。在这里提出该观点的困难在于，征用权条款被限于私人财产，这一条款可能不应被解读为包括对劳动的处分。注意实质的正当程序观点并不遭受这一限制，因为它们包括了自由和财产，因而不要求在它们之间划出不确定的界限。

[41] 对它的讨论，参见 Epstein，同前注 31，页 775、页 787～797。关键的判例是 Griffiths v. Earl of Dudley，9 Q. B. D. 357（1882）；Clements v. London & Northwestern Railway，［1894］2 Q. B. 482。英国的劳工补偿法是 1897 年通过的（60 & 61 Vict.，ch. 37），它是美国制定法的原型。

[42] Wainwright Commission Report 35—36.

规则（coverage rule）经常比普通法的规则更容易操作。[43] 赔偿制度在雇主和雇员之间创设了一种风险分担（risk sharing），它的激励效应可能要优于普通法规则的激励效应。成本最小化的难题是很棘手的，因为雇主和雇员通常都处于采取措施来预防事故的地位。普通法规则旨在通过将完全的侵权损害赔偿和与有过失、自担风险以及可能的共同雇佣等积极抗辩结合起来处理这一难题。赔偿制度则通过降低赔偿的水平并扩展保险范围和减少积极抗辩来处理这一难题。实际上，雇主的激励通过他必须支付一些损害赔偿而得以保持，而工人的激励则通过使得支付仅是部分的而得以保持。因此该制度倾向于控制双方的行为并可能对雇主和雇员都有吸引力，从而禁止了制定法作为对伪装的没收（confiscation）的简单运用而进行的不费力的征用（condemnation）。[44]

对劳工补偿法的认可也是棘手的，因为这一对普通法的民事责任规则的修订和其他对这些规则的（适当）修订之间存在明显的差别。这一差别是阶级冲突（class conflict）无可否认的要素，它是令人担忧的事情，因为麦迪逊（Madison）在《联邦党人文集》第 10 章（Federalist 10）中描述了“派系”的危险。油气规则适用于挑选出来的土地所有者群体，他们大多属于同一阶层并受到相互的权利和义务的约束。侵权责任的一般规则普遍适用于每个人。机动车辆无过错制 251
度适用于来自各个社会阶层和收入等级的所有驾驶者，并仅因为该原因在宪法层次上成为较劳工补偿更为简单的情形。[45] 无论这一事情被描述得多精致，劳工补偿法仍只适用于两类大多是不相关联的个人——雇主和雇员，他们之间紧张的历史对立过于明显而无需再进行

[43] 该观点并不是决定性的，因为待决案件的数量更大。这两点是朝相反方向行进的，因此最终的问题是经验性的。不过，鉴于损害的不同频度和严重性，答案对所有的公司而言并不是一样的。

[44] 我在前注 31 的文章中对这些问题进行了更深入的讨论，参见 775 页、800—803 页。

[45] 例如，参见 Pinnick v. Cleary，360 Mass. 1，271 N. E. 2d 592（1971）。尽管这些制定法做出了引人注目的改变，但它们并没有消除侵权法对恶意伤害和实质性损害的救济。它们也使得直接交通规制的完全实施适处其位，包括警察的执行。即使在严格要求补偿物之后，它们看上去也明显是合宪的。

细述。尽管有许多雇主（在数量上他们仍属少数）在政治上支持（劳工）补偿方案[46]，但对这一态度所作的几种（片面的）解释并不能证明该等制定法如何之好。一些雇主可能支持了这些制定法以避开更坏的立法。其他公司可能这样做是为了获得对其对手的竞争优势，因为它们自己的遵守成本更低，或许因为它们劳动力的更高素质减少了它们的赔偿责任。还有一些人可能是因为相信该制定法的合理性而支持它。

此外，这些制定法是可疑的，因为它们是基于工人作为一个阶级遭受不平等的谈判权力这一理由而得以正当化的，这也使得工人有权获得立法的保护。该理由在宪法上是有缺陷的，因为它允许政府在完全缺乏经典的控制暴力和欺诈的治安权目的的情况下介入，将财富从一个阶级转移给另一个阶级。只要私人财产制度包含了处分所获得的财富的权利，雇主就必然享有和雇员就劳动条款和条件缔结合约的权利，除非可以证明某种滥用（再一次是暴力和欺诈）是缔约过程整体的一部分或者已给予了赔偿（在这里是含蓄的）。使用“谈判权力的不平等”来推翻缔约权就是许可无休止的立法的介入，因为几乎在所有的情形中，无论是公司还是个人，都存在相对财富禀赋（relative wealth endowment）的不同。主张财富不平等破坏了合同的选择就以例外为幌子废弃了契约自由的原则。谈判权力不平等的检验不能将合同分为合法和不合法的两类。该检验也没有解释相对财富的诸多程度
252 等级是如何依据仅承认全有全无结果的标准而得以排列的。私有财产制度不能仅因为当事人的财富或权力预先存在差别就宣告交易无效。也没有理由这样做，因为无论当事人最初的禀赋状况如何，他们都可以通过他们的交易权利而使状况得到改善。如果合同并非为了使双方当事人相互受益，那么为什么他们仍长期坚持成千上万的分别交易呢？如果作出正确的理解，私有财产制度总是保护通过先占或自愿协议而获得的财富。第一百万张美元和第一张美元获得的保护完全是一样的，不多也不少。国家不能因为一个人有太多的财富就征收他合法

[46] 就支持赔偿计划的雇主的签字，请参见 Wainwright 委员会的报告，20 页。

取得的财产；基于同样的理由，它也不能征收该财产的一部分。对财产处分权的限制构成部分征收。如果全部的没收（outright confiscation）无法通过证明所有者拥有“优越的”谈判能力而得以正当化的话，那么部分征收也不能这样得以正当化。经常地重复将谈判能力的不平等性作为合同无效的理由就引入了一种阻碍严肃对话的未知因素（a wild card）。[47] 它完全不符合私有财产制度，即使是在允许强制交易的情况下。

这一观点仍未抵达它的长眠之处，因为，鉴于可以代表它提出的效率观点，再分配并不是唯一能解释通过该制定法的理由。在这一结合点上，可能的中间立场很值得推荐。在其创设了一种普通法的雇主责任的推定替代物（a presumptive alternative）的范围内，基本赔偿制度是非常无可挑剔的。但是禁止在该赔偿制度之外缔约本身就是可疑的。原则上，该禁令作为合理的控制雇主欺诈的手段而得到正当化，但可疑的是实际上可以达成的手段——目的的关联，因为在大多数情形中雇主知道工作条件如何。[48] 在没有这一治安权 253
的基本理由时，恰当的宪法规则赋予雇主和雇员以机会，使他们通过合同变更立法确立的赔偿或范围条款，或者在发现该制度过于昂

---

[47] 该问题可能出现有着某种意义。在许多交易中，特别在作为持续关系之一部分的交易中，可能会产生盈余。如果一方有着比另一方掠取更多盈余的系统性机会（a systematic opportunity）时，就可以严格地说存在谈判能力的不平等。对雇佣合同中这一点的详述，参见 Richard E. Epstein，“In Defense of the Contract at Will，” 51 U. Chi. L. Rev. 947（1987）。不过，按照其通常的含义，该术语被用作是雇主支配（employer domination）的同义语，如果被迫得出结论，它使得解释为什么工人会获得正数工资（positive wages）成为不可能：不论现在的价格水平如何，如果雇主享有决定性的交易利益，为什么他还应当作出支付？一旦承认必须支付一些工资，为什么不是在竞争的水平上支付？

[48] 例如，这一点并未为 Wainwright 委员会采纳，它强调赔偿的偶然性质（fortuitous nature）、侵权制度的浪费性运作、纠纷解决的缓慢以及侵权责任促成的雇主和雇员之间的对抗（antagonism）。关于欺诈的观点必须依赖于证明雇员对工作条件的错误为雇主所利用——雇主就风险的性质和大小有效地对雇员进行了误导，并在劳工补偿法适用的（几乎）全部的情形中证明这一点。鉴于雇员在工厂中的密切牵连，欺诈会成功看起来是非常不可能的。这一原理似乎最可能的情形就是累积损伤的情形（the cumulative trauma cases）。不过这里存在一项严肃的问题，即雇主是否知悉这些风险的范围和大小。

贵时废弃该制度。Wainwright 委员会拒绝了这一建议，因为它“将使得工人依赖于雇主的一时兴起或喜好”[49]。但是一时兴起和喜好并没有解释持久的私人制度的出现，它们在制定法之前就存在了。雇主不会随便放弃所有的赔偿制度，因为为了吸引并留下他们喜欢的雇员，他们必须制作一揽子的综合福利（a comprehensive benefit package）。（例如，雇主通常提供了残疾保护，甚至对和工作并不相关的损害也是如此。）但是使劳工补偿的立法规则可以通过合同进行变更就有效地控制了立法的不节制（legislative excesses）。如果各州使得保险范围过宽或赔偿过于广泛，当事人就可以矫正这一基本的错误而不失去使基本的赔偿制度可为那些想利用这一制度的当事人所用的实质性利益。

这些观点并非简单地基于市场的经济上的可欲性（economic desirability）；它们也满足了宪法上的征收条款的要求。传统的法律立场维持了劳工补偿法的合宪性，仅因为它们的形式向雇主提供给补偿物。但就这一计划的形式而言，它并未决定赔偿范围，后者还依赖于计划的细节：保险范围有多宽泛以及赔偿水准有多高？而且，这些计划的特征可以很容易地随时间而改变。在立法通过时有争议地对双方都公平的一揽子赔偿可能在该计划的存续期间就不这样了。再一次，这些困难主要通过使保险范围条款可通过合同变更而得以排除。缔约
254 权属于财产权的一部分，而因为废除该权利，劳工补偿法（类似于联邦雇主责任法（the Federal Employer's Liability Acts））[50] 就是不合宪的。Ives 案最后的讽刺现在应该很明显了。因为受到对无过错责任的专注的蒙蔽，该观点的致命缺陷在于它过于匆忙地乐意去允许废除普通法的抗辩，包括以明确的合同作出的自担风险。通过这么做，它就开启了下述的可能性，即该制定法提供给雇主的保护并没有提供必

[49] Wainwright 委员会的报告，36 页。

[50] 雇主责任法，34 Stat. 232（1906），在雇主责任案件（207 U. S. 463（1908））中由于它超越了州际贸易而遭到废止。此后不久就通过了第二部雇主责任法，35 Stat. 65（1908），它为 36 Stat. 291（1910）所修订，并经受住了基于同样理由的质疑。第二雇主责任案件（Second Employers' Liability Cases），223 U. S. 1（1912）。

要的补偿物，因为它在确定必要的补偿水准时给予了立法机关以空白委托书（carte blanche）。

五、回溯性立法

普遍无效

在 White 案中得到维持的劳工补偿计划仅覆盖了该制定法通过之后发生的事故。在阐释中，法院提及，不同的考虑因素可以适用于在适用上有回溯力的制定法。[51] 从我对含蓄的实物补偿的讨论中必然可以得出，回溯性立法应受到很严厉的审查。这一分析的出发点是，任何已发生的诉因（或任何已发生的对诉因的抗辩）都是一种征用权条款所保护的财产的形式。回溯性立法消除了预先存在的请求并因而剥夺了那些持有该请求的个人的财产。可以确信，这些人从任何一般的立法中都获得了赔偿，因为他们同样被免除了其他人可能选择向他们提出的请求。不过，某种赔偿的存在并不保证它的充分性。回溯性立法的显著缺点就是作为对放弃的诉讼权利的交换而得到的收益通常只适用于未来的请求，此时，它们为该规则施加负担的可能性和它们由该规则获得收益的可能性完全是同等的。被拿走的权利因此在体系上比作为交换而给予的权利有着更大的价值。因此，这代表了一种明确的对立情形（a well-defined polar situation），在该情形中，不完全 255
的赔偿意味着该立法的影响是不成比例的。

回溯性立法的问题在雇员赔偿计划中经常出现，包括针对退休的计划和针对工业赔偿的计划。最高法院一度表现出愿意使得这些制定法无效，正如征用权条款所要求的那样。但是最近，最高法院采用了一种不大会成功的谦抑模式（an unpromising pattern of deference），从而激起了更为大胆的立法动议（legislative initiatives）。法理上的对比可以通过比较 1935 年的 Railroad Retirement Board v. Alton

[51] 243 U. S. at 202.

R. R. 案[52]和 1975 年 Usery v. Turner-Elkhorn Mining Co. 案[53]的裁决得到很好的描述。现行法的导向现在非常极端，因为实际上所有关于经济事项的回溯性立法通常都为最高法院所维持。[54]

在 Alton R. R. 案中，法院使一项新政立法（New Deal legislation）归于无效，该立法除了别的事情外，还要求铁路为之前离职的、铁路对之并不负有既存义务——因为这些人或者已经退休或者已经调走，或者因某种事由而被解雇——的工人的退休计划提供资金。该制定也要求任何雇佣以前的铁路工人的铁路在确定对该基金的捐款时考虑（他们）以前的服务年份，从而有效地要求铁路向有经验的工人支付高工资并防止这些工人在出价时降低自己的工资。这一制定法没有要求铁路直接向工人支付，因为钱应捐给美国政府运作的一个共同基金。不过，普通基金并没有魔幻效力，只能作为铁路和雇员之间的一种渠道（conduit）。该计划并不具有些许宪法上的可信度（constitutional plausibility）。甚至不存在补偿物的假象（pretense），因为
256 收益全部流向一个方向，而负担流向另一个方向。尽管形式上基于“正当程序”的理由对该案件进行了争论，但它无法逃避的主题是没收（confiscation）：

> 该制定法将从铁路未来的收入中取出大量的金钱支付，给在根据合同进行提供时已经得到完全补偿的服务，而不考虑就雇主或雇员而言，未来的数额必须由承运人来支付。该规定不仅因为它为了新的负担而恢复了早先发生过并且已经

[52] 295 U. S. 330 (1935).

[53] 428 U. S. 1 (1975).

[54] 例如，参见 Pension Benefit Guaranty Corp. v. R. S. Gray & Co.，104 S. Ct. 2709 (1984)，该判例维持了 1980 年的多雇主养老金计划修正案法（the Multiemployer Pension Plan Amendments Acts of 1980）。该法取消了雇主从预先存在的多雇主计划中退出的权利，这一权利当然是合同权利，它们原则上为征用权所保护。该判例并未涉及立法能否限制退出权的问题，这是现行状况的一种表征。遭到起诉的问题是，退出权能否从议会第一次考虑该计划的日期——该计划通过前的大约五个月起，就受到限制。它是第二种维度上的回溯性的一种形式：回溯性法律的回溯性适用。

> 停止的交易而具有回溯性，而且就某些铁路公司而言，它构成一种对私人财产的赤裸裸的攫取（appropriation），这种攫取基于的是财产的所有者从未与之关联过的交易。这样，该法律通过征收一个人的财产并把它赠与另一人而否认了法律的正当程序。[55]

Robert法官的观点发现了该计划的两个要素在宪法上是不牢靠的：强制为基金提供捐献以及坚持认为应相信新雇用的工人之前有多年的经验。首先，决定性的特征是所有者的损失（被征收的财产）而不是向工人提供的收益的形式。就第二个要素，对先前工作经验的信任明显是对未来的合同权利的限制，但是它并未使其免受宪法的指责。该规定唯一可能的目的就是保护工人免受现在并未出现在劳动力队伍中的其他人的竞争。同样地，它没有向铁路工人或受到此种税负的工人提供暗含的补偿，正如他们没有从该计划中获得收益。这一裁决显然是正确的：一件容易的案件。

Turner-Elkhorn案在考虑矽肺病赔偿计划时采用了一种完全不同的方法。该制定法在最初的形式中创设了一项基金来赔偿罹患矽肺病的工人。该基金的捐献来源于（政府的）一般收入（general revenues）以及对采煤公司的特殊税收。该制定法的最初的版本仅适用于那些雇佣了获得保险的工人的矿区，后来的修订使之适用于所有的采矿公司，主要是为了补救最初的税收所创设的竞争上的不平衡（competitive imbalance）。宪法上对该制定法的抨击是基于正当程序条款的征收维度，正如在Alton R. R.案中发生的一样。但是在1935年到1976年间，发生了一项主要的宪法革新。因为“只
有”经济问题才得失攸关，所以最高法院适用了它的新的假设，257
即议会实际上对经济规制问题享有绝对的权力（plenary power）；它维持了该制定法，即使它注意到了该税收具有回溯性，它对该制定法通过前的年份中采用的预防水平也不会有什么影响，而且

[55] 295 U. S. at 349—350.

没有触及处于无论如何都已属于竞争性工业中的被征税公司的“过度利润”。

法院不愿称呼这一税收为一项征收，尽管它确实是一项征收。像Marshall法官那样，认为该制定法只是调整了共有经济生活（shared economic life）的“收益和负担”，将忽略了这样一种事实，即一种调整是对私人财产的征收，而另一种调整则是将征收来的财产奉予他人。是考虑该制定法的最初版本还是考虑修订版本并无任何区别，因为两个版本都受到 Alton R. R. 案中作出的同样的指责。正如 Marshall 法官所提及的，在 Turner-Elkhorn 案中，钱是和特定的项目相关的，而在 Alton R. R. 案中，钱可能是根据工人的意愿来花费的。但这并不是一种不具有宪法上差异的区分。含蓄的实物补偿的最终问题就是政府的行为是否给予了受其负担的当事人以充分的补偿。对采矿公司的该项互惠性收益并未通过证明下属事实而得到证实，即给予第三方的收益是以实物形式而非以现金形式做出的。允许这种再分配的形式处于支配地位将会忽略该条款的指示（mandate），它旨在防止再分配的发生，即使它采用了伪装的形式。

在修订这一制定法时，税收被施加给了在受有保险的工人遭受伤害时尚未营业的企业。不过资助的变化并未改变宪法上的结果，因为这一制定法也对略微不同的个人群体实施了一项未获补偿的征收。为了逃避这一结论，最高法院通过将下述主张作为它的主要前提而建立了它自己的无知之幕，即经济规制和财产权利没有关系，而那正是规制所全部关注的。通过旨在衡量受有负担的当事人所收到的暗含补偿的三项检验中的任一项，很明显矽肺病计划不能幸免于任何严肃的宪法上的审查。

还留有一项困难的问题，即任何特殊的收益方案（benefit program）是否应从一般收入（general revenues）中获得资助，这是我在第 19 章中处理的问题。但是即使这一方案以一种可接受的政府行为的形式，将该义务施加给公众的一小部分也是无法站得住脚的，该部分人根据任何义务理论对伤害都不负有责任。如果任何个别被纳入
258 的雇员想直接起诉矿场，他将遇到大量的抗辩，这些抗辩包括从一般

的对因果联系的否认到自担风险或时效法。立法机关不再能通过法令取消这些抗辩，正如它不能通过法令创设新的诉因一样：互惠性收益的要求仍保留着。

克服推定

可以假定由于收益和负担在体系上不成比例，征用权条款对回溯性立法施加了一项总的禁令。不过，该结论过于草率并且是错误的。真正的问题是，在私人权利被拿走时是否给予了含蓄的实物补偿。在适用于回溯性立法时，它就意味着赔偿必须是实质性的，因为被征收的财产价值是实质性的。任何给定方案的细节都可以揭示出所需的赔偿如何以正确的水平得到提供。具有充分补偿的回溯性立法的一个例子可以从劳工补偿下的对累积创伤情形（cumulative trauma cases）的保险规制中得出。另一个例子可以从产品责任案件中的市场份额责任中得出。

保险范围（insurance coverage） 保险范围问题出现在确定累积创伤的情形中要求谁支付工人收益的场合中，所谓的累积创伤的情形是指伤害源自持续地低水平地暴露于危险物质的情形，如吸入石棉。这些情形通常由现代保险制度来承保。我的分析必须假设，现行赔偿制度有合理性，根据该制度提出的个人请求是有效的。那么问题就变成，应当向哪个雇主以及哪个雇主的哪个保险人提出特定的请求。假设最初的规则规定，赔偿应和工人在不同雇主那里的雇佣时间长短相称。但按比例分配（proration）遭受了巨大的管理难题，因为它在处理单个请求时需要众多的保险公司（insurance carrier）* 和雇主的参与。不过，每个雇主和每个保险人都享有既定的合同权利，而这些权利为州立法所取消，该立法仅让最后雇主的最后保险人（如果雇主自己保险的也包括雇主自己）承担对损害的全

* 也译作保险的承保单位，它是劳动保险赔偿案的常见术语，是指雇主所投保的州立基金、州立公司或协会，广义上是指从事保险业的公司。引自《元照英美法词典》。——译者注

259 部保险债务。[56]

保险范围立法实际上将所有的赔偿义务置于共有财产中，然后将它们以下述方式进行分配，即可能减少防御的管理成本而不创设任何有利于一个或另一个团体的系统性的偏向（systematic tilt）。实践中，公司可能发现自己经济状况变坏了，但是为了这些目的，公司事先根据该计划享有一项积极的期待价值（a positive expected value）就足够了。对既得权的回溯性干预承诺了和它施加的费用相等的或更高数量的收益，因而通过了含蓄补偿的所有三项标准的集合。不过，对保险制定法所创设的管理上的节约盈余（administrative savings）的分配仍存在某种问题；但公共用途原则在这里得到了满足，因为考虑到该规则相对固定和自动的运作，单个公司并不能为了它自己的利益而挪用该盈余。

市场份额责任（market share liability） Sindell v. Abbott Laboratories 案[57]是一宗产品责任案件，该案是由在怀孕期间服用了 DES 这种药的母亲的女儿提起的。这些请求主张制造商在检验和销售该药时存在过失，从而造成了原告的伤害。Sindell 案中的准确的问题是，这些诉讼能否在下述情况下提起：由于缺乏从摄食到诉讼这一期间的良好记录，原告不能确定将特定药片提供给其母亲的特定药品公司。为了克服这一识别上的障碍，法院采用了市场份额责任，它允许每个受 DES 影响的女儿可以从 DES 的制造商群体那里得到赔偿，即使她不能确认向她母亲提供 DES 的制造商。和以前一样，（这里）假定有效诉因的所有其他要素都得到了证明。市场份额规则从制造商那里拿

[56] Ill. Rev. Stat. ch. 73，§ 1084（1977）。该立法的细节（specifics）经常排除对其仅存在很短的服务期的雇主，但是该改进只是使得计算更为精确，因而增强了这些制定法的合宪性。也请注意，如果在未来适用，该计划将遇到真正的实际困难，因为它具有令人担忧的激励效应，因为雇主将不愿意雇佣医疗预期差的工人。参见 Patricia Danzon，“Tort Reform and the Role of Government in Private Insurance Markets”，13 J. Leg. Stud. 517（1984）。该伊利诺伊州的制定法为 1984 年 1 月 1 日生效的 P. A. 83—588，§ 2 所废止。

[57] 26 Cal. 3d 588，607 P. 2d 924，163 Cal. Rptr. 132（1980），cert denied（certiorari denied，调卷令被拒绝）；E. R. Squibb & Sons，Inc. v. Sindell，449 U. S. 912（1980）。

走了对它们所确实造成的损害的大部分责任，同时也使制造商对它们并未引起的损害承担了责任。因为对私人诉讼的抗辩来自对财产权利的定义，制造商根据征用权条款得到了保护。（似乎该州首先在不具 260
备正当事由的情况下从制造商那里强行拿走了钱款，然后将它们支付给了原告。）因而每个被告在被迫（正如刚才所考虑的保险方案一样）赔偿它绝对没有造成的伤害时都被剥夺了其财产。该规则的运作也具有回溯性，因为它并不是在出售时宣布的，而仅是在诉讼提起后才宣布的。不过，只要所有的制造商加入到共有财产中，这里对回溯适用的含蓄实物补偿就是完美的。每个被告都应支付所有诉请的一小部分而不是它自己诉请的全部份额，但是基于诉请的频率和严重程度是在制造商之间随机分配的这一假设——这在 DES 案件[58]中是貌似合理的，整个责任都是同样的，即使原告和被告并不匹配。一个被告是支付 100 个诉请的 10％还是 10 个诉请的 100％是没有差别的，只要预期的负担并不因此改变。[59]

然而，通过认为可以要求制造商依实际份额来承担所有原告所受伤害的全部费用，Sindell 案超越了它在宪法上被允许的边界而采用了市场份额规则。对这一规则的异议并不依赖于“实质性的”这一术语的含糊性。即使是市场的某个固定份额，例如 75％，对整个群体的损失负责，它也是以同等效力来适用的。相反，这一结果的弱点是，财产集中的安排（pooling arrangement）被用于实现财富的移转，这在任何受害方对并未提供该药品的药品制造商提起的直接诉讼中是不适当的。仅在为了克服识别难题而不是为了提高有偿付能力的

[58] 基于两个理由它是貌似合理的。其一，DES 中的危险物质是 DES（二乙基固醇）本身，它是一种化学常量（a chemical constant），因而并不涉及杂质或制造过程。其二，大多数索赔都很小（腺病，adenosis），即使不是这样（如癌症的情形），它们也倾向于是随机分布的。

[59] 也请注意这里有更广泛的集中效应（pooling effect），因此对任何既定的公司而言变化都被减少了，这向风险厌恶的企业提供了一项额外的收益。一些额外的管理负担未得到补偿，但是必须将具有有效诉因但难以确认提供者的原告所承受的未获赔偿的损失与之进行平衡。这里难以说一个会超过另一个；在两种解决办法的错误成本很高而且并不容易相比的情形下，甚至是征用权的激进理论也很难有很多要说的。

被告的财务负担时，才允许财产集中。只有将针对每个指定的被告的
261 赔偿限于其对整个损失的按比例的份额时才能获得正确的结果。通过
使市场的一部分（主体）对整个损失负责，Sindell 案中的法院引入
了一种过度赔偿的系统偏见，它让 A 公司支付 B 公司的债务。该规
则必然是未经公平补偿就征收了财产。在 Sindell 案中以及一般而言，
对任何责任规则的最终检验并不在于它的回溯性而在于收益和负担的
262 不相称性，这经常、但不是必然地和回溯性规则相关。

第十七章　管制

在对私有财产的使用和处分进行直接国家管制的情形中，暗含实物补偿问题一样会出现。对这个大题目的讨论可以相对简短一些，因为这个问题就建立在已经确立的理论框架上面。本章探讨土地使用管制和更加宽泛的经济管制，包括工资和价格控制，我们所基于的假定是，这些管制都构成对（大量人员的）私有财产的征收。我在这里只讨论并没有被治安权提供正当理由的那些管制，因此，核心问题通常就是，根据已经确立的三个独立的检验标准来判断，某项管制是否提供了宪法所要求的暗含实物补偿。

一、土地使用管制

产生不满的根源

在土地使用案件中，之所以需要认真进行司法审查，在很大程度上是因为地方政府政治中始终存在派系风险。虽然在一般责任规则面前，当事人可能处于无知之幕的背后，但是，在土地使用管制面前，就像前文讨论的Euclid案所揭示的那样，当事人的境况则恰恰相反。[①] 每个人都可以在事先知道自己的境况，因此，在公共机关的控制下，存在着很容易获得的收益，获得这种收益的人既包括未开发土地的所有权人，也包括那些想要购买这些土地的人。一种通常的
263 情形是，低收入群体住房的开发商被禁止去购买受严格最小面积规定限制的郊区土地。因此而被排除的人是一种富人与穷人的结合体，一种商业企业和少数种群或族群的结合体。[②] 由于所有权和投票权之间不能相互影响，前述情形还会恶化。我们所讨论的这片土地经常没有所有权人或只有一个所有权人，开发商和将来的购买者经常不是管辖区内的居民，因此没有投票权或直接政治影响。在这种原初情况下，土地使用管制表面看去的普遍性并不是一种可靠的向导，因为它掩盖了大量歪曲适用的可能情形。有人也许会争辩说，富裕而强大的开发商（如果他们是这样的话）可以通过有效利用政治过程来使自己避开这些风险。诚哉斯言，但是，为什么他们就应该为了克服土地开发中本就不该设置的障碍，而去化解地方土地使用分区程序中的那些阻隔呢?[③]

如果我们想一下大多数土地使用控制制度通常都不会自我执行的现实，这些共谋的风险就会变得更加明显。真实情况是，这些土地使用控制制度用非常笼统的术语规定想要实现的目的——保持审美水准、防止市区拥挤、维持邻里关系或其他此类目的。[④] 这样规定以后，该制度的运作就依赖于互不相关的落实措施，这种境况在地方规划委员会所作的决定中达到高峰，这些决定通常是在迎合某些地方群

① 参见第十章。

② 也应该注意的是，将来从开发商处购买房屋的人处于一种和开发商并不相同的地位。不可否认，这些地方条例剥夺了这些购买者获取财产的权利。然而，在大多数情况下，这些损失都不应给予补偿，原因在于，它们的数量太小而且太过分散，就像在一个企业搬走以后预期的消费者所受到的损失；参见第四章。但是，当人们在购买财产方面已经做出实质性投资时，他们就遭受了不成比例的影响，因此，在原则上就应该给予明确补偿。

③ 参见，例如，Harbison v. City of Buffalo，4 N. Y. 2d 553，564－575，176 N. Y. S. 2d 598，606－616，152 N. E. 2d 42，48－54（1958）（Van Voorhis 法官的反对意见）。

④ 参见，例如，Cal [Gov't] Code § 65302 (a)（West 1983）。

体的非常个别性的需求。由此，在一项普遍原则的规定和其具体实施之间，就出现了巨大的裂缝。在通常的土地使用争议中，当事人追求他们的眼前利益，而且，如果他们的成功策略吓走了另外一些想要挑战地方主导势力的人，他们的热情就会更加高涨。

这种事态在这样一种常见的场景中得到确证，这就是，愤怒的邻 264
居全部来到土地使用分区委员会面前，反对或者坚持对被允许的土地使用做某些改变。公民们如果愿意，通常能够区分开由于侵扰和那些并非侵扰行为所造成的价值减少。但是，由于合法与非法行为都能减少他们的土地价值，公民们也就几乎没有动力在自我约束下采取行动。他们为什么要区分自己的反对意见呢，特别是当下的法律制度忽视这些相关区分或者把它们定性为人为的或者不可理喻的？理性的策略是，超脱狭隘和眼前的自我利益，而后去采取行动和投票。抗议的公民能够容忍听证和专家证据之类的程序权利的规定，因为这些规定提供了拖延的机会，而且对最终结果没有重大影响。公共言论可能会造成或者遮蔽地方政府决定的不公正，但是，第一修正案，即使得到充分的尊重，也只能在很少一部分案件中改变最终的结果。

政治过程与征收问题有直接的关系。地方委员会可能会在未经补偿的情况下，就把私人的使用和处分权利放到公共机关控制范围，然后又通过多数决的规则把这些权利分发给另一些人。土地使用分区处于一种和私有财产权制度强烈对立的地位，后者允许私人所有权人（在侵扰限制的范围内）决定如何使用自己的土地。在财产权得到实施的地方，所有权人可以在有效的土地使用问题上作出选择，而无须去克服集体选择的难题。当该所有权人准备拙劣，无力开发或者使用其土地时，某个人或公司可以很容易地安排一项买卖交易。土地使用管制则把该土地放回到一个改造后的共享财产中，在这里，许多人都能限制该土地的未来使用，尽管只有一个人，即所有权人，能够实际上使用它。结果，界定不完备的权利取代了界定完备的权利，交易成本障碍可能超出了原本可以从土地使用或所有权转移中得到的收益。又一个负和博弈出现。

因此，对土地使用分区过程进行严格的司法审查有利于纠正不稳定的政治情势。当前这种已成定式的对地方政府行为的司法尊重是完全不合适的。不可否认，未经补偿的征收并非地方土地使用分区委员会决定造成的全部后果，因此，不可能宣布所有的土地使用分区

265 在本质上都无效。[5] 有些土地使用分区的确限制了侵扰之类的行为，而且，有些管制也为那些同时承受负担的人带来了利益。对治安权的讨论揭示了对地方政府权力的有原则的限制。类似的，暗含实物补偿的要求也必须通过已经拥有的技术来满足：直接衡量管制的结果，对经济损失的理论估算，不成比例影响标准，和对地方政府动机的审查。在许多土地使用情形中，所有这些技术都指出了明确补偿的需要，这从下面的案例法讨论中将得到证明。

适　用

从那些原则上符合宪法要求的管制入手，也许是比较恰当的做法。例如，考虑一下地方政府对于新广告牌的尺寸、形状和颜色的控制，这些管制与完全禁止措施相比，更集中地关注这些广告牌，对此，前文已有讨论。[6] 这种限制是治安权无法为之提供理由的一种对财产权的侵害。然而，在其中却可发现暗含的实物补偿，经考察可知，这种情形又是一个共享财产问题。若无管制，则每个人都有动力使自己的广告牌尽可能显眼，因为他能内化从广告牌所处的有利位置中生出的所有收益，同时，仅需承担一小部分相关的审美成本。单方努力去限制广告牌的尺寸几乎毫无用处，因为有些人将利用别人的自觉控制行为所创造的机会。由于通常的交易成本的限制，多方当事人的合同也无法协商达成。一部全面适用的条例能够控制这些滥用权利的行为，同时又可以保证每个人获得有效利用广告牌所必需的可见度。这类限制通常都包含在商店区租赁契约中，就是出于这种考虑，在这里，许多商店从公共土地所有权人那里租赁场地。因此，这种管

⑤ 参见，Frank I. Michelman，“Political Markets and Community Self-Determination: Competing Judicial Models of Local Government Legitimacy”，53 Indiana L. J. 145 (1977—78)。

⑥ 参见对 Metromedia，Inc. 案的讨论，第十章。

制不能受到这样一类人的攻击，他们想要该管制措施去限制其他人，而自己却像以前一样自由。是否提供补偿的恰当界线应该是，受到限制的所有权人是否比他在课加该限制之前过得更好，而不应该是在自己不受限制而其他人受限制的情况下，他是否过得更好。管制措施的详细内容会随着情况的不同而各异，因此，人们必须留心，不要让偏向特定土地所有权人群体的内在偏见产生不成比例的影响，以致损害管制的公平性，如果当前的占有人被赋予比新来者更多的广告牌特权，就可能出现前述后果。

这个分析框架可被用于更加宽泛的管制。在 Maher v. City of 266
New Orleans 案中[⑦]，地方条例规定，在 Old French Quarter 区域内，对特定建筑物做任何外部改造之前，都需得到地方政府的批准。在该案中，一项推倒原建筑并在原地建造公寓的请求遭到拒绝。这些限制显然构成一项征收，但是，重要的问题却是，是否提供了暗含的实物补偿，因为保存左邻右舍地区的原貌有利于所有受到管制的人的利益。然而，这并不意味着就无须提供补偿，因为这些收益有可能会溢过受到管制的所有权人，而流向该地区内的其他人，比如说，那些从更加繁荣的旅游业中获益的人。因此，在做最后的宪法评判时，有必要询问的是，管制措施是否减少了受到管制的建筑物的价值（这表现为所有权人的修缮和保存的义务），如果答案是肯定的，那么，这些减损是否得到了全部或部分补偿，也就是说，专门减少一些管制措施所包含的不动产税。如果结论性的假定是，当事人得到的收益等于他被征收的财产价值，这肯定是不恰当的看法，即使取得回报性收益的可能性非常明显，也不可这样认为。假装说征收并未发生，也不是解决问题的办法。

但是，在大多数有争议的土地使用分区案件中，如果拒绝提供明确补偿，都将是不适当的做法。公认的司法见识中存在的重大缺陷可以通过详细考察加利福尼亚州的三个土地使用案例而显现出来。

⑦ 516 F. 2d 1051（5th Cir. 1975）。对该案的类似分析可见于，Donald Wittman，“Liability for Harm or Restitution for Benefits?” 13 J. Legal Stud. 57，75—76（1984）。

HFH, Ltd. v. Superior Court in Los Angeles County[8] 案的判决做了一次有意识的努力，力求根据暗含实物补偿理论维持土地使用管制。原告为一家有限合伙企业，在农耕区域内购买了一块 5.78 英亩的土地，当时，这块土地被规划用于商业使用。购买五年以后，该土地并未被开发。这时，地方土地使用分区机关又暂时把该土地重新规划用于农业使用，不久以后，又把它规划用作“低密度的居住使用”，这就事实上排除了当初所打算的商业使用。据称，土地价值从400 000美元锐减为75 000美元。在该案中，法院最初的观点是，价值的减少是无不法行为的损害（damnum absque iniuria），就是价值降低了。然而，这个结论完全站不住脚，因为这个结论把损失看做好像是因市场条件的变化而起，而事实上，该损失却是部分征收行为的结果，在
267 本案中，该征收行为就是州政府在土地上施加的限制性契约。另一个观点也同样存在着缺陷，该观点认为，所有权施加了这样一项义务，这就是，在取得土地后的一段合理的时间内，必须开发这块土地，否则，权利就可以恰当地转入国家的控制中。这里的要点不仅仅在于，这种观点为不成熟的开发施加不必要的刺激时，如果遇到一个具有反对发展倾向的法院，势必弄巧成拙；真正的要义则是，所有权提供的是开发或者不开发的权利，而不是相应的义务。仅仅从行使一种或两种同样都被许可的选择当中，并不能推导出放弃权利的结论。该管制肯定构成部分征收，在该案中，构成对开发权利的征收。

然而，我们打算作出的致命一击则是针对法院的这样一个结论，即，用于商业目的的土地价值至少在部分程度上取决于这样一个事实，即临近的其他土地以前一直限于居住使用。实际上，法院是在主张，原告不能两者兼得：收获从对别人的限制中产生的收益，同时却不承担其他人所承受的负担。当收益和负担同为一个总体方案的组成部分时，这样一种主张显然是正确的——因为若做出其他判决的话，就会使得力求解决共享财产问题的立法项目一遭到不同意见就土崩瓦

⑧ 15 Cal. 3d 508, 542 P. 2d 237, 125 Cal. Rptr. 365 (1975), cert. denied, 425 U. S. 904 (1976).

解。但是，在本案中，两组限制措施并不是同时施加的，也不是同一个方案的组成部分。没有哪个私人主体可以依据某种返还理论要求受益土地的所有权人因这些土地价值的增加而必须支付补偿。国家所处的地位并没有更加优越。接下来的问题就是，在所有相关的限制法律都久已作古的情况下，怎么可以用所赋予的利益来抵消因课加限制性契约而拖欠的补偿呢？

然而，假定现在和以前的限制可被看做一个总体方案的组成部分，仍然存在一项严格的宪法义务，这就是，尽可能完善地评估土地的价值。例如，在周边土地未被规划的情况下，如果能够证明原告的土地仅仅值380 000美元，那么，需由国家支付的明确补偿的数额就将减少20 000美元，不过，这与 *HFH，Ltd* 案中原告主张的325 000美元未受补偿的损失之间，还存在很大的距离。但是，并无证据证明，对临近土地的限制给本案中的土地带来什么利益。如果临近的土地一直就未被规划，它就可能被用作精细的住宅开发，因此，就会提高用于商业使用的原告土地的价值。在另一种情况下，如果临近的土地一直被用作商业开发，那么，原告土地无论用作商业使用还是居住使用，其价值都可能远远超过400 000美元：人们不应该忽略这样一种可能，那就是，对涉案土地施加的限制是为了并未涉诉的第三方的 268
利益。因此，首先应该估算出的是，管制措施给土地所有权人造成的成本是325 000美元，即使考虑到暗含实物补偿，这一损失也几乎没有变化。而且，设立这样一个结论性的宪法假定也是完全不适当的，在市场价值方面的证据完全指向另一个结论的情况下，这种假定却认为，所赋予的暗含利益和所造成的损失是相等的。

第九巡回法院在 Haas v. City and County of San Francisco 案[9]中的判决又一次展现出法院在逃避宪法限制时是多么敏捷。在这个案件中，原告是旧金山市 Russian Hill 地区内的一块大片未开发土地的所有权人，在这块土地上，他打算建造一座高层公寓。当初购买该土地时的价格是1 650 000美元，双方约定在取得相关市政机关的有效选

[9] 605 F. 2d 1117（9th Cir，1979）.

址许可以后，再支付购买价款。在该土地还处于合同履行阶段时，Haas 的第一个建筑许可申请遭到市规划委员会的拒绝。之后，该委员会兀自规定了更加普遍的高度和体积限制，除其他事项外，这些措施把 Russian Hill 地区内的建筑限制在 300 米以下。于是，Haas 又按照新的要求提交了修改后的方案，在经过公共听证之后，得到了批准。继而，土地买卖合同履行完毕；购买价款付给了出卖方，同时，165 000美元的佣金付给了经纪人。Haas 立即在经批准的位置上破土动工，没想到竟又在法院遭到 Russian Hill Improvement Association 的反对，这是一个邻里组织，它想阻止施工的进行（更不要说是外来人在施工），理由是，该建设项目要受到修改后的《1970 年加利福尼亚环境法》的规定的限制。Haas 在初审法院胜诉，但是在上诉审中败诉；法院判决认为，由于被上诉人在当时并未开始实质性的物理地面建造，因此，他不能免受该法律的限制。[10] 就在无所适从之际，
269 Haas 发现自己处于更加恶化的境地，因为就在诉讼的期间，市规划委员会制定了一项普遍的 40 米高的限制，施加了严格的密度控制，而且把其财产从 R—5 级降低规划为 R—3 级。不可否认，这一过程导致土地价值的实质性减损，同样无可置疑的是，强大的地方偏见势力没收了打算进行开发的“州外”利益。

据称，这种行为是否构成需要支付补偿的征收这个问题，取决于我们所熟知的不成比例影响问题。Hufstedler 法官传达了全体一致的法庭意见，把不成比例影响陈述如下：

---

⑩ Russian Hill Improvement Ass'n v. Bd. Of Permit Appeals，44 Cal App. 3d 158，164，118 Cal. Rptr. 490，494（1974）. 所实施的法律的规定把下述这些项目排除在环境法限制的范围之外，这就是，“实质性的建造已经开展，为建造和购买必需的材料而产生的实际债务已经存在”。Cal［Pub. Res.］Code §21170（a）（West 1977）. 该法律所规定的检验标准在宪法层面是不正确的，即使在征收权条款下只有溯及既往的限制才应受到质疑，结果仍是一样。不成比例的影响应该包括所有信赖支出，即使是那些并未在物理地面上投入的支出，也应包括在内。实际上，我们可以更进一步，如果其后的限制摧毁了买卖交易，那么，即使是那些在购买特定土地过程中所花费的支出，也应得到补偿，因为这些支出（例如 Almota 案中的特定改造，参见第七章的讨论）至少拥有等于其成本的预期价值。加利福尼亚州法律的意图就是要支持那些宽泛的溯及既往的土地使用管制。

> Haas 的财产并未从 Russian Hill 地区的其他财产中被单独抽取出来，并被迫承受一种不成比例的经济负担。现存记录丝毫都未表明当前的土地使用管制构成“反向选址”土地使用分区。相反，土地使用控制是一项总体方案的组成部分，该方案意在进行城市开发，以保存风景价值和居民的其他普遍福利。土地使用限制“和这样一项政策的贯彻存在合理的关系……该政策想要制造广泛的公共收益，并适用于所有类似情形的财产”……Haas 的所有邻居在将来开发其土地时，都要接受与 Haas 当下所承受的一样的限制。不可否认，在当下，Haas 好像遭受了不成比例的影响，因为其他受到影响的土地所有权人都没有像 Haas 那样大的一块未开发的土地。然而，Russian Hill 地区的所有土地所有权人在重新开发其财产，以建造高层公寓时，都不享有比 Haas 更多的权利，无论他们时单独开发，还是与其他土地所有权人联合开发。
>
> Haas 遭受了严重的经济损失，也遇到了临近土地所有权人并未遇到的挫折。然而，损失惨重与 Haas 必须为总体福利承担超出其比例份额的负担的事实，并不能把管制转变为征收。⑪ 270

在讨论 Hufstedler 的观点时，有必要注意挑战部分征收行为的两条独立的路径：对经济损失的直接评估或者是不成比例影响。按照直接评估路径，恰当的计算方法是管制之前和之后引起的价值差额。暂不考虑以前的土地使用分区条例的影响，1 650 000美元的购买价格就是市场价值的可信证据，而且，还要加上 10%的佣金和其他为获取财产所支付的成本。Haas 宣称，土地剩余的价值只有10 000美元，按照 Russian Hill 地区的主要街边和市镇房屋市场来看，这个数字是非常低的。但是，即使人们怀疑这个数字，我们

⑪ 605 F. 2d at 1121.

也很难相信 Haas 能从总体土地规划中获取某些并未反映在其土地价值中的收益。

针对上述情况，人们可以回应说，在总体管制的情况下，不成比例影响标准应该取代直接评估。法院在适用该标准时模棱两可，在引文的开始否认该标准的适用性，只在最后才勉强承认该标准。但是，根据案件的事实来看，不成比例影响标准同样要求支付明确补偿，尽管法院在这个主题上采取一条十分僵化的路径。对 Hufstedler 法官来说，Haas 案中的决定性问题是，是否把同样类型的限制加给了 Haas 和他的邻人。毫无疑问，这个标准在内容上并不是完全空洞的，因为如果 Haas 的土地使用受到限制，而他的所有邻人仍可以在自己的土地上建造高层建筑，那么，Haas 将得到补偿。

然而，仅因为 Haas 案并没有使不成比例影响标准完全无效这一点，尚不能得出法庭意见已经给予该标准应有的分量的结论。和往常一样，我们的目标是要计算以间接方式提供的补偿的水平。依赖于所受的限制在形式上是平等的这一点，就是在假定，只要存在某种回报性利益就已经足够。但是，当宪法提到公平补偿时，它是要对补偿的数量起决定作用，而不是补偿的存在：在这个问题上，市场价值的证据反驳了法庭的结论。即使抛开这个证据，即使限制措施在表面上是中立的，它所造成的影响仍然是不成比例的，因为它给 Haas 造成的成本远远超过给其邻人造成的成本。Haas 希望建造，而其邻人则想要阻止其建造。对邻人来说，他们土地中的非市场盈余价值得到保护；对 Haas 来说，一种预期遭到挫折。而且，邻人几乎没有开发的机会。他们中没有人遭受任何为购买大片建筑用地而需支付的信赖成本，也没有人开始建造。[12] Haas 已经集聚了足够的土地来建造高层
271 公寓。如果做相同的事情，任何其他建造人都将不得不承担同样的集聚土地的成本，而且，他们还可能发现自己因为某个土地所有权人不

[12] 为了对法院公平合理，我们需要指出，这些因素在本案中之所以被认为是不相关因素，只是因为加利福尼亚州法院以前判决产生的禁止反言效果，605 F. 2d at 1119—1120。如果在早期诉讼中就一直适用正确的标准，那么，这些因素是会得到考虑的。

愿意让渡土地而无法进展。还有，Haas 关心的是如何在空地上建起房屋，而其他建造者还必须推倒现存的房屋。法院承认，Haas 付出的集聚土地的成本“看上去”把他置于一种比其他人更为不利的境地。这些成本绝不仅仅是看上去的成本；他的确就被置于一种比其他人更为不利的境地。因此，不成比例影响标准是发挥效用的，法院的判决是不正确的。

无论存在什么缺陷，Haas 案看起来和当前最高法院在土地使用管制问题上遵循的法理是一致的，这种法理源于 Agins v. City of Tiburon 案的判决。[13] 原告拥有一块大约五英亩的适合居住使用的土地，可以观看旧金山海湾。根据加利福尼亚州的法律，旧金山市制定了一项计划，把该土地上可以建造的房屋数量限制为五幢。就在作出该土地使用分区行为之前，该市批准了一项 125 万美元的公债出售，目的是筹集款项来购买为公共空间所用的土地。在批准文件中，并没有明确提及原告的土地[14]，但是，这种意思仍是非常明确的。地方政府为什么要花费 125 万美元去购买公共空间所用的土地，而在只需这些花费的一小部分的情况下，它通过规划该土地就能实现大部分所追求的目的，也就是说仅需限制新建筑即可？毫无疑问，两种方案在结果上存在差别，若采取土地使用分区行为，将不允许普通公众成员去使用该土地，而通过征收权来取得该土地，则可以为公众保留这项有价值的权利。但是，从地方居民的利益来看，相关的问题只是：在限制原告土地用途的契约可以在几乎毫无花费的情况下达成，而该契约又抵得上土地价值的一大部分的情况下，还有必要破费 125 万美元去购买这块土地吗？答案似乎是显而易见的，特别是在经过一个合理的时间间隔，而且遵守某些适当的形式要件（独立的听证、新的决定）之后，就可以取得受到限制的土地的减损后的价值。

Powell 法官，在 Agins 案中传达法庭意见，展示出对治安权和
暗含实物补偿观点的错误运用是如何摧毁征收条款的： 272

[13] 447 U. S. 255 (1980).

[14] Agins v. City of Tiburon，24 Cal. 3d 266，270，598 P. 2d 25，27，157 Cal. Rptr. 372，374 (1979).

> 土地使用分区条例通过服务于本市利益，既使上诉人受益，也使公众受益，它确保谨慎而有序的居住房屋开发，同时保留公共空间。没有迹象表明，上诉人的五英亩土地是唯一受到规划条例影响的财产。因此，上诉人应和其他所有权人一同分担该市在行使其治安权时所生的利益和负担。在评估土地使用分区条例的公平性时，这些利益必须和上诉人可能遭受的市场价值的减损一同考虑。[15]

观点很明确，其中的错误也很明确。首先，其他的财产所有权人也受到土地使用分区条例限制这一点，并不重要。该管制仍是一种显而易见的征收，除非该地区内的所有土地都受到限制，否则仍存在非常严重的不成比例影响，因为未开发的土地在使用上受到广泛的限制，而这恰好提升了已经开发的土地的价值。当然，没有人主张说，任何人都没有从规划条例中受益，因为如果每个人都受到损失，那么，该规划永远都不会被通过。这些限制性的规则是政府主导的对商业的限制。

其次，所有权人“分享”治安权产生的利益这一点，也不重要。问题的关键是他们得到的利益的程度，这种利益必须是所丧失财产的充分而完备的等价物。五分硬币的补偿不能抵消一百美元的债。把仅仅存在某些利益看做所丧失财产的价值的充分尺度就将陷入一种公认的错误结论中，或者至少是一种和明确的证据相背离的结论。

再次，治安权所生的利益不应该“和上诉人可能遭受的市场价值的减损一并考虑”[16]。这并不是说这些利益是完全不充分的。相反，原因在于，在施加管制的时候，这些利益就已经体现在土地价值当中了。如果再单独考虑它们的话，就考虑了两次，而且服务于国家的不正当利益。

HFH，Ltd. 案，Haas 案，和 Agins 案是一系列类似案件的代

---

⑮ 447 U. S. at 262.

⑯ 同上。

表，它们揭示了现代征收法律中的所有谬误。这些案例首先对征收这一术语作狭隘的解释，然后通过扩张解释治安权和歪曲解读不成比例影响的要求，来为前述的狭隘解释提供支持。当前的案例法中结合了原理性的错误和对地方政府的不适当尊重。 273

二、资费（rate）、价格和工资管制

暗含实物补偿的一般理论虽然面临着更大困难，但也适用于更广泛的经济管制。此中难题的根源应该是很明显的，因为更加难于计算全面的政府管制造成的财富和分配效果。由于所涉及情况的内在复杂性，直接补偿几乎是不可能的，因此，在某些情形中，对违反宪法行为的恰当救济也许是宣布管制措施完全无效。如果我们能够自信地宣布，所有工资和价格管制在本质上都是违宪的，那么，智识层面的问题将会大大简化，但是，这种普遍性的判断不可能站得住脚。

我将从这样一个领域入手，在其中，有充分的理由认为政府管制是恰当的：这个领域就是，铁路和公用事业资费。在 19 世纪末期，对这些问题的恰当处理首次出现在最高法院面前，当时，飞快的工业化使得在铁路和公用事业领域进行大量投资成为可能。在最重要的 Smyth v. Ames 案中[17]，内布拉斯加州为人员和货物的运输确定了一系列资费，对此，铁路公司声称，这剥夺了他们从资本投资中获取合理回报的所有机会。该案件是在正当程序条款的名目下展开辩论，但是，其中用到的分析却属于征收条款的范围，因为 Harlan 法官认为恰当的问题是，资费制度是否构成未经公平补偿而为公共使用目的对铁路公司财产的征收。[18]

人们可能会问，为什么铁路或者公用事业必须接受某种形式的管制？如果它的服务在市场上的价格超过管制价格，那么（由于征收条

[17] 169 U. S. 466（1898）。该案重要性的一个表现是，William Jennings Bryan 是代表内布拉斯加州的律师之一，为该州的资费管制提供辩护。

[18] 同上，522－527 页。

款涵盖处分权）它就非常明显地表明，自己有权获得相当于市场回报和管制回报之间差额的补偿。但是，这种观点忽视了受管制企业的一个非常重要的特征：他们之所以获得现在的市场地位，也是还是垄断性的地位，是因为政府的介入，允许他们集聚土地上的必需利益。铁路公司的特色就在于，需要诉诸政府权力来获得最初的土地，公用事
274 业的特色则是，能够行使私法上的没收权利，并利用公共通行权。

现在，这个问题可以被结合起来考虑。所有这些征收都必须为了公共使用，因此，需要解决的问题就是，谁有权获得根据征收进行的资源重组而生出的盈余？如果公用事业或铁路可以以一种完全不受管制的方式运作，那么，它们的最初股东就将把盈余据为己有，从而违背要求进行公平分配的公共使用规定。[19]

资费管制的问题涉及的是，如何在使盈余最大化的同时，又保证它的公平分配。在最低限度上，人们可能会主张说，恰当的解决办法是一道要求提供普遍、非歧视服务的简明命令，同时允许公司设定任何它所选择的统一价格。然而，这其中的危险是显而易见的。当某个企业非常复杂时，它不可能以同样的单位成本提供所有的服务。在用电高峰期就要比低谷期花费更多的成本来发电。因此，一项非歧视规定就可能因为给不同成本的产品设定同样的价格，而制造出有悖常理的激励。结果就是，在一种亏本出卖的制度中，一方面是用电高峰期的过度消费，另一方面是另一些人获得巨大的利益。资费设定制度应该允许作出保存合理区别的分类行为，同时又要有足够的弹性，以防止不公正的盈余分配，否则，法律所支持的垄断就会导致这种分配。

因此，直接资费管制可被看做这样一种制度的最后一手，该制度把私占性的征收权授予被管制的企业。在某种意义上，这和已经讨论过的劳工补偿情形非常类似，在那里，补偿的数额完全留给立法机关

---

⑲ 即使开始的时候不存在管制，事后的管制也是被允许的，这并不是根据当初授权中所保留的权力，而是因为不受限制的最初授权构成对他人权利的侵犯，现在，这种授权受到国家迟来的规定的限制。实际上，关键的问题是，国家是否能够追回在它设定限制条件之前所生的利益，这是一种可怕的举动，通常不值得去倡导。参见本书结论部分，对纠正过去错误可能涉及的复杂情形的讨论。

裁量，法院只有很少或几乎没有进行宪法审查的余地。[20] 275

但是，在历史上，资费管制关注的则是另一个问题。法院承认，如果国家可以自由地设定任何资费，那么，管制权就能够转变为没收权。因此，“合理回报”公式就是要努力摆脱这种两难境地。一方面，非常明显的是，我们不可能像给用作邮局而被征用的土地确定价格那样，从一开始就规定出固定不变的资费。比如在劳工补偿领域，一劳永逸的解决方法无法考虑到将来出现的不确定情形。[21] 另一方面，在铁路公司已经作出原始投资以后，（由于存在派系风险）不能允许国家随心所欲地去设定补偿水平。从 Smyth v. Ames 案中发展出的司法审查模式代表了一种中间立场，在该案中，铁路公司被允许迟延交付使用国家权力获取财产时需支付的费用。在某种意义上，这个判决似乎和这样一个普遍原则相矛盾，这就是，决定补偿数额的应该“是价值而不是成本”。然而，恰当的理解应该是，回报率管制是在竞争性市场已经不存在的情况下，迫使企业得到竞争性回报（以及公平分配盈余）的一种努力。

为执行资费管制制度而需完成的任务是非常棘手的。例如，在 Smyth v. Ames 案中，内布拉斯加州的律师在为资费制度辩护时强调说，利润不应流向这样一些企业，它们“签订不当契约、经营不善、材料成本太高、或者建造和经营企业的人员有无赖行为”[22]。这里的要点是合情合理的，因为它的强调指出，尽管企业要以成本为基础才能存活，但是，由于企业的经营不善而导致的价值损失不应转嫁给消费者。因此，应该恰当地调整资费水平，以充分考虑由于经营

[20] 管制过程中遇到的问题非常棘手，因此，有人强烈主张采取另一种办法，这就是，通过竞争性投标的方式把国家运营共用事业的排他性权利廉价出售给另一个人，国家则收回这个过程中产生的盈余，由于这个人转而就能以垄断价格出卖，所以，通过这样一种机制（即一次付给国家一定的款项）就能保证该买受人得到的只是竞争性收益。然而，这样一种解决方案可能导致不充分的服务，而且只提供给人群中的某些部分。就目前所掌握的知识而言，似乎还不能断言说，这样一种方案已经胜过传统的管制，因此必须由这种方案来取代管制，原因在于，征收条款只要求对盈余进行公平分配，它并没有施加使盈余最大化的法律义务。

[21] 参见第十章。

[22] 169U. S. at 479.

不善（这些行为当然受动机结构的影响）而导致的价值损失。资费管制的复杂性还包括另一些问题；对于资产的恰当成本、与投机相关的风险水平以及受管制企业必须承担的债务定价等问题，都必须进行不断研究。当最好的指导公式只是说要保证“合理回报率”时，上述任务中哪一项都无法轻易完成。实际上，人们可以强烈主张只作简单的非歧视规定，理由是，直接管制的错误和行政成本如
276 果没有全部的话，也耗损了自然垄断所生的大部分盈余。[23] 我在这里无意去捍卫或者责难对特定行业的资费管制的细节；我只是想说明，像 Smyth v. Ames 案所勾勒出的这种管制制度为什么落入到宪法传统的宽泛框架中。

与之形成强烈对比的是另外一些管制，这些管制也是力求去限制个别公司的利润，但是，这些公司的收益完全不依赖于国家行使征收权力。[24] 在这些情形中，当今的主流社会反应是，忽略这些公司和其他企业的区别，假定资费管制在原则上是正当的，不去考虑受管制方如何获得其收益。这种不愿去考察全面经济管制的是非曲直的情绪在已决案件中得到明确反映；若对土地使用分区决定提出挑战，在遭到拒绝之间至少还可以得到一次体面的听证，但是，对全面经济管制的挑战则通常直接被拒绝，而且对方还唤醒 Lochner 案的幽灵。[25] 因此，一次更加细致的考察就不可或缺。

首先看一下限制商品在开放市场上的交易价格的控制措施。人们倾向于避重就轻，认为政府行为仅仅是管制，不构成部分征收。但

㉓ 参见 Harold Demsetz，“Why Regulate Utilities?”，11 J. L. &Econ. 55（1968）；Richard A. Posner，“Natural Monopoly and Its Regulation”，21 Stan. L. Rev. 548（1969）。

㉔ 我没有把有限责任作为一条充分的线索，借以预测全面的管制。在这里，普遍存在的特权意味着，当事人可以按比例分享企业所生出的利益，而同时产生的外部性，则可以通过购买侵权保险来解决。任何运用国家特权进行进一步管制的努力都与这种理论背道而驰，因此这样做的可能结果是，某些人群，诸如那些得到特别许可或者特权的人，将获得多余他们比例份额的收益。参见，Henry Butler，“Nineteenth-Century Jurisdictional Competition in the Granting of Corporate Privileges”，14 J. Legal Stud. 129（1984）。

㉕ Lochner v. New York，198 U. S. 45（1905）.

是，这种处理方式在原则上无法成立；决定性的问题是，征收应被看做需支付补偿的还是不需支付补偿的。在这种情况下，存在着同样难以化解的直接评估方法（受管制公司的市场价值份额受到什么影响）和不成比例影响检验标准之间的纠葛。而且，并不存在简明或统一的结果。以这样一项限制性管制为例，它规定，不管价值或以前的成本是多少，每件产品必须以不超过一美元的价格出售。如果将来能够通过这样一项管制的话，它若落入征收条款中，那么，它必遭失败的命运。光是这种制度导致的完全混乱就足以令它无从立足，根本无须再 277
等到看它的全面消极影响。一些人（实际上是所有人）肯定完全是受损害的人。实际上，即使光考虑不成比例影响。这种管制性法律仍将被推翻，因为它的严格程度随着私人企业性质的不同而变化。尽管所有人都变得不如以前，但有些人比其他人遭受的损害更严重。只有当人们只关注价格控制的中立外观——即，每个人都在一美元价格控制下从事生产——而忽略它们的经济效果，即，使得所有人都遭受没有补偿的损失，价格控制才能通过审查。

在现实世界中，没有人会提出这样一种荒唐的价格控制制度，因此，宪法禁令对立法行为尚没有发生实际影响。实际上，为使这些控制措施在政治上可以接受而需采取的步骤是，让它尽可能符合宪法标准。基本价格通常与以前的价格有联系，它反映着不同物品的不同价值，因此，缓和了本来可能出现的财富剧烈转移。但是，没有哪种统一的控制制度能在不同物品上产生出同样的结果，因为即使在没有通货膨胀的市场上，这些物品也照样经历着大幅度的价格波动。计算机产品的价格不断下降，农产品价格则大幅度波动，照相胶片的价格随着银的价格发生变化，诸如此类等等。也有一种强烈的观点认为，由于价格控制的内在僵化性严重削减了蛋糕的尺寸，所以，无论原始的公式是多么平等，无论立法动机是多么高尚，都必须推翻价格控制。最后退到的一个境地是，管制法律的普遍性也许能够把它从（慈祥）版的不成比例影响标准提出的宪法挑战中拯救出来，因为这个版本的检验标准忽略了任何直接价格控制制度中都存在的内在失衡。在战时（加上外来冲击）引入价格控制时，它们可能首先被作为一种应对非市场性的暴利的措施而得到正当化。但是，承认该制度合宪性的关键理由则是——如果它真像通常认为的那样糟糕——那么，在和平时期，无须通过宪法宣布其无效，它也会崩溃，因为几乎每个人都将得而诛之。

然而，当有选择的价格控制施加给一个行业而放过其他行业时，情形就非常不同了。最重要的例子是 1950 年代对天然气价格的控制，以及由尼克松总统在 1971 年施加的普遍价格控制制度被废除以后，
278 仍然存在的对石油和天然气价格的控制。[26] 在这种情况下，不成比例影响标准就应该起决定性作用，并偏向于明确补偿的请求。毫无疑问，这些管制构成部分征收；在某价格上下作出决定的权利被剥夺，尽管所有权的其他要件仍未受干扰。此外，虽然存在暗含补偿，但考虑到管制造成的不成比例影响，补偿数量远远不够。没有哪个石油公司被挑出来接受管制这一点并不重要，因为当整个行业都受到管制时，就不存在回报性的收益，存在的只是整个行业承受的负担，这与共享财产情形下的管制完全不同。由于其他公司同样都受到管制，因此，所有公司的处境都恶化。不可否认，也存在某些间接的重叠性收益。石油公司的股东也是可以从管制规则中受益的消费者。然而，在这两个市场之间并不存在充分的交叉；事实正好相反，许多消费者根本没有作为石油生产商的利益，许多生产商也几乎没有作为消费者的利益。没有证据显明，造成不成比例影响的管制从长远来看能够实现平衡，即使允许充分运用分步交易原理来连接分离的各个管制项目，结果也是一样，因为每个项目都是一个负和博弈。[27] 在这种争议中，岌岌可危的补偿数额是非常巨大的，但是，原则性的解答却是很容易的。

这个观点可以拓展适用到其他形式的直接管制中。根据不成比例影响检验标准，普遍适用的高利贷法律可能会被维持，即使它导致的

[26] 参见例如，Gale Anne Norton，“The Limitless Federal Taxing Power”（这是向 Federalist Society Western Regional Conference on Reforming Tax Policy 会议提交的论文，University of Colorado School of Law，Oct. 14—16，1983）。

[27] 参见第十四章。

总体财富效果明显是消极的。但是，当涉及对依照利息进行借贷的权利进行有选择的限制时，上述情境中提出的质疑却都消失了。而司法机关即使在 Lochner 案的影响鼎盛的时期，所作出的反应也是唤醒司法自制原理，并运用宽泛陈述的治安权来维持（受平等保护原理质疑的）一部康涅狄格州的法律，该州从其普遍适用的高利贷法律中只把国家和州的银行排除在受限之外，而留下其他没有安全感的借贷人接受限制。[28]

在 20 世纪* 早期，法院曾有一些意愿去推翻最低工资和最高工时法律[29]，以及联邦和州对以不参加或退出工会为条件的雇用契约的禁令。[30]然而，这整个一系列案件的判决在很大程度上已经被抛弃， 279
所基于的是这样一种似是而非的理由，这就是，实质正当程序原理并不限制针对普遍问题作出的立法行为。但是，征收的论点却不会这么轻易消失；在这些情况中，无论是雇主还是雇员，都可以主张这个论点。拿劳工补偿来说，政府的禁令切入到契约自由的心脏。对工时或工资的限制毫无疑问属于对雇主处分财产权利的限制。具有讽刺意味的是，雇员的诉求可能不适合征收条款，因为这里所限制的是他处分自己劳动的权利，而不是处分财产的权利。然而，雇员通过劳动获得财产的权利同样受到苛刻的限制。即使不太有把握，但也有可能把人身服务中的“自由”利益也涵盖到征收条款中，因为这些利益通常被实质正当程序法律所发展出的契约自由原则所涵盖。但是，对雇主来说，对雇用契约的这些限制，以及所有标志性的阶层立法，都毫无疑问构成部分征收，因此需要在宪法上宣布它们完全无效。公平补偿（至少是公平分配盈余）的要求不可以，也不应该，被削弱。

上述观点可以以一种普遍的形式适用于所有限制雇用工资和工时的管制中。实际上，宪法的责难在这里要比在劳工补偿的问题上容易

㉘ 参见 Griffith v. Connecticut，218 U. S. 563（1910）。

㉙ 参见 Adkins v. Children's Hospital，261 U. S. 525（1923）。

㉚ Adair v. United States，208 U. S. 161（1908）；Coppage v. Kansas，236 U. S. 1（1915）.

* 译者补充。

得多，因为这里不存在以维护安全和健康为名义的治安权主张。也不可能有人主张说雇主会谎报工资水平：想一下支持最低工资限制的人对要求雇主书面公布合同工资的法案会作何反应。

在 Lochner 案中持反对意见的大法官 Harlan 充分认识了这一点，这反映在他推翻 Adair 案中禁止以不参加或退出工会为条件的契约的法律时所发表的意见中。因为 Adair 案是一个简单案件，因此，其后的社会立法，尤其是《全国劳工关系法》，由于对契约自由和私有财产的排他性占有的复杂限制，而必须根据征收条款予以推翻。

集体谈判又是一种应被推翻的制度，在该制度下，完备的市场被复杂的共享财产机制取代，它的总体财富效果在所有可能的情况下都
280 是消极的，而且它造成的不成比例影响，尤其是对现存公司的影响，是非常巨大的。[31] 否认这种责难的唯一办法就是坚持认为所有对契约权利的管制都处于征收条款之外。但是，对于一部每小时1 000美元的最低工资法律，每小时 10 美元的最高工资法律，对雇用所有工人的彻底禁止，对私法契约中所有行为权利的完全废弃，或者禁止出售非工会生产的产品的法律，又该如何看待呢？把所有的处分权都放在财产权利之外，也许是处理这些问题的简便方式。但是，这个办法不过是通过剥夺财产权的核心要素的方式回避一个严肃的问题。当前，大规模剥夺处分权的法律可能会在平等保护或正当程序条款下受到责难（但不一定成功），但是，这些新的原理性归宿不应该掩盖这样一个事实，这就是，财产权才是提出诉求的基础。

有人可能会说，我的观点将使许多 20 世纪的立法都失效，的确如此。但是，这难道使得我的观点在原则上变得错误吗？我所作出的广泛责难只是表明，在一系列各式各样的案件中，存在一种明确的宪法裁决模式。这些案件之间的关联可能会使许多立法一荣俱荣，一损

[31] 在宪法语境之外对相关问题的更详细分析，参见 Richard A. Epstein，“A Common Law of Labor Relations：A Critique of the New Deal Labor Legislation”，92 Yale L. J. 1357（1983）。由于这篇文章中的普通法论证追寻了这里的宪法论证模式，因此，二者在结果上几乎没有差别。对 Pitney 法官在 Coppage v. Kansas 案中的观点无须给予回应，他的观点如果有什么内容的话，也非常脆弱，因为他没有充分地强调指出，自愿交易导致的财富不平等是一个正和博弈的组成部分。

俱损。如果我这里的观点是正确的，那么，具有劳工立法缺陷的任何
新政时期的经济和社会立法在原则上都应该接受同样的宪法命运。新
政是和有限政府的原则以及为此制定的宪法条款不一致。对这类社会
立法的任何责难都并不意味着国家就不能够继续治理，或者某些有害
的做法应该继续危害大众。相反，警察还可以履行职责；法院也照样
开门；军队整装待命；共享资源得到维持；不服从难题得到解决；不
确定性也可以得到克服。但是，征收条款的目的是控制寻租和政治派
系。正是这些行为，也只有这些行为，才受到征收条款的限制。反对
我的主张的观点是比较实用主义的，一旦我们偏离了原则，就不可能 281
再返回到原则指引的道路上。我在考察完征收条款（或至少是征收观
点）如何适用到税收和立法创造的福利权以后，再回头来讨论这些
观点。 282

第十八章　税收

征收条款和类似的宪法规定在多大程度上可以限制政府征税的权力呢？公认的原理是，合众国和各个州可以对其管辖区域内的人的行为课加某些税收。[1] 对这个主题的现代看法是，总体而言，征税权力是不受限制的，这种看法在已决案件中不断得到强调。[2] 实际上，对征税权力的唯一限制存在于一般性地限制政府权力的其他宪法条款中。一种在黑人和白人之间，或者男性和女性之间施加不同税负的普遍征税方案可能会被平等保护条款推翻，但是，同时对黑人和白人征收的统一、高额税金却不容易被击垮。对报纸业征收的特种税可能被作为对言论自由的限制而推翻。[3] 所有税收都在征收条款下接受审查的主张没有得到丝毫的当代支持。征税权被放在一个隔间里；征收权

① 宪法第1条第8款第1项规定："国会有权规定并征收税金、捐税、关税和其他赋税，用以偿付国债并为合众国的共同防御和普遍福利提供经费；但是各种捐税、关税和其他赋税，在合众国内应划一征收。"类似的权力在所有州中都存在，并在任何情况下都是主权的一个不可分割的要件。

② 参见例如，Magnano Co. v. Hamilton，292U. S. 40（1934）。

③ 参见例如，Grossjean v. American Press Co.，297 U. S. 233（1936）；Minneapolis Star and Tribune Co. v. Minn. Comm'r of Revenue，460U. S. 575（1983）。

被放在另一个隔间。前一项权力完全不受后一项权力所施加的限制的触及。一项接近于 100% 的没收性税收将会因武断恣意而被宣告无效，但是这种责难是在实质正当程序的框架下展开的，而不是在征收条款的框架下展开。 283

然而，当前在税收和征收之间所作的这种区分依赖于一种狡黠的手法。如果我们不去考问税收和征收之间是否应该进行区分，而是去考问怎样作出区分，就会明白其中的要点。什么是税收？19 世纪的作者首先宣布二者的区分是无懈可击的，然后把税收定义为征收的对立面。例如，托马斯·库利是当时的“一位十分出色的法学家，他认为，对征收权的公共用途限制——一种几乎出现在所有州的宪法中的限制——目的是为了约束征收权力”[④]。因此，他的著作《宪法限制》的第 14 章冠名为“税收权”，而第 15 章的名字则是“征收权”（为了充分展示对立的章节起见，这里也列出第 16 章，名称是“治安权”）。[⑤] 不过，库利还是认为，征收条款中的公共使用限制也隐含在税收的定义中：

> 在税收名义下的所有行为并不一定都是一项税收；可能出现的情况是，政府所加的一项压迫性的负担，如果经过仔细审查的话，就会发现它并不是一项税收，而是对财产的非法没收，且与立宪政府的原则水火不容。
>
> 首先，税收有其正当的目的，这就是，为公共目的和政府的正当需要而收取钱财，为其他目的而向公民聚收钱财并不是税收权的正当行使，因此不应该得到许可。[⑥]

库利含蓄地阐明的意思是，作为一项普遍负担的税收并不是不当的征收。一个既涵盖税收又涵盖征收的统一概念框架在克莱德·雅各布斯对公共目的原则的阐述中得到更明确的表达，他的论述在 19 世

④ Clyde E. Jacobs，Law Writers and the Courts 107（1954）.

⑤ Thomas M. Cooley，Constitutional Limitations（1st ed. 1968）.

⑥ 同上，479 页。Jacobs 对这一段作了详尽的讨论，前注 4，107—109 页。

284 纪晚期非常流行[⑦]：

> 公共目的原则是对这样一种信念的回应，这就是，政府权力不应被用于剥夺一个人（无论是自然人还是法人）的财产，除非他犯有刑事罪行或者做了民事不法行为，或者除非他因被剥夺而得到或多或少的直接补偿。各州和联邦宪法都明确规定，对于那些其财产因为政府行使征收而被征收的人，应该提供直接补偿，但是，却没有条款规定，当财产通过税收途径被拿走时，也要提供补偿性利益……司法机关显然不能主张每个纳税人都享受同样的收益，法官通常也不应该根据收益的数量去衡量税收的数量。但是，法院的确要求征税和收收所服务的目的应该能够提供这样一个前景，这就是，某种直接的收益将会或者能够反馈给作为政治体成员的纳税人。[⑧]

分析征收过程中出现的所有要件在税收情境中都再次出现：征收、正当化理由（控制犯罪或者民事不法行为）、公共使用和暗含补偿。本章要探索对税收和征收进行统一分析。为了论述的方便，我抛开所有的特别税，例如对污染征收的税，这类税可以从治安权那里获得正当理由，尽管它造成了不成比例的影响。我也在下一章才讨论为再分配目的而征收的所有税收。在这里，我集中讨论公平补偿和公共使用限制，在这个背景下，二者可能会结合在一起，因为公共使用只要求对政府行为产生的预期盈余进行公平分配，而这一点最适合通过

⑦ 参见，Jacobs，前注 4，第五章。雅各布斯指出，最高法院通过 7∶2 的表决，“充分赞成把公共目的的限制引入到第十四修正案的正当程序条款中。” Id. at 152－153。参见，Falbrook Irrigation District v. Bradley，164 U. S. 112（1896），在该案中，法院运用公共目的的限制推翻为私人制造商提供的财政资助，Parkersburg v. Brown，106 U. S. 487（1882）；Cole v. La Grange，113 U. S. 1（1885），不过，这些案件的判决允许向铁路公司提供财政资助，这种区分可以从铁路公司的公共承运人地位那里获得正当理由；参见第七章。

⑧ Jacobs，前注 4，157－158 页。

控制公平补偿问题的不成比例影响标准来衡量。在这里，我首先讨论几种或者在联邦或者在各种层面征收的特种税：特别估价，主要用于街道或下水道改进；更晚近的暴利税[9]；因开采矿石而征收的开采税。[10] 之后，我将考察遗产和赠与税的宪法地位，最后，讨论累进所 285
得税的宪法地位。

一、特别捐税

特别捐税及其对它们进行宪法监督的历史悠长而复杂，因此，我在这里只能简短地对其进行考察。[11] 让我们构建一个简单的模型，假定铺设一条公共街道能给临街的财产所有权人带来 200 美元的收益，而铺设街道的成本是 100 美元。再假定如果铺设了街道，社区内的其他人也能从中受益。从原则上说，应该铺设这条街道，因此，所剩的问题就是，如何筹集款项并监督项目实施。一个可能的办法是依靠临街所有权人的自愿协商。然而，由于街道是一种共享财产资源，这种契约性的安排通常无法达成，原因是存在不合作和搭便车的问题。每个人都希望铺设街道，同时自己无须出力。最后的结果就是，街道改善无法开展，每个人的处境都恶化，需要公共机关的介入。在征收条款下，只要盈余在受影响的土地所有权人之间公平分配，公共使用难题就能迎刃而解。[12]

因此，公共使用和公平补偿问题都取决于临街所有权人的成本和

⑨ United States v. Ptasynski，462 U. S. 74 (1983).

⑩ Commonwealth Edison Co. v. Montana，453 U. S. 609 (1981).

⑪ 关于更详细的考察，参见，Stephen Diamond，“The Death and Transfiguration of Benefit Taxation: Special Assessments in Nineteenth-Century America”，12 J. Legal Stud. 201 (1983)。

⑫ 参见，同上，209 页，在这里，作者提到为私人街道而收取的特种捐税，所谓私人街道，就是“只向交纳捐税的人开放的街道”——如果该街道在公共承运人的限制下运作，也可以服务于公共目的。

收益的契合，在这个问题上，计算问题显然是最重要的。[13] 在内战之前，通行的做法是，把收益分配到每个人头上。征收权领域的一些宪法判决就要求这么做[14]，这些判决把特种捐税看做对土地的部分征
286 收，因此，就消除了税收权和征收权之间的强化区分。反对个别性计算的理由是，这种方式的行政成本和总体不可靠性即使不是全部，也侵蚀了改进产生的收益的绝大部分。而且，这种反对还具有宪法层面的力量：如果行政成本超过预期盈余，那么，特别捐税就变为契约当事人和评估人的囊中之物，而土地所有权人则处境恶化。[15]

另一种计算方法，在 19 世纪末期日益流行，通过某种一般公式来计算人们的境况变化，典型的这类公式包括临街尺寸、面积、或评估价值，作为衡量从税收中得到的私人收益的替代方法。由此，通过引入一种稍欠精确的评估制度，减少了行政成本，该制度取得的利益则是，更有力地抵制了政治权力的滥用。显然，个别性的境况改变能直接衡量出需要支付的补偿，而一般公式则需依赖于不成比例影响标准。无论是实务还是案例法，都不安地游移于这两种计算方法之间，对此，我们不应感到奇怪。20 世纪早期逐渐形成的一致意见倾向于进行宽松的司法介入，这种意见基本上允许国家在两种衡量收益的方法之间进行选择。霍姆斯本人称这种选择为“程度问题”[16]，因为没有明确的途径来证明一种计算收益的方法在所有情形中都比另一种方法更加低廉而且更加准确。

然而，不成比例影响标准并没有导致对特别捐税的司法审查的完全让位。实际上，它转变为这样一种审查，这就是，去探究整个程序

⑬ 这里涉及的情形都是地方性改进，产生地方性收益。如果涉及跨州的高速公路，主导性因素就变为外部收益，因为特种捐税在这种情况下完全不合适。考虑一种极端的情形，这就是，新建的高速公路使得进入当地的运输完全免费。如果改进行为消除了临近土地产生的地域性经济租金，那么，再让地方财产承担改进成本就使得成本和收益之间无法契合。

⑭ 参见，例如，People ex rel. Post v. Mayor of Brooklyn. 6 Bar. 209（N. Y. Sup. Ct. 1849），rev'd in People ex rel. Griffin v. Mayor of Brooklyn，4 N. Y. 419（1851），该案允许按照统一的公式进行评估。

⑮ 关于对滥用这种权力的讨论，参见 Diamond，supra note 11，at 210—214。

⑯ Martin v. District of Columbia，205U. S. 135，139（1907）.

中的某个缺陷是否使得某个所有权人无法获得他从某项特别捐税产生的净收益（甚或是净损失）中应得的公平份额。因此，法律全新展示了征收条款和该理论所需要的政府程序之间的关系。这方面的一个相关问题就是，在计算所赋予的收益时，或者至少在逐个计算收益时，是否存在听证权利。[17] 作为一个实体问题而言，只有当充分的证据证明收益和成本之间存在致命的失谐时，才能启动宪法审查。在开辟街道的 Norwood v. Baker 案中[18]，一项以临街尺寸为依据的特别捐税加在唯一的一个土地所有权人身上，这个人被迫既要自己补偿所丧失的土地， 287
还要补偿为进行评估而支付的公共财政成本。“我们的判断是，从私有财产的所有权人那里索取一项公共设施改善成本的行为，而且是远远超出该所有权人能够获得的特定收益的索取行为，在超出收益的限度内，构成一项未经补偿就为公共使用而对私有财产进行的征收，并且，是在税收掩盖下的征收”[19]。当只有唯一的一个土地所有权人受到牵连，而且该所有权人在强迫交易中遭受的损失并未得到赔偿时，就完全不能证明这是个公共池塘问题。然而，法院又迅捷而正确地修正了自己的判决，并明确表示，在通常情形下，如果缺乏税负和收益之间失谐的证据，那么，任何可用的评估方法都是宪法允许的。[20] 从 Martin v. District of Columbia 案[21]中可以明确看出，这种为防止错误而做的说明并非空穴来风，在该案中，霍姆斯推翻了一项为修建一条通过土地所有权人所在街区的小路而向他们征收的特别捐税，理由是，需要的成本（包括进行评估的成本）达到所有土地价值的三倍。

特别估价涉及的问题远远超出任何个别性的特别捐税项目的特定范围。一个棘手的问题是，怎么把特别估价整合到在一个共同体内征收的一般性财产税当中。为特别估价提供的正当性理由是，某个区域之内的人承受特别负担，也因此享有特别收益。区域之外的人享受的

[17] 例如，参见 Londoner v. City & County of Denver，210 U. S. 373（1908）。

[18] 172 U. S. 269（1898）.

[19] 同上，279 页。

[20] French v. Barber Asphalt Paving Co.，181 U. S. 324（1901）。该判决附和了很早以前的托马斯·库利的论述，参见 Constitutional Limitations 618（5th ed. 1883）。

[21] 205 U. S. 135（1907）.

外部收益之所以忽略不计，是因为，当其他地方修建的道路也用同样的方式筹集款项时，前面提到的那个区域之内的人从中享受的外部收益正好抵消了别人从他们修建的道路中享受的外部收益。毫无疑问，城镇内的所有道路没有必要全部通过特别估价来筹款，因为从政府一般收入中支付所有道路改进的惯行做法保证了收益和负担之间的契合。围绕哪种运作模式最好所进行的经济学论证留给立法机关去完成，因为两种模式中都蕴涵着权力滥用的可能，而且，二者所涉及的问题也是非常相似的。

然而，在原则上，如果国家决定某些地方改进通过特别捐税筹款，而另一些类似的改进则通过政府一般收入支持，那么，情形就完全不同了，因为在这种情况下，支付特别捐税的人就承担了一项无法通过回报性收益来补偿的共同体负担。因此，如果在特别捐税中包括一次
288 性付清的未来修缮和折旧费用，也不会遭人反对。但是，如果类似的其他修缮费用则通过政府一般收入支持，那情形就非常不同了，因为再次出现了同样的内在失衡，尽管是在一个非常有限的范围内出现。不容否认，可以允许国家去证明，承受特别捐税的财产所受到的特别利益为这种负担上的区别提供了正当理由。但是，除非证据确凿无疑，否则，不成比例影响标准要求对类似的土地征收相同的税收。而且，这种限制是普遍适用的，不会引发沉重的诉讼负担。总之，特别捐税的整个历史都表明，坚持在税收和征收之间作出僵化的绝对区分是毫无用处的。当下存在的对诉讼的广泛需求并不能表明早期对特别捐税的限制完全丧失了效力。它仅仅表明，用于处理特别捐税问题的制度结构通常都能满足宪法要求，而这种制度的重要性随着技术的改进已经逐渐降低了。

暴利税

特别捐税还包括在联邦层面向特定物品和服务征集的税收。[22] 暴

[22] 下文的大部分讨论都以我的一篇讨论暴利税的论文为基础，Richard A. Epstein, "Taxation, Regulation and Confiscation", 20 Osgoode Hall L. J. 433, 433－445 (1982)，这篇论文在最高法院于 United States v. Ptasynski, 62 U. S. 74 (1983) 案中作出维持暴利税的全体一致判决之前发表。

利税一直受到来自宪法的征税统一条款的挑战，该条款规定，“但是各种捐税、关税和其他赋税，在合众国内应划一征收”[23]。原因在于，这种税收对阿拉斯加的某石油公司作出了特殊对待。税收统一条款和征收条款遵循互不相干的两条分析路径，然而，两个条款都宣布前述税收无效。就其基本设计意图而言，暴利税课征的是原油的市场价值和它在当时的最高价格管制制度下（根据相应类别）可以卖出的价格之间的差额。[24] 这种税收的税率设定在60％至75％之间，由于市场价格和管制价格之间的巨大差额，靠这种税收征集了好几十亿美元的钱财。

单独来看，这种税收给原油生产商造成了明显的不成比例影响， 289
因为负担和收益之间失谐。从该税收的两个核心特征就能明显看出，它的目的就是要这样。一个特征是，税收的大部分被放入到一个一般性的信托基金当中，被用于改善交通、扶助老年人以及其他社会目的。光是这项基金的存在就足以表明，所征集的税收并未给被征税的原油生产商提供任何特别的收益。第二个特征是，这种税收被设计得能够防止生产商通过调整基本价格的方式把负担转嫁给消费者[25]，由此，就把所造成的影响全部集中在原油生产商身上。

在某种意义上，这种税收对原油生产商是一种福音，因为它使他们的处境比在以前的资费管制下有所改善。因此，如果那些价格管制都是合宪的，那么，这些经济境况因该税收而得到改善的人就无法以一种有原则的方式攻击该税收为没收。但是，事实上，有选择的价格控制方案是对私有财产的违宪征收，好比对自由交易中的处分权的限制。[26] 衡量税收的唯一恰当基线就是市场价格。当根据这条基线衡量后，不成比例影响就是非常明显的，消极财富效果也是非常明显的，

[23] 宪法第1条第8款第1项。

[24] Crude Oil Windfall Profit Tax of 1980，Pub. L. No. 96－223，94 Stat. 229（1980）.

[25] 这里用到的理论是，由于只向利润征税，因此，原油销售商就会通过设定和没有该税收时一样的价格来使自己的收益最大化。这种观点至少忽略了一个重要的连带影响。这就是，这种税收可能会减少石油生产总量，而供给的变化也会提供市场价格。

[26] 参见第十七章。

它们至少表明存在某些未得到补偿的损失。

然而，在运用这个标准时，有人可能会说，该税收造成的收益和负担在公众当中如此分散，以至于不可能得知二者是否系统性地契合。许多受管制的石油属于公共公司所有，它的股份所有制通过直接或制度性持有的方式分散在大量的人员身上。但是，如果对前述观点信以为真，就会导致政府征收公共公司所有的土地时，无须支付补偿。这种观点是错误的，无论是直接征用还是掩盖性的征用，都不能这么看。对税收负担的传递效应（pass-through）的论述仅仅表明许多人既承受负担又享受收益。它没有表明所有人都同时具有这两种地位，更不用说平等对待：如果他们得到平等对待，那么，没有哪个单独的群体会反对或支持这种税收。而且，从那些在原油企业中持有大
290 量股份的人的身上，比如说他们拥有采掘场或特许开采权，很容易看到明显的不成比例影响。此外，投资者并无义务去事前分散这种政治风险，正如农场主并无义务购买邻州的土地，来作为防范本地政府为修建高速公路而作出的征用行为一样。㉗

最多也不过是存在这样一种微弱的可能性，这就是，股份分散的程度非常高，以至于只有充分了解了它们的经济后果以后，才能断定税收造成了不成比例的影响。但是，这种可能性并非显而易见，因此，只剩下一个观点能够宣布暴利税无效，这就是，宣布它无效可以减少在执行这种税收法律过程中的错误率。能够为这种税收提出的最有利辩护也不过是，该税收除了具有传递效应以外，还以一种和政府一般收入税收非常类似的方式操作。但是，有什么理由让它以另外的方式运作呢？如果理想的税收就是政府一般收入税收，那么，国家就必须采用这种方式。显然没有理由让国家隐藏在两种税收形成的不确定区域中。也不能说由于政府一般收入税收的增加在政治上无法被人们接受，所以就需要征收特别税。当不可能对公共支出进行直接司法审查时，在税收问题上运用

㉗ 实际上，通常都存在一些抵消性的收益，来限制分散风险的程度。对那些在某地区已经拥有实业的人来说，从专业化中得到的收益通常都大于靠分散行为去避免的额外风险。这就是为什么在普通市场上存在着劳动分工的原因。在任何情况下，人们应当承受的风险只有市场风险，而不应该包括私人或政府带来的破坏。

不成比例影响标准就是为了抵制这种政治压力。[28]

由于没有可行的制度来补偿那些被迫支付税款的人，因此，这种
税收必须被宣布无效。如果政府必须承担征税的花费，然后又把征来
的收入分发给成千上万的似是而非的请求人，那么，每个人的处境都
将因此而恶化。任何此类制度都肯定比直接宣布该税收无效的做法产
生更多的错误和混乱。而且，这类制度的运作还将花费必须从某些人 291
那里征来的钱财。由于在使付出和收入相契合的过程肯定存在错误，
所以，即使立法机关被误导去逐个支付补偿，毫无疑问是按照一种将
导致过低补偿的公式支付的，也需要严格地发布禁止令。[29]

最高法院在 United States v. Ptasynski 案[30]中甚至没有提及征收论点，这些论点完全被先例淹没了。但是，该案涉及的问题——即税收无效，因为没有统一征收，阿拉斯加的某些石油公司就不用缴纳这种特别税——却和不成比例影响标准有非常密切的关系，尽管宪法中规定的统一性只是指地域的统一性。[31] 有充足的理由解释为什么统一性应该是所有税收都必须具备的一个条件。它是一种阻止联邦在不同州之间有所偏爱以及由此导致的寻租行为的明确方式，而且正如最高法院所言，很有可能在制定这个条款的时候就考虑到了这个目的。[32]

---

[28] 政府充分认识到了这个问题，因此，就造出一种情势，保证在可以对税收提出宪法挑战之前就完成征税。根据当下适用的法律，在税收年度结束后，当应该缴纳税收，而且由雇主代为扣缴时，就不能对这种税收征集行为提起宪法挑战。Internal Revenue Code § 7421（1984）禁止通过诉讼限制税收评估或征集；28 U. S. C. § 2201（1976）禁止联邦法院在联邦税收案件中发布宣告判决。这种耽搁就为政府创造了一个使得税收合法化的强烈动机，特别是此时钱已经花光而又没有其他资金来源。所有这些都显然影响到一种宪法权利；恰当的制度应该是在税收法律中适用普通标准：当对某项税收的合宪性存在强烈质疑时，法院就应该针对征集行为（或者，至少是花费征集来的钱财的行为）发布禁止令，同时对事实本身的是非曲直尽快作出判决。

[29] 关于和城镇改造过程中为取得土地而支付补偿的制度的对比，参见第十二章。

[30] 462 U. S. 74（1983）.

[31] 例如，参见 Head Money Cases，112 U. S. 580（1884），该案的判决维持了一项对所有乘船但不包括乘火车进入合众国的人征收的一种统一的税收；Knowlton v. Moore，178 U. S. 41（1900），维持了一项累进继承税，下文将做讨论。

[32] 参见，Joseph Story，Commentaries on the Constitution of the United States § 958（1833）。

更准确说，由于所有岁入都是可替代的，而且，在税收设定问题上，政府的裁量权容易产生弊大于利的结果，所以，必须有一条强有力的规则来限制它。法院的结论认为，“统一性条款给国会提供了决定向什么征税的广阔活动空间，同时，并没有禁止国会去考虑地域上的特别性问题”㉝。这个结论和统一性条款的用语和结构，以及和支持二者的宪法理论都是不一致的。

实际上，Ptasynski 案完全把统一性条款变成一个空洞无物的条款，就好像通常被用来衡量经济自由的“理性基础”标准一样，实际上就根本不是什么标准。法院声称，国会可以在自己认为合适的时
292 候，终止成本过于高昂的石油和天然气生产。在低成本和高成本生产之间进行变换的经济理由是什么呢？所有已知理论都主张，理想的税收不应改变人们的投资选择，统一性条款这是为了实现这个目的。Ptasynski 案提出的脆弱理由表明，一个错误的观点是怎样把一条严格的禁令转化为一道毫无例外的许可，从而滋生了各州之间和人们之间的立法交易和立法操作。㉞

二、州内开采税及其他

在州的层面上，与暴利税类似的还有向州内各种能源征收的高额

㉝ 462U. S. at 84. 该观点的主要依托是 Regional Rail Reorganization Cases，419U. S. 102（1974），该案的判决在面对宪法第 1 条第 8 款第 4 项的破产条款的统一性规定时，允许对一个地方铁路公司进行破产重组。即使在这里，也还是存在一个重大差别——金钱是可替代的，而铁路是不可替代的。

㉞ 不成比例影响检验标准在州际争议中发挥的作用不限于合理考虑到统一性条款。运用非歧视标准来判断对进口货物所征的税是否合理（参见，Michelin Tire Corp. v. Wages，423 U. S. 276［1976］），这是用到不成比例影响检验标准的又一个例子，政府间豁免原则也是一样，该原则对于以非歧视的方式向其他主权单位，无论是州还是联邦，征收的普通税收表现了极大的容忍。例如，参见 McCulloch v. Maryland，17 U. S. （4 Wheat.）316（1819），需注意的是，对州的税收的禁止并“没有拓展到银行的不动产及州内其他类似财产上缴的税收，也没有拓展到向马里兰州的公民在该制度下可取得的利息以及其他类似财产征收的税。”同上，页436。这个问题在 John Hart Ely，Democracy and Distrust 83－86（1980）中有详细的论述，在那里，非歧视性税收被正确地看做政治过程良性运作的一个证据。

开采税。由此，在 Commonwealth Edison v. Montana 案中[35]，州政府征收了一项相当于所有已售煤炭“合同价格”30%的税收，而不管是州内贸易还是州际贸易。该税收是以价值而不是以吨位为课税依据，而且，征集到的数额大概等于以前税收水平下得到的数额的七倍，尽管并没有为纳税的财产所有权人提供任何新服务。由于这种税收暴露出了为个人权利提供司法保护以避免滥征税收的迫切需要，所以，Commonwealth Edison 案也需要依赖于联邦性问题的解决，在这种情形中，需要询问的是，该税收是否给州外的消费者造成了不成比例的负担。[36]

特别捐税案例为批判蒙大拿州的开采税存在的不规范提供了线
索。它的违法特征的一个标志是，税收收入的一半被放入到一个特别 294
基金中，只有得到两院议员四分之三多数的投票才能动用基金。另一个标志是，该州的普通财产和所得税被缩减，这就证明了州政府正实施一项从普通税转向特别税的总体方案，据此，外州公民就不能按比例获取收益。

有许多观点可以用来支持该税收的合宪性，但是，没有一个观点能够成立。据此，该税收是为了鼓励把煤保存在州的领域内。这种观点最多满足了征收所需要的公共使用要件。它并没有提出允许未经补偿就可以征收的治安权理由。也不能主张说，需要用这种税收来抵消煤矿开采人由于煤价格的提高而获得的更多收益，因为州政府还有两种途径来获取这项收益：以价值为纳税依据的统一销售税，随着价格的提高，这种税收能够促发更多的产出，另一个途径就是州内所得税。因此，只有证明存在着特别收益时，才能使特别开采税成立，然而，并不存在这种收益。

Commonwealth Edison 案的判决也可能会从下述理由中得到捍卫，这就是，除非法院只在极端情形下才宣布这种税收无效，否则，它就会发现自已陷入对每种地方政府税收的无休止审查当中，作为一

[35] 453U. S. 609 (1981).

[36] 关于认为造成了此种负担的观点，参见 Epstein，前注 22，445—449 页。

个普遍问题，这种观点显然是错误的，因为对所有物品统一征收的销售税能够满足任何宪法标准，同时，又使得州政府能够实现所设定的任何岁入目标。毫无疑问，将会存在某些疑难案件。例如，假设州政府对所有基本食品都免除销售税。大量的个人和公司都受到影响，因此，传递效应的观点显示出说服力。虽然为食品免除税收的行为可能会被标榜为是对低收入人群的暗含资助[37]，但是，它导致的却是统一税收力求避免的立法侵害，比如说，食品连锁店和饭店之间就会发生再分配争议。因此，这样一种税收免除应被推翻，就像努力去根据不动产类型（居住、商用、生产）来区分普通遗产税一样，都应该被推翻。在所有情况下，统一的税负都允许国家去追求它所选择的任何岁入目标，而无须诉诸可能导致政治阴谋和财富锐减的特别税。

三、所得税：累进制

一个更加棘手而且更有争议的问题是，在通过所得税聚收提供纯粹公共物品所需钱财的范围内，征收条款（或与之类似的观点）对所得税制度的运作能够施加哪些限制？和在其他地方一样，在这里也不可能直接计算收益和成本。我们必须考察的是，所得税是否产生不成比例影响，以及，它是否增加了社会蛋糕的总体规模。这里批评的明确目标是累进税。

这里所批评的不是税收本身，也不是它必定产生的不平等。当合众国政府决定在对外战争中投入军队时，它的行为也会得到某些人的支持，而遭到另一些人的反对。然而，要求执行统一外交政策的宪法命令（在总统和国会之间分配相应的责任）使得政府不可能同时照顾所有的观点。坚持认为正宗的公共（不可分割、不具有排他性）物品提供了平等的主观收益，更不用说超出所缴纳的税收的收益，这种观点与我们（实际上是所有）的政府系统是完全不一致的。某种程度的

---

[37] 参见第十九章。

平等之所以能够达到，仅仅是因为政府做出大量的集体决定，并得到不同群体出于各自原因而给予的支持。对某些人来说，即使在很长的时间内，也不能达到平衡，集体生活的代价就是，失望的公民不能因为对公共行为不满意就要求退还税款，无论是逐案退还还是集体性退还，都是不允许的。

然而，从中并不能得出结论认为，对于政府征集税收以履行公共职能的行为，不存在任何制约。当初制定的宪法就限制征税权力。国会有权“规定并征收税金、捐税、关税和其他赋税，用以偿付国债并为合众国的共同防御和全民福利提供经费”[38]。该条款的构造表明税收的恰当客体在性质上是有限的，同时，所提到的“全民福利”和“共同防御”强化了宪法限制和对公共物品的标准经济学阐述之间的紧密关系。实际上，合众国的“全民福利”并不是一项无限授权；对它的解读应该受到限定，结合其他两个名目，国债和共同防御，同时，坚决反对在公民之间进行的任何强制性转移支付。

然而，随着时间的推移，对征税权的限制已经被侵蚀。在 Unit- 295
ed States v. Butler 案中[39]，法院正确地承认，全民福利这一用语限制税收的客体。[40] 然而，法院接着宣称，这项限制不仅包括该条款本身内涵的事项，也包括对宪法第一条其他内容授予国会的特定权力的行使进行的限制。在 Butler 案中，这种解读使得法院可以推翻一项根据《农业调整法》而征收的农产品加工税，法院当时的观点是，农业纯粹是一个地方性问题，（在 1936 年）不属于贸易条款调整的事项。在构造税收和贸易之间的关系时，法院取消了对税收的所有内在限制，因为在接下来的十年里，国会实际上能够在贸易条款下管制所有经济活动，包括所有的农业活动。[41]

---

[38] 宪法第 1 条第 8 款第 1 项。

[39] United States v. Butler，297 U. S. 1 (1936).

[40] 即使在这个问题上，也存在争议，因为一个条款把税收权力限于该条款而不是其他条款所包含的目的。参见 247 U. S. at 65－68 当中讨论。Roberts 法官通过标准法律人的方式解决了这个问题，他倾向于对该条款进行广义解读，后来，他发现还是太过狭窄，不能维持所审理的税收。

[41] 例如，参见 Wickard v. Filburn，317 U. S. 111 (1942)。

在贸易条款和全民福利条款下面发生的变化再一次表明，最高法院多么轻易地就能把一部有限政府的宪章转变为一个无限立法权的宪章。但是，即使对全民福利条款进行限定性解读，并因此把税收的恰当客体限于提供正宗的公共物品，在公民当中进行税负的分配仍是至关重要的问题。这个问题的解决方式有两种，一种是考察税收观念本身隐含的限制，就像 19 世纪的公共目的原理所指出的那样，另一种就是合理关注征收条款，该条款在原则上应该像限制宪法第 1 条授予
296 国会的其他权力那样去限制征税权。㊷

我已经证明，在确定如何分配税收负担的问题上，不存在公共物品的直接衡量工具。但是，动机标准和不成比例影响标准仍可发挥作用。累进税背后的再分配动机看上去是非常明显的，不容否认。实际上，这种动机通常被当做证明累进税正当的核心社会理由。但是，更加重要的论证则依赖于不成比例影响标准。对于围绕战争与和平问题存在的政治分歧所引发的所有财富后果，不成比例影响标准肯定不去关注。但是，就收入（或财富）水平和所得到的收益之间存在的相关关系而言，没有类似的必要性去无视这种关系的存在。在自由市场上，私人主体的品味在很大程度上取决于他的收入水平。在公共物品的情境中，类似的假定看起来也同样有道理。一项只以人头为依据的税收（也就是说，征税的数额是固定不变的，不考虑收入水平，因此，在原则上，税收可能会超过收入总

㊷ 就历史而言，人们可能会认为，累进税的问题已经通过 1913 年制定的第十六修正案得到了解决，该修正案规定："国会有权对任何来源的收入规定和征收所得税，无须在各州按比例进行分配，也无须考虑任何人口普查或人口统计。"这条修正案是为了推翻 Pollock v. Farmers Loan and Trust 157U. S. 429（1895）案的判决，该案推翻了一项累进所得税，但是所根据的理由只是，该税收包括了一项对财产直接征收的税，没有在各州之间按比例进行分配。就第十六修正案认可了累进税而言，它实际上再次肯定了 Pollock 案的判决，尽管表面上看它针对的是一个非常不同的问题。然而，我却认为，应该按照字面来解读这条修正案，也就是说，不能再以根据人口普查或人口统计而在各州按比例分配的要求来限制征税的权力。按照这种解读，第十六修正案的意思是，各州之间的公平不再是联邦税收法考虑的事项。它没有提到个人之间的公平。

量）没有任何明显的可取之处。[43] 另一方面，如果人头税是衡量间接收益的非常拙劣的参照，那么，它导致的收益和负担之间的失谐注定会让自己在征收条款下被作为非法偏向富人的再分配行为而无法立足。

什么样的政府一般收入税收是可以接受的呢？在这个问题上，所作的选择实际上就是在两类以净收入为对象的税收之间。一类是比例税，在这种税制下，针对净收入的一个固定的比例征税，从第一美元净收入直到最后一美元都要缴税。另一类是累进所得税。这类税收与比例所得税的共同特征是，税收总量（严格）随着收入总量而增加。政府一般收入税收也采用边际税率，它不是固定不变的，而是严格随着收入而增加，而且，经常在底部包括一些零税收收入。无论是累进税还是比例税，都允许政府追求任何岁入目标，因为国会可以随心所欲地设定税率。仅存的正式限制是在分配层面。在原则上，如果从政府运作中产生的收益的增长比个人收入的增长要快，那么，合理的税收就应该是累进税。但是，并无确凿的证据支持这个结论，相反（转 297
移支付先放在一边），倒是有某些直觉性的理由去否定它。例如，对身体安全的关注可能与收入并不是线性相关的，因为课税收入较低的人有可能非常重视自己的身体安全，特别是如果这些人属于具有广泛人力资本或预期收入的年轻人。

然而，假定问题是这样的，即从收益函数中无法获得可靠的证据。因此而得出的一个结论可能是，从政治过程中产生的任何普遍税收方案都是可行的，最高法院对此只作简单审查的做法是正确的：税收方案的问题完全属于立法机关决定的事项，即使税收是对私有财产的征收，结果也是一样。[44] 据称，该税收提供了某种“直接”收益，因此，即使是库利的公式也无法推翻累进税。

---

[43] 参见 Cooley，前注 20，页 613。“税收就是政府为人身和公民财产提供的保护的对价；由于所有人都得到类似的保护，因此，所有人都要根据受到保护的利益而承受类似的负担。根据人头征税被认为是遭人厌恶的，因此，很少被作为征集岁入的方式。”在原则上，这段引文也可以被认为是反对累进税，也许还反对以宪法为依据的累进税。

[44] 例如，参见 Walter Blum and Harry Kalven，The Uneasy Case for Progressive Taxation（1953）。

然而，这种看法过分夸大了不完备信息对公共收益的分配造成的政治影响。精确的收益表的缺失不应该终结审查的脚步。相反，它需要我们退一步考虑，以尽量降低错误率，这就是，考虑所施加的税收和所获得的间接收益之间存在的失谐。个人收益表的不确定性要求我们重新表述基本问题：所有因素都考虑之后，什么样的税收方案最可能减少税收和收益之间的失谐?

出于各种各样的理由，单一税制看起来比其他任何可能的税收方案都能更好地解决上述问题。在同一个水平上，这种税制非常忠实地对所有收入来源都施加一定比例的负担，因此，通过了对征收法非常关键的不成比例影响标准的检验。但是，这种形式上的平等还不一定就是决定性的，因为在实践中，单一税制无法确保税收和间接收益之间的完美契合。此外，这种契合绝不是可以随意实现的。单一税制肯定能够实现一种较好的契合，而且，它明显优越于高额累进税，在累进税制下，再分配动机就是再分配后果的有力证据。[45] 此外，单一税
298 制无须在数不清的随意设定的累进表中进行选择。某些其他基线（除税率以外，具体说明可以接受的累进程度）可能也是一个更加全面的宪法方案的组成部分，但是，当不存在这些基线时，单一税制就是最“合常理”的选择。

当我们关注政治维度时，在宪法上确立单一税制的理由就更加强烈。如果累进的程度可以随意变动，那么，一道阻止未经补偿的征收的宪法障碍就被移除。累进税由于增加了派系活动的预期收益，因此提高了立法寻租行为的频度和强度。一般侵权规则和一般税收规则之间的对比是非常明显的，因为在税收规则下，绝大部分人对于自己的预期收入并不是毫无所知。寻求政治收益的私人努力将会遭到预期受害人的抵制，从而产生典型的负和博弈，而这正是征收条款力求避免的。随着社会蛋糕越来越小，出现净受害人的可能性就越来越高。单一税制的严格性和便捷性是对这种可能性的最好控制。通过减少寻租

[45] 参见 Michael Graetz，“To Praise the Estate Tax，Not to Bury It”，93 Yale L. J. 259，274—278（1983）。为转移支付提供的明确理由将在第十九章进行讨论。

的收益，单一税制降低了这种可能性的总体水平。通过增大社会蛋糕的尺寸，单一税制能够增加每个人的份额。而且，固定的边际税率制度能够简化应对税收的个人规划，由此，通过减少合法与非法的避税行为，就增加了更多的收入来源。单一税制提供的保护远不能说就已经完全理想，因为还会出现这样一些政治方案，在其中，一个群体获得全部（或绝大部分）收益，而另一个群体则要为此支付一定比例的成本。但是，这一点不过说明了两个隐含的命题：第一，禁止政府滥用权力的唯一方式就是占有个人从公共物品中取得收益的充分知识；第二，不成比例影响标准总有力不从心的时候，也就是说，它无法发现所有类型的滥用权力行为。然而，不能因为单一税制不能禁止全部的滥用权力的行为，就抛弃这种税制，它只要能够降低滥用权力行为的总体水平，就已经功不可没了。

把征收条款解释成需要单一税制，并不会引发实在的成本。单一税制对政府的岁入总额没有任何限制，它也不会妨碍立法机关和行政机关履行自己的宪法职能，例如任命法官或者支付战争。但是，在确定谁来支付工资或供养军队时，就不能再授予类似的裁量权。金钱是可以替代的；一美元就是一美元，完全不用考虑它的来源。从征集钱财时的裁量权中产生的收益可能会不知不觉地变少，但是，它引发的权力滥用却可能给制度带来实在的成本。

单一税制给法院带来的也是最低限度的负担，法院再也不必开办
监狱或精神病医院，也不用再去审查政治决定的是非曲直。单一税制 299
和重新分配议席时用到的一人一票规则非常类似。它很容易操作，为政治选择提供了一个较好的动机结构，而且，在征多少税和怎样花费税款的问题上，它不会导致用司法判决代替政治选择的情况。

在回应上述观点时，有人可能会说，恰当的关注点不是名义上的税率而应该是实行中的税率，实行中的累进水平要比税率表中低得多。[46] 但是，这些数字通常是很难让人相信的，因为它们并没有包括

[46] 参见 Income Tax Schedules，Distribution of Taxpayers and Revenues（OECD Paris，1981），除其他事项外，该文件显示，在合众国，第十个百分比中的人适用的边际税率是16%，而第九十个百分比中的人则适用36%的边际税率，这可不是小差距。

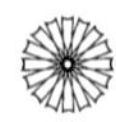

纳税人在逃避缴纳高额累进税的过程中花费的成本——这包括，市政债券持有人维持的低产出，为避税而承受的更多商业风险，以及大量的律师和会计费。此外，以累进税能够产生比例税率为理由来捍卫累进税，是一种让人莫名其妙的行为。最好还是承认，在考虑过这些复杂因素以后，单一税制的理由最能站得住脚，因为单一税制最可能保证在征税以后，每个人都能有所改善。

另一种反对观点选择了不同的方向。如果累进所得税被判违宪，那么，《国内税收法典》的整个框架都要成为宪法审查的正当领地。如果对净收入只允许征收比例税，那么，对课税收入进行界定就成了一个宪法问题。但是，收入定义成为宪法问题是一回事；坚持认为对理想定义的任何偏离在宪法上都不能立足却完全是另一回事。情况完全相反：对一个理想的、Haig-Simons 版的收入定义的任何偏离只要没有产生系统性的不成比例影响，就都是可以接受的。[47] 因此，宪法并没有提出这样一些要求，即，对不动产或证券的尚未实现的价格上涨也要征税，或者在退休金还未到账的时候就把它们算到收入中，或者允许（或不允许）商业财产的加速折旧，或者允许或禁止扣除搬迁
300 费用、医疗支出、或意味损失。

从所得税向消费税的转移（通过减少储蓄和再投资收益）或者反向而行，也完全授予立法权的范围。类似的，也没有人要求合伙企业应该和公司或信托基金的课税方式完全一样。对信托基金、养老金、退休金的征税不必在同样的时间和通过同样的规则进行。合伙收入可以被传递，公司收入要承受二次征税，而对于信托基金则只对未分配盈余征税。剩下的唯一限制就是，所有形式的普通收入在被征税的时候，要依照单一税率征收。也不存在宪法理由去攻击对资本资产的单独处理，所谓资本资产，就是在纳税人从事商业或贸易的过程中使用的财产，也没有宪法理由去为长期资本回报率提供一个六个月或十二个月的等待期间。所有这些都是被允许的，因为税收法律通过普遍适

[47] Henry Simons 把个人收入定义为“这样两项的代数和，(1) 在消费过程中行使的权力的市场价值，(2) 产权储藏的开始和结束期间发生的价值变化。”Henry C. Simons，Personal Income Taxation 50 (1938)。

用的规则，仍然可以自由地对不同类型的资产作出不同对待。一些人可能想在资本收益实现之前按照普通所得税率对其征税。[48] 另一些则可能主张说，为了避免被迫出卖资产，收益的实现应该是征税的界点。类似的，为了防止闭锁效果（这种效果是因为纳税人有权决定何时从投资中收回收益而出现的）或者为了消除通货膨胀对资本资产的影响，设定更低的资产收益率（包括对再投资资本的零税率）也是正当的。这些税收的收益和损失在整个社会如此广泛地分散开来，以至于通过不成比例影响标准来挑战它们看上去是毫无意义的。

对于税收制度中的某些明显的补贴，结果可能就非常不同了。例如，允许超过成本的百分比折耗规则看上去就为采矿或油气行业提供了明显的补贴。虽然没有办法挑战对资本项目进行税收减除的时机问题（因为不存在判断时机问题的明确基线），但是，看起来却能很容易地在管理过程中推翻超出实际支付的成本返还，所基于的理由和日常政策讨论中所用的理由是一样：这些规则导致了负担和收益之间的系统性失谐，以至于根据任何收入定义来判断，某些人都支付较少的比例份额。

毫无疑问，应该在多大程度上推行单一税率原则是个非常难以回答的问题。假设有人主张说，对住房抵押利息的扣除构成对房屋所有权人的一项暗含的补贴，而不利于承租方，解决的办法是，要么废止 301
对房屋所有权人的这项扣除，要么为承租方用于提供住房抵押的那部分房租也提供类似的扣除。这种方案可能有一些合理之处，但是，能否符合宪法比例，则不是非常明了，因为在每个阶段上都存在开发土地或者购买房屋的充分自由。在这里，所造成的影响在人群中是如此分散，以至于有充足的理由维持当前的现状，特别是这种现状与长期抵押安排纠缠在一起。

实际上，只要对《国内税收法典》的具体条文进行更加细致的解剖，就会展示出禁止累进税的宪法命令的力量。单一税制并没有使这

[48] 例如，参见 David Slawson, "Taxing as Ordinary Income the Appreciation of Publicly Held Stock," 76 Yale L. J. 623 (1967)。

部基本税法条文变得模糊不清，相反，它减少了通过直接管制去控制其他形式的权力滥用的需要。比如说，由于每个人都面对同样的边际税率，因此，富人就无法再从投资免税的市政债券或者进行慈善捐赠中得到特别收益。类似的，从为高收入的房屋所有权人提供的利益扣除中产生的税收收益也会减少，同样，百分比耗损产生的收益也减少。如果每一美元，从第一美元到最后一美元，都要承受比例税，那么，把收入分割成赠与和家庭信托的做法在税收方面就失去了全部吸引力。不同税制之间所剩无几的一些区别也在很大程度上被消除，这是因为，人们能够自由地（或者直接或者通过承载他们财产的退休金信托和股票）分散他们持有的金融股票，以及选择能够带来最大边际税收利益的投资。转而采用比例税制还能消除该制度的行政成本（这些成本也是从某些人那里征收得来），并因此增加整个社会蛋糕的尺寸，以及在最大限度内增加每个人的份额。

但是，有人可能会问，在我们还无法找到有效的方法同时控制赤字财政和通货膨胀时，为什么要为了累进税而忧心忡忡呢？这个问题揭示了三种机制之间的紧密关系，但是却远未阐明为什么控制税收就不重要，相反，它恰恰说明了控制税收是个不容忽视的问题。赤字财政和通货膨胀能够以一种成比例的方式产生影响，因此，任何群体都很难从其中得到群体收益。就赤字财政而言，它所涉及的成本表现为更高的利息，如果废除累进税，这种成本就要由全体大众按比例分摊。因此，废止累进税能够在政府赤字财政的三种模式之间达成和谐。由于三者都是大致上按比例发生影响，所以，从不同财政机制的
302 选择中产生的派系收益就会变得更低，进而，就能为潜在的权力滥用又增加一道限制。为累进税提供的利益不至于“让人不舒服”。它根本就是错误的。

四、遗产和赠与税

对各种移转税——遗产税、赠与税、继承税——的恰当处理是更

加容易的。这些税种的构造已经表明，移转税通常都是高额累进税，不过，它的起征点很高，越过起征点以后，就是更高的边际税率。它们的再分配动机要求必须为这些税收提供更充足的理由。[49] 这些税收造成的不成比例影响是非常明显的，而且没有提供相应的特别收益。承受这些税收的那些人，已经完全缴纳了所得税和其他赋税。如果所得税和其他赋税尚未支付某部分公共成本，那么，比例制移转税能够填补其中的差额。不过，累进移转税也要遭遇和累进所得税相同的反对意见，既因为它们无法达到收益和成本的契合，也因为它们为经济寻租开了大门。近期对移转税的宽松化改革[50]减轻了一些反对，这些改革措施包括：(1) 把个人之间每年的免税移转额提高到10 000美元；(2)（分阶段）为遗产总额引入600 000美元的免税数额；(3) 为所有的配偶间遗产转移提供税收减免。这些规定的实际效果是，只为人群中的极小一部分人免除了移转税负担，从而使它的不成比例影响更加严重，因此，使得这种税收在征收条款面前更难立足。

尽管如此，累进移转税却是当前的宪法天空中的一颗牢固的恒星，因为从很早开始起，对它们的任何挑战都会被轻易地弃置不顾。 303
Magoun v. Illinois Trust& Savings Bank 案[51]的判决维持了州的累进继承税。不久以后，最高法院在 Knowlton v. Moore 案中[52]，又为了西班牙北美战争期间通过的联邦的累进继承税。在第一次世界大战末

[49] "理论家们已经为继承税提出了许多其他方面的理由。例如，有人主张，死亡税是国家可以正当征税的一种税，因为在死亡发生时，为了转移私有财产，国家动用了遗嘱检验机制和其他一些服务。另一些指出，国家是在逾期征收为死者生前提供财产保护的费用，或者更有讽刺意味的观点认为，国家是在向死者生前可能做过的税收违法行为施加处罚。还有人宣称，继承而来的财产是一种暴利；因此，对其征收的税款并没有让继承人作出牺牲，而且，继承人既然有能力支付这笔税款，就证明这种税收是正当的……但是，很难逃脱这样一个结论，这就是，今天的赠与和遗产税是明确地建立在平等主义的基础上的，与这个基础相比，其他所有力量都不过是一种装饰性的支撑。" Boris Bittker，Federal Income，Estate and Gift Taxation 990—991（3d ed. 1964）。

[50] 参见 Economic Recovery Tax Act of 1981，Pub. L. 97－34，95 Stat. 172，299（1981）。关于对这些规定的总结和批评，参见 Graetz，前注 45。

[51] 170 U. S. 283（1898）.

[52] 178U. S. 41（1900）.

期，在 New York Trust v. Eisner 案中[53]，霍姆斯法官明确依照 Knowlton 案的先例维持一项在当时算比较新的更高水平的累进遗产税。[54] 这些判决没有充分考虑征收问题，而仅仅以这样一种笼统的断言为基础，这就是，法院时刻准备干预大范围的政府滥用权力行为。[55] 然而，征收条款却明显地内涵在所有这些判决中，这从支持这些税收的主要观点中就能看得出来，首先是 Magoun 案，然后是接下来的案例："（1）继承税并不是针对财产，而是针对继承。（2）通过遗赠或继承取得财产的权利是法律创造的，而不是一项自然权利——它是一项特权，因此，授予该特权的机关可以为它设定条件。"[56]

片刻的思考就可以揭示出这种主张的缺陷。就第一个主张而言，在财产权和继承权之间并不存在有原则的区别。财产权包括排他性的占用、使用和处分的权利。处分权包括生前通过赠与或出售所进行的处分，也包括死后的处分，死后处分只受与死夫之妇和强留份额有关的规则所保护的家庭成员地位的限制。此外，就不存在什么为了陌生人或普通大众的请求权。

类似的，存在于 Magoun 案中的第二个主张不过是赤裸裸的实证主义的重述，完全与私有财产或有限政府的宪法理论不吻合。征收条款就是被设计用来限制立法机关的权力；只有接受某种自然法传统的财产权概念，能够抵制立法机关的废止，征收条款才能实现它所追求
304 的目的。实证主义的概念根本没有为私有财产提供任何保护。如果继承权是国家授予的一项特权，那么，是否也可以说占有权或日常的买卖权也是国家授予的特权呢？"国家说它是什么，私有财产权就是什么"，这又是一个完全无法接受的武断结论，和所有宪法理论，无论

[53] 256 U. S. 345（1921）.

[54] 遗产税的累进程度比继承税更高，因为就遗产税而言，被继承人的全部财产都是课税财产，而不去考虑遗嘱下的受益人数量和资格。根据继承税，则每个份额单独课税，这就为大部分遗产提供了内在的税收分割。而且，大部分继承税还为具有血缘和姻缘关系之间的转移适用更低的税率，这就更进一步降低了遗产处分需缴纳的税额。

[55] 例如，参见 Knowlton v. Moore，178U. S. at 77。

[56] 170 U. S. at 288。上述观点依靠的是 Knowlton v. Moore，178U. S. at 55 案的先例。

是税收方面的还是其他方面的，都不一致。

如果这种观点能够有力地防止州政府征收累进移转税，那么，它也更有理由防止联邦政府征收此类赋税，因为联邦政府不能再找借口说，税收就是行使政府可以随意收回的一项特权时必须支付的对价。根本就不存在可以授予或收回继承权的联邦权力。联邦政府甚至更应该为自己的征税行为提供理由，它要证明征税属于可允许的公共征收的一种。就此而言，由于明显的再分配动机，在已决案件或学术著作中，并不存在阴暗地带。 305

第十九章 转移支付和福利权

对现代政治图景的最随意一瞥也能发现，尽管非常大的数额被用于支付正宗的、非排他性的公共物品，但是，更大部分的政府岁入则被投放到转移支付当中。现代的立场是，转移支付的规模和用途引起的只是政治和社会问题，完全不受宪法的约束。但是，权利的问题不能就这么轻易地被抛在一边。既然所有的税收收入都是从某些人那里征集来的财产，因此，征收条款的诉求就既是必需的又是无法回避的。在评估这些方案时，不存在可以绕过我们的完整分析框架的捷径。税收的征集和花费是为了某种公共使用吗？它们拥有治安权或同意所提供的正当理由吗？暗含实物补偿是否已经提供给那些承受负担的人们？

作为首要原则而言，大部分这类方案都存在致命的宪法缺陷。但是，识别过去的错误是一回事，修正这些错误则是完全不同的另一回事，即使我们的意愿倾向于这么做，结果也是一样。这一章的第一部分探讨转移支付和福利权的宪法地位，我基于的假定是，在这些方案出现以前就已经提出挑战。所需回答的问题就只是，这些方案是否符合实施中的宪法标准。第二部分讨论的问题是，如果这些方案在原则上违宪，而它们又已经存在了好几代的时间，通常还在非常大的范围内存在，那么，我们能够取消它们吗？简单地宣布它们无效肯定是不可行的，因为围绕这些长久存在的社会方案已经生长出社会制度和个人请求权。这些历史生成的请求权是否如此强大，以至于唯 306
一可行的举动就是继续默认现状？换言之，是否存在这样一个宪法齿轮，它的功能是，一旦错误行为凭借它进入到系统当中，就永远不能被取消？

一、在空白的黑板上写

对现代转移支付方案的第一个挑战来自于公共使用限制，它禁止国家强制从 A 向 B 进行财产（包括金钱）转移。社会保障、失业救济和日常福利项目并没有提供正宗的公共物品。如果有的话，转移支付也和国防这类公共物品处于完全对立的地位。转移支付也不能被理解为类似于公共承运人的义务。公共承运人承担着提供普遍服务的义务，只能排除那些未能遵守最低行为和礼仪标准的人。无论是它的基本原则还是例外规定都是为了保证盈余在全体社会成员之间公平分配。普遍服务的规定允许所有权分享收益；善良行为的要求则防止任何个别消费者单方攫取过量的份额。与之相反，转移支付的适格要件则是为了确保在政府管制不一定能够克服在磨房法案件中存在的双方垄断的情况下，只有一个精心挑选出的群体来享受收益。①

因此，公共使用要求看起来要阻止所有的政府转移支付项目在原来的轨道上继续前进，在某种意义上，从最初的宪法架构来看，得出这种结论并不奇怪。不光是征收条款，就是宪法第 1 条似乎也没有授予联邦政府进行转移支付的权力，这个问题留给了各州去解决（它们也必须应对自己的征收条款）。因此，征收条款中包含的对转移支付的任何进一步限制都并没有对联邦政府提出新的挑战，相反，它仅仅

① 参见第十二章。

307 确认了最初的宪法决断。[②] 金钱是最容易替代和分割的财产。在不同私人主体之间进行金钱转移应该是政府最迫不得已才能从事的行为。所有人都同意，从 A 向 B 进行赤裸裸的转移支付应该被禁止。那么，从一群和 A 类似的人向一群和 B 类似的人进行转移支付为什么就能被允许呢？转移双方的人数越多，根据收益和负担之间的明显失谐来看，国家犯错误的程度就越高。

考虑到公共使用限制在当代宪法裁决中发挥的苍白作用，再赋予它这么强大的力量看起来有些武断或使情况变得更糟糕。然而，了解这种观点的说服力的一种方法就是去询问，如果克服了公共使用条款设置的障碍，转移支付是否满足公平补偿的要求。就税收而言，我们可以设定一种非常简单的单一税率税，借此能提供正宗的公共物品，限制私人滥用权利，就能轻松接受司法审查。而在信马由缰的转移支付方案上，我们则无法规定类似的约束，既做到限制私人滥用权利，又能保证司法审查正常进行。典型的救济项目从纳税人那里拿走现金，然后再为接受者提供一揽子附条件的收益，这些收益非常难以评估，无论是事前还是事后，都一样困难。在付出和接受的当事人之间，也不存在充分的利益重叠。使问题变得更加棘手的是，这些项目还必须应对在私人市场上的契约当事人所面临的复杂情形，主要包括反向选择和道德风险这些常见的保险风险，还有，这些项目处于一种复杂的管制环境中，在这里，当要求提供公共服务时，很难听到干脆的拒绝。无论我们从城市居民向农村居民转移，还是从富人向穷人转移，我们都制造了寻租行为所面临的那种反对与赞成之间的对垒，同时，还在高昂的行政成本下仍然存在分配性错误。考虑到所存在的系统性偏见和低效率，问题的关键变为，总会有某些没有得到补偿的受损失者。对转移支付的完全禁止可以使我们无须再纠缠于补偿问题，

② 然而，需要注意的是，把征收条款吸收到第十四修正案中的做法，也并不代表更加强烈的挑战。如果各州可以提供转移支付，那么，它们之间为保持效率而展开的竞争能够降低转移支付的水平，进而减弱绝对宪法禁令的重要性。在文章中，我赞成的并不是联邦主义，而是这样一种制度，这种制度把转移支付视作任何政府的不恰当职能，无论是州政府还是联邦政府。

在这个问题上，转移支付在任何情况下都会失败。完全禁止的做法还能比逐案裁决更加便宜地得出正确的结果，由此减少随着时间推移而增加的未受补偿的征收的数量。这种观点可以通过任何数量的社会福利项目得到证明，但是，我在这里只集中于失业补偿项目和近期为使男女的定期年金平等而做的管制努力，之后，我将转向对一般性福利项目的讨论。 308

失业救济

最高法院在 Carmichael v. Southern Coal & Coke Co 案中③，维持了失业补偿项目的合宪性。阿拉巴马州向雇用八名以上雇员达二十周之久的雇主所支付的月工资总额课征了一项比例税，所得到的收益送交到失业信托基金当中，该基金由合众国设立，依照《联邦社会保障法》管理。④ 该法律排除了这样一些人员和机构，“雇用农业劳工、家庭仆人、海员、保险代理人、或近亲属的雇主”，以及“慈善机构、州际铁路公司、或者合众国政府、各州、政治下属单位”⑤。此外，该法律还规定，失业救济的提供要符合下述条件，“必须经过一段实质性的失业‘等候期’，之后，只提供工资的一半并且一周不超过十五美元，一年至多提供十六周”⑥。不能因为申请人并不穷困就拒绝给予救济。

这部法律遭到依据各种理由发起的攻击，有的针对它的调整范围的随意性，因为有一大串被排除在外的群体，另外的攻击则基于隐含征收诉求中体现的实质正当程序理论。斯通法官在维持这部法律的时候，诉诸这样一个标准的宪法假定，那就是，政府有广泛的裁量权去确定恰当的征税对象，并分配由此收集的收益。⑦ 他所依赖的这个假定不仅使得这部法律有效，而且在以后还会使得我们无法对所有依靠

③ 301 U. S. 495 (1937).

④ 社会保障案件暴露了复杂的资助条款引发的非常棘手的联邦主义问题。参见 Steward Machine Co. v. Davis，30 U. S. 548 (1937)。

⑤ 301 U. S. at 512.

⑥ 同上，519 页。

⑦ 例如，参见 Bell's Gap R. R. Co. v. Pennsylvania，134 U. S. 232 (1890)。

税收收入支撑的公共救济，诸如医疗保障（包括1984年对医生医疗费的暂时冻结），提出挑战。公共使用问题通过诉诸下述先例得到回答，这个先例赋予国会牺牲一部分人的利益去救助另一部分人的权力，该判决又得到其后的一系列案件的支持，在这些案件中，对酒精和其他商品征收的特别税可以被用于履行特定职能，例如公共
309 教育。⑧

如果人们认真对待税收项目的合宪性，问题就会表现出非常不同的复杂性。乍一看来，失业补偿税非常接近于符合不成比例影响标准。失业补偿的收益在很大程度上由雇主和雇员共同分享，因为雇主可以通过降低工资的方式攫取雇员的一部分收益。而且，救济金的结构——伴随一个等待期限和共同保险机制——能够有效地减少雇员因为靠领取失业救济反而过得更好所导致的辞职的道德风险。还有，该法律对企业雇用八名以上雇员的限制从管理的角度看是正当的，它同时是一种提高保险群体同质性的努力，原因在于，被排除在救济范围之外的工人既不用交税，也无从享受利益。为并不贫穷的雇员同样提供救济的决定，如果有什么意义的话，就是为这部法律提供了支持，使得它更多的是一种保险，而不是一种福利项目。

然而，该法律并没有解决在所调整的雇员之间进行的隐蔽但却潜在的财富再分配问题。该税收的结构表明，它课征的是工资的总数，因此，稳定的工作群体中的雇主和雇员就向频繁变动的行业中的雇员（当然也包括雇主）支付了一项净补助。萨瑟兰德法官在其富有启发性的反对意见中指出，另外一些失业补偿法律根据行业对补偿总额又做了再次划分，为的就是尽量减少这种暗含的补助——比如说，它采取的方法就是控制季节性和非季节性劳工之间的收入差别。⑨ 然而，在Carmichael案中，斯通法官在落实这项制度时却拒绝采行任何中

⑧ 301 U.S. at 522。“在某些州，烟草税被用于资助学校和教育……酒类许可方面的税费被用于支付养老金……失业救济，虽然在大多数州都通过特别债券来筹集资金，但是在有些情况下则通过汽油税来支撑。”同上，n.14。所有这些税收都被斯通法官假定为合宪，但是，他除了提及先例以外，并没有进行论证。

⑨ 同上，529—531页。

间路径，只是诉诸标准的司法自制。他借助于治安权的观点来支持自己的主张，这种观点的基本内容是，该法律是为了控制外部损害，因为不可能把失业的原因归咎于某个行业，也不可能归咎于“竞争……或……关税、习惯、行为方式或市场条件或贸易条件的改变，因为就这些而言，任何一个雇主都没有责任”[10]。此外，他还诉诸一种暗含实物补偿的观点（他在运用这种观点的过程中，犯了和洛克在运用默示同意观点时同样的错误）。[11] 310

> 纳税人依据宪法有资格享受的唯一利益是，从享用在有组织的社会中生活的特权中生出的利益，这种社会要靠为公共目的所征集的税收来建立和保障。任何其他观点都将使税收无法征集，相反，只能导致税收被用于补偿承受税负的人，而且，那些其他观点还将抛弃最重要的政府原则——这就是，政府的存在主要是为了提供公共福祉。[12]

这里所表述的观点既提到了治安权，又提到了暗含利益理论。前者被用来解释为什么国家能够控制竞争的外部效果。然而，并无明确的理由来解释，为什么一个雇用更多工人的企业就应该被认为是造成失业这种外部损害的罪魁祸首。与之相反，斯通法官在 *Carmichael* 案中对失业原因的论述是建立在错误的因果关系理论上，结果导致毫无限制的治安权。我们可以从斯通对竞争性损害的论述开始。如果没有国家，剩下的就只有私人行为，作为一个宪法问题来看，当不存在暴利和欺诈时，这些私人行为就不应该被认为是侵权行为。如果一个沮丧的竞争者和他的雇员对胜过自己的竞争对手并不享有诉权，那么，作为其代理人的国家也就不能宣称，税收乃是出于行政原因无法收集的私人损害赔偿的公共替代物。因此，为救济竞争性损害而征收

[10] 同上，524 页。实际上，就是在工作条件最为恶劣的时候，斯通法官宣称，在税收领域，收益和负担之间并不存在关系，上述引文。

[11] 参见第二章。

[12] 301 U.S. at 522—523（引文省略）。

的税款和为控制污染而征收的税款完全不一样，后者才是难以处理的损害赔偿诉讼的替代机制。实际上，斯通的观点没能遵守征收条款的基本原则：国家唯一拥有的权力就是在自愿交易无法进行时，强制交易的实现。具有反征收功能的治安权并不能像适用于普通侵扰案件那样适用于竞争性损害。

斯通法官所表述的用以评估收益的暗含补偿理论也没有比他的治安权理论更加完善。如果在社会中生活就是承受税收负担的充分回报，那么，所有税收都符合这个标准，所有的宪法审查都将停止。然而，即使直接计算收益的做法不可行，仍然存在审查税收的其他途径。失业补偿项目落入到严格的不成比例影响标准的控制范围，原因是某些工人和企业被要求向另外的工人和企业提供资助。斯通力求通过否定这个前提的方式来反对我们的观点。他写道："这并不是对当
311 下税收的有效反对，这种税收在其他各方面都符合第十四修正案，而且也是为了公共目的，所支付的收益及接受这些收益的人与承担税负的人及他们所缴纳的税收数额之间没有什么关系。"⑬ 尽管围绕特别捐税的大量宪法案例至少表明，不成比例影响标准是一个有相关性的标准，但是，斯通法官却从来没有解释我们的检验标准为什么在理论上是错误的。

通过指出失业救济税将会产生的全部分配效果，对它的攻击将会更为有力。提供这种救济可能会给就业水平造成负面影响。首先，如果雇主在辞退工人时，必须向补偿基金支付一定的数额，那么，他就更加不愿去雇用工人，特别时短期的风险性工人。遏制新工作机会的形成并不能降低失业水平。类似的，由于失业救济水平的提高，失业人员将更加不愿去寻找新工作，因为它们从新工作当中得到的收益更少。失业救济税给资本形成造成的影响难以估计，但是，由于这种税优先于未来的收入，它很可能会降低投资回报率，并因此减少新企业的建立，进而也就减少了新的工作岗位。它造成的间接损害是非常巨大的，尽管这些损害在 Carmichael 案中未被提及，该案的判决所强

⑬ 同上，521 页。

调的不是事实的真相，而是国会可以发现的东西。[14] 完全不能指望转移支付制度会带来积极的财富效果，或者产生成比例的影响，因此，这种制度应该被推翻。

以性别为基础的年金

类似的这些考量因素也适用于近期的一项争议，这就是，保险和年金公司在确定养老金收益时，是否可以使用以性别为基础的死亡率
表。在这里，从这样一种管制制度中产生了隐含的转移支付，该制度 312
要求保险人在收到平等的投保金的情况下，支付不平等的保险收益，这种保险收益是根据期望现值来计算的。我们可以通过已经熟知的两条途径来批评投保金和收益之间的失谐。从该项目的设计当中就可以明显看出，它造成的影响肯定是不成比例的，女性是净受益群体，而男性则是净受损群体。(大致相同年龄的已婚夫妇不受影响)。除此之外，这种强制性的转移支付项目对社会财富造成总体性的消极影响，它使得某些人肯定无法得到补偿。为了使这一点更加明确，我们可以看一下退休金项目在 City of Los Angeles Dept. of Water and Power v. Manhart. 案中的命运。[15] 最初的方案调整了雇员的投保金，以顾及男性和女性在预期寿命方面的系统差别。由于所有雇员都得到同等

[14] 参见，同上，Stone，J.，页 516－517：“(经常性失业) 附带造成的社会和经济损耗之类的灾祸弥漫于整个社会结构当中。除了贫穷，或者储蓄受到的不太剧烈的损害……以及除了购买力的损失之外，立法机关还发现，失业带来了流浪和财产犯罪的增加、婚姻结合的减少、家庭生活的腐化、出生率的降低、非法生育的增多、失业人员及其家人的健康受到的损害，以及他们子女的营养不良。”但是，这里的分析并没有解释为什么提供无限的救济也是个坏主意，原因在于这种分析没有考虑救济方案的成本。需要注意的是，引文提到的失业导致购买力的损失现在已被广泛认为完全是谬见，因为从整体来看，某些人从买卖中得到的收益已经被其他人所受的损失抵消。

[15] 435 U. S. 702 (1978)。该判决在下列文章中得到细致和批评性的分析，Spencer L. Kimball，“Reverse Sex Discrimination：Manhart”，1979 Am. Bar Found. Res. J. 83；Lea Brilmayer，Richard W. Hekeler，Douglas Laycock，and Teresa A. Sullivan，“Sex Discrimination in Employer-Sponsored Insurance Plans：A Legal and Demographic Analysis”，47 U. Chi. L. Rev. 505 (1980). G. J. Benston，“The Economics of Gender Discrimination in Employee Fringe Benefits：Manhart Revisited”，49 U. Chi. L. Rev. 489 (1982)。

的月收益，女性就要为这个方案提供更大份额的月投保金，以适应她们更长的预期寿命。

法院认为，以性别为基础计算雇员的投保金构成非法的性别歧视。相应的，法院命令在将来要使男女每月的投保金相等，但是不改变收益水平。Manhart 案造成的一个结果是，为女性提供的总体（预
313 期）补偿数额变得比为男性提供的数额高，进而导致与女性雇员比较而言，对男性雇员的需求上升。除此之外，法院的判决还导致受其约束的公司和雇员采取对抗措施。一些男性雇员可以采取这样一些策略来部分减少他们的损失，其中包括领取和预期寿命无关的养老金、选择一个大额的为退休而准备的投入、或者（出于税收原因）选择一个固定期限的固定投入。这种决定继而又改变了剩下的群体的组成结构，这需要通过增加女性请求者的数量来适应不同的投保金数额。如果以寿命年金为基础的养老金仍旧定为当初的水平，那么，女性享受的更大份额就可能造成方案破产的风险。然而，在人们行使他们的养老金权利之前，又很难进行调整。

这些经济和行政因素促使洛杉矶市在 Manhart 案的判决之后，同时停止了男性和女性的终生年金⑯，尽管这种年金既是男性也是女性的主要选择。收益再一次在男性和女性之间实现了平等，而且，我们也没有发现明显侵害公民权利的行为。但是，什么人得益？有什么

（续前注）

Brilmayer 和她的合作者的分析部分程度上依赖于这样一个假定，这就是，预期寿命无法唯一地确定，因为不存在任何人都可以归属于其中的唯一的群体：一名南卡罗来纳州的黑人男子如果就这样划分的话，他的预期寿命是 58 岁，但是如果他就被划入男性群体，他的预期寿命则是 70 岁。她们的观点中存在的错误就是，假定所有的划分都是同样合适的，而事实上并不是这样。市场过程能够选出最同质的子群体，根据这个群体，有可能以合理的成本获得总体统计数字。如果一个保险公司仅根据性别来分类，另一个公司就将进入市场，并为男性设定更低的理赔率。前面这个保险人就将被迫重新计算他的理赔率，以反映剩下的群体的组成结构。这个过程将不断持续下去，直到新的进入者找到一种能够最合适地反映人口统计特征的子群体。保险公司可以在一开始就利用最好的群体分类，包括以性别为基础的分类，来缩短博弈的进程。

⑯ Jane Bryant Quinn，“The Great Unisex Debate，” Newsweek，July 4，1983，at 52.

益处？男性和女性中都有相当比例的人根据自己和配偶的寿命调整了年金选择，这些决定反映了一种无可厚非的风险厌恶行为，因为人们害怕自己在一定期限的养老金结束以后仍然还活着的程度，要远甚于害怕把自己没有用完的资源通过遗嘱留给正值中年的儿女。如今，分担终生风险的问题已经有效地得到解决，具有讽刺意味的是，对自愿规划的限制如果有什么影响的话，就是给女性施加了更沉重的负担，她们更长的预期寿命意味着，在预期的死亡日期方面可能存在着更大的变数。进而，这种变数使得女性更难以根据自己固定的资产来确定适当的消费水平。每个人的处境都恶化，尽管是以不同的比例在恶化。唯一不确定的是，男性和女性对苦情的感受程度不同；毫无疑问，根据征收条款，应该废弃男女部分的年金表。

福利性转移支付

在考察福利制度下的转移支付之前，重要的是要指出，正在遭受风险的到底是什么。福利性转移，无论是以现金还是以实物的形式，都是在可以实施的限度内牺牲富人来扶助穷人。即使对穷人的福利性给付在原则上是完全恰当的，前文的大量分析仍然丝毫不会改变。因 314
为没有什么理由能够支撑反复无常的再分配，无论它们是牺牲地主来扶助佃户、牺牲外来人以扶助本地人、牺牲债权人以扶助债务人、牺牲油气生产商以扶助消费者、还是牺牲男性以扶助女性（或牺牲双方而不扶助任何人）。

如果接受从富人向穷人的转移支付做法，至少会在三个方面改变前文的分析。第一，公共使用限制无法制止从富人向穷人的现金转移支付，也无法制止实物转移支付，政府受补贴的公共住房项目。第二，政府在税收方面拥有更大的自由，以维持所追求的再分配。不过，这一点并不能为暴利税或其他特种所得税提供理由。扶助穷人的义务必须普遍性地分配到富人头上，而不能是分配到富人中的某一部分人，因此，如果再分配被认为是时代要求，那么，累进所得税，而且只有累进所得税才是正当的。第三，也是最遭怀疑的一点，各种各样的准保险项目、失业救济、社会保障以及医疗照顾，连同它们疯狂的地毯式救助模式，如果主要的后果是从富人向穷人重新分配财产，就都可以通过审查。

然而，如果征收条款在原则上禁止所有为福利目的的强制性转移支付，那么，就没必要去探究这些限定条件的适用范围。我们的论点仍然遵循征收条款的四个核心问题的顺序：征收、正当化理由、公共使用、补偿。第一点——征收——是显而易见的，所以，明确的福利权依赖于是否能够经受住另外三点的考验。很明显，没有哪个单独的观点就足以解决问题，因为这里并不存在像国防那样必定需要集体选择的正宗公共物品。一个常见的理由是如今广泛存在的一致意见，这种意见赞成进行公共福利性转移支付。这倒是减少了对转移支付制度的政治反对，但是，它并不能达成把税收转变为自愿捐赠所需要的一致同意。而且，它也肯定无法使人们对当今转移支付制度的性质和形式都表示同意。

福利性转移支付正当化的关键是要依赖于治安权和暗含实物补偿观点之间并不轻松的结合。福利权并不能轻易地和治安权的反征收原理结合起来：与污染税不同，福利性转移支付并不是为了控制纳税人的不当行为。不过，人们也可以说，它们之所以落入治安权的调整范围，是因为它们是为了避免那些如果不提供这些收益就可能做出反社
315 会行为的人的暴力侵害。但是，这种观点和以权利为基础的请求是背道而驰的。[17] 以权利为基础的理论主张为禁止不当行为人的行为而使用暴力是正当的，而不是去禁止不当行为的受害人。没有人愿意因为政府无法控制那些妨害言论自由的人而索性就禁止言论自由，为的就是避免随意的治安权主张成为政府压制行为侵入的缝隙。同样的观点也适用于这里。治安权通常不能允许把惩罚合法行为作为控制非法行为的间接手段。

最后，为私有财产制度中的福利权提供的理由还必须依赖于为那

⑰ 同样的这种为了避免可能的暴力的观点也被用来为《全国劳工关系法》提供正当理由，这是当代劳动法的核心。我已经在那部法律所处的情境中讨论了这种观点的合理性，参见 Richard A. Epstein，“A Common Law of Labor Relations：A Critique of the New Deal Legislation”，92 Yale L. B 1357（1983）。

些纳税的人提供的暗含实物补偿。这种观点的一种形式遵循了治安权的轨迹。为富人提供的补偿是，他们避免了如果穷人被隔离在社会收益之外就会降临在他们身上的暴力侵害。所获得的安宁要比为获取安宁而支付的金钱价值更高。如果这样看的话，福利性支付就是一种策略性腐败，它使纳税人承担更大份额的治安管理和控制成本。然而，如果个人发展的机会和在有限政府下所能提供的机会同样开放（例如，没有进入劳工市场的障碍，诸如最低工资），就几乎没有什么理由担心某些常规性下层人员会构成对社会秩序的经常性威胁。由于个人的主动进取能够提供相对较高的回报，暴力行为带来的收益将会减少。因此，恰当的宪法反应应该是，坚持进行正常水平的手段审查，以为转移支付提供正当理由。应对暴力的第一个反应应该是采取警察措施，在紧急情况出现时，就可以被启动。[18] 转移支付几乎不可能作为对抗暴力侵害的合适手段；只有当证明存在明显且即刻的社会不安的危险，而且通过传统技术无法处理时，转移支付才是正当的。很难去质疑为减少抢劫行为而给被洪水淹没的城镇提供免费食品的做法，即使这种做法被定性为转移支付，也没有关系。同样困难的是，同样的观点怎样能给防止革命的粮票方案提供正当化理由。 316

这个观点还可以被应用到另一个层面，因为人们可以主张说，就像在任何其他集体行为制度中一样，搭便车问题也存在于所有的自愿福利制度中。[19] 提供收益的人为社会稳定作出贡献，这种稳定被所有人享受，然而，却并不是每一个人都必须支付合理的份额。解决这个问题的唯一办法就是要求每一个人都为公共物品，在这里就是福利项目，贡献一部分资金。但是，谁来判断福利支付可能造成的外部影响对那些不愿贡献的人来说是积极的还是消极的？假设 X 认为福利支付是一个致命的错误，因为它们鼓励人们靠施舍谋生，而不是自己照

⑱ 类似的难题也使为《全国劳工关系法》提供的“行业安宁”理由无法立足，对于这个问题，同样的回应仍是合适的。参见 Epstein，前注 17，1404—1406 页。

⑲ 参见 Frank H. Easterbrook and Daniel R. Fischel，“Auctions and Sunk Costs in Tender Offers”，35 Stan. L. Rev. 1 (1982)，这篇文章在招标管制的背景下讨论了搭便车问题。

顾自己。他拒绝支持所有种类的福利行为。如果X成为政治的多数，是否应该允许他以治安权的名义去禁止其他人进行孤立捐献呢？如果他不能这样做，那么，为什么政治的多数要强迫他做贡献呢？任何个人对提供福利支付的拒绝都不能阻止其他人这么做。实际上，几乎全部的教育、宗教、医疗、和福利性慈善机构长期以来一直在很少一部分人的配合与财政支持下运作。这里并不存在和开发油气相类似的公共池塘问题；如果所有的利害关系人都无须作贡献，那么，没有自然资源会得到开发。

回答暗含实物补偿问题的另一种方法是提出一种保险方面的论证，也就是说，福利支付的适格要求是普遍适用的，能够保证那些今天投入的人如果遭受财产不测，明天还能收回投入。这里存在的错误和Carmichael案与Haas案中的错误完全一样。[20] 保险在条款方面必须满足保险精算意义上的公平。仅仅提到存在某些回报性收益，永远都是不够的，因为这些收益没有经过评估。如果要满足公平补偿的要求，还必须充分评估收益的预期价值，这个价值必须超过所交纳的数额。如果每个人都既是风险规避者，又处于物质之幕的背后，那么，每个人在有安全网下都会比在没有安全网的情况下过得更好。这个结论是非常有争议的，就像任何福利制度都可能制造效率损失一样，原因就在于福利制度的消极激励效应和沉重的行政成本。如果不具备这三个相关量的详细知识——风险厌恶的程
317 度、消极激励的烈度、和行政成本的额度——即使在这些限定性的条件下，也不可能对福利权的合理性作出经验性判断，更何况是对现实生活中存在的福利制度。

然而，最关键的一点是，转移支付制度并不是加于处在无知之幕背后的人们。与一般侵权规则的情形完全不同[21]，如今的我们在全新的福利方案确定或者原有的福利方案扩张之前，的确知道我们在法律和社会秩序中的境况。我们每个人都能大致计算收益和损失的净分

[20] 参见第十七章。

[21] 参见第十六章。

配，而且，我们知道二者之间远未实现平衡。和游戏做个类比也许有所帮助。如果两个玩家都同意在没有女王的情形下开始下棋，那么，两人承受的收益和负担大致是相等的（除非一个玩家以及私下里研究过没有女王的游戏）。然而，如果一个玩家在游戏过程中的任何时刻都可以单方面拿走两个女王，那么，当他的对手准备好迎娶，而他自己的女王又被无助地逼到墙角时，他就可能拿走两个女王。此时，收益和负担就将失衡，无论在象棋里还是在现实生活中，结果都是一样。福利仍是一种转移支付，它含有的微小保险要素并不能为那些被课征赋税来支持该制度的人提供充分的补偿。

为征收条款下可以允许的政府征收提供的逃生出口指出了存在某些次要的转移支付制度的可能性，但是，它们不会走得更远。福利制度面临的基本问题是，它与所有代议制政府背后的私人权利理论相冲突。根据就不存在要求别人怜悯的私人起诉理由，哪怕与主流的侵权、契约、和返还诉讼中的起诉理由有丝毫类似也好。在所有案件中，责任都取决于争议当事人的行为。在任何情况下，责任都不可能取决于在原告的需求和被告的财富之间做对比。陌生人之间的侵权责任标准总是消极的——不能侵占、不能攻击。法律制度永远不会去问这样的问题，这就是，人们为了帮助邻人，应该用去多少资源。它也无须去对比支付者和接受者的收益。它无须把改变社会财富的水平作为自己的义务，以抚慰对邻人抢夺的担忧。理想地说，如果侵权制度能够防止所有损失，它就根本不用去计算损害赔偿。然而，由于它做不到这一点，它就必须把自己的处罚水平设定得和给无辜一方造成的损害相等。侵权制度的一个推论是好撒玛利亚人规则，因为并不存在 318
救助陌生人的义务，而且，在这种假想的义务能够成立之间，也无需去确定需要“多少”关爱。类似的，契约法也没有为私法主体规定复杂的义务。它只是执行已经写下的义务，或者在契约没有规定的时候，它提供一系列标准的现成条款。它无须费心去关注人们之间的功利比较或者需要怜悯的请求。同样的结论也适用于所有的回复请求，和宪法的要求一样，它只设定仅仅返还被告享受到的收益。它并不要求为第三方做善良行为。

从这些自我限制的义务转向一种开放的扶助义务，就是在给法律整体转型。没有人能够提出一种理论，来说明在私人领域应该表现出多少怜悯。法律所能做到的就是保护捐赠人不受第三方的强制干预。在个别捐赠人层面无法解决的设定怜悯水平的问题，在公共领域也没有找到对策。承认在危急情况下也没有救助陌生人的义务的这样一种法律理论不能产生转移支付和福利义务的制度，更不要说滋养这种制度了。

所有这些并不意味着这样的结论，这就是，因为人们可以自由决定给或者不给，所以，也就不存在帮助那些在危难中的人的道德理由。它们也并不意味着，只要某行为是合法的，人们就不应该计算该行为的内容。相反，传统的理解抓住了慈善捐赠和普通消费之间的区别，这种理解承认存在一系列“不完善的义务”，这些义务属于良心
319 和宗教的领域，超出了公共制裁的范围。[22] 也没有任何理由去怀疑，这类难以把握的第三类义务已经给许多人们的行为造成了强大的影响。

为了理解为什么慈善义务被认为是不完善义务，考虑一下制度设计问题将会很有帮助，这些问题是任何想要建立一个资助性支付制度的人都必须面临的。在某些层面上说，任何福利支付都是为了提供一种免费保险，以应对某些出生、教育不善或者灾祸等风险。然而，难题在于，如何提供金钱或者实物利益。既然福利创设了一种保险，它

---

[22] 例如，Joseph Story，“Natural Law，”这是收录在 Encyclopedia Americana（1836）中的一篇未署名文章，再次收录在 James McClellan，Joseph Story and the American Constitution（1971）的附录里。其中的关键段落写道：“我们称这样一些权利为完善的权利，它们是确定的，可以通过强力来宣告，或者在文明社会中通过法律的实施来宣告；我们称另外一些权利为不完善的权利，它们是不确定的和模糊的，不可以通过强力和法律来宣告，而是只在当事人的良心里面具有约束力。由此，人们对于自己的生命、人身自由和财产享有完善的权利；而且，他可以通过强力来宣告和救济这些权利，反对任何侵害者。但是，他对于享用别人的偏爱，或者在危急之中接受别人的怜悯，或者确实出于需要而得到别人的关爱等，只有不完善的权利。对于不完善的权利而言，尽管制裁完全施加于当事人在宗教责任感召下的良心，但是，依照良心履行这些义务的那种责任却被认为是势在必行的，就好像它们拥有世界上最强大的制裁力；原因在于，这些责任出于上帝的命令，因此必须依照上帝的意愿去做。”同上，315 页。

就必须面对并克服道德风险这种典型的保险风险[23]：为避免贫穷而提供的保护提高了贫穷出现的几率。简单地设定一个所有人都可以享受的福利收益水平将会制造这样一个危险，那就是，人们为了获取这些收益，将会改变自己的基本行为模式，使自己变得更穷困。如果某些人靠自己努力带来的收益少于制度提供给他们的收益，那么，这些人就有动力（或至少是倾向）运用自己的才能去获取转移支付，而放弃创造行为。如果人们获取公共住房的条件是无家可归，那么，这些人的最优策略可能是不去支付房租或抵押，或者在极端情况下（诸如South Bronx），烧毁自己的房屋。有人会说，并不是所有人都这样做，但是，这对于我们的讨论来说并不重要。只要我们能够证明，在所有涉及大量人口的情形中，这种制度能够改变人们的边际行为，就已经足够了。在解决这些问题的时候，任何福利制度都必须监督人们的行为。怎样监督呢？

私人慈善组织一直能够敏锐地发现这个问题。他们设定了手段检验、等待期间和工作要求，以确保那些行为不端的人无法获取收益。他们可以规定需要获得资助的可见标志——失明或者特定的疾病——以控制道德风险问题。他们可以依靠社会压力来阻止欺骗，这种压力可能支持了许多以宗教、邻里和友爱为纽带的慈善组织。这些组织可以通过提供实物收益，来防止他们的资源被用于和他们认为的适当行为相背离的目的，而且，他们也可以为受益人设定非金钱性的成本。
救世军只给饥饿的人提供饮食，而不给他们提供可以去饭店吃饭的代 320
金券，或者要求受益人在饭前祈祷，在饭后打扫卫生等，这些看起来就不值得奇怪了。如果为他们提供现金，这些钱就可能被用于酗酒而不是买食物；如果他们有求必应，不附加任何条件，他们就无法把自

[23] 道德风险是指，一旦在某种不利事件发生时就提供保险，那么，这种不利事件发生的可能性就会增大。在许多情境中，反向选择的问题是非常重要的，它是指这样一种趋势，当个体被保险人知道他们能从发生不利事件中获得补偿的几率大于平时的机会时，他们就会去争取保险补偿。在本文的情境中，反向选择的问题不是特别显眼，因为这里的保险并不出卖。关于对这两个概念的论述，参见，William Bishop, “The Contract-Tort Boundary and the Economics of Insurance”, 12 J. Legal Stud. 241 (1983)。

己的有限资源按份额分发给饥饿的人们。当（几乎顾名思义）就不应该提供金钱时，祈祷、工作和等待就是最有效的非金钱形式的资源分配方式。

提供捐赠过程中存在的问题并不限于饥饿的人和贫困的人身上。许多私人慈善组织发现，它资助的钱财资助了全体教员的休闲，因此，又投入了大量的钱财去发现那些工作经历使其的确需要资助的人，以减少资助款被挪作他用的风险。资助方案、同事推荐、改善报告和短期重新申请期间等机制取代了祈祷和打扫卫生，但是，监督的问题还是一样的。大学中精心设计的制度结构（独立的信托人、独立的行政机构、独立的学术系所）同样是为了保护捐赠人：如果捐赠人发现他们捐助的钱财被用于非学术目的，谁还会给大学捐赠钱财呢？

另一个问题是，怎样设定救济水平。私人慈善组织应该设定的水平是，既能保护这些情况危急的人，又不至于诱使有创造能力的人变得贫困。没有哪个救济水平是理想的。把救济设定的太低，它们起不到资助的效果；设定的太高，则会导致自身无法应对的需求量，而这种需求是由那些并非处于“危急之中”的人提出的。总体上，人们可以自信地预言说，和其他市场中的情形一样，某种共同保险的原则可以解决问题，因此，救济水平必须被设定得很低，也许低得让人不舒服，以避免那些为了符合救济条件而作出的不良行为。[24] 没有理由相信政治过程能够理解应该把救济水平设定在哪里。

当下的主流观点指出，现在有成千上万的人接受福利救济，这种情况已经被看做现行制度必须提供救济的一个标志。但是，更准确地说，这种情况应该被理解为，现行制度显然未能约束对其提供的救济服务的需求。从供需定律来看，接受救济的人的数量直接随着救济水平的改变而变化。救济水平越高，寻求救济的人就会越多；如果获得这些救济的成本保持不变，那么，随着预期回报的增加，需求也会增
321 加。这个结果与邪恶或贪婪无关；人类行为中的无可厚非的自利原则

[24] 关于对劳工补偿情形下的低水平救济所作的类似讨论，参见 Richard A. Epstein, “The Historical Origins and Economic Structure of Workers' Compensation Law”, 16 Ga. L. Rev. 775 (1982)。

总体来说在福利支付中也起作用，就像它们在其他人类行为领域所起的作用一样。医疗补偿全部被用于健康服务的需求了吗？它是否也是造成补偿第三方机制形成的一个相关因素，这种机制既助长了医疗服务的高价格，又生出了对这些服务的更多需求？福利名单上的人数的增加难道和更高的救济水平就没有关系吗？向需要照顾的儿童提供的资助难道对非法生育和家庭破裂的增加就没有影响吗？

上述观点并不是主张，理想的（自愿）福利资助水平应该是零，但是，它的确表明了现实中存在的基本错误观念，根据这种观念，对福利支付的需求是根据外在因素确定为当前水平的，因此，社会制度需要做的就是去解决一个并非它造成的问题。事实的真相是，如果国家从未实施福利计划，那么，对福利的需求将只是现下需求量的极小一部分。无论设定什么水平，无论以何种方式，由于预期受益人的褊狭自我利益的影响，就连私人慈善组织都难以决定明智的捐赠水平。

有人可能会问，这和征收条款有什么关系。答案非常简单。私人财产权的基本规则与任何形式的福利救济都不一致。避免失败的一种方式就是把婴儿和洗澡水一起倒掉，从福利事业中完全脱身。这个论断并不是仅仅基于某种狭隘的利己主义或认为个人欲望是最高形式的社会美德的信念。更不是因为能够从看到儿童饥肠辘辘或流落街头中得到隐藏的快感。相反，这个论断基于的信念是，一旦国家发动起转移支付制度，它就永远无法从随之而来的不可想象的复杂情形中脱身。救济水平越高，需求就会越多，直到政治有机体——再次出现寻租行为——制造出必须在生产能力上付出巨大成本才能满足的巨大需求。与其陷入泥潭无法自拔，不如一开始就根本不选择这条路。如果有人说，哪种私人资助制度都无法满足当前的需求水平，恰当的回应是，也没有哪种私人资助制度会制造出当前这么高的需求水平。通过更好的监督，可以减少需求的水平，而且，满足需求的方式也会增加，因为财富总量将会增加。一旦人们认识到，转移支付制度本可以比今天的规模更加收收，由私人资助的福利制度在原则上就可能被接受。在征收所得税之前的 19 世纪，慈善行为非常普遍，它们不仅支

322 撑着大学和医院，而且还为灾难中的受案者提供救济。[25] 在新政以前，存在着许多资助穷人的项目，但是，它们都被政府的项目取代，这些项目使得公众对提供福利支付再也没有兴趣。[26] 如果减少政府的参与，私人慈善行为就会再次增加。

到目前为止，我提出的命题是坚实并且连贯的。是否有可能发现某种其他的方式来应对转移支付的问题，这种方式要能够把公共慈善机制引入到其私有财产条款似乎完全禁止公共慈善机制的宪法当中？考虑一下为慈善捐赠而进行的税收减免（这在单一税制下是不能允许的）。根据我在这里所持的观点，这种减免一般来说是被禁止的，除非能够表明，已经为那些并未从慈善减免中受益并因此承受了总体公共支出的更大份额负担的人提供了净收益。在由政府发起的项目所支撑的普通转移支付制度中，很难发现这种为非自愿的支付人提供的净收益。而在由税收减免支撑的私人慈善项目中，答案可能就不同了。首先，只有当某些人准备作出启动该项目所必需的财政牺牲时，慈善性税收减免才会发生。在私人慈善方案下，很难想象怎样通过派系去俘获立法机关，原因在于，只有那些花费了大量自己腰包中的钱的人才能动用相应的公共支出。这种为了得到税收减免而必须承受沉重的私人成本的需要提供了一种保障，它可以防止赤裸裸的再分配，而当救济项目完全靠公共资金来支撑时，就完全不存在这种保障。此外，慈善项目将由私人机构来管理，尽管远不能说尽善尽美，但能够较好地控制道德风险的问题。该项目所分配出去的救济和所提供的外部收益在数量上将比由公共机构管理的类似项目大得多。

这些区别不仅仅是慈善经济学的问题；它们和对征收条款的分析有直接关系。外部成本的减少意味着，从非捐赠人那里征收了更少的
323 财产，由于该制度更高的效益，这些人可能会从制度的运作中获得更

[25] 参见 A. W. B. Simpson, “Bursting Reservoirs: The Historical Context of Rylands v. Fletcher,” 13 J. Legal Stud. 209, 223—225 (1984)，这篇论文描述了公众对于大坝倒塌造成的伤员和无家可归人提供的救助。红十字会也是以同样的方式行事。

[26] 参见 Russell D. Roberts, “A Positive Model of Private Charity and Public Transfers,” 92 J. Pol. Econ. 136 (1981)。

重要的间接收益。这些差别可能足以使天平偏向私人慈善项目的一端，从而使税收减免在宪法上得到允许。这种微小而且不太自然的让步不应该减弱中心命题。当人们付出很小或不付出成本就能救助那些在危急状况中的人时，如果仍然没有任何义务去救助，那么，根据代议制政府理论，就不可能随着国家的出现而创设一种福利义务。我们无法设计出一系列满足最高领土条款的公平补偿要求的稳定的转移支付制度。

二、但是黑板并不是空白的

除了慈善性税收减免这种可能的例外，在原则上，征收条款实际上排除所有公共性转移支付和福利项目，不管这些项目怎样设计和管理，除非在非常狭隘和有限的情形下符合治安权和暗含实物补偿。如果从一开始就向这些项目提出质疑，那么，唯一恰当的救济就是宣布这些项目无效，因为无论是明确补偿还是暗含补偿，都不符合公平补偿的要求。在今天，这种简单的救济选择已经被完全被封闭，原因在于这样两个社会现实。第一，大量的税收和管制，尽管肯定是违反征收条款的，但却长久以来一直在运转。第二，实际上所有的受益人一直秉着对现行法律秩序的信赖而行事，这种信赖如果没有持续几十年的话，也通常持续了许多年。

这些都是非常有影响的因素，只有对智识和道德问题视而不见才可以忽视它们。前文的分析必须被修正。然而，是不是说回归有限政府的任何宪法努力都仅仅是妄图扭转时钟、推翻 20 世纪的不切实际的努力？或者说，如果不能消除全部错误的话，是否可能消除某些错误？和以往一样，如果我对税收、管制和没收之间的紧密关系的理解是错误的，那么，我就根本不能提出这些问题。出于同样的原因，如果我的分析在原则上是言之成理的，我就不能回避这些问题，因为某些干预行为不能仅仅因为时间已经过了很久就被排除，就像 Brown

324 v. Board of Education 案中的政府隔离行为的遭遇一样。㉗

在努力识别过去对现在的影响时，从一个私法类比开始讨论是比较恰当的做法。假设 A 拥有一块大理石，后来被 B 偷走，B 又转手卖给 C，C 秉着善意对这块石头做了雕琢。现在，A 发现 C 占有他的石头，因此要求返还。该怎么办呢？没有简单的解决方案。在一个绝对尊重所有权请求的世界里，所有权人应该有资格要求回复原物。但是，就连前提性问题，即 A 是否能够从 C 那里回复占有，在私法领域都从来没有一个统一的答案，在频繁出现的案件中，两个无辜的当事人必须承受因第三方的盗窃、欺诈或冷漠而导致的损失。㉘

假定所有权请求（普遍的解决方案）并未被中间当事人 B 的不当行为挫败。那么，该提供什么救济呢？鸡蛋已经破了，而且，就像我们从矮胖人 Humpty Qumpty（童谣中从墙上摔下跌得粉碎的蛋形矮胖子——译者注）那里学到的，制造鸡蛋的过程不可能重新来过。取而代之的是，私法从最早开始就朝着赞同强制交易的方向转移。㉙不能简单地把雕琢以后的石头返还给 A，因为那样的话，A 就剥夺了 C 的劳动。然而，C 也不能以曾经付出劳动为由，就毫无义务地占有这块石头。一般来说，C 必须提供一块在种类和材质上都类似的石头，或者是等量的现金。人们又做出了各种调整来解决下述这些可能出现的情形，其中包括，石头已被损坏、被添附到更大的结构当中，或者被转售给 D。在每种情形中，法律都尽量尊重最初的请求权的效

㉗ 347 U. S. 483 (1954)。还需要指出的是，采用这里的方式推翻种族隔离行为要比 Brown 案的意见中采用的方式更加容易。根本没必须去依靠什么种族特征。相反，只要对一部分人攫取国家权力把资源转归自己使用的方式作出详细描述，就能轻易地把整个隔离制度的不成比例影响暴露无遗。Brown 案中提及的隔离的公共学校的“内在不平等”特征可以作为一个前奏，进而对于滥用国家权力的行为进行持续不断的公开指责。面对这样一些错误，信赖利益根本就不值一文了。

㉘ 关于对这个问题的讨论，参见 Douglas G. Baird and Thomas H. Jackson，“Possession and Ownership，an Examination of the Scope of Article 9.” 35 Stan. L. Rev. 175 (1983)。

㉙ 例如，参见 Gaius，Institutes Ⅱ §§73—80，文章讨论的情形是，A 的财产和 B 的财产或劳动结合在一起。关于简洁明了的讨论，参见 J. K. B. M. Nicholas，An Introduction to Roman Law，133—140 (1962)，这篇文章指出，现代法律在这个问题上也没有达成任何一致意见。

力，同时也直面评估、追索、无力偿还等问题，为的就是避免返归以前的状态。但是，在任何场合人们都不能说，C 的信赖利益是如此强大，以至于 A 的最初请求权必须为完全忽略。

暗含的转移支付和福利权（包括前述章节讨论的情形）所涉及的救济情形毫无疑问要复杂一千倍，但是，它展现的还是同样的基本分析模式。对复杂情形的恰当应对方式就是在选择和排列救济方案时保持敏感；这并不是要抛弃消除过去的错误的事业。当信赖利益非常强 325
大而普遍时，它就必须得到尊重，因此，谨慎而非完全不作为，才是当今的需求。当信赖利益比较脆弱时，就存在严格的宪法义务，去强硬地从现行制度中挑毛病。

和往常一样，在应对这种情形时存在较好的和较坏的方案。假定我们采用的方案是，废除福利性支付，同时却保留最低工资限制。这样一来，我们就剥夺了人们可以获得的福利性支付，同时又阻碍了他们获得收入丰厚的工作。这种方案不应被采纳。类似地，许多人已经为社会保障做出了大量被迫性捐赠，这些钱财已经被花费在向另外一些人提供的转移支付当中。从内核开始去废除社会保障制度的做法还不止于愚蠢；这是罪恶。大量的个人账户必须被平衡。大量的人们因为信赖现存的项目而放弃积攒个人储蓄的机会。没有办法收回已经投入到转移支付项目中的钱财，无力支付利息；退休人员也无法在一周之内攒下足够的钱，供以后的三十年或更长的时间消费。对现行制度的任何正面攻击都无法解开当前的财政噩梦。

难题在于，面临着信赖利益的影响，我们是否能够做些什么。一种可能的做法是，阻止福利项目在现存的水平上继续扩张，但是，这种方案说得容易做起来难。对救济水平做常规调整时，必须考虑生活成本的变化，或者是所提供的服务占有的市场份额的变化。因此，笼统地阻止扩张的做法在界定福利水平的问题上将遇到重大困难。此外，由于当前的投资和消费模式受将来的回报前景的影响，因此，那种（较弱）的信赖诉求也不能完全被忽视，这种信赖的内容是，未来救济水平的增长是最初福利项目的组成部分。由于这些项目涉及的范围广大，暂时的司法介入带来的问题可能比解决的问题还多。

如果纠正过去错误的适度干预都还不过是启动司法审查，那么，更加激烈的宪法干预在时机已晚的今天，就是非常不可行的。另一种可能的做法是，降低救济水平或者提高获得社会保障的最低年龄。但是，设定新限度过程中的内在随意性使得干预措施非常不明智，这又是因为，退休之前的职业选择在很大程度上受退休之后可能获得的救济的影响。我们即使有勇气这么做，最多也不过是授予当权机关自由裁量权。法院可能会努力采取一条中间路径，在并不减少救济水平的
326 同时，一旦救济被削减，法院就把它恢复到原来的水平。但是，这样一种冲动应该被遏制，因为司法介入将会降低减少救济水平的可能性，无论是通过对福利项目进行明确改变还是通过通货膨胀的影响。最终，这个问题只能允许政治性解决方案，而这种方案的内容可以说是，不要采取任何方案。

同样的结论可以适用于医疗服务，以及已经渗入到美国人民生活结构中的所有其他福利项目。当前的生活模式根基如此深厚，以至于不可能通过宪法手段来消除，即使存在某些能够实现这种目标的渺茫机会，也不应该那样做。现行宪法的修辞术中存在一个幽暗迂回的角落，这就是，过去的错误可以决定现在的法律。正如拉丁法谚所言：共同体的错误具有法律的力量。

但是事实也并非完全如此，因为在许多领域中，信赖利益都并不是这么强大。基本的税率结构显然是着手进行彻底检查的好地方。在20世纪50年代，最高的边际税率超过了90%。在肯尼迪执政期间，最高税率降到了70%。更晚近的改革已经把这个数字降低到50%，尽管通货膨胀已经把更多的人推到最高税率级别上。除了政治因素之外，没有哪种信赖利益能够阻止一个负责的法院去命令国会不要在未来的年度里提高累进的水平。实际上，正是对转移支付的锲而不舍，才使得推翻累进税变得非常困难。在税率级别不断变化的情况下，在当前的税收框架上面显然不存在稳固的信赖利益，也就是说，不能认为当前的税率和未来收入的税率有必然关系，即使未来的收入是来自于过去的交易，结果也是一样。把司法审查缺位期间生长起来的全部特种捐税（比如说暴利税），都废止，也是非常可行的做法。

没有理由在税收领域就止步。当直接管制没有带来收益时，它就显然就不能继续赖着不动。是否存在某种信赖利益，能够阻止我们立即废止最低工资？毫无疑问，这样做以后，某些人将受益，另一些人将受损，但是，这些收益和损失一般来说是比较微小的，而这些做法的总体效果将显然是积极的。不容否认，没有人曾主张说，私有财产的请求权是如此强有力，以至于不能引入或提高最低工资，即使它使某些企业被迫退出生意场，结果仍是一样。既然这样，那么，下述主张就显得非常奇怪了，这种主张认为，信赖利益现在可以阻止向相反的方向改变，特别是，由于当前的制度在根基上就是违宪，却仍然主张不能改变，就更让人觉得莫名其妙。我并没有说，一旦引入新规则以后，在原有规则下做的所有交易都应该被废止。我只是坚持在将来禁止类似做法，这需要的是 327
宣布将来的行为无效，而不是溯及既往地宣布过去的行为无效。

此外，宪法的车轮也不允许我们引入不合理的项目，而永远不去终止它。如果废止这些项目的全新举措侵害了法定权利，那么，原有的法律也同样侵害法定权利。那么，我们为什么要止步于最低工资呢？《全国劳工关系法》也可以被推翻。将来的工会结合只应该在市场规则的框架下进行，而不应再有从强制性集体谈判中获得的利益。信赖利益也不能被忽视，比如说，当前的集体合同照样可以按照条款履行，而且，还可以制定某种条款（当根据当前的法律解散工会时，总是需要这种条款）来保护对养老金计划和类似项目的捐赠。怎么处理对油气的价格控制呢？（即使对现在的合同给予尊重）也没有理由去阻止司法判决在将来使这种价格控制机制消失。实际上，这种做法导致的中断要比逐步去除控制导致的中断在程度上轻得多，因为后一种做法有可能诱发拖延开发能源资源的不良动机。

怎么对待土地使用分区呢？在这里，不应该全部予以废止，因为有些土地使用分区能够正当地通过宪法审查。但是，土地使用分区领域应该全部免于审查吗？又一次，为了尊重信赖利益，我们必须作出区分。对于已开发的土地而言，过度的土地使用分区很难被改变，因为它已经毫无疑问地取代了复杂的私人契约，否则的话，本可以通过这种契约来调整土地使用。对于各州土地使用分区权力的限制并不是

要回归原状，而是要回到一个对当前土地使用全面减轻管制的世界。作为最接近的一种方案，最简单的办法就是对所有现存的土地使用分区限制保持不动，不去找寻复杂的公式来推倒这些限制。但是，这种做法对现状太过大方。信赖利益在下述情况下可以被忽略，比如说，土地使用分区限制力求去约束以前不受控制的土地或者属于公有的土地。在为已经受到土地使用分区管制的土地施加更严格的土地使用分区时，信赖利益的主张也没有什么力量。再一次，制度的回转可以继续保持高速度，同时，去除管制——即向私人所有权和私人契约的回归——的改革应该在宪法和政治层面同时进行。

我们是否可以攻击福利项目这道最后的要塞了？我已经指出，为使社会救济制度保持不动，至多只能提出一条符合原则的理由。对于一条前景如此迷茫的道路，还有更多可说吗？幸运的是，问题可能不是这么尖锐。我在上文勾勒出的其他改革可肯定会影响政治过程和经
328 济结构。生产力将会提高；总体来说，税收将会降低；福利救济和生产劳动之间的权衡将朝着有利的方向转变，结果将是，即使救济水平保持不变，需要救济的人们也将变少。这个结果反过来也会减少支持福利救济的税收，这意味着更高的生产力水平。如果人们有勇气彻底贯彻这些做法，那么，这个改变进程将会更快地提供巨大的总体收益，并将盖过所有分配性损失。

到此为止，面临的问题就只是，是否存在一种政治意愿来贯彻这些改革，无论是由法院还是立法机关来贯彻。简要的回答是，不存在这种意愿。而且，也永远不会出现这种政治意愿。详细的回答也许更有启发。缺乏这种意愿的一个原因是，主流的智识走向强烈反对的主张。私有财产权被认为是一个空标签；个案考量被认为应该主导征收问题的分析。政治交易被认为是民主的实质。摧毁对怀疑认识论的一贯尊重从长远来看即使不能使宪法原理复兴，但至少可能有助于复原这种政治意愿。尽管大量社会和经济项目不能被完全拆除，但是，现行宪法框架也不允许它们在原地继续大张旗鼓。正确的理论即使不能改变整个世界，但至少能够引导朝着正确方向作出更多改变。如果等
329 到风险非常高的时候，任何改变都会引发重大后果。

结论　哲学意义

一、总结

前 19 章对征收条款的说明涵盖了各种情形，包括对土地的完全的获取，及作为现代国家之特征的多种方式的管制和税收。在这个结束语中，我主要关心的不是征用权条款的法律地位，而是更大的规范政治理论的问题：当征用权条款目前的宪法权威被剥去时，该条款固有的价值是什么？如果我们现在从头组建一个政府，它的宪法中是否会包括我们这里所解释的征用权条款？我的观点是，征用权条款不仅适用于个人自由同时也适用于私人财产，它既为国家的职能也为对国家权力的限制，提供了原则性的论述。

代议制政府源于这样一种假设，即国家针对公民的权利只是它在特定的交易中所助益的个人的权利的总和。国家作为国家本身没有独立的权利，正如公司作为公司，没有针对其股东的一套独立的权利资

格一样。[①] 公共权利的所有问题都是个人权利问题的复杂混合体，因
331 此，财产权、契约和侵权法律的原则可用来解释国家权力的适当范围。这些规则决定了私的个人间的适当关系，当国家处于交易的一边，作为代理人介入这种关系时，这些私的个人间的关系，也仍然是要维持的。这些权利资格原则服从一些非常简单的求和规则（rules of summation），因此在将其适用到大多数的情形时，其效力并未消减，上述情形包括责任原则的改变、管制和税收。私人权利制度提供了一条全面的而且内在一致的权利规范底线，这条底线可用来检测所有复杂的统治制度。正如在所有权第一次确立后，权利内部就是没有缺口一样，当私人所有权被国家的干预变更（不论形式如何）时，也仍然不会有缺口出现。

然而，国家却不仅（即使是从概念上来说）产生于一系列基于最初权利分配的自愿交易。搭便车者、坚持不合作者和剧烈的不确定性，自一开始就阻碍了任何综合协议的达成。这样，问题就出来了，如果要使国家不只是一个自发的保护性组织，如果要让国家垄断其疆域内的强力的使用，那么国家所必需的额外权力的最小值应该是多少？征用权条款的分析提供了答案：所需要的唯一的额外权力就是国家强制财产权交易的权利，而且这种财产权的交易必须留给个人较其被剥夺的权利更有价值的权利。对国家可强制的交易的性质的两种关键的限制，使得人类可以避免霍布斯的无限主权者。首先，征用权的

① 就此而言，有限责任（limited liability）常常被抨击为一种怪物。就有限责任来说，在以自由为基础的分析框架里，在确定契约的原告的地位上，并没有特别的困难，因为为满足一项要求而仅仅涉及法人财产的协议，与将抵押权人之集合的权利（rights of collection）仅仅局限于主体财产（subject property）的无追索权的抵押一样，都是没有什么难题的。侵权的要求权则完全不同。这里，法人形式的合法化（legitim at ion of the corpor at e form），可被理解为一系列复杂的强制交易的结果。作为有限责任的替代品，法人可适当地被强迫参加责任保险，以此来避免（或减轻）其可预期的风险。此外，更为一般的，假使没有有限责任，而是适用代理的一般规则，即让所有的投资者对其雇员的行为负责，如果是这样的话，那么，就没有人会再冒险进行集体投资了。这样，有限责任就引导了那些有利于和不利于责任人的诉讼，同时也降低了交易成本。如果从有限责任一般的形式及其所带来的积极的社会福利影响来看，则很容易断定，其满足了固有实物补偿所需要的标准。

逻辑使得强制交易仅仅在为了公共用途时才被允许，这样就排除了单纯的个人之间赤裸裸的交易。其次，它要求补偿，这样每个人都会收到某种更大价值的东西，以作为它放弃的权利的补偿。

在最后的分析里，这两种情况就合而为一了，因为强制权力只限于如下情形：在此，正和游戏（positive-sum games）是按照它们所 332
产生的剩余财富的有比例分配运作的。这也很容易解释一些情况，在此，一些具有与众不同的品位的个人的生活状况会恶化，因为他们丧失了强奸、抢劫、谋杀和掠夺的权力。然而，强制交易的底线是个人的人格自主的权利，而不是各式各样的个人偏好。如果在国家的统治之下，有些人丧失了一些他们本就无权对抗其他人的东西，那么这些受损害的人，就不能抱怨。一致的同意也不能阻止向这种统治制度的转变。② 个别的越轨者并不会妨碍国家。国家一旦组成，就有权力进行管理，因为在其自己的领土范围内，它享有足以采取一切形式保护所有的人不受侵犯的垄断的强力。最终，通过没有偏私的法官制度（很长时间以来，这被认为自然正义传统的一部分），国家可以确保所有的争议都得到解决。最终裁决的收获就是社会秩序的实质收益，而错误则可能是随意分配的，这样，所有的人按比例分享了它创造的多余的利益。③

征用权的构架并不依赖于下述隐含的假设：即在政府形成之前， 333

---

② 坚持主观倾向性的观点在 Frank I. Michelman 中得到了发展，“Ethics，Economics and the Law of Property，” in Ethics，Economics，and the Law 3（J. Roland Pennock and John W. Chapman eds.）（NOMOS Monograph No. 24，1982），但其却受到了 Harold Demsetz 激烈的批评，“Professor Michelman’s Unnecessary and Futile Search for the Philosopher’s Touchstone，” 同上，41 页。

③ 从原则上说，有人可能会争辩说，法官并不需要具有绝对的豁免权，但当他们的行为超越了法院权限或是恶意时，他们应当对该行为负有责任。但是这样做的危险是很大的，因为任何失望的诉讼当事人都可能抓住某一点提出异议。正是由于这个原因，即使是在制定法有规定的情况下，法官也应尽可能有绝对的豁免权，比如 Section 1983 of the Civil Rights Act，表面上看起来，就是授权法官可以对那些错误地将本属于 A 的东西授予 B 的案件做出决定。参见 Pierson v. Ray，386 U. S. 547（1967）。有关对私人诉讼的公务上的豁免权与控制审判权滥用的其他形式之间的关系，可参见 Richard v. Epstein，“Priv at e Law Models for Official Immunity”，1978 Law and Contemp. Probs. 53。

所有的个人，无论是真实的还是假想的，都生活在一种“自然状态”当中。与此相反，如果一种政治理论假设在国家形成之前，个人没有共同的语言，没有是与非的观念，没有共同的文化和传统，也没有国家之外的社会化的途径，那么这种理论就是非常难以理解的。国家的问题有时候要比人们设想的狭窄。国家并不是个人权利或社会共同体的来源。它假定，这些本来就是存在的，是值得保护的，并且个人在与他人的交往中也相互获得了好处。单一主权者的出现，只是在为了满足维护秩序的需要。国家是一种道德命令，仅仅因为我们需要保护某种价值免受那种不受控制的强力的侵犯，而使用强力的大多是那些抛弃了传统、抛弃了家庭和朋友的人。源于既存权利的强制交易并没有创造出那些被如此交易的原始权利。就像财产权的宪法视角一样，强制交易预设了它们。强制交易并没有创造出共同体的文化和意义，它通过消除人们被迫或自愿地做警察的需要，由此保护了共同体的文化和意义。国家之出现，是因为纯粹自我救济制度的谬误和弊端已经变得难以容忍。自然法理论的优点就在于，它坚持认为，个人权利（及与之相应的义务）的存在独立于协议，并且先于国家的形成。

二、两种对立的理论

为了更好理解征用权之权力的路径，较有意义的做法是，把它与两种对立的理论做比较，这两种理论最近都很有影响。征用权的路径与它们有重要的类似，也有重要的差异。这些理论与诺齐克（Robert Nozick）在《无政府，国家，乌托邦》中及罗尔斯（John Rawls）在《正义论》中的思想密切相关。在考察这两种理论后，我会考虑征用权理论是否与公众生活中的公民美德的视角一致，或者它是否被过去的违背这个理论的行为所抵消。

诺齐克

诺齐克的理论结合了征用权路径的第一部分，也就是尊重个人权利的原则。诺齐克主要是依据正义的历史原则来解释私人财产权制度以及由此造成的财富的不平等。曾有一度，这些原则在日常的和宪法的话语中被广泛接受。[4] 诺齐克的获取原则与财产的先占规则非常相近。他的校正原则涵盖了侵权法的内容，而有关转让的原则包括了契
约法的内容。[5] 诺齐克的规范理论中很吸引人的一点就是，它非常符 334
合基本的社会制度和人类实践，这为研究该理论背后的含义提供了便利的资料基础。他的理论的另外一个优点是，通过打动读者的心弦，它不需要费太大的力气去证成，人们也无须被劝说以抛弃自己原来已经习惯的道德观点：就这一点而言，它不像罗尔斯的理论，后者是高度抽象的理论，有些不合本性，而且它通过人们根本就不信任的程序，给出他们所不能理解的结果。

但是诺齐克的理论同样也存在很多难点。首先就是有关其理论中个人权利的来源和地位问题。诺齐克沿袭了洛克以及普通法的传统，因为他有关正义的历史理论开始于如下这样一种命题：所有权是通过对无主物的占有而获得的。但是，这种认为占有是权利根源的命题却并非必然真理。[6] 我们可否定占有和权利间的联系，而同时又不会自我矛盾。正如可以证明的那样，所有的东西在最初都是处于某种形式的集体所有状态的。为了在关于正确原初状况的冲突观点中做出选择，我们必须得使用某种非演绎的程序。诺齐克的观点奠基于一种直观的感觉：即人类需要自治和自决。在某种意义上，他的观点看起来只是断言：私人财产和个人自由重要，因为它重要或是因为它们内在于人类的本性。这种自我证成的努力总是不稳定的，但它并不是因此就是错误的。考察诺齐克的简单理论的一种方法就是设问：如果自治的普遍概念被废弃，这个世界将变成什么样？一个人可以根据什么来谴责谋杀、强奸、故意杀害、偷窃和掠夺？我们厌恶的本能是如此强烈，以致我们根本不愿接受一种仅仅奠基于功利主义计算的流沙之上

④ 参见 Coppage v. Kansas，236 U. S. 1（1915）。

⑤ 参见 Robert Nozick，Anarchy，St at e，and Utopia ch. 7（1974）。

⑥ 对于这个问题的更深层次的讨论，可以参见 Richard A. Epstein，“Possession as the Root of Title，” 13 Ga. L. Rev. 1221（1979）。

的个人权利理论。通过征服而实现的奴隶制度被认为是一种绝对的罪
335 恶。[⑦] 我们是否会接受如下的论点：如果使无能的奴隶服从有能的主人的财富收益大于控制与监管所需的机构成本，那么奴隶制度就被证成了。或者说，一个人的无能，是否可成为他被另一个人监护的理由？父母—子女关系究竟是一种监护关系还是一种所有权关系——这真是个容易回答的问题吗？单纯的信仰也许不能作为某种道德理论的理想基石，但其至少要比次佳的选择要好得多。

诺齐克带着一种反功利主义的情绪来写作，他将他的历史理论与结果主义理论截然对立起来。然而，在某种意义上，自由至上主义（libertarian）原则的直觉基础，也可通过直接诉诸功利考虑而得以强化。功利主义并不主张依赖于单纯的断言或是过去的实践，而是试图表明这些规则在服务于最终目的时如何才能很好地协调起来，而这个目的本身则已被证明是正当的。如果每个人在第一世界中都要比他们在第二世界中生活的好，那么还有谁会提出一项将重新打回低级世界生活的权利理论呢？功利主义的论证总是充满很多大的缺陷，因为它将所有的小决策都建立在一些庞大的社会建构的基础之上。尽管如此，我们不能仅因为某理论在适用中的错误就轻易地抨击它，尤其是无需抛弃该理论的大前提，它的这些错误就可以被纠正时，就更是如此。

实际上，一种明智的功利主义理论确实为诺齐克对个人自由与私人财产权的实在的投效提供了强有力的支持。诺齐克体系的简易，确实值得表扬，因为它划定了不经所有权人同意其他人就不能超越的界

⑦ 通过契约来实现奴隶制的问题是相当困难的，但是有两点却是明显的。首先，实践中这样的情况极为少见，以致不得不让人怀疑除了通过强力或是欺骗之外，其是否有可能出现。甚至是契约佣工契约（indentured servant contracts）也限制了持续时间，并对雇主施加了一定的职责。其次，也是很少被注意到的，奴隶也会通过谈判，出售他们后代的权利，这是与他们的自然义务相违背的。第三，奴隶制度对于个人参与公共管理也有着破坏的影响。以上这些内容没有一项是具有决定意义的，每种情况都存在反例，但是他们共同的意义就在于支持了以下这种观点：如果奴隶制度被废除了，那么每个人的生活都会有所改善，就像强制交易和实物补偿理论所承认的那样。

线，从而也就降低了负和游戏（negative-sum）的数量。这种理论也倾向于培育多种独立的权力来源，无论这是对个人天赋的权力，还是对外在物的权力。由此，它也倾向于创造竞争的结构，避免财富和权力集中在少数人手中。这样，先占规则就使得任何人不能将所有的东西归于自己所有，尤其是当别人对原始获取也享有同样特权时。将特定物的占有、使用和处分权统一在个人手中，使得组织后来的交易，以矫正最初分配的错误变得更为容易。类似地，将物品留给它们最初的占有者创造了一个所有权的制度，这个制度并不是源于国家的介入，并且这种制度除去了将财产从它目前的占有者转移到新制度下的正当所有者所需要的重大成本。[⑧] 一种功利主义的理论，尤其是这种 336
间接的功利主义，看起来与做搭车手势的简单规则相当一致，而该种规则不仅与普通实践相符合，而且也极大地受到了自由至上主义者的尊重。[⑨]

功利主义理论经常受到批评，因为据说它忽视了不同人之间的差异，它使权利取决于结果，而非起源。但是，它的反面也是正确的。好的功利主义者应考虑到人与人之间的差异，只要他想避免共有（common pool）所带来的难题，这些难题在很大程度上是自治原则所能克服的。类似的，将来的幸福依赖于稳定而明确的权利体系。只有当权利的享有是基于个人过去的行为时，这些才能实现，而一旦个人理解了自己行为的后果，这就会为自己将来明智的行为计划提供路标。就伦理学而言，本体论与结果论间的对比，被过分夸大了。

对自由和财产的保护，既可采取自由主义的话语，也可采取功利主义的话语，然而，这并不意味着，有关分配的问题被忽视了。即使在福利国出现之前，就已有很多社会组织逐渐发展起来，以分享和共担风险。当然，家庭有这种职能，原始社会一些大规模的氏族也扮演着相同的角色。友好社团和互助组织也有着类似的作用，还有一些对

⑧ Donald Wittman, "Liability for Harm or Restitution for Benefit?" 13 J. Legal Stud. 57 (1984).

⑨ 参见 John Gray, "Indirect Utility and Fundmental Rights," 1 Soc. Phil. And Pol. 73 (1984)。

慈善活动的自愿支持也有效地维持了社会结构，使其免受各种形式的外部冲击。至于谁生来聪明，谁生来不聪明，谁生来就有缺陷，谁天生就很有天分，这些确实是有很大的偶然因素在里头。没有一个自由至上主义者会一贯地反对自愿资助穷人的行为，同样也不会反对为了确保穷人获得帮助所做的各种复杂的私人安排。这项义务可以被认为是不完美的，它并不只是简单的普通消费问题，即使国家强制的危险原则上使得转移支付成了国家的不适当职能。[⑩]

首先由洛克提出、又被诺齐克采纳的原初观点有着很大的吸引力。每个人都拥有自身，没人拥有外部的物。家庭中存有相互扶助的自然义务。但是，诺齐克的自由至上主义理论却没有完成其核心任务，因为它不能证成国家的存在。它的主要缺陷在于将所有权利资格都视为绝对的，因而所有强制交易都被禁止了，而不论它们的具体内容是什么。但是如果没有强制交易，只要存在拒不合作或是搭便车的
337 难题，社会秩序就很难维持。诺齐克对导致众多集体保护组织之产生的看不见的手的机制做了很精彩的讨论。[⑪] 但是看不见的手的机制不能解释为什么在特定疆域里会有绝对主权的出现。对强制交易的需要要求众多组织向单一国家做最后的飞跃，征用权的论点又完成了这样关键的一步。个人权利总是作为对补偿的要求权而受到尊重，这种要求权经常（尽管并不永远）是绝对的。

对征用权理论所能做的事，还存有一些限制。它不能解释哪种保护组织应成为唯一排他的组织；比如，这种特权也许会被授予成员最多的组织（即使是这里，在对立的主张中做出选择时，对疆域的具体规定也具有决定意义）。关键的一点是，任何行使权力的组织都给镶上了非歧视性条款的边：它对于外部人员也要承担其对内部成员所承担的义务相同的义务。剥削即使是不能被完全排除，也会变得很困难，因为那些不经自己之同意而受约束的人，在享受他们的权利时，一般都要比以前过的好。如果一种自由至上主义的理论能容忍某些强

⑩ 参见第十九章。

⑪ Nozick，前注5，12—25页。

制交易，那么，较之原来那种完全回避这些交易的自由至上主义理论，它就可能会更丰富更充实。

罗尔斯

暗含在征用权条款中的统治理论同样也与正义的契约理论有着很多类似的地方，同时也有显著的不同，这种正义的契约理论明显与约翰·罗尔斯密切相关。罗尔斯的理论包含两个核心原则：自由原则和差异原则。[12] 根据第一个原则，社会组织存在的正当目的就是扩大个人活动的自由，同时又不会因此而干涉别人的自由。根据第二个原则，对原初自由的任何调整都应有利于那些在社会中处于最不利地位的人的。这些实在原则借助于反思平衡的理念而得以证成，反思平衡本身依赖于一系列确定适当实体规则的程序。萦绕在罗尔斯心头的问题是，如果社会的所有成员都在无知之幕后做出他们对社会结构的基本选择，那么他们会采纳什么样的制度？在这里，他们的唯一知识是有关普遍人性及自然与社会相互作用的规律的知识，比如，大多数人都躲避风险，都被自利、家庭感情和责任感这些不稳定的混合体所推 338
动。因此，他们都被系统地剥夺了关于自己个人偏好和社会差异的知识。

罗尔斯的理论容许丰富的讨论，而这种讨论在简单的自由至上主义假设下是不可能被激发出来的。这种理论还受到了强大而常见但却属于不同类型的批评，对此我就不再详细说明了。首先，罗尔斯对契约的用法很难理解，因为它涉及抽象的概念。[13] 私法领域里的契约，主要维护不同人的不同趣味，这些个人对他们自己的特定地位和偏好的关注要远远大于他们对普遍社会福祉的关心。霍布斯喊道，“所有经契约而交易的东西的价值，都要由签约人的胃口来衡量；因此，公正的价值就是他们同意给予的价值”[14]，这是人们希望能够有的对契约自由的最简洁的陈述和证成。自愿交易以下列假设为前提：一般而

⑫ John Rawls, A Theory of Justice (1971).

⑬ Ronald Dworkin, “The Original Position,” 40 U. Chi. L. Rev 500 (1973).

⑭ Thomas Hobbes, Levi at han, ch. 15 (1651).

言，每个人对其所看重的东西及他自己看重该物品的程度都有较可靠的信息，或者至少可以说，较之那些限制其选择的人来说，他们对自己看重的物品有更多的信息。交易是正和游戏，因为每个人都会赋予他们受到的物品较之所给出的物品以更高的价值。主张一种由利害无关的人乃至空洞的人签订的契约，只是对比喻的滥用，它超出了比喻本身的限度。通过除去所有心理斗争及个人自私的踪迹，这种理论极大背离了任何一种关于建立在个人知识基础之上的私人协议的合理观点，而这恰是罗尔斯类比推理的根基。这样，罗尔斯的概念体系就全然抛弃了契约的比喻，因为单个参与契约的个人可以做任何被签约团体所要求做的任何事。确实，驱使罗尔斯去考虑假想的群体的偏好的，仅仅是共识之契约理念的残余的诱惑力。按照他的理论，只靠单个卑劣的人（抑或中等品质的人）的选择就足够了。

对罗尔斯的第二个批评是，他的研究方法中有着剧烈的乃至是致命的不确定性。这样的程序会产生什么样的结果？这些又是如何与被认为是由此而生的个人对权利义务的共同直觉联系在一起的？罗尔斯也承认，他不能确定他的理论体系中是否能容忍对生产性财产的私人所有权[15]，这种承认本身就有很大的不确定性，而且，对认同人类自
339 由或规范话语的力量的人来说，这种承认还是个非常麻烦的事。那些最为普通的交易——按照自己的选择与配偶结婚、生孩子、买房子——是否被他的理论允许呢？诺齐克正确地指出，这种理论没有说明微观层面与宏观层面之间的强大且明确的关联。[16]

差异原则就会逐渐演变成坑害个人的蜘蛛网。每个人的行为都会影响到其他人从自己所拥有的物品中所获得的功利，无论这种物品是什么。这种讽刺会变得很明显。最初对功利主义的反对，就是因为它不能尊重个人之间的差异。然而，对罗尔斯的观点，我们也可提出相同的反对理由，因为内在关联的哲学教义必然使个人行动的独立、及与之相伴的个人自由，成为不可能的事。如果那些处境不佳的人被认

⑮ Rawls，前注 12，270—274 页。

⑯ Nozick，前注 5，204—213 页。

为到了伤害，那么每个人的行为都内在地是对国家干预的一种证成，即使是根据限制性的密尔原则也是如此，该原则坚持认为，国家只有在为了避免别人受到损害时才能干预。自由之上主义有关权利的观点就不会遇到这种尴尬。它包含一个很强的阈条件——反对征收私人财产，反对使用强力或欺骗——一旦某个人将别人造成的福利损失作为可诉的过错行为之前，这些条件就被违反了。所有的决定都必须是集体性的，因为每个行为都会造成外部损害——这个命题就会基于原则的理由而被抛弃。[17]

有关政治义务问题的征用权路径，解决了罗尔斯的理论面临的两种核心的反驳。征用权理论不必论述无生命的抽象的权利资格。它并不依赖于一系列复杂的产生必要的实体权利的程序，相反，它从对权利的实在解释开始，认为个人权利始于先占，而且它论述了财产的使用和处理的各个方面。[18] 由此，罗尔斯的程序的极度不确定性就得以避免了。

征用权理论也消除了诉诸具有不完整个人知识的假想的个人的必要。所有的人都是自己的主人，有权利享受其自然的天赋和能力所带
来的充分的利益。当一个人占有以前的无主物时，他并非同时作为他 340
自己的代理人和别的对他有请求权的人的信托人而行为。他这么做只是为了他自己。与此相反，罗尔斯的路径却认为，最初天赋的分配（以及使用它们所带来的收益）是道德上专断的、偶然运气的结果，因此是不值得保护的。很明显，这种观点与洛克所坚持的每个人都拥有自己的劳动的观点正好相反。

罗尔斯的观点，毫无洛克观点的运作的简易，相反，它使每个人对他人的产品都享有留置权，这样，所有人的个人命运，无论是现在还是将来，都将永远纠缠在一起。他的观点强加给每个人一种义务，

---

⑰ 这个命题的论述可以参考，Richard A. Epstein，“Intentional Harms，” 4 J. Legal Stud. 391，421—422（1975），其处理了有关无不法行为损害的问题——非法律侵害之伤害（harm without legal injury）——这是普通法上限制可补偿之损害的一种手段，结果，所有的故意行为都不能成为可诉的。

⑱ 参见第七章和第八章。

而这种义务是违背人类自私的生理本能的，正是凭借这种生理本能，某些特殊的遗传联系（比如父母对子女的关系）才解释了为什么个人要考虑他人的得失。家庭内的义务与社会上的义务之间强烈对立，在罗尔斯关于人类义务的图景中，受到了很大的压抑。似乎每个人都必须通过某中央权威的许可，才能享有他自己的劳动果实，这样，税收就不再是为了提供公共物品而对私人财富的征收，而成为一种有效的手段，通过这种途径，国家可以收回个人天赋能力的产物，国家作为公共利益的信托人早已拥有个人的天赋能力了。这个概念冲击了人格自我定义和个人自我表达的核心基础。它预设了某种对自我超然和公平，而这种自我是任何由过去冷酷的自利的成长历程中发展而来的人类所不可能希望得到的。[19] 每个人都会纠缠于别人的事务，以致即使英雄般的举措，也不能使自己从中摆脱出来。这种理论是为了自由的事业而提出的，但是它有可能被极权者滥用，这一点也是显而易见的：如果让道德败坏的人掌握了社会控制的核心机制，将会有何种后果呢？

这种理论在经济学上也存在难题。罗尔斯的观点是，个人的天赋天生就是被专断地分配的。这个说法被用来证成那些矫正最初之失衡
341 的社会举措，由此也增加了社会干预的情境。在普通法上，个人过错的外延，仅限于一个人对别人造成的伤害。上帝的行为及受害人的行为，都处于法律矫正的范围之外，无论是法院的矫正还是立法机构的矫正。但是，一旦自然天赋的分配成为社会关心的事项，那么，为了压制完全由偶然因素造成的天然差异，强制就是必要的。从原则上说，现在，为矫正上帝行为而做的社会干预，通常而言，也就被证成了，在这里，上帝的行为，也就是指所有由自然事件引起的损害，包

⑲ 一般可以参考 Jack Hirschleifer, “Economics from a Biological Viewpoint,” 20 J. Law () Econ. 1 (1977)。我个人的观点，可以参考 Richard A. Epstein, “A Taste for Privacy? Evolution and the Emergence of a Naturalistic Ethic”, 9 J. Legal Stud. 665 (1980)。“生物社会学对于经济学的一个主要贡献在于，其阐明了个人的品位是受到一些不可辨别的原则的控制的，自利不仅仅是一种经济上的假设，而是包容的适当性（inclusive fitness）掩盖之下的一种生物学上的结论。”同上，679 页。

括天生的缺陷，被闪电击中的伤害，甚至是自我伤害，只要它不是故意的行为。不管怎么讲，正当国家行为的范围也大大扩张了，尽管它的形式和内容都不太明确。矫正上帝行为不可能是回复先前的状态，因为这里并没有可回复的基准。在全面补偿的标准被确立以前，我们还必须要有这样的确信，即有可供转让的资源，因为在这里，我们不能再说，当作为被告的过错行为人破产后，整个事情也就完结了。这里不必存在私法意义上的过错行为人；所有财产都在社会的处分之下，即使它归声称自己是自然所有者的人占有。

这种风险的集体化反过来又带来了一些管理上的问题，而这些问题是运作良好的市场所努力要避免的。如果个人不能拥有其自身，那么这里就有一个机构成本的问题，因为他必须承担自己劳动的所有成本，但却只能保有劳动收益的一部分。当每个人都感觉到投入与产出间的冲突时，问题就变成可累积的了。如果个人的不幸被社会化了，那么，某种形式的共有就必须被组成，以决定每个人要承担多大的风险。这种共有是用来消除专断的个人差异的，这种差异对不愿承受风险的人来说是可憎的。但是风险的多元化也需要很高的成本。交易的自由降低了，因为没有人对其所希望买卖的东西拥有明确的财产权资格，这样，财产权在时间的纬度上就是不明确的。这个体制减损了由家庭或宗教团体提供的风险分担的自然（尽管并不完美）形式。

这个体制还会阻碍自发保险市场的形成。在控制反向选择（adverse selection）* 所产生的问题时（也就是说，只有一小部分自我选择的人成为共同保险的一部分），这个体制也增加了道德风险的概率——个人可能会采取措施，以降低自己所要负担的数额，同时完全
保有他的收益份额。自然资源发展史的教训就是，只有在资源的性质 342
所必需的情形下，这种共有的方式才可被采取。在个人财产权利能够

* 反向选择：任何不加选择地面向所有人的合同所具有的一种倾向，也就是说，这种合同对那些最可能从其中获得好处的人具有最大的吸引力。例如，一个保险公司在没有举行身体检查的情形下提供了健康保险，在这里，人们由此而形成的预期就是，健康状况不好的人有可能收到这种保险。同时，健康状况好的人可以从一个更挑剔的保险公司处获得更好的交易条件，它就会拒斥前一种无条件的合同。当公司不挑剔时，“不利选择”就会使公司本身被健康状况极差的人选中。——译者注

很好界定的地方，共有就应该避免——土地与石油间的差异就是如此。罗尔斯的本能却与此相反：每件东西都被归入共有，即使人的身体的自然限制使它成为个人所有权的最佳对象，这正是古典的自由理论所规定的。

基于对广泛社会控制的内在证成，极权主义的危险会愈演愈烈。创设以前并不存在的集体企业，并没有消除自利心理；它只是发现了新的更具破坏性的表达途径。那些拥有天赋的人们也会想方设法通过逃避税收或外部控制，以掩藏自己，这些税收和外部控制都是社会留置权的具体形式。他们的行为又给别人监控他们的个人事务提供了牢固的证成，所谓的个人事务绝不可能是完全个人的，因为这些事务总是涉及集体物品的使用和配置，也就是说，涉及不劳而获的个人天赋。罗尔斯的理论体系试图产生更为公平的分配，但是，如果它按照人本来的样子对待人，那么其代价就是社会财富的全面萎缩，伴随的则是隐含的个人责任感及自我价值的断裂，而这两者都是社会秩序的不可或缺的黏合剂。为什么要选择人的交叉所有权制度（cross-ownership）呢？洛克认为，个人对于自己的劳动拥有所有权，这个信条是一个相当简单又十分深刻的起点。当它与强制交易制度编织在一起时，它为国家和社会展现了一幅更一致和更有序的图景。

所有这些并不是说，征用权的路径没有包括罗尔斯理论的部分内容。隐含的实物补偿的确定经常取决于当事人是否处于无知之幕之后。在罗尔斯那里，这个无知之幕是一项建构，但是根据征用权条款，这只是个很简单的生活事实，在这里，对假想建构的怀疑消失了。具体的个人都可根据自己所有的精力，自由地追求他们自己的利益。但是，还是有一些的普遍规则（就像侵权责任规则一样），这些规则将来可能会帮助他们也可能会伤害他们，其程度与他们帮助或伤害社会上别的人的程度相当。出于自利目的而行为，个人将会使全部的财富最大化，因为这是能够让他自己的那份财富最大化的最好途径。

其次，差异原则也与“不成比例影响之测试”有密切的联系，这有时候也被称为征用权条款的平等保护之维。在罗尔斯的理论体系里，差异原则通过改善社会上处于最不利地位的人们的境遇来评判制度安排的合理性。但是当把差异原则放到洛克的权利体系中后，它就会更为有效，因为差异原则从不被允许的强制交易中挑出了可被允许 343
的交易。这个原则的目的就是使每个人都享有一套更有价值的确定的权利。当财富的增长伴随着分配份额的根本变革时，就必须给予补偿，以确保所有的人都平均地享有社会收益，这样的财产调整就不会受到集体行为的影响。相反，罗尔斯的差异原则，可能会压缩财富和其他利益的分配，为了那些运气不太好的人的利益而危害走运的人。在差异原则中，再分配的因素是很明显的。然而，可能会有人引用（就像罗尔斯实际上所做的那样）保险和风险厌恶（risk aversion）的观点建议说，所有的人都愿意接受那样一种安排，因为当每个人都处于无知之幕的后面时，极度成功所获得的收益要比极度贫穷而失去的价值小得多。但是，个人自治和私人财产权的基石所带来的好处是可靠的，因为依据既存的底线而实现的转化要比无底线的状况容易得多。风险厌恶的观点仍然是相关的，因为它要求的是对补偿体系的较低的估价，该补偿体系包含了可能的收益，且支持国家用固定支出代替不固定支出的行为。但是，回避风险的观点，仍然只是整个体系中的一个元素，而不是该体系本身。

公民美德

对于征用权理论的最后一项批评来源于不同的方面。据说，一种理论如果其过分强调私人财产的重要性和政府制度的脆弱，那么它就忽视了公民美德所扮演的角色——献身于公共服务，保护弱者，发展艺术，参与公共生活——这对理解政治生活的最高追求是非常关键的。[20] 确实，认为"放弃强力和欺骗是最高尚人类行为"的世界观是

⑳ 参见 Frank I Michelman, "Politics and Values or Wh at's Really Wrong with Rationality Review?" 13. Creighton L. Rev. 487 (1979). Frank I. Michelman, "Property as a Constitutional Right," 38 Washington & Lee Law Rev. 1097 (1981); Carol Rose, "Mahon Reconstructed: Or Why the Takings Issue Is Still a Muddle" 57 So. Cal. L. Rev. 561 (1984)。

有问题的。音乐、艺术、文学、科学和人道行为都足以反对这样的观点。但是公共事务中的公民美德与私人事务中的幸福类似。使其成为个人行为的直接动机，就等于确保它不被获得。谨慎的间接成了这个
344 时代的命令。个人幸福是丰富且多产生活的副产品，类似地，公民美德则是健康的制度安排的副产品。征用权的路径，有助于公民美德的培育，但它培育公民美德的方式，并不是鼓吹它显而易见的好处，而是创造公民美德能够繁荣成长的健康的制度环境。

美德与贫穷不会携手行进。那些被迫挣扎在生存边缘的人是不可能给别人提供帮助的。饥饿孕育了恐惧；恐惧孕育了侵略；侵略导致了冲突；冲突最终导致了无序和腐败。公民美德依赖于充分的个人自由、安全和可让大多数人远离穷困的财富。什么样的制度能确保这些政治条件的实现？首先，要促进自愿的交易，通常说来，自愿交易是正和游戏，因为人们只是处理自己的财产。其次，立法机构的控制，它有负和游戏的倾向，因为它们允许人们处理别人的财产。提到市场的保护，并不是说人们可以按照自己的意愿享有不受限制的自由。至少，一般的契约法规则排除了各种形式的暴力、胁迫、欺诈及不正当手段。契约法禁止很多行为，从其被违反的频率来看，它的规则并不是很容易遵守的。当然，要求每个自愿交易都得经过特许，这也是不必要的：反托拉斯法在阻止产生负面影响（比如垄断）的自愿交易方面，发挥了极有力的作用。同样，提到立法的危险，并不是要谴责所有的立法实践，因为还存在一些私人市场所不能提供的公共物品，比如警察、高速路以及对于共有资源的管制。

如果放任公共领域里不同派系的斗争，那么个人美德就会受到不断的侵蚀。那些拥有个人美德的人必须不断避开那些优先权，比如无穷的农业津贴或是进口保护，这些措施在一开始就应被排除在外。当有德之人失败时，他们必定会愤世嫉俗：为什么我不应该得到我的东西？这时，堕落的不合作游戏就会出现，在此，每个人都是纯粹的失败者。它只是那种所有人对所有人的战争的弱化版，虽然变得更文雅一点了，发生在一个不同的场地里，它仍然具有破坏性。在这样的世界里，每个人都合理地主张，他应该得到自己的东西，因为每个别的

人都已经或将要得到属于他自己的东西。公民美德如何经受得起持久的诱惑？在涉及政治生活的格雷什曼（Gresham）法律里，坏人最终会将好人驱逐出去。

培育美德的唯一方法就是减少从立法阴谋中获得违法收益的机会。公民美德会出现在私人慈善的行为中。它会出现在对公共物品之供给行 345
为——决定应该为军事防卫、高速公路、法院花费多少钱，或是决定什么时候应当宣战，什么时候应当和平谈判——的负责任的参与中。不管想象力有多丰富，这些事项，都不是征用权条款可以调整的。在一个法院拒绝保护个人自治和私人财产的国度里，个人美德也是不会成长起来的。征用权条款改善了公民美德生长的土壤。它要求那些立法程序上的失败者，仍然可保有一定的权利，从而仍能过上和原来生活境况一样好的生活——征用权条款，就是通过这种方式，来控制权力的滥用。

过去的不正义

迄今为止，这个理论已经以关于政治秩序的相对立的两种学说为背景，讨论了征用权的原则。但是，这个理论可以说还不太完整，因为它并没有解释权利分配领域里的先在的不正义。这些先在的不公正破坏了目前所有的权利，即使严整的规范理论保护私人财产的同时也允许强制交易。目前大多数财富的聚积都是通过不正当的手段获得的，这些缺陷必然会影响整个现存的制度。坚持说游戏现在应该直接玩下去（假设我们知道应该如何直接玩下去），会将目前的缺陷永远确立下来。既然规范理论的前提都没有实现，那么这个理论就是必须被抛弃的，不论其对作为白板的自然状态有多重要的意义。

这种讨论与第十九章有关福利权利的类似问题是相反对的，那里的问题是，内心期望的力量是否如此强大，以致一个人始终无法——即使是通过宪法手段——废掉新政或更极端的社会立法，不论它的宪法基础有多么薄弱。但是，这里的问题是个奇怪的反转，因为，现在争论的首先是对原初正义的要求，而非后来的对当前秩序的依赖。然而，这个问题却没有结论性答案。

分析这问题的一个方法是，在私法的框架内考虑与之原则上类似的情形：即第三方权利（Jus tertii）的问题。[21] 最简单的情形是，A拥有财产，然后被B夺走，接下来C又从B那里夺走了该项财产。现在问题就是，B的权利的缺陷是否足以阻止他向C要求回复占有的行为。普通法的答案是否定的。我们注意一下，如果规则是相反的情形，会发生什么后果。如果B不能向C要求回复占有，那么首先，就没有什么方法
346 可以阻碍C从B那里夺走该项财产。然而，C不享有财产权资格，于是他就不能阻碍D从他那里夺走该财产。否认B的行为就会导致以下不好的结果：一旦对财产的占有偏离了正当的财产权资格链条，它就永远都会游离于私人所有权的栅栏之外。这样一来，法律所试图避免的共有难题，就空前猛烈地产生了。只要人们不可能充分利用不断增长的资源，那么，这种情况对经济发展和社会和平的结果就可想而知了。

相对财产权资格（relative title）的原则，是普通法上对这个问题的回应。B自己有过错，则除了A及对A要求其权利的人外，B享有优先于其他一切人的财产权资格。如果C，一个陌生人，拿走了B的财产，则B可以要求回复原物或获取其收益。然而这两个行为都不能对抗A，A可以直接向B提起诉讼，也可以直接起诉占有该物的当事人。但是，故事并没有到这里结束。B死了，可以将诉因留给D。C也会死，于是将他的财产留给了E。对这些继承来的财产，D就有针对E的诉因，因为，相对财产权资格可在人际和代际间延伸。

再者，A和他的继承者却不能一直享有这种诉权。财产权资格就像契约的要求权一样，也需要某种限制立法，以抹掉一些年代久远的财产权资格。正如论述相反占有的经典文章所说的[22]，为了保护现在

[21] 例如，参见 F. Pollock and R. Wright，Possession in the Common Law 91－93（1888）；The Winkfield［1902］p. 42。

[22] Henry Ballantine，“Title by Adverse Possession，” 32 Harv. L. Rev. 135（1918）。“在相反占有（adverse possession）的案件中，限制的法律（the statute of limitation）并不是为了奖励勤奋的侵权者的过错行为，也不是要惩罚沉眠于权利之上的疏忽且迷糊的所有者；这里最大的目的就是，使所有不断公然地被其他人主张的权利（titles）都安定下来，也是要为有价值的权利提供证明，及纠正一些财产转让中的错误。”换句话说，好的权利（good titles）能够得到保护，以对抗过去的所有权的错误要求，只要坏的要求也受到了如此保护。

有效的财产权资格，抹掉一些古老的有效的财产权资格，是值得付出的代价。迅速解决争议所带来的社会收益是如此巨大，以致每个人都要比在没有这种限制的情形中获益更多。财产权被这些法律取缔，这种做法很容易就被我们已经讨论过的有关潜在实物补偿的理论充分地证成了。[23] 私法能规定过错行为的结果，这主要是通过在原始所有权人的要求与其他人的要求间划出一个明确的界线：他人的瑕疵资格对真正所有权人而言毫无意义，但对其他人来说，则有决定意义。一旦资格的瑕疵被限制立法清除，互益交易的正常过程就可提高每个人的 347
收益，尽管最初会有对理想状况的偏离。

这个理论适合于当前的主题，所以可被用于公共领域。限制立法可能会切断（根据我们的总和原则）某团体所提出的对自己从他人处夺来的财产的所有补偿要求。比如，我们的财产是从印第安人处夺来的，这一事实并没有提供原则性理由，以解释为什么财产应从目前的所有权人之手分配到非印第安人的穷人之手。但是，问题通常没有这么简单，因为我们必须考察，是否每个单个的要求者都处于 A 的位置，即最初的所有权人，或是处于 C 的位置，即该权利的外来人。实际的问题经常是很难处理的，因为有些要求人可能是最初所有权人的继承者，有些则是外来人，还有些则是两者的杂交。对他们的要求的挑选分类，将导致管理和错误成本，而这两种成本很快就会支配我们的分析。相反占有与第三方权利原则的前提是，我们能跨越代际界限，追溯各种收益与负担。事实上，在最初的错误与目前的状况之间，有很多错误的步骤，我们不可能再回过头去，重新按照正确的方式来做事，就像不可能取消五十年来一直有效实施的社会保障制度一样。任何此类努力都会产生更多的谬误，比它们希望消除的还要多。每个人都能声称自己只是不适当政府行为的受害者，而不是这种行为的帮凶吗？将个人的要求挑选分类的做法，是毫无说服力的。因为奴隶制而资助黑人、因为剥夺而资助印第安人，这些绝对的举措，同样会遇到很多有力的障碍。假设存在数量巨大的不公正的管制，而这些

[23] 参见第十四章。

管制又不构成完全没收，那么由此而受损害的要求人是否也应纳入这里的清单？减少整个的社会财富，包括那些无辜的人所持有的财产，以安排一个补偿计划，而这种计划一旦实施，也注定是误入歧途——这样的做法究竟是否值得？

我们可以考虑一下，判断这些大量的要求所面临的实际障碍。如果受害的当事人最初没有受损害，他们会在哪里呢？——这是很不容易确定的。那些在美国的奴隶后代的生活比他们在非洲的生活差吗？迁徙会以别的更好的条件出现吗？那些被美国征服的印第安部落是否已经被仇敌屠杀了，就像很多部落战争中所发生的那样？如果一种诉因被确立了，那么相应的救济是什么呢？当被夺走的财产不能确定时，当善意的购买者（他们合理地相信，他们的要求权是无可置疑的）已经改善了该财产时，是否还有可能回复财产？我们是否要限制对补偿金的回复？那么应由谁支付补偿金，支付多少？依照国家的福
348 利计划，是否应该有某种为了补偿而做的抵消？福利计划也许就是用来抵消过去的不正义的。因奴隶制度而遭受不利的黑人，通过补助或福利支付或个人慈善，获得了多少好处呢？联邦政府支持或反对印第安人的举措，又会怎么样呢？如果有人依可适用的私法规则——集合起来以适用于所有个人的——被起诉，没人能拥有回答这些问题的信息。

不仅权利底线是不可靠的，而且补偿的来源同样也是有问题的。有人会说，补偿的负担应当全部由国家承担，但这只是掩盖了一个持久的问题：国家必须对个人征税（这就是征收），而这些人可能对过去的过错没有直接的责任。许多美国人都是在废除了奴隶制之后才到了这个国家，比如，1880 年到 1920 年间从东欧迁徙而来的人。还有许多人，很早就在这里，他们为了废除奴隶制而战斗，有些还献出了自己的生命。取消过去的成本，远大于努力塑造未来的成本。以可行的成本，采取有限的步骤，来纠正最大的弊端，这也许是可能的。在一个新近的饱受等级歧视或种族隔离折磨的国家里，实施这种行动，或许要比在我们自己的国家里，更容易被证成。我的观点是，任何试图用大规模的社会转移来矫正过去之错误的努力，将会造成更多的紧

张，这是不值得的，因此，把所有的谬误看成是一摊臭水，也许是坏选择中的最好选择。与我关于福利权利的观点相比，我根本不屑于那些希望保持等级歧视或种族隔离的人们提出的依赖性要求。但最好的选择是，意识到任何矫正原则都有它的局限，然后，在我们已有的基础上开始建设，而不是去试图重建它的基础。

这样，我们就画成了一个完整的圈。无论是在宪法上还是在政治理论上，下述做法可能的，这做法就是：阐明正当与错误的共同观念，以解决个人之间及个人与国家之间的争议。这些原则并不是基于某种单一的价值，而是试图将三种主要的思潮合而为一，成就一种有关个人权利和政治义务的一贯的理论。这三种主要思潮是，自由主义，功利主义，甚至是再分配主义。当然，困难也是实际存在的，因为我们的历史和我们所组织的法律制度都是非常复杂的。正如我们解释的那样，关于征用权条款的论述，在私人财产权与公法之间，提供了一种有决定意义的联接。有关这种联接的公认的法院智慧，也意识 349
到了所有重要的方面，但它将这些方面以一些特定的方式结合起来，这些方式对任何真正关心私人财产或有限政府的人而言，都是不合理的。对于已决案件的广泛讨论主要是为了表明，为了证明私法与公法在智识与文化方面的统一性，我们应该如何重建个人权利与政治机构之间的联系。

判例索引

（判例后的数字为原书的页码，即本书的边码）

一般索引

（词条后的数字为原书的页码，即本书的边码，n指脚注，另原书在词条页码的标注上有错误，译者根据实际情况进行了调整）

competition and，竞争和，311；
directness and foresight，直接性和可预见性，241；
nuisance，侵扰，115—121；
wetlands，湿地，121—123.
See also proximate cause，另参见近因
charitable obligations，慈善义务，319—322，345—346
civic virtue，公民美德，334—336
class conflict，阶级冲突，251—252
Coase，Ronald，116—117
collective bargaining，集体谈判，280—281，328
commerce clause，商业条款，218 n6
common carrier，公共承运人，168—169
common employment，共同雇佣，246—247
common pools，共享资源，202—203，216—228；
bankruptcy and insolvency acts，破产和支付不能法，224—228；
DES，260—262；
oil and gas，油气，219—223；
public waters，公共水域，223—224；
zoning，土地使用分区，265
comparative negligence，比较过失，241
compensation，补偿
explicit，明示的，182—194；
amortization statutes，分期偿付法，193—194；
bonus values，红利价值，184—185；
cost，成本，182—186；
dispensing with，无需，195—199；
interim takings，临时征敛，191—192；
investment-backed expectations，投资支持的期待，185—186；
landmark preservation，地界标的保存，185—186，189—190；
market value，市场价值，182—186
compensation，补偿
implicit，隐形的，195—215；
administrative costs and，行政成本和，196；
common pools，共享资源，202—203；
judicial bias and，司法偏见和，196 n2；
Michelman on，对补偿的论述，197—199；
motive and，动机和，203—204；
parallel restrictions as，作为补偿的形式上的限制，195—196，268—269；
police power and，治安权和，198—199；
pro rata takings，按比例征收，196—197；
surplus and，盈余和，196；
welfare rights，福利权，315—318
consequential damages，后继损害，51—56；
appraisal and litigation fees，评估费和诉讼费，54—56；
loss of good will as，作为后继损害的商誉损失，52—54
consent，同意，146—151；tacit，默认，14，310

Takings: Private Property and the Power of Eminent Domain by Richard A. Epstein

图书在版编目（CIP）数据

征收——私人财产和征用权/［美］艾珀斯坦著；李昊等译．
北京：中国人民大学出版社，2011
（法学译丛·公法系列）
ISBN 978-7-300-14060-5

Ⅰ．征…
Ⅱ．①艾…②李…
Ⅲ．征收-司法制度-研究-美国
Ⅳ．D971.23

中国版本图书馆 CIP 数据核字（2011）第 180034 号

"十二五"国家重点图书出版规划
法学译丛·公法系列
征收——私人财产和征用权
［美］理查德·A·艾珀斯坦（Richard A. Epstein） 著
李昊 刘刚 翟小波 译
Zhengshou——Siren Caichan he Zhengyongquan

出版发行	中国人民大学出版社		
社　　址	北京中关村大街 31 号	**邮政编码**	100080
电　　话	010－62511242（总编室）		010－62511398（质管部）
	010－82501766（邮购部）		010－62514148（门市部）
	010－62515195（发行公司）		010－62515275（盗版举报）
网　　址	http：//www.crup.com.cn		
	http：//www.ttrnet.com（人大教研网）		
经　　销	新华书店		
印　　刷	北京东君印刷有限公司		
规　　格	155 mm×235 mm　16 开本	**版　　次**	2011 年 10 月第 1 版
印　　张	25.25 插页 2	**印　　次**	2011 年 10 月第 1 次印刷
字　　数	351 000	**定　　价**	68.00 元